YILANG ZONGHE GUOLI YANJIU

伊朗综合国力研究

一个东西方文化交融、互动的文明古国 & 一个恪守传统、向现代化迈进的地区大国

主 编·冀开运
副主编·陈俊华 杜林泽

时事出版社

图书在版编目（CIP）数据

伊朗综合国力研究 / 冀开运主编 . —北京：时事出版社，2016.11
ISBN 978-7-5195-0002-3

Ⅰ.①伊⋯ Ⅱ.①冀⋯ Ⅲ.①综合国力—研究—伊朗 Ⅳ.①D737.3

中国版本图书馆 CIP 数据核字（2016）第 226985 号

出 版 发 行：	时事出版社
地　　　址：	北京市海淀区万寿寺甲 2 号
邮　　　编：	100081
发 行 热 线：	（010）88547590　88547591
读者服务部：	（010）88547595
传　　　真：	（010）88547592
电 子 邮 箱：	shishichubanshe@ sina. com
网　　　址：	www. shishishe. com
印　　　刷：	北京市昌平百善印刷厂

开本：787×1092　1/16　印张：22.5　字数：398 千字
2016 年 11 月第 1 版　2016 年 11 月第 1 次印刷
定价：98.00 元

（如有印装质量问题，请与本社发行部联系调换）

序言 / 伊朗综合国力总论

新世纪的伊朗是处于全球化和信息化时代的人口、面积、经济、文化大国和地区强国，是一个具有重要战略地位的国家，一个坚守传统、不断从传统中寻求现代化契合点的国家，一个自信、骄傲、日益包容开放的国家。

伊朗自然资源得天独厚，人力资源丰富，据中国外交部网站显示到2015年7月伊朗总人口超过8000万，而且人口结构合理。目前伊朗处于人口红利的高峰期。估计到2050年，伊朗人口红利将消失，因为伊斯兰革命结束后，伊朗曾鼓励生育，后又限制人口增长。在内贾德总统任期内伊朗取消限制生育政策，转而鼓励人口生育，人口总量惯性增长，然而平均每对夫妻的生育率却降低了，2050年，伊朗可能进入老龄化社会。但只要伊朗继续改革开放，激发出社会和制度的活力，将来大有希望。

近年来，伊朗信息化浪潮风起云涌，网络和手机更为普遍。政府允许建立相亲网站，为单身男女择偶成家提供信息平台。在豪华和普通宾馆，在首都和省城，到处都有WI-FI，有时需要付费，只是网速太慢，网络监管严格，政府尽可能抵制外来文化的负面影响。在伊朗几乎打不开任何非波斯语网站，但玩手机的低头族却随处可见。在大巴车里，在公园里，伊朗年轻人几乎都在玩手机。公园里安装了大型显示屏，直接播放广告和新闻。

伊朗是过度城市化的国家，城市化率超过64%。百万人口以上的城市就有8个，首都德黑兰市区人口在1400万以上。德黑兰北部市政设施大有改善，南部市政设施陈旧，看来伊朗政府更重视富人的利益，因为富人大多居住在德黑兰北部。德黑兰地铁里，乘客拥挤，小贩肆意叫卖，人们衣着朴素，看得出伊朗普通民众和下层社会购买力低下，伊朗民众强烈呼吁改变现状，改善处境。现德黑兰大学旁的水泥人行道已改换成地板砖。汽车更加普及，几乎所有大街小巷都停满汽车，高速公路上汽车川流不息，普通街道堵车成为家常便饭，空气里弥漫着强烈的汽油味。新车旧车并肩"作战"，现已经开通快速大巴通道，公交车站变得更加漂亮新颖，地铁继续延伸，年轻人更愿意选择地铁出行。只是街道没有多大改变，烂尾楼处处都有。

伊朗国际地位进一步提高。经过漫长地谈判，伊朗以牺牲暂时的经济利益和百姓福祉为代价，已经成为合法拥有核技术的国家。伊朗原子能组织主席萨勒希宣布在未来的3—4年里，伊朗将在布什尔省再建两座核电站，预计花费100亿美元，需要雇佣15000名技术专家。为此，笔者认为：

首先，鲁哈尼组建了一届强势内阁，是积极应对全球化时代的有作为的政府。各位部长经验丰富，具有丰富的人脉资源，并曾长期合作，现在他们团结一致，同时获得议会支持，估计鲁哈尼内阁有能力改善经济和民生。伊朗新总统鲁哈尼对伊朗现行体制驾轻就熟，声称坚决拥护领袖，随时给领袖写信，汇报工作，同时选拔和重用一批杰出专家型官员出任部长，其中外交部长扎里夫接受过完整的西方教育，外交经验丰富，深谋远虑。鲁哈尼内阁团结一致，排除议会保守派和激进派地干扰，顺应民众的呼声，缓慢艰难地推进改革，并与世界大国达成核问题的解决方案，为解除对伊朗的制裁提供了前提。为解决伊朗经济问题营造良好的外部环境。

第二，美欧对伊朗的制裁虽然使伊朗经济运行困难重重，举步维艰，但导致伊朗经济困难的根本原因在于体制与机制，在于内因，制裁仅仅是外因。年轻人就业困难，物价飞涨，下层人民生活艰辛，对外资金流动受阻，外来投资基本中断，百姓对政府怨声载道，但大家有一个基本共识，坚决不发动革命，拥护改革和改良，因为改革社会震荡小，革命社会破坏性太大。据说，伊朗年轻人普遍接受了很好的教育，对就业有过高的期望，本来伊朗由于外部制裁，经济困难重重，就业机会不多，加之伊朗年轻人眼高手低，动手操作能力差，也造成主观上不愿意在艰苦行业就业的状况。即使制裁取消，外部发展环境好转，经济有一定起色，但也不会像伊朗人和外国人设想的那样，伊朗经济会峰回路转，起死回生，突飞猛进，凯歌高奏。虽然欧美各国外交官和企业家纷纷来到伊朗，寻求投资和合作的机会，但要落实和执行为期尚远。中国公司需要虚心、耐心、细心、恒心和专心，才能在伊朗求得立足之地。

第三，经过36年的民主实验和实践，伊朗在宗教民主制度的运行上积累了成熟的经验，民众的民主意识和民主能力逐步提升，民主程序进一步完善，政治素质不断进步。36年来的议会选举和总统选举，经过多次磨合和实践，已经运行平稳，培育和锻炼了伊朗人民的民主意识。但负责监督领袖和选举领袖的专家会议成员年事已高，精力不济，经常抱病开会，老朽无力也是事实，未来产生的领袖也许更弱势，也有人认为会产生领袖委员会，不会产生领袖。也许2016年2月的专家会议选举可以缓解这种状态，但大家基本认为伊朗政局在未来相当长时间里会基本稳定。

第四，伊朗社会比以前更加开放和包容。一位多次来过中国、精通英语的伊朗女士说，伊朗官员办事效率低下，普通人也疏懒成性。中国进步很快，伊朗进步缓慢。她本人不去礼拜，因为真主在心中，用不着用外在的形式张扬表现。她胆大，思维敏捷，思路开阔，待人热情大方，彬彬有礼。显示了一位伊朗白领丽人的修养和大气，彰显了伊朗保守社会覆盖下的开放与包容，也是伊朗改革开放的潜在动力，是伊朗与世界沟通交流的暗渠。德黑兰大街上女性头巾的多彩和风衣的多样显示伊朗的社会风气慢慢开放与包容，但电视里连篇累牍的宗教宣传展示着对传统的坚守和坚信。

另外，伊朗人保持着从容优雅的生活方式。傍晚时分，人们喜欢去附近的森林公园休息。有的全家席地而坐，聚餐闲聊；有的遛弯跑步；有的坐在椅子上吹箫闲聊；有的恋人依偎打趣，幸福快乐溢于言表；有的在踢足球；有的洗漱后在合适的时间祈祷。公园里溪流环绕，清波荡漾，喷泉涌流。公园里道路干净整洁，两旁的杨树估计有七八十年的历史，两人难于合抱，高大的树干，茂盛的枝叶，浓荫遮阳，空气清新。种植的石榴树果实挂枝头，无人采摘。无人乱扔垃圾，无人大声喧哗。

伊朗宗教深深地渗透进了民众的社会生活，有不少女性身着保守的黑色罩袍，只露出脸蛋。但世俗化日益明显。女士服饰更加多彩，多色的风衣和头巾，黄色、蓝色、红色，五彩缤纷。衣服已经显露出女孩子身体的曲线美和苗条美。年轻女性出门更是讲究眉毛弯弯，樱桃口红，脸颊白皙，发型也更时髦，一群姑娘走过更是花香袭人。公园的空隙安装了各种各样的健身器材，儿童欢快地锻炼，老人安详地闲坐。伊朗依然那样从容不迫，那样自信豁达。伊朗进步了，虽然不如中国进步快，也没有满足伊朗年轻人的预期希望。

第五，伊朗人民对客人、消费者和商人态度泾渭分明，对邀请来的客人慷慨大方，对前来赚钱的商人和消费者斤斤计较。一些在伊朗的华人总是抱怨伊朗人唯利是图、锱铢必较，但同时也承认伊朗人民对客人文明礼貌。伊朗各族人民的文化修养展示出文化自信和历史自信。因为自信，所以宽容，因为宽容，所以友善。伊朗的自然景观是美景，伊朗人民的文化修养和待人接物更是美景，他们对待前来赚钱的商人斤斤计较，对前来友好走动的客人却热情大方。这就是伊朗人民精明与修养的对立统一，体现着伊朗的多维性。

第六，伊朗是一个法制严密完备的国家，也是盛行潜规则的关系社会。伊朗文化源自伊朗祆教文化、伊斯兰文化和西方文化，三位一体，是一个政教合一的领袖领导下的三权分立的法制国家，议会和宪法监护委员会是互相牵制的立法机关，司法总监统领司法机关，社会上存在大量的律师事务所，伊朗人办事有强烈的法律意识，随时会请律师起草相关的法律文书，凡事都有书面的法律依据，任何改革措施都有法律先行。同时伊朗也存在深厚的家族官僚政治和经济，既得利益集团牢牢控制着社会资源，形成盘根错节的关系网，下层社会向上流动阻力重重，普通民众强烈呼吁实现社会公平。换言之，伊朗在地理和文化上处于东西方之间，同时兼备东西方特征，既具有西方社会的契约精神，也具有东方社会的人情网络和专制基因，但更大程度上属于东方文明圈中的伊斯兰文明，属于伊斯兰文明圈中独具特色的波斯文明，与土耳其、巴基斯坦、印度尼西亚、沙特、埃及和伊拉克并列为伊斯兰文明7大强国，伊朗最高领袖认为伊朗的科研能力居全球第16位，相对于邻国而言，伊朗是硬实力和软实力都很强大的国家。

冀开运
于西南大学伊朗研究中心
2016年3月29日

目 录

第一章 伊朗的国际地位及其实力 / 1

第一节 伊朗崛起的特点及影响分析 / 1
一、伊朗在中东崛起的理论分析 / 1
二、伊朗在中东崛起的现实表现 / 4
三、伊朗在中东崛起的特点 / 9
四、伊朗崛起的地缘挑战 / 14
五、伊朗崛起下的中东地缘政治新格局 / 24

第二节 当代伊朗的国家凝聚力和向心力 / 27
一、历史传承与现实国情迸发出的民族自豪感 / 28
二、伊斯兰教什叶派的国教地位强化了国家的凝聚力 / 33
三、巴列维王朝以现代化改革提升伊朗国家的凝聚力和向心力 / 36
四、两伊战争时期打造强大的国家凝聚力和向心力 / 41
五、单一制的行政区划和正确的国家政策增强了国家凝聚力和向心力 / 43

第二章 伊朗能源工业影响及其发展 / 49

第一节 油气工业对当代伊朗的多层次影响 / 49
一、伊朗油气工业的发展沿革与现状 / 50
二、油气工业对伊朗综合国力的多层次影响 / 54
三、油气资源的开发利用给伊朗带来的机遇与挑战 / 60

第二节 伊朗的能源生产及未来趋势 / 66
一、伊朗能源储量及其评价 / 67

二、伊朗能源生产、消费及贸易现状 / 72
三、对伊朗能源经济的深入解读 / 79
四、伊核危机后的伊朗能源局势及未来趋势 / 82

第三章 伊朗银行货币政策及其投资环境 / 86
第一节 伊朗银行货币政策的变迁及其影响 / 86
一、伊朗古代货币 / 87
二、巴列维王朝时期的银行货币政策 / 91
三、伊斯兰革命后前10年伊朗银行货币政策 / 93
四、两伊战争后10年伊朗的货币政策 / 97
五、2000年至今伊朗银行货币政策 / 101
六、制约伊朗货币政策作用的诸多因素 / 104
第二节 伊朗投资环境评价 / 109
一、伊朗外部投资环境宏观分析 / 109
二、伊朗内部投资环境分析 / 112
三、伊朗投资环境的定量评价 / 122

第四章 伊朗城市化特点及其发展 / 128
第一节 伊朗城市化特点 / 128
一、伊朗城市化基础的特殊性 / 128
二、全球化背景下伊朗城市化的必然性 / 131
三、全球化背景下伊朗城市化路径的偶然性与不可控性 / 131
四、伊朗当代大城市分布的基本特点 / 132
五、伊朗当代城市的特点 / 132
六、当代伊朗行政区划与省会城市概况 / 135
七、伊朗城市化带来的问题及城市治理 / 145
第二节 伊朗城镇化发展的特征及未来趋势 / 148
一、伊朗城市概况 / 148
二、伊朗城镇发展的主要影响因素 / 154
三、伊朗城镇化发展的特征 / 159
四、伊朗城镇发展过程中的主要问题 / 165

五、伊朗城市化发展趋势及对策建议 / 168

第五章 伊朗农业现代化及其发展前景 / 173
第一节 伊斯兰革命后伊朗的农业政策与农业发展 / 173
一、共和国时期的土地改革 / 173

二、农业行政机构的重组与乡村组织的建立 / 175

三、农业经营模式改革 / 179

四、农业计划与农业投入 / 183

五、农业生产技术的发展与农业产量的增长 / 187

第二节 伊朗农业生产的现状与前景 / 191
一、伊朗农业生产的自然环境条件 / 191

二、伊朗的农业产业概况 / 193

三、伊朗主要农业部门的发展现状 / 194

四、20世纪80年代以来伊朗农业发展的特点 / 206

五、伊朗农业发展前景 / 209

第六章 伊朗电影、卫生以及人口管理制度 / 213
第一节 伊朗电影的发展历程与特征 / 213
一、伊朗电影的时代特征 / 213

二、伊朗电影的民族特征 / 221

三、伊朗电影中的女性 / 226

四、伊朗电影的宗教特征 / 231

五、总结与思考 / 234

第二节 伊朗的人口结构与人口政策 / 235
一、伊朗人口的发展状况及主要特征 / 235

二、伊朗人口的地理分布及影响因素 / 250

三、伊朗人口的基本构成和类别特点 / 255

第三节 伊朗公共卫生制度演变 / 261
一、伊朗公共卫生的缘起 / 261

二、恺加王朝的公共卫生创制 / 266

三、巴列维王朝的公共卫生改革 / 270

四、伊朗伊斯兰共和国的公共卫生建设与挑战 / 275

第七章 伊朗外交及其军事体制 / 280

第一节 美国对伊政策与伊朗伊斯兰革命 / 280
一、美伊关系与巴列维王朝合法性危机 / 281
二、美国对伊政策的矛盾性与伊朗伊斯兰革命 / 288
三、美伊人质危机与伊朗伊斯兰政权 / 296

第二节 当代伊朗的军事体制 / 302
一、伊朗的军事体制与政治、宗教同构 / 302
二、伊朗武装力量的二元制 / 304
三、伊朗军事演习的防御威慑性特点 / 308
四、伊朗国防工业与国家经济的有机统一 / 313
五、伊朗的军事支持体系 / 316

第三节 日本伊朗研究现状述评 / 320
一、日本伊朗研究的源流与现状 / 321
二、日本伊朗研究的成果与特色 / 330
三、日本伊朗研究的启示与展望 / 347

后记 / 349

第一章 伊朗的国际地位及其实力

第一节 伊朗崛起的特点及影响分析

一、伊朗在中东崛起的理论分析

（一）国家崛起的含义

"崛起"在现代汉语词典里的解释是"兴起"或"突起"，预示着上升和进取之义。国家崛起指的是一个大国的综合实力快速提高并对区域乃至世界力量格局、秩序和行为准则产生重大影响的过程。[1] 所谓"崛起"是一种兴盛的景象，但又不是一般的兴盛，而是一个大国从落后转为兴盛的景象；崛起是一种发展，但又不是一般的发展，而是一个大国改变世界政治生态和国际格局的发展。[2]

"伊朗崛起"是近几年来国际地缘政治学研究领域出现的一个明星热词。所谓"伊朗崛起"指的是指伊朗在近段时间以来综合国力得到全面提升，国家实力进一步增强，在地区乃至世界格局中扮演的角色越来越重要的过程。伊朗位于地缘政治学中所描述的边缘地带，这里历来是大国利益交汇和碰撞的"破碎地带"，因而地缘环境异常复杂多变。从阿富汗战争到伊拉克战争，再到"阿拉伯之春"，中东多个传统大国走上了下坡路，

---

[1] 中国社会科学院语言研究所词典编辑室：《现代汉语词典》，商务印书馆2005年版。
[2] 门洪华：《大国崛起》，浙江人民出版社2004年版。

而伊朗却屹立在乱象丛生的中东岿然不动。同时，伊朗认为"伊斯兰正在中东觉醒"，伊朗前总统哈塔米宣称："一个基于伊斯兰原则的新中东正在崛起。"① 伊朗凭借坚决的反美立场和在伊斯兰什叶派世界中的宗教影响，在中东地区有着相当的号召力。毋庸置疑，伊朗正在中东的持续动荡中逐渐崛起，在中东乃至世界扮演着越来越重要的角色，其区域性大国地位正逐步凸显出来。

（二）伊朗崛起的理论基础

1. 陆缘地带学说

陆缘地带字说是美国的 N. J. 斯皮克曼在陆心说基础上提出的关于边缘地带的政治地理学学说。斯皮克曼认为陆心说的内新月形地带，即心脏地带周围的外缘地区拥有大量的人口、丰富的矿产资源和农业资源，而欧亚大陆的心脏地带自然环境比较严酷，人口稀少、经济落后，所以他认为主宰世界的关键地区不在心脏地带，而在这个内新月形地带，他称之为陆缘地带（边缘地带）。斯皮克曼仿照 H. J. 麦金德提出战略名言："谁控制陆缘地带，谁就能统治欧亚大陆；谁统治欧亚大陆，谁就能控制世界"。

伊朗位于亚欧大陆西南部，正好位于斯皮格曼所描述的边缘地带。2013 年，伊朗人口达到 7745 万，位居中东第二，众多的人口为伊朗经济发展与国防安全奠定了良好的基础。另外，伊朗近 165 万平方千米的广袤领土也为其崛起提供了必要条件。虽然伊朗自然条件较为恶劣，但由于政府重视发展农业，伊朗的农副产品品种丰富，粮食自给率高达 80%。伊朗更拥有极为可观的油气资源（1578 亿桶石油，居世界第四；34 万亿立方米天然气，居世界第一）。总的来说，伊朗拥有大量人口，较丰富的农业资源以及极为可观的油气资源，有成长为区域大国的先天优势。

2. 国家有机体理论

德国地理学家拉采尔（Friedrich Ratzel）将达尔文的物竞天择与优胜劣汰等生物学概念运用到国家的成长与发展上，提出了国家有机体理论。空间扩张是"国家动物"生存本能的反映，"国家动物"要想发展壮大，

---

① 高祖贵："中东大变局艰难演进"，《中国党政干部论坛》，2012 年第 1 期，第 53—56 页。

就必须从一定的空间来获取额外的资源作为补充。一个国家资源的供给是有限的，而国家成长又需要足够资源空间的相应拓展来做支撑。因此，一个国家为了生存必然要与其他国家发生竞争。

同样，伊朗的崛起也是如此，当现成的资源无法满足成长壮大的需要时，国家力量必然会竭尽全力的向外"扩张"来赢取进一步发展的机会。伊朗与阿联酋在波斯湾三岛的争端实质上就是伊朗这个"国家动物"为了获取额外的战略生存资源而主动扩张的手段。除此之外，伊朗与土耳其、以色列等众多国家之间均存在竞争关系。伊朗最终能否实现国家崛起以及崛起程度如何，很大程度上取决于伊朗对外扩张所获取的空间资源数量多少。

3. 结构现实主义

结构现实主义者认为，后发大国的崛起必然会重塑现行体系的权力结构（power structure）、改变地区战略资源的分配格局，从而或多或少的挑战现行秩序，威胁守成大国的地位，因此必然会引起守成大国的打压与敌视。为维护自身的霸权地位，守成大国会竭尽所能动用一切战略资源对后发大国进行围堵、遏制与打击，例如团结后者周边国家进行封锁、甚至实行经济制裁或动用武力。而后发国家为了自己的基本发展权利，也一定会动用各种资源寻求突围。概言之，大国博弈具有"零和性"，一个大国崛起必然意味着另一个大国的战略噩梦。[1]

中东地区势力庞杂，各国利益犬牙交错，作为新兴国家，伊朗的不断崛起相应会冲撞到原先守成大国的利益。就目前来说，中东最具代表性的传统大国非美国支持的沙特阿拉伯莫属，两国在石油市场、也门内战、逊尼什叶教派冲突等政治、经济、宗教领域都存在直接竞争。面对这种挑战，沙特与美国自然不会坐视不理，针对伊朗的围追堵截必然会接踵而至。

4. 文明冲突论

亨廷顿在《文明的冲突与世界秩序的重建》一书中认为，在冷战

---

[1] 约翰·米尔斯海默著，王小桅、唐小松译：《大国政治悲剧》，上海人民出版社2003年版。

后的全球政治新格局中,国与国之间的冲突将演变为文明间的冲突。他认为全球政治格局正在以文化和文明为界限重新形成,一般来说,具有不同文化的国家间最可能的是相互疏远和冷淡,也可能是高度敌对的关系。

历史上的伊朗曾多次受到阿拉伯国家的侵扰,时至今日,伊朗已成为古波斯文明唯一的幸存地。渗透了什叶派宗教理念的波斯文明不断以伊朗为根据地向外输出扩张,可以说伊朗的崛起与波斯文明的勃兴相辅相成。中东存在着伊斯兰与波斯两大文明,伊朗本身结合了伊斯兰什叶派与波斯拜火教的文明,它与其他阿拉伯国家之间的分歧远大于趋同。随着伊朗势力逐渐向外扩展,两种文明在中东的交锋也愈发激烈,伊朗崛起与广大阿拉伯国家的关系也越来越微妙。

二、伊朗在中东崛起的现实表现

(一) 伊朗经济规模显著增长

伊斯兰革命刚刚结束之际,伊朗又与邻国伊拉克爆发了长达八年之久的两伊战争。在战争期间,伊朗经济呈现出先快速增长后明显下滑的态势,战争结束后几年内甚至跌至崩溃的边缘。从20世纪90年代开始,伊朗政府通过经济五年计划来着重恢复和发展国民经济。在此期间,伊朗虽遇到欧美国家的敌视与封锁,但其国民经济却在波折中呈现出前所未有的快速增长态势。2000年,伊朗的国内生产总值为1154.4亿美元,而2010年则大幅上升到4225.9亿美元。世界银行预测伊朗2015年的国内生产总值将达到5285亿美元左右。2013年,伊朗人均GDP为4763美元,被世界银行定性为中高等收入国家。

另据国际货币基金组织(IMF)的关于伊朗经济发展状况预测,2016—2020年期间,伊朗国内生产总值增长率将保持在4.0%—4.4%之间的比较快速和稳定的增长。根据购买力平价指数(PPP)测算,2014年伊朗也继续维持了上年度世界第18大经济体,中东地区第三大经济体的地位。

表1—1　IMF关于伊朗经济发展状况的预测（单位：10亿里亚尔、%）

	2013年	2014年	2015年	2016年	2017年	2018年	2019年	2020年
GDP（按当年市价）	9421216	11033666	11992122	14042908	15934661	17694609	19371763	21150347
GDP增长率	-1.9	3.0	0.0	4.3	4.0	4.1	4.4	4.4

资料来源：IMF Executive Board Concludes 2015 Article IV Consultation with Iran, Press Release No. 15/581, December 21, 2015。

在伊朗现行经济部门中，石油经济占据着主导地位。油气工业为伊朗国民经济的支柱产业，伊朗经济发展高度依赖石油，石油产销量的变化相当于伊朗经济的晴雨表。伊朗外汇收入大多来自于石油和天然气，占政府税收收入的80%—90%，占政府GDP的40%—50%。据IEA预测，伊朗未来的原油产量较为乐观，将实现稳步增产，到2035年前后，伊朗原油产量将达2.4亿吨，这就为国家经济的持续繁荣奠定了坚实的基础。

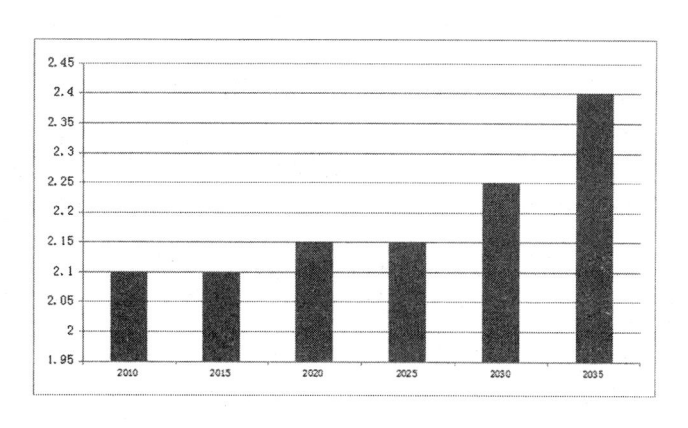

图1—1　IEA预测伊朗未来石油年产量（单位：亿吨）

数据来源：IEA World Energy Outlook 2012。

（二）伊朗的宗教势力与宗教影响力不断加强

宗教势力一向是影响伊朗崛起的重要因素，什叶派伊斯兰在中东的勃兴为伊朗的崛起提供着强大的助推力量。随着伊朗什叶派神权政府和伊拉克什叶派势力联系的不断加强，什叶派逐渐联合成为一种新势力，中东地区一个包括"伊朗—伊拉克—叙利亚—黎巴嫩真主党"在内，一个"什叶派新月地带"①已经悄然出现，并开始对其周围国家的宗教、政治，乃至经济生活等诸多方面产生影响。"什叶派宗教带"势力不仅为伊朗政权稳定和国家安全带来保障，也为伊朗崛起提供了一个良好的地缘屏障。从目前来看，由于伊朗什叶派占穆斯林比例超过九成，占整个世界什叶派的比例亦达到40%，"什叶派新月地带"的核心国家非伊朗莫属，这也为伊朗的崛起及其拓展对外战略空间提供了潜在的盟友和巨大的缓冲地带。

（三）伊朗国际政治影响力日渐凸显

新世纪以来，随着伊朗经济的快速增长，伊朗在中东及国际政治中的影响力也日渐凸显，主要体现在几个方面：

1. 伊核危机释放国际影响力

大力追求核技术是伊朗提升国力和国际声望以及与大国博弈的一张重要王牌。如今，不管伊朗是否拥核，在追求核能力的路途中伊朗已在与西方国家的多轮较量中成功地释放了其日渐凸显的国际影响力。伊核最终协议的签署，也象征着美国对伊朗崛起的认可与妥协。

2. 外交活动高调频繁

与日俱增的国际影响力让伊朗频繁现身于国际舞台，这为其实现国家崛起造就了良好的氛围。早在2008年，联合国出台针对伊核的第1808号制裁决议时，内贾德高调出访伊拉克。两国首脑举行会谈，决定摒弃前嫌并携手开创两伊关系新局面，引起国际社会广泛关注。另外，内贾德还主动参加海湾国家合作委员会会议，与阿联酋总统就两国合作进行了会谈，并接受沙特国王邀请历史性地前往伊斯兰教圣地麦加朝觐。② 2016年1月25日，伊朗总统鲁哈尼抵达罗马访问意大利，开启西方解除对伊朗制裁后的首次欧洲之旅。鲁哈尼此次访问欧洲被认为试图在伊朗摆脱国际孤立后与欧洲翻开新的一页，这是伊朗总统近20年来首次访问欧洲。

---

① Kayhan Barzegar. : Iran and the Shiite Crescent: Myths and Realities, Brown Journal of World Affairs, 2012 (1): 87 – 99.

② "伊朗凸显中东影响力"，http://www.news.cn，2008年3月8日。

3. 积极参与中东地区事务

首先，参与打击塔利班与阿富汗重建。"9·11"事件发生后，伊朗对美国打击"塔利班"政权的军事行动予以一定程度的配合；"塔利班"政权垮台后，伊朗积极对阿国内政治进程施加影响。伊朗几乎参加了所有由美国组织的关于阿富汗的会议，其中包括2006年伦敦会议、2009年海牙会议以及2011年的波恩会议。

其次，打击伊拉克境内的IS。由于担心逊尼派的IS会推翻什叶派的伊拉克政府并毁坏什叶派的圣地卡尔巴拉纳贾夫、卡迪米亚，最终让伊拉克成为逊尼派极端武装的基地，危及伊朗安全，伊朗坚决支持打击IS。2014年6月16日，英国《卫报》引述伊拉克高官的话称，伊朗过去48小时已派出2000名精锐部队入境助阵，其中1500人抵达东部迪亚拉省，其余500人进入西部。《华盛顿邮报》刊登专栏作家法里德·扎卡里亚的文章，认为美国看似能很好地应付空袭，但如果要在当地进行地面作战则十分困难，有效打击IS除了组成阵势庞大的多国空袭部队，更关键的是要获得中东大国伊朗的协助。

再次，参与解决叙利亚危机。伊朗2015年10月30日在新一轮的叙利亚问题和平谈判中的现身颇具象征意义：美国在叙利亚陷入了两难境地，不得不借助于宿敌伊朗来寻求解决方案。叙利亚危机持续4年多，美国采取联合西方和地区盟友持续施压、援助与培训反对派、利用极端势力消耗巴沙尔政权等策略，其结果是既无法颠覆巴沙尔政权，也无法铲除IS。对于伊朗，美国始终拒绝伊朗参与相关问题的谈判，指责伊朗支持巴沙尔政权并援助黎巴嫩真主党武装，在叙利亚问题上也从未与伊朗有外交接触。然而，俄罗斯近期的高调介入且成绩卓越，使美国原有的对叙政策更加被动。美国为了牢牢地控制主导权，吸收伊朗参加谈判，是在延续对伊和解政策的同时，避免伊朗完全倒向俄罗斯。

另外，包括也门内战冲突、石油输出国组织（OPEC）石油定价权之争等都看到了伊朗的影响和作用。美国发现，要达到细致管控中东的目标，就需要与该地区稳定的、有影响力且政务通畅的国家进行合作，而伊朗正是其中之一。

（四）伊朗军事力量逐渐强大

伊斯兰革命后，伊朗新政权清洗了军队里的高层军官，并逐渐开始军队的现代化进程。目前，伊朗拥有包括正规军、革命卫队、预备役部队在内的近120万的军队。2011年，现役部队54.5万、预备役65万、地面武器1.2万种、迫击炮5000门、坦克1793辆、战机总数1030架、军舰总数261艘、潜艇19艘、驱逐舰3艘；本年度国防预算91.7亿美元。①

在陆军方面，伊朗军队机械化程度比较高，除火炮、火箭炮等常规武器外，伊朗的中远程导弹令中东甚至美国都感到头疼。海军方面，伊朗在波斯湾及印度洋拥有5个军事基地，频繁的海上军事演习是的伊朗自信战时能迅速封锁霍尔木兹海峡。空军方面，伊朗的空军力量虽在两伊战争中遭受重创，但当前的伊朗空军仍颇具威慑力。根据美国国防部的评估，"波斯铁骑"的实力在全球可排进前10位。② 而根据全球军力评估网站（GFP）的分析，从中东地区主要国家军力排名来看，伊朗的军力排在土耳其、以色列和埃及之后，位居中东第四位（详见表1—2）。

除开常规军事力量以外，伊朗也开始试图追求核技术。自2005年艾哈迈迪—内贾德总统上台以来，伊朗一改之前以暂停铀浓缩减少国际压力的做法，转而采取急进政策，先后恢复了铀转化和铀浓缩，从而获得了核外交的主动权。③ 经过多年努力，伊朗在浓缩铀上的研究取得了重大进展，并已经能够自主生产具有一定浓度的浓缩铀。虽然伊朗政府一再宣称这些核能将用于和平目的，但伊核问题还是成为国际社会关注的焦点，令美欧等西方国家高度关注并采取多种措施进行打压和制裁。军事力量的强大不仅保卫了伊朗领土与主权不受侵犯，其本身也是伊朗崛起的外在表现。

---

① "伊朗沙特军事实力比拼 分析称美借沙特制衡伊朗"，新华网，2011年12月31日。
② "波斯铁骑雄踞中东——伊朗军事势力大扫描"，光明网，2006年1月22日。
③ 赵建明："制裁、反制裁的博弈与伊朗核发展的态势"，《外交评论》，2012年第2期，第79—94页。

表1—2 中东地区主要国家军力排名（2015年）

（军力指数数值越小，军力越强大）

排名	国家	军力指数
1	土耳其	0.4339
2	以色列	0.4976
3	埃及	0.6214
4	伊朗	0.7614
5	沙特	0.8716
6	叙利亚	1.1677
7	阿联酋	1.2484
8	约旦	1.5739
9	阿曼	1.6845
10	科威特	1.7336
11	卡塔尔	1.8839
12	也门	1.9286
13	巴林	2.1061
14	黎巴嫩	2.2247
15	伊拉克	2.8594
	巴勒斯坦	缺资料
	塞浦路斯	缺资料

资料来源：www.GlobalFirepower.com。

三、伊朗在中东崛起的特点

（一）大国崛起的模式分析

众所周知，在发达国家中，英国、美国、苏联都是大国崛起的典型代表，这些国家曾通过各种努力最终崛起为世界级大国，在世界体系中占据了重要地位；在发展中国家中，中国也逐渐探索出一条和平崛起之路，我们通过横向对比就能对伊朗崛起的模式做出较为全面的分析。

表 1—3　英国、美国、苏联与中国的崛起模式

国别	目标	路径	成果	影响
英国	成为世界霸主	资产阶级革命，确立先进制度 工业革命，完成工业化进程 殖民扩张，确立了世界地位	政治、经济、军事实力强大，成为"日不落帝国"	将世界连为一个整体，开创人类文明新进程
美国	成为超级大国	独立战争，完成国家独立 南北战争，确立资产阶级制度 两次世界大战，凸显优势	取代英国，政治、经济、军事领先世界，成为西方领袖	主导世界进程，形成美苏争霸的两极格局
苏联	成为超级大国	十月革命，确立崭新政治制度 经济五年计划，完成工业化进程 全面军事扩张，对抗美国	政治、经济、军事实力强悍，与美国分庭抗礼	打破美国独大局面，形成美苏争霸的两极格局
中国	成为世界强国	推翻旧社会，建立新中国 改革开放，大力发展经济 开展友好外交，共创和谐世界	政治稳定，成为世界第二大经济体，并开始走向世界大国之路	打破美苏两极局面，促进世界多极化格局

由此表 1—3 不难看出，大国崛起在目标、路径上稍有差别，但崛起的成果以及对世界政治经济格局的影响却大同小异。英、美、苏中四国实现大国崛起的目标非常明确，均意欲成为全球性大国；而在道路上，以上四国都重视改良政治制度、发展经济并以此作为通往大国梦的基础；在成果与影响上，四国都实现了政治、经济、军事的全面发展，对当时的世界格局及转变产生了重要影响。综上所述，大国崛起的模式即为通过改良政治制度，发展经济并辅以提升军事外交实力，成为综合实力强大的国家并最终对世界格局产生重要影响的过程。

（二）伊朗在中东崛起的普世性

1. 伊斯兰革命帮助伊朗完成了政治体制改革

20 世纪 70 年代初，国际石油价格上涨，波斯湾产油国财富陡增。国

王礼萨·巴列维为巩固王朝的统治,推行以土改为核心的"白色革命"及社会经济发展计划以期重塑现代化的伊朗。由于计划片面追求高速度,造成经济严重失调,通货膨胀,社会生产和人民生活水平下降、工人失业,社会贫富悬殊加剧,伊朗社会各种潜在矛盾空前激化。从 1978 年开始,以什叶派领袖赛义德·鲁霍拉·霍梅尼领导的、以欧莱玛为核心,以反对国王推行西方化和世俗化的、规模空前的伊斯兰复兴运动就此拉开序幕。1979 年 2 月伊斯兰革命,世俗的君主立宪制巴列维王朝被推翻,以霍梅尼为首的宗教势力获得了权力。新政权借助伊斯兰教什叶派的意识形态改造伊朗:神权统治,均衡贫富,扶持弱势群体,禁止西方文化,严格按照伊斯兰教的原教旨推行社会伊斯兰化,伊朗从而变成了一个完全政教合一的伊斯兰神权共和国。

2. 通过经济改革大力发展经济

两伊战争结束,伊朗当局在制定经济发展战略时务实的倾向更加突出,把大力恢复和发展经济摆在了首要地位。政府开始鼓励私营经济的发展,减少对经济活动的干预,并实行对外开放的政策,积极吸收外国投资,经济的自由度和外向度逐渐提高。特别是 1997 年以哈塔米为首的务实改革派执政后,为振兴经济大力推行经济开放政策,大力吸引外资和引进外国先进技术和设备,扩大对外贸易往来和经济合作,重建与发展本国油气工业和其他经济部门,从而有力地促进了国民经济的恢复与振兴。2000—2007 年期间,伊朗实现了 GDP 年均增长约 6% 的高增长率。[1]

2008 年以后,由于世界经济危机及 2012 年西方国家对伊朗实施石油禁运和金融制裁以来,伊朗国民经济增速明显放缓,通胀率和失业率也在高位徘徊。2013 年,务实改革派鲁哈尼政府上台以后,积极致力于摆脱经济滞胀困境,建设"抵抗型"经济。私有化、经济自由化、外向化以及多元化成为伊朗经济发展战略的主导趋势,社会经济各个方面出现重新复苏的景象。2015 年 7 月,持续了 12 年之久的伊核危机谈判终于达成全面协议,随着欧洲、美国以及联合国针对伊朗金融、能源以及交通等行业实施的制裁被取消,相信这将为伊朗经济发展带来全新空间和活力。

---

[1] 商务部国际贸易经济合作研究院、投资促进事务局,中国驻伊朗大使馆经济商务参赞处:《对外投资合作国别指南——伊朗(2015 年)》,2011 年 9 月。

3. 通过独具特色的非对称发展之路大力发展军事

伊朗作为中东地区的军事大国，在积极发展军事装备和实力的过程中，采取了非对称发展的战略，集中力量大力发展部分独具特色的武器装备以实现军队实力的突破。

伊朗虽然尚未制造出核武器，但作为化学武器和生物武器的大国，照样能让拥有核武器的对手有所忌惮。伊朗的人体炸弹部队也是迄今全球唯一的国家正规武装，其威力不容小视。

伊朗先后试射了"震动"和"流星—1"、"流星—2"及"流星—3"等多种国产新型远、中、近程和短程导弹，最远射程达 2000—2500 公里。伊朗还致力于发展太空计划，2005 年伊朗成为世界上第 43 个拥有卫星的国家；2009 年伊朗成为世界上第 9 个拥有卫星发射能力的国家。伊朗共和国海军正在发展综合使用多种武器和平台（包括它的新潜艇、小型导弹艇、水雷、飞机和陆基导弹系统）来战胜敌人的战术。伊朗的 Ghadir 级袖珍潜艇对霍尔木兹海峡具有地缘政治意义上的重要威胁，大约 20% 的全球石油供应必须经由该海峡输往世界市场。[①]

（三）伊朗崛起的特异性

伊朗作为中东地区首屈一指的大国，其崛起的模式也颇具特殊性。与美、英、苏中四国崛起相比，伊朗的崛起在目标、路径与取得的成果及对世界政治经济格局的影响上存在较大差别。

1. 伊朗崛起的被动性和外源性

纵观世界历史，包括英国、美国、苏联等绝大多数强国的崛起都带有强烈主动性，通常都是这些大国在政治、经济、军事等诸多领域积极大力推动改革或革新，从而实现实力的大幅增强，都是主动追求的结果。伊朗虽然也具有较强的大国主观意识，但是其崛起过程中的被动性和外源性特征更加明显。在伊朗崛起的过程中，有两大外源性的因素：美国发动的伊拉克战争和席卷中东的"阿拉伯之春"运动起到了至关重要的作用。

第一个重要的外源性因素是美国及其盟友无意识助推。过去 10 多年

---

① "10 Things You Need To Know About Iran's Military", http://www.bfbs.com/news/articles/army/5300.

来，由美、英等西方国家主导的阿富汗战争、伊拉克战争、利比亚战争推翻了3个政权，无形中结束了两伊和沙特三足鼎立的中东区域格局。特别是伊朗的宿敌伊拉克在战争后一蹶不振，国内充斥着不断的恐怖袭击，国家前景不明。因此，尽管美国在中东地区极力对伊朗进行控制和打压，但是美欧主导的伊拉克战争还是无意中推动了伊朗的间接崛起。如今，随着美国对伊朗核危机态度的转变，伊核协议全面达成，重压在伊朗身上的核问题这座"大山"被移走，加之美国对中东事务保持一定距离、避免深度卷入的做法，使伊朗终于兑现伊拉克战争后其在中东坐大的"红利"。

第二个重要的外源性因素是"阿拉伯之春"运动的影响。自2011年年初以来，"阿拉伯之春"引发的动荡席卷了整个中东地区，阿拉伯世界深陷冲突漩涡。突尼斯、埃及、利比亚等国政权相继垮台。此次动荡中传统阿拉伯大国衰落，短期内新的核心国家更是难以出现，中东地区的地缘政治结构更趋不稳定，地缘政治的"破碎化"特征更趋明显。昔日中东地区的"领头羊"埃及元气大伤，持续的动荡加上经济的衰退使得埃及中东巨头的地位一落千丈，其在大中东的地缘政治影响力也很难在短时间内恢复。传统的中东大国沙特在此次动荡中疲于应付，虽然基本保持了国内稳定，但也暴露了外强中干，军事实力明显不足的软肋。加上沙特亲美政策不得民心，其成长为阿拉伯世界领袖的希望渺茫。而伊拉克、利比亚等大国早已在战争或动荡的泥潭中难以自拔，恢复昔日势力和地位几无可能。此消彼长，伊朗在地区政治格局变动中的地位相对上升。

2. 伊朗崛起的浓厚宗教性

通常大国都是通过改良政治制度，发展经济并辅以提升军事外交实力，成为综合实力强大的国家，而伊朗崛起过程中的宗教和军事成分浓厚，本该颇受重视的政治、经济力量却大打折扣。

以不同形式参与地区争夺的中东各国，分属逊尼派和什叶派两大阵营，其宗教派别争斗的色彩突出。教派意识也因逊尼派国家和什叶派国家不断升级的地区争夺而得到强化。什叶派的代表国家伊朗，正是通过致力于维护在阿富汗、伊拉克、叙利亚、也门等国家什叶派宗教利益过程中实现大国崛起。

3. 伊朗崛起的核威慑性

伊朗的核计划由来已久，早在20世纪50年代巴列维王朝统治时期就开始了从事核能开发活动，并得到了美国等西方国家的支持。2003年2月，伊朗宣布发现并提炼出核电站燃料铀后，其核计划立即遭到美国的"严重质疑"，并引起国际社会的极大关注，引发核危机。伊朗一面积极参与伊核六方会谈，一面暗自进行铀浓缩，在反复"拥核"与"弃核"的呼声中，积累了强大的舆论资本，国际影响力大幅上升。如今，伊朗核危机经过漫长的六方会谈终于得到初步解决，对伊朗的制裁也逐步取消，伊朗也将重新获得更大的发展空间。

4. 伊朗崛起的区域影响性

虽然伊朗的崛起对中东格局产生了重要影响，但并不能完全左右中东地区格局的演变进程。决定中东格局演变的还是域外大国，美国、欧盟各国、俄罗斯等。就目前伊朗的综合国力水平来看，虽然尚不足以支撑其成为号令地区的大国，但其在政治、经济、军事等方面已经具有了与其他中东国家争夺地区领导权地位的实力。如今，随着国家实力的不断增强，伊朗对邻国伊拉克、叙利亚、黎巴嫩、也门、巴林等的影响力逐渐增加。我们可以预期，未来相对长时期，伊朗将是中东地区最重要的地缘政治力量，也是该地区事务中影响力最大的地区国家。[①]

四、伊朗崛起的地缘挑战

（一）什叶派集团内部的地缘危机

横跨伊朗与阿拉伯半岛北部，连接波斯湾与地中海的新月型地带即为伊朗苦心经营的什叶派集团。叙利亚巴萨尔政权向来被认为是伊朗的铁杆盟友，黎巴嫩真主党则是霍梅尼时期就遗留下来的地缘遗产，而伊拉克在战争之后几经波折最终由什叶派领导人上位……这一系列的变动曾造就了有利于伊朗崛起地缘环境。时过境迁，随着叙利亚内战的爆发，什叶派集团内部呈现出前所未有的危机，这已成为伊朗崛起要面临的一大难题。

1. 叙利亚内战的冲击

当"阿拉伯之春"的浪潮席卷整个中东之际，叙利亚内战的爆发无疑将这场运动推上了巅峰。从2011年春至今，叙利亚国内政府军与反政府武

---

① 李绍先："伊核全面协议的影响评估"，《西亚非洲》，2015年第5期。

装在国外势力的参与下混战不断，大批难民流离失所，叙利亚俨然变成了"中东索马里"。除了人员伤亡与经济衰退外，叙利亚内战对中东局势特别是什叶派集团的冲击尤为巨大。

两伊战争爆发期间，叙利亚是少有的不赞成伊拉克与伊朗作战的国家，并且是伊朗在中东唯一一个值得信赖的盟友。叙利亚不仅是"什叶派新月地带"中的重要一环，也是伊朗牵制与抵抗以色列的"桥头堡"① 如今叙利亚长期陷入内战的漩涡中不能自拔，自然也就失去了与伊朗合作共同抵抗以色列以及经营什叶派集团内部稳定的作用。从伊朗这方面来看，叙利亚危机走向何处，极大的攸关国家安全。水落则石出，唇亡而齿寒，失去叙利亚这一重要盟友，伊朗将失去赖以缓冲美国和以色列军事打击的一支地区制衡力量。

2. 伊拉克 ISIS 肆虐

伊拉克战争结束之后，政局颇为动荡，在经过国内各种力量反复角逐之后，伊拉克建立了一个以什叶派为主的偏向伊朗的政权。虽然现行什叶派政权的控制力度很差，但伊朗与之交好却有利于建立一个巩固西界的地缘屏障。"阿拉伯之春"爆发后，中东各国忙于应对国内动乱，极端组织 ISIS 趁虚而入后迅速发展壮大，一度占领了叙利亚东部、南部以及伊拉克北部大片领土。ISIS 肆虐再度削弱了伊拉克什叶派政府的实力，这让什叶派集团核心国家伊朗不能接受。

面对 ISIS 组织进逼巴格达进而肆虐中东的行为，包括伊拉克、叙利亚在内的多个相关国家竟无力单独抗衡。美国趁机重返伊拉克，伊朗不得不与其合作以便暂时控制乱作一团的伊拉克局势。ISIS 本就因中东复杂的地缘环境而生，外国势力的介入势必会进一步令此地区的地缘环境复杂化，因而经历 ISIS 蹂躏后的伊拉克什叶派政权能否继续执政已存在较大变数。

3. 黎巴嫩真主党面临困境

1982 年，以色列入侵黎巴嫩，痛失国土的部分黎巴嫩人在伊朗的帮助下成立了一个什叶派伊斯兰政治军事组织，即为真主党。真主党是黎巴嫩第一大党，常年来在黎以边境拥兵自重，它不仅是黎巴嫩最大的反对党，

---

① 肖凌："叙利亚危机的特点、背景及走向分析"，《阿拉伯世界研究》，2013 第 6 期，第 74—75 页。

而且也逐渐发展成为影响中东局势的一支不可忽视的力量。伊朗与叙利亚是站在真主党背后的坚定支持者，伊朗更是仰仗真主党在此制衡以色列，维持面对以色列的优势。

真主党长期与以色列敌对，双方在 2006 年甚至爆发了为期 34 天的战争。这场战场之后，以色列一方面在军事上加重对真主党的打击力度，另一方面对黎巴嫩国民发动心理战，促使其对真主党产生厌恶，下决心铲除真主党。双方实力的悬殊导致真主党耗损巨大。如今叙利亚陷入内战中自顾不暇，真主党少了一大支持，以色列对真主党咄咄逼人的攻势却丝毫没有减弱，真主党开始面临前所未有的困境。在未来，美国希望利用真主党的问题来为实现其中东地区利益，乃至在"什叶派新月地带"战略联盟上打开一个缺口。① 因此，黎巴嫩真主党的困境也许很快就会成为什叶派集团核心伊朗的心头之痛。

（二）突厥语集团的强势竞争

突厥语国家遍布欧亚大陆中部地区，包括中亚五国、中东的土耳其、北塞浦路斯以及伊朗阿塞拜疆省、阿塞拜疆以及俄罗斯部分加盟共和国。土耳其于 2009 年牵头成立突厥语国家合作委员会，随后多次召开峰会商讨突厥语国家一体化的日程。由于本节内容我们主要探讨的是伊朗崛起与来自中东内部的地缘挑战，加之土耳其也是突厥语国家中实力雄厚的代表，因此在这里我们主要探讨土耳其与伊朗的竞争。

土耳其北滨黑海，南邻地中海，且扼守着欧亚要道——土耳其海峡，是中东地区最大的逊尼派穆斯林国家。伊朗北靠里海，南临波斯湾，坐拥着世界能源门户——霍尔木兹海峡，是中东地区最大的什叶派穆斯林国家。伊土双方国力相当且领土接壤，都意欲崛起成为中东第一大国，因此两国地区领导权、教派、民族、领土以及意识形态等多个领域存在着难以调和的结构性矛盾。这些固有矛盾逐渐成为两国竞争的焦点所在，土耳其的强势毫无疑问成为了伊朗崛起的一大地缘挑战。

---

① 孙寅兵："真主党崛起历程研究——从边缘到中心"，福建师范大学硕士论文，2012 年 6 月。

1. 伊土争夺地区领导权

作为地跨欧亚的国家，土耳其一直奉行"脱亚入欧"的外交策略。由于欧洲诸国对土耳其固有的亚洲和伊斯兰属性存有看法，土耳其在融入西方社会的进程中屡遭挫折，近年来甚至屡次被欧盟拒之门外。恢复奥斯曼土耳其昔日辉煌的梦想与入欧道路一波三折的现实激烈碰撞，加上苏联解体与中东变局恰好为土耳其填补权力真空和构建地区秩序提供了施展的舞台，这一切进一步促使土耳其加大了"东进中亚，南下中东"的政策力度。然而，中东另一个怀揣同样崛起之梦的伊朗自然成了土耳其前进道路上的绊脚石。对伊朗而言，中东诸国一直是其输送革命的理想试验田，而中亚则是伊朗后院，土耳其对这两地的进军就意味着伊朗地缘优势的丧失。总的说来，伊土双方都想谋求地区领导权，其竞争也必将日趋白热化。

"中亚、高加索地区位于欧亚大陆连接处，自古就是各种势力竭力染指的战略要冲。"[1] 苏联解体之后，世界格局正在发生着翻天覆地的变化，而高加索与中亚地区却形成了一个新的地缘战略格局的真空。随着里海油气资源开发被提上议事日程，高加索与中亚地区的战略地位显得愈发重要。除了美国与俄罗斯相继加入这一地区地缘博弈外，较有实力的地区性大国伊朗与土耳其也开始加大对此地区的重视力度。苏联解体后，伊朗借助与中亚地区的塔吉克斯坦、土库曼斯坦、乌兹别克斯坦等国在民族、历史、宗教、语言、文化等方面的历史渊源加大了对中亚地区的争夺，以期不断提升在该地区的影响力。[2] 而土耳其也大谈特谈"泛突厥主义"，通过定期举办突厥语国家会议，极力拉拢中亚五国成立一个类似欧盟的稳固地缘体。在高加索地区，伊土双方更在保障自身能源利益的"巴杰管线"上针锋相对，而背后隐藏的却是对这一战略要地的争夺。

在与西方围绕伊核问题上进行拉锯战的同时，伊朗也开始谋求在中东布局：帮助伊拉克打击 ISIS 极端势力，巩固西部边界安全；全力支持叙利亚巴萨尔政权，保障其中东唯一盟友；联合黎巴嫩真主党、叙利亚与巴勒斯坦民族解放阵线三面打压以色列，以赢取阿拉伯国家好感……而与此同

---

[1] 冯玉军："大国及地区势力对中亚高加索的争夺及其影响"，《东欧中亚研究》，1997 年第 6 期，第 82 页。
[2] 陈志新："伊朗深化与中亚国家关系"，《社会观察》，2010 年 3 月 7 日。

时，土耳其转身大举南下，在中东地区着重发展同阿拉伯和伊斯兰国家的关系。承认巴以双方的合法权益，主动介入阿以争端的调解，支持中东和平进程；阿拉伯变局之后，土耳其纵横捭阖于西方与阿拉伯国家各国多方力量之间，对乱后阿拉伯国家的稳定起了重要作用；在伊朗核问题上，土耳其联手巴西同伊朗签订铀浓缩转换协议，力主六方会谈和平解决伊朗核问题。土耳其一连串的"组合牌"在中东引起了强烈反响，其咄咄逼人的攻势让伊朗猝不及防，双方对中东领导权之争也逐渐激烈。

2. 伊土争夺教派话语权

早在土耳其前身的奥斯曼帝国和伊朗前身的萨法维（Safavid）帝国时期，伊土两国就分别是伊斯兰两大主要教派逊尼派和什叶派的领袖。在历史上，两国一直不遗余力地在争夺穆斯林世界的领导权，这种教派领导权的争夺，也成为了两国一个难以调和的矛盾。教派的争夺不仅仅局限于宗教层面，双方还曾为此大打出手。进入20世纪以后，青年土耳其党（Young Turks）发起的泛伊斯兰主义运动甚至在伊朗国内的精英阶层中产生了一定影响。[①] 其宣扬逊尼派意识形态的泛土耳其主义运动力图推翻伊朗政权，建立一个一统的伊斯兰世界，这对伊朗人来说简直如同噩梦一般。1999年，土耳其议会穆斯林女议员卡维克齐因带着象征伊斯兰的头巾宣誓而被剥夺就职资格。针对此事，伊土双方口诛笔伐，爆发了长久的口水战。可见这种教派上的争夺一旦波及政治领域，将带来难以预估的恶劣影响。即使教派冲突并非伊土矛盾的焦点，但两国在教派上的分歧却深深地印刻在两国的文化传统之中。

3. 伊土在民族问题上互相刁难

伊土两国都属于多民族国家，且两国都为国内不安分的少数民族而困扰。伊朗最大的少数民族阿塞拜疆人（占伊朗总人口的25%），这个民族属突厥语系，与土耳其及阿塞拜疆关系十分密切。自从泛土耳其主义诞生以来，伊朗国内的阿塞拜疆人一直蠢蠢欲动，即便伊朗加大对该地的管辖力度，但其分离趋势却愈发明显。在这一问题上，土耳其不断煽风点火，怂恿阿塞拜疆支持伊朗境内的阿塞拜疆族独立出去。阿塞拜疆甚至将伊朗

---

① Env er Ziya Karal, OsmanliTavihiVU. CiIl: BirinciMesvutiyet ve istibdat Devirleri (1876—1907); Ankara: Turk Tarili Kurumu Basimevi, 1988. 126 – 146.

阿族聚居地区称之为南阿塞拜疆，并视为其领土，对其主要的分离运动组织支持力度可谓空前。土耳其和阿塞拜疆的行为极大地损害了伊朗保持领土完整和国家安全的利益，也加深了伊土两国的民族矛盾。而在土耳其，占比15%的库尔德人也已经成为当局政府最为头疼的问题。为了争取自治和独立，库尔德人成立库尔德工人党，公开与土耳其征服叫板。为此，土政府多次采取强硬手段镇压和围剿库尔德人，导致库尔德工人党分散到了伊拉克和伊朗等多国境内。多年来，伊朗政府一直默许甚至支持库尔德工人党武装人员从其领土上对土耳其发动攻击，因而成为两国矛盾的一个重要焦点。两国在民族问题上的互相刁难实质上是对对方不断崛起的打压。

4. 伊土在意识形态上冲突不断

伊斯兰革命之后，基于对伊朗革命者把伊斯兰革命倡导的神权政治推广到整个中东地区的担心，土耳其世俗政府在意识形态上对伊朗处处抵制。1999年德黑兰大学学生举行集会，抗议强硬的保守派查禁拥护哈塔米总统的主要改革派报纸《和平报》。德黑兰警方迅速镇压了这次游行示威活动，此举遭到了土耳其总理埃杰维特的强烈谴责。埃杰维特在讲话中说："它是伊朗人民对压迫政权的一种自然而然的反应。伊朗民族有着丰富的历史与文化底蕴，他们不能长期忍受一个陈腐的压迫政权的统治。"[1] 伊朗外长卡迈勒·哈拉齐则直截了当地抨击土耳其的世俗主义政权，并表示土耳其世俗政权无视公民价值观与信仰。在双方意识形态的冲突中，土耳其自诩是穆斯林世界中世俗化的典范，而伊朗则自我标榜为伊斯兰主义的表率。

5. 伊土在边界纠纷上矛盾难解

伊土边界问题由来已久，早在1639年奥斯曼帝国和萨法维王朝签订的《昆希—西林条约》中就已经埋下伏笔。几个世纪以来，两国边界虽时有小冲突，但也并没有因边界问题而发生重大战争。然而进入20世纪以后，两国之间不明确的边界给了部分少数民族进行反政府活动空间，从而加剧了边界问题引起的纠纷。土耳其境内的库尔德工人党时常利用土耳其和伊朗边界中有争议地区向土耳其发动攻击，并多次造成两国之间的关系紧

---

[1] Olson, Robert W.: Turkey-Iran Relations, 1979—2004: Revolution, Ideology, War, Coups, andGeopolitics, Mazda Publishers; 2003, p. 52.

张。为此双方曾多次针对边界划定进行谈判,却收效甚微,源于边界上的纠纷呈愈演愈烈之势。

(三) 阿拉伯集团的多方阻碍

阿拉伯集团是当今中东所跨地域面积最宽广、人口最多的地缘势力集团。然而,面对突厥语集团的南下以及什叶派集团的异军突起,以阿盟为纽带的阿拉伯集团在中东的地位江河日下。埃及穆巴拉克强力政权倒台之后,中东传统的阿拉伯势力受到重创,只剩下传统大国沙特阿拉伯独挑大梁的局面。虽同属伊斯兰教国家,温和逊尼派掌权的阿拉伯与极端什叶派掌权的波斯却显得格格不入。双方在政治、经济以及国际关系等多重领域分歧巨大,国家利益相去甚远。对阿拉伯集团的国家来说,伊朗的强势意味着本国利益的受损;而对伊朗来说,以沙特为首的阿拉伯集团便是横亘在伊朗崛起之路上的一块巨大的绊脚石。巴林与也门是阿拉伯集团的重要组成部分,也是伊朗向外"输出革命"的绝佳试验场,而两国的动乱似乎都带着伊朗的影子,这让阿拉伯集团诚惶诚恐。面对伊朗的步步紧逼,阿拉伯集团国家纷纷对伊朗的崛起与势力扩展进行了多方位的阻碍。

1. 沙特阿拉伯与伊朗争抢地缘利益

现在的沙特阿拉伯在海湾国家中有着举足轻重的地位,在阿拉伯世界和伊斯兰世界也有着非同一般的地位,它不仅拥有重要的战略位置、丰富的石油资源和在海湾其他国家中不可替代的影响力,更重要的是,它还是伊斯兰教两大圣地的守护者,每年有近 200 万的穆斯林要来此朝觐。沙特与伊朗隔海相望,在经过数十年的发展之后,伊朗在缓慢中逐渐走上崛起之路。面对与伊朗的巨大差距,作为阿拉伯集团的龙头老大,沙特阿拉伯自然不会对伊朗的崛起坐视不理,双方在诸多领域展开了地缘利益争夺大战。

第一,沙特与伊朗争抢石油贸易主导权与 OPEC 定价权。沙特、伊朗分别是全球第一和第三大原油出口国,且都是 OPEC 成员国,原油贸易的可替代性决定了原油出口国之间存在刚性的竞争关系,于是双方围绕原油出口的问题掀起一波又一波的较量。OPEC 定期召开会议商讨各成员国的原油产量、出口配额以及原油出口价格,由于沙特占据着主导地位,因此伊朗长期在 OPEC 内部处于不利地位。另外,沙特还联合其他海湾产油国家与伊朗大肆抢夺原油贸易的主导权。2014年年末，国际油价大幅下跌，伊朗提出OPEC国家应以降低石油产量的方式促进油价回升，此建议遭到沙特的直言拒绝。沙特石油部长阿里·欧那密（Ali al-Naimi）甚至说服了OPEC其他成员国，让他们相信无论油价跌到多少，减少石油产量都不符合OPEC的利益。① 对伊朗来说，国际原油价格的持续下降将对本国经济造成不可估量的损失，甚至影响到国内什叶派政权的稳固。

第二，沙特与伊朗抢夺中东势力范围。随着伊朗什叶派势力的逐渐西拓，双方逐渐开始在第三国展开激烈争夺。伊拉克是两国争夺的第一个重点。伊拉克战争结束之后，沙特与伊朗就紧锣密鼓地开始了针对伊拉克国内局势走向的暗战。随着美军的撤离，这种暗战逐渐浮出水面。据《纽约时报》报道，沙特国王阿卜杜拉警告美国副总统切尼，如果美国从伊拉克撤军，沙特将在财政上资助伊拉克逊尼派组织的任何针对伊拉克什叶派的战争。② 沙特还宣称如果发现有德黑兰支持下的什叶派武装使伊拉克逊尼派陷入危险境地时，沙特将进行军事介入来保护伊拉克的逊尼派组织，并与伊朗日益上升的影响力进行对抗。③ 海湾石油富国巴林历来就是两国争夺影响力的主要战场。伊朗一直认为巴林是将其什叶派影响力扩散至阿拉伯的前站，因此伊朗与巴林国内的什叶派有着微妙的关系。当"阿拉伯之春"的余波给巴林带来示威游行与骚乱的时候，沙特立即调遣海合会部队开进巴林帮助其逊尼派政府控制动荡局势。巴林也迅速召回了驻伊朗大使，其行动之快给伊朗带来了不小震动。此次动荡中政权交接最为波折的埃及便成了沙特与伊朗争夺的第三个重点国家。埃及变乱之前，伊朗与埃及的关系已出现回暖趋势，然而这一切却因埃及政府的颠覆出现转折。穆巴拉克政府一倒台，沙特第一个向军方发去贺信，支持埃及人民的选择，率先抢得了对埃及施加影响力的先机。随后，第一任民选总统穆尔西希望与伊朗发展友好关系，却立即遭到沙特的反对很快以下台惨淡收场。沙特联合阿联酋、科威特等国积极向动乱后的埃及施以援助之手更是获取了埃

---

① "石油生产国存分歧：委内瑞拉，伊朗抱团地域石油价下跌"，和讯网，http://news.hexun.com/2015-01-12/172297955.html。

② Helene Cooper. Saudis' Role in Iraq Frustrates U. S. Officials. *New York Times*, 2007.7.27.

③ Lydia Hansell, Robert A. Guffey. Saudi-Iranian Relations since the Fall of Saddam Rivalry, Cooperation, and Implications for U. S. Policy. RAND Corporation, 2009, pp. 36 – 38.

及新一届政府的强烈反响。在这一些列针对第三国的争夺中,伊朗的势力扩展遭到沙特有力的阻碍,由此也在一定程度上对伊朗崛起产生了极大的负面影响。

2. 阿联酋与伊朗的争端凸显

阿拉伯联合酋长国濒临波斯湾,与伊朗隔霍尔姆斯海峡相望,是海湾地区首屈一指的石油富国。1972年3月,伊朗利用英殖民者撤军、阿联酋独立不久等时机,出兵侵占了波斯湾内存在争议的阿布穆萨与大、小通布三个岛屿。此后,阿联酋方面联合多个阿拉伯国家屡次对三岛提出主权要求,但伊朗方面却从来不予理会。对于阿联酋来说,即便三岛的经济价值不值一提,但由于处在波斯湾出海口上,其战略价值极为重要。伊朗在占据三岛之后,费力将其打造成了伊朗的军事基地,这无疑凸显了伊朗争夺海湾控制权的野心。多年来,阿联酋致力于通过国际仲裁的方式解决领土争端,但伊朗拒不接受。面对伊朗对三岛的实际控制,阿联酋深感国家安全难以保障,而伊朗崛起过程中的种种表现更让阿联酋表示担忧收回三岛屿的可能性进一步减小。

3. 巴林对伊朗保持高度戒备

巴林是波斯湾内的一个岛国,由于正好处于伊朗跟阿拉伯国家碰撞的前沿,所以其地缘位置极为重要。再加上美国第五舰队长期驻守巴林,使得这一波斯湾富裕小国的地位更加炙手可热。巴林有人口120万,其中有75%属于什叶派穆斯林,但国家政权却一直把持在逊尼派手中。为了维护占人口少数的逊尼派掌权的局面,什叶派长期在政治、经济和文化等诸多领域受到当权政府压制。中东开始变局以后,巴林国内的局势风起云涌。

在2009年,伊朗外长曾发出一个"巴林1970年前是伊朗第14个省"的言论,不曾想引起一场巨大的外交纠纷,而且还促使巴林开始对伊朗存有了戒备之心。2011年2月14日,巴林什叶派教徒开始走上街头举行大规模游行示威以图改变被压制现状,当局政府采取强力手段进行了镇压。伊朗对此公开要求巴林政府应向人民交权,而巴林和沙特一致认为是伊朗着手挑起了动乱。此后,巴林内政部声称曾破获一起策划袭击沙特—巴林跨海大桥和一些重要人物的5人恐怖团伙。而据该团伙交代,他们准备前往伊朗接受训练,伊朗共和国卫队将为其提供活动经费。虽然伊朗政府对此极力予以否认,但巴林政府表示不信任并逐步提升对伊朗的戒备。面对伊朗崛起而带来的巨大地缘压力，巴林的高强度戒备之心一定程度上阻碍了伊朗进一步扩展其地缘势力的动力。

4. 埃及与伊朗关系不定

同作为中东乃至伊斯兰世界的文明古国，埃及与伊朗的关系却并非一帆风顺。近代以来，双方在多个领域既有分歧也有合作，由此也导致两国关系在反复无常中发展。伊朗要想真正崛起为中东的区域大国，必须尽可能寻找可靠盟友，以有利于扩充自己的影响力和势力范围。比起与其他半岛阿拉伯国家的格格不入，埃及似乎成了伊朗在此区域的最佳选择。

经过将近 30 年的对抗，伊朗与埃及的关系在 21 世纪初出现了转机。当伊核危机愈演愈烈的时候，埃及却有保留地支持伊朗的核计划，埃及希望允许伊朗政府与广大阿拉伯国家分享核技术。穆巴拉克下台后，双方接触虽日益增多，但两国关系的前景仍不甚明朗。埃及亲伊的穆斯林兄弟会领导人穆尔西当选为新总统之后，表明将访问伊朗进一步改善两国关系。然而，访伊计划还未成行，这位力主改善与伊朗关系，拓展多方位外交的总统在当政一年就遭军方罢黜。随着穆尔西的下台，其领导下与伊朗有着共同语言的穆兄会也惨遭解散甚至被定性为恐怖组织。新任总统塞西上台伊始就表现出倒向沙特阿拉伯的趋势，自此埃及与伊朗关系改善似乎又走向了死胡同。伊埃关系短期内难以稳定下来，这也给伊朗崛起的中东环境增添了诸多变数。

（四）以色列与伊朗的对抗

除了能左右地区格局的三大集团外，以色列便是中东地区的经济军事强国，与中东大环境一向格格不入的以色列也对伊朗的崛起抱着极大的敌视与对抗态度。巴列维时期伊以曾结为战略盟友，共同制约阿拉伯国家；伊斯兰革命之后双方开始公开指责但仍旧保持着秘密武器交易；冷战结束后，随着地缘环境的变化，伊以认为彼此是对方最大的威胁，于是走向了公开对抗。

伊朗的政权性质与其向阿拉伯地区"输入伊斯兰革命"的行为是招致以色列与其激烈对抗的根本性因素。以色列前总理佩雷斯声称："伊朗是恐怖主义、原教旨主义和颠覆主义的中心。"[①] 针对于此，伊朗方面也做出咄咄逼人的回应，前总统内贾德曾在公开场合发出"以色列必须从地图上抹去"的语调。而伊朗一心拥核，这极大地威胁了以色列的地缘环境安全，更是让以色列无法忍受。以色列利用国际舞台展开多边外交，大力渲染伊朗企图拥核的恶劣影响，不断敦促国际能源机构（IAEA）向伊朗施压，并极力唆使西方国家加大对伊朗的制裁力度。以色列在意识形态、核问题以及外交领域等多方面向伊朗发难，一方面是为了保证自己的国家安全，更为重要的是出于对伊朗咄咄逼人的崛起之势所做出的强烈反应。

五、伊朗崛起下的中东地缘政治新格局

中东区域内政治、经济、文化等方面存在差异与矛盾，整体上四分五裂，缺乏一致性；域外大国角逐，易受扶植与控制，缺乏独立性是中东地区国际政治格局的典型特征。遭受了强烈动荡与冲突之后的中东满目疮痍，埃及穆沙拉夫政权被推翻，国内临时政府一盘散沙，短时间难成气候；伊拉克自战争以来，就充斥着不断地恐怖袭击，其国家前景不甚明朗；以色列地缘环境不断恶化，且国土纵深狭小，缺乏成长为区域大国的先决条件；其他中东国家面积狭小、实力有限，很难摆脱大国控制而独立崛起。与此相反的是，位于欧亚陆桥上的土耳其和海湾东岸的伊朗确置身于中东地缘变动事外，逐渐成长为中东的区域性核心大国；而传统地区大国沙特阿拉伯也依靠西方国家的支持展现着顽强的生命力。三大地区集团的背后，中、美、俄、欧围绕着自身利益在中东的舞台上角逐，深度影响着中东地缘环境进程。

1. 区内"三集团鼎立"格局的强势凸显

20 世纪的中东是一个群雄并起的时代，多个地区大国曾在这一区域先后称雄。而如今，中东地缘环境在"阿拉伯之春"之后发生了急剧变化，取而代之的是以伊朗、土耳其与沙特阿拉伯三个大国为核心的三大地缘集团鼎立的新格局。

---

① Trita Parsi, Israel-Iranian Relations Assessed: Strategic Competition From the Power Cycle Perspective, *Iranian Studies*, 2005, 38 (2): 247–269.

第一，以伊朗为核心的中东什叶派集团。伊朗一面积极参与伊核六方会谈，一面暗自进行铀浓缩，在反复"拥核"与"弃核"的呼声中利用石油武器与大国进行拉锯战，积累了强大的舆论资本。另外，伊朗也开始与伊拉克积极接触，并协助伊方打击 ISIS 暴恐分子，谋求改善双边关系；支持叙利亚巴萨尔政权，稳定其西部边界；支持黎巴嫩真主党以及巴勒斯坦，多面包抄打压以色列……伊朗犹如高原猛虎下山，一个团结了伊朗、叙利亚、伊拉克、黎巴嫩等国的中东什叶派集团业已形成。

第二，以土耳其为核心的突厥语集团。土耳其长期在高加索及中亚突厥语地区布局，"阿拉伯之春"爆发之后，土耳其"挥师南下"，其身影迅速遍布中东各个角落。土耳其在中东的风采可见一斑：加强在地中海岛国塞浦路斯的军事存在；到埃及、利比亚推销民主，主动搞好与阿拉伯国家关系；在伊核问题上高调出头，多方奔走，赚足了国际社会眼光……随着身影频繁活跃于动荡区域中的多个外交舞台，土耳其的国际地位日益凸显，迅速蹿红为国际媒体竞相报道刊登的"明星热词"。[1] 总的来说，中东北部及其附近地区也已经形成了以土耳其为核心的一个突厥语集团。

第三，以沙特为核心的阿拉伯集团。沙特阿拉伯长期与美国关系密切，自诩是阿拉伯世界的老大哥。埃及穆巴拉克政权倾覆陷入内乱之后，沙特迅速加强对其的援助力度，埃及甚至出现倒向沙特的局面。在阿拉伯半岛之上，沙特在人口、经济以及影响力上都占据了极大的优势，半岛阿拉伯国家一向唯沙特马首是瞻。在团结广大阿拉伯国家的基础上，一个以沙特为中心的阿拉伯集团也日渐强大。

2. "双核一强"格局基本成型

中东群雄并起的时代在大国角逐与内部矛盾爆发后一去不复返，取而代之的是"双核一强"的强势凸显。"双核"即中东两大政治经济体——伊朗与沙特；"一强"则是位于小亚细亚半岛的土耳其。

伊朗在"拥核"与"弃核"的谈判过程中利用石油武器与西方大国较量，积攒了强大的政治资本。埃及倒台之后，伊朗与阿盟积极接触，谋求双边关系改善；支持叙利亚巴沙尔政权、黎巴嫩真主党以及巴勒斯坦，从

---

[1] 丁工："土耳其强势崛起对中东地缘政治的影响"，《西亚非洲》，2013年第3期，第22—27页。

三面包抄打压以色列；积极与土耳其发展并扩大两国经贸往来，共同致力于独立解决中东问题。

作为伊斯兰教逊尼派的代言人、阿拉伯世界的大佬，基于其世界能源安全中举足轻重的地位，加上作为中东地区美国长期稳定的阿拉伯盟友，沙特对中东地区事务具有重要的影响力。沙特和伊朗，一个是阿拉伯世界的老大，一个要复兴波斯帝国的雄风，一个是逊尼派的领袖，一个是什叶派的大腕，注定了两国为争夺中东地区的话语权和主导权会展开激烈的竞争与博弈。在叙利亚和也门问题上，沙伊两国一直都在背后暗自角力。为打击"伊斯兰国"，2015年12月，沙特高调宣布组建由34国组成的伊斯兰反恐武装联盟，目的就是希望藉此彰显自己在中东的影响力和号召力。

作为该地区的军事强国土耳其近年来也是屡有大动作。中东变局爆发以来，土耳其先与以色列翻脸，支持巴勒斯坦"入联"申请；再帮伊朗缓解美伊关系，积极组织伊核六方会谈；还到埃及、利比亚推销民主，主动拉拢阿拉伯国家。随着其身影频繁活跃于动荡区域中的多个外交舞台，土耳其的国际地位日益凸显，吸引了国际社会的广泛关注。最新的大动作包括从击落俄罗斯战机，到派遣军事人员进入伊拉克北部巴希加的一处训练营，这个地跨欧亚大陆的国家，正在更加深度地嵌入中东的地缘政治角逐。

3. 区外四大国的深度角逐

自古以来，中东一直是各种文明激烈交汇碰撞的地带。丰富的油气资源及重要的战略位置向来让外围大国垂涎三尺，而遭遇变故后的新格局又一次让中东成为了新一轮大国角逐的重要战场。中东每历经一次政治或军事事件必然会导致原有地缘力量的分化与新兴力量的重新组合，而相关大国正是引导这种力量分化与组合的幕后推手。

中东一直是美国布局全球战略的重要棋子，不管全球格局怎样变化，美国始终紧盯着中东这块肥肉。通过不断的扶植、渗透，甚至战争，美国致力于向中东输入"民主价值观"，力图建立一个亲美的"大中东"。只要控制住了中东，就相当于紧紧掐住了世界能源的咽喉，这对美国维持当前全球战略、保障自身超级大国的地位大有裨益。欧盟多国属于能源自给率低下，其能源供应严重依赖俄罗斯。为了保障能源供应安全，欧盟近年来大力推进能源"来源多样化"战略，而近邻中东自然成了欧盟的最佳选择。对于俄罗斯来说，中东不仅扼守着俄罗斯南入地中海的交通要道，而且是与欧美国家争夺的重要战场，因此中东的战略地位极为重要。俄罗斯积极介入中东事务为的是弥补在这一地区日渐衰微的影响力，通过发展在这一地区的潜在盟友，有利于保障俄南部边境的地缘安全。中东长期占据着中国能源进口的头把交椅，伊朗、沙特阿拉伯更是中国进口原油的主要来源国。未来中国对中东石油的依赖程度不会大变，中东作为中国最大能源来源地的地位不会变，这是中东的战略重要性所在。另外，中国在中东有不少投资合作，中东地区大国崛起必然会导致原先的地缘格局的改写，这种变化将对中国的能源利益造成重大影响。由此可知，中东国家背后隐藏着的是四个大国的深度角逐，其地区强国的崛起也将深深刻上大国纵横捭阖的烙印。

第二节 当代伊朗的国家凝聚力和向心力

2015年7月14日，伊朗问题六国和伊朗达成伊核问题全面协议，欧美大国开始积极寻求重返伊朗市场。饱受欧美制裁多年的伊朗，经济虽遭到打压但仍独立自主发展，国内政局稳定。可以说，强大的国家凝聚力[①]有效化解伊朗国内矛盾，维护国家稳定，强化国家认同。本书旨在分析伊朗国家凝聚力的来源和表现，以期有助于厘清当代伊朗国家凝聚力的基本脉络及规律。

[①] 目前，国内学术界对国家凝聚力的界定主要有以下三种观点：其一，国家凝聚力是指在一个国家中不同的民族、阶层、政党及社会大众在共同的理想、目标、利益基础上所形成的吸引力和聚合力。其二，国家凝聚力是指人们对于国家意识形态和价值观念的认同力，是社会制度和发展模式的吸引力，是发展战略的执行力，是国民的凝聚力，是民族的创造力，是文化的感召力以及在国际事务中的影响力，国家凝聚力就是软实力。其三，国家凝聚力是最高层次的社会凝聚力，民众为国家领导核心所吸引，同时民众之间也互相吸引，由此聚而不散，凝聚为持久的、推动经济社会发展的力量。可以说，国家凝聚力就是一个国家内部各民族、全体公民和政党为了国家、社会与自身共同利益而朝向建设强盛的统一民族国家，构建富国强民的和谐社会这一共同目标而形成了对国家主流价值观（文化）的自觉认同、对同胞的认同并由此获得情感的归属与心理依赖，从而形成强力而有深厚的动态的聚合力（它足以抵消来自外部及内部任何方面的冲击力和离散力）。（详见章忠民、张亚铃："国家凝聚力的构成及其矛盾张力探源"，《马克思主义研究》，2012（01）：124。）

一、历史传承与现实国情迸发出的民族自豪感

拥有灿烂文化和古老文明的伊朗，是一个极具身份归属感的国家。正如亚历山大·温特在《国际政治的社会理论》所指出的那样：行为选择的内容不仅仅是使手段符合目的，行为体还会支承和再造身份，即对他们身份的表述，这种身份又确定了行为体的利益，根据这样的利益，行为体选择自己的行为方式。① 在波斯文化和伊斯兰文化的共同构建下，伊朗人有两种不同的身份认同——伊朗族群和穆斯林身份，这些身份认同决定了他们的利益，进而影响他们的行为。2003年12月10日，当伊朗妇女希琳·伊巴迪在接受诺贝尔和平奖时，向全世界骄傲地宣称"我是伊朗人，伟大的居鲁士的后代"和"我是一个穆斯林"，这充分体现出当代伊朗人两种身份认同。古代的波斯帝国一直以来都是伊朗人的骄傲。自公元16世纪什叶派十二伊玛目派被萨法维王朝定为国教随即成为社会主流的意识形态起。这两种身份认同就渗透到伊朗人民的世界观、人生观、价值观中。不同时期的伊朗当政者则根据需要侧重于强调其中的某种身份，为当局统治和对外政策寻找合法性依据。② 可以说，政治是宗教生存的刚性依靠力量，宗教是政治发展的柔性的支持基础。美国学者汉斯·摩根索在《国家间政治——权力斗争与和平》中提及，"优越文化和更富有吸引力的政治哲学的说服力"显然比军事手段、经济手段更有效，因为"它的目的不是征服领土和控制经济生活，而是征服和控制人民的心灵"。③ 20世纪90年代美国学者约瑟夫·奈进一步提出软实力概念。文化软实力作为国家软实力的核心要素，文化软实力主要指文化的吸引力和感染力，对一个国家而言，它是一种支撑力、创造力、推动力、凝聚力和传承力，因它的内在性、深刻性和精神特性，从而具有可持续的竞争力，成为综合国力竞争中的核心力量。对一个民族和国家来说，经济、科技和军事等硬实力固然重要，但

---

① 亚历山大·温特著，秦亚青译：《国际政治的社会理论》，上海人民出版2000年版，第455页。
② 刘慧："民族身份认同对伊朗核政策的影响"，《阿拉伯世界研究》，2011年第4期，第34页。
③ 汉斯·摩根索著，徐昕、郝望等译：《国家间政治——权力斗争与和平》，北京大学出版社2012年版，第99页。

国家思想、文化和道德等软实力同样不可或缺。① 由此可见，波斯文化和伊斯兰教成为伊朗文化的核心要素，为伊朗国家软实力提供强大力量支撑，为增强国家凝聚力提供不竭动力。

众所周知，拥有悠久灿烂文明的伊朗，自古就是中东地区享有重要影响力的大国。早在公元前6世纪，波斯帝国曾盛极一时，成为世界上第一个地跨亚、非、欧三大洲的帝国。帝国疆域西北达巴尔干半岛的多瑙河，西南到非洲的尼罗河，东北自锡尔河以南，东南至印度河流域，面积约500万平方公里。② 波斯帝国不仅有显赫一时的实力，而且在文化、政治、宗教、科技等领域也相当发达，对后来东西方文明产生深远影响。

在波斯帝国时期（公元前550—公元前330年），居鲁士二世作为帝国开创者而声名远播。大流士一世执政后，加强了中央集权并削弱和打击部落和地方割据势力。大流士一世在位期间先后出征达19次，使帝国境内的版图横跨欧亚非三洲。大流士一世将帝国划分为20个行省，向各省派遣总督，并将帝国划分为5个军区，每个军区负责几个行省的防务。大流士一世还大力修筑帝国境内各省到首都的道路，这些通道不仅加强了帝国境内的联系，也促进了各地区经贸发展。此外，大流士一世实行统一的货币制度，还非常重视宗教对帝国的统治作用，利用帝国本土的琐罗亚斯德教（即袄教）为帝国的扩张服务。③ 可以说，波斯帝国既是一个军政联合体，也是一个文化混合体。帝国政府奉行多元统一的政策。在一个最高王权的统治之下，有利于统一文化的发展；在各地享有一定自治权的情况下，又有利于各民族文化的生存。这种统而不一的局面使帝国文化呈现出多元性，既融合，又并存。众所周知，语言是交往的媒介。在波斯帝国境内，埃兰语、阿卡德语、希腊语和古希伯来语等地方民族语言是帝国内中央和行省交往时使用的语言。阿拉米语是波斯帝国的国际语言，它是帝国统一性的象征，而各民族地方语言的存在则是多元性象征，也是各种文化交往的象征。④ 为了巩固统治，波斯帝国君主奉行宽容的民族宗教政策。如米

---

① 中国社会科学网："什么是文化软实力？" http：//www.cssn.cn/zt/zt_ xkzt/zt_ fxzt/FXPD_ whrsl/whrsl_ smswhrsl/201407/t20140710_ 1249051.shtml，上网时间：2015年9月21日。
② 王新中、冀开运：《中东国家通史：伊朗卷》，商务印书馆2004年版，第67页。
③ 张铁伟编著：《列国志：伊朗》，社会科学文献出版社2005年版，第38页。
④ 王新中、冀开运：《中东国家通史：伊朗卷》，商务印书馆2004年版，第74—75页。

底、巴比伦和吕底亚的贵族享有部分特权。在承认波斯人统治的前提下，各地旧有的统治方式基本都予以保留。在宗教方面，居鲁士亲自前往各地的神庙祭祀，重修神庙，保留祭司和神庙的特权。这些举措为帝国赢得广泛支持。[1] 在法律方面，帝国进一步完善相关法律，但允许境内不同法律的存在。如犹太人的主要法律《摩西五经》也是在波斯国王的允许和支持下编订完成的。[2] 大流士一世重视宣扬君权神授和帝国的波斯性。《贝希斯敦铭文》强调大流士是受阿胡拉·马兹达庇护而获得王权，因此君主专制具有神圣性和合法性。从阿塔薛西斯二世开始，在帝国各省建立了祆教的战争女神阿娜希塔的神庙，它们也加强了外省波斯社团的凝聚力。[3] 可见在波斯帝国统治时期，伊朗国家凝聚力空前提高，帝国得到了境内各地僧俗贵族和广大民众的好感。

历史上，伊朗多次成为当时世界上的重要国家。作为波斯文明的代表曾分别与罗马帝国和奥斯曼土耳其帝国相抗衡。波斯还同希腊、罗马进行过持续几个世纪的战争，长期同奥斯曼土耳其争夺美索不达米亚，这足以体现波斯人的强悍和波斯文明的实力。中国学者秦亚青认为，"历史可以教会我们许多东西，但历史也可以是沉重的负担，它会使人们简单机械地将现实与历史相比，结果就会完全错误地认识现实。"[4] 波斯的辉煌给伊朗人民留下的是大国心态，即高估自身实力和低估他国实力，并由此形成对自身和他者实力差距的误判。近代以来，伊朗饱受沙俄和大英帝国的殖民侵略。1979年伊朗伊斯兰共和国成立后，国家在两伊战争时期遭到西方不公正对待，长期处于欧美的政治外交孤立、经济制裁和军事威胁下。可以说，伊朗在对抗西方列强的斗争中屡战屡败，民族失落感逐渐加深，造成了所谓受害者心理，即对外部威胁保持高度敏感。大国心态和受害者心理相互作用，共同造就了伊朗民族求尊重、求公正、同情弱者以及高度敏感的民族心理。[5] 屡受外敌入侵的历史强化了伊朗的凝聚力和向心力，伊朗民族长期形成的民族自豪感，对历史上辉煌时期的向往，注定伊朗人不甘

---

[1] 彭树智主编，王铁铮、黄民兴等：《中东史》，人民出版社2010年版，第44页。
[2] 王新中、冀开运：《中东国家通史：伊朗卷》，商务印书馆2004年版，第69—70页。
[3] 彭树智主编，王铁铮、黄民兴等：《中东史》，人民出版社2010年版，第44页。
[4] 金良祥：《伊朗外交的国内根源研究》，世界知识出版社2015年版，第9页。
[5] 金良祥：《伊朗外交的国内根源研究》，世界知识出版社2015年版，第4页。

沦落，不易屈服。他们为民族复兴进行着不懈追求和努力。历史的辉煌成为伊朗民族自豪感的基础和来源，同时也是伊朗民族梦想再创辉煌的思想信念和奋斗目标。光辉的古代历史使伊朗人民始终拥有强烈的民族自豪感和大国心态，不满足于被压抑、被排斥的境遇，发展核武器正反映了伊朗追求大国地位的心态。[1]

从地缘政治看，伊朗独特的地理位置使其极具战略价值。美国学者尼古拉斯·斯派克曼在《和平地理学》一书中提出"边缘地带理论"，"谁支配着边缘地区，谁就控制欧亚大陆；谁支配着欧亚大陆，谁就掌握着世界命运"。[2]伊朗版图恰好就处在这一边缘地带上。伊朗高原，横跨亚欧大陆的阿尔卑斯—喜马拉雅山系的中部。伊朗高原南部是波斯湾、阿曼湾、阿拉伯海、美索不达米亚平原和印度河平原，北面是里海和都兰低地。伊朗是游牧部落和农耕部落频繁交往的舞台，亦是古代丝绸之路的重要贸易中转站，构建起东西方文明交流的桥梁。近代以来，伊朗一度成为沙俄和英国争夺的战略区域，在二战期间是盟国支持苏联的胜利金桥，在冷战时期是美苏争夺的前沿阵地。伊朗地处世界能源版图的战略要道，扼守霍尔木兹海峡，是连接里海能源宝库和波斯湾能源宝库的交通枢纽，也是高加索和中亚地区通往波斯湾和印度洋的最便捷战略要道，更是"一带一路"的重要交通枢纽。

从现实国情看，伊朗具备扮演地区大国角色的实力。伊朗拥有8000万人口，国土面积达164.5万平方公里。2013年，伊朗的GDP达到5148亿美元，[3]位居世界前列。伊朗文学和伊朗电影作为伊朗国家文化软实力一部分，在世界上也享誉盛名。伊朗更是中东地区名副其实的军事强国。作为成功进行过伊斯兰革命的什叶派穆斯林大国，伊朗对中东什叶派政治力量具有强大影响力，其所建立的政教合一的政治体制也成为许多伊斯兰国家原教旨主义者所推崇和效仿的榜样。[4]

---

[1] 丁工："从伊朗核问题看伊朗的地区大国意识"，《阿拉伯世界研究》，2010年第4期，第46页。

[2] 斯皮克曼著，刘愈之译：《和平地理学》，商务印书馆1965年版，第78页。

[3] 数据引自中华人民共和国外交部网站，http://www.fmprc.gov.cn/mfa_chn/gjhdq_603914/gj_603916/yz_603918/1206_604882/，2015-8-29。

[4] 丁工："从伊朗核问题看伊朗的地区大国意识"，《阿拉伯世界研究》，2010年第4期，第45—46页。

就美欧长期以来对伊朗实施制裁的结果而言，这对伊朗国家凝聚力并未造成实质性的伤害。尽管美国还通过意识形态宣传、民主援助和国际孤立等多种手段配合制裁，以期达到动摇伊朗政权的目的。但伊朗的政教合一、高度集权的政治体制有强大的自我修复、自我更新能力，神权体制对国家的影响体现在政治生活的方方面面。伊朗践行某种意义上的西方民主，特有的最高领袖"监国"下的三权分立制度，具备一定的稳固性。伊朗民众可通过选举、游行等方式表达不满。伊朗政府内的保守派、务实派和改革派三派轮流执政，可以满足民众不同的政治需求，亦具有舒缓社会压力的作用。三派都受什叶派最高精神领袖哈梅内伊控制，哈梅内伊一直掌握伊朗国家决策的最终决定权。[①] 可以说，宗教因素强有力巩固了国家政权，为伊朗政治的新陈代谢提供强有力支撑。

不得不承认，西方制裁虽未扼杀伊朗，但也对伊朗社会经济造成巨大损失。受欧美制裁，伊朗国家经济潜力一直未能充分发挥，经济发展亦受严重制约，社会公平和经济独立受到较大影响。伊朗伊斯兰经济要求个人道德和国家发挥重要作用，以弥补市场经济的不足，个人道德来源于伊斯兰信仰，国家需在保护私人企业自由度的情况下维护社会公正正义。伊斯兰经济不仅关注物质财富生产，而且承担社会、政治责任。[②] 目前，伊朗是一个混合的、转型中的经济体，国营经济仍然占重要地位，50%的经济仍然受国家计划控制，同时40%的工业在德黑兰股票交易市场上市。[③]

总体而言，西方制裁增强了伊朗国家凝聚力。在伊朗国内，绝大多数国民支持伊斯兰政府，并将伊朗开发核能视为民族自强的重要手段。美国的制裁、封锁、孤立不仅没有吓到伊朗人民，反而激发出伊朗国民强大的民族主义。一些伊朗人在核设施周围聚会，自发地结成"人体肉盾"来保卫核设施。伊朗政府对美国的强硬态度也为其赢得伊斯兰国家的好感和支持。[④] 总之，美国对伊朗的制裁提高了伊朗的国际地位，美国前国务卿奥尔布赖特承认："伊朗未来的走向将在地区经济和安全事务中发挥关键作

---

① 王锦："试析美国对伊朗制裁的有效性"，《现代国际关系》，2014年第4期，第15页。
② 牛新春："伊朗的经济圣战一场政权保卫战"，《国际问题研究》，2013年第1期，第97页。
③ Roohalahe Ghabezi, Evaluation of Return on Investment for Iranian State-own Companies.
④ 王京烈："伊朗：在抗争中寻求外交突破"，《当代世界》，2008年第5期，第30页。

用，而该地区已经被普遍视为世界的中心。"① 美国前总统小布什在其任期内承认："我们对伊朗的经济制裁没有达到预期效果。"② 可以说，自2011年"阿拉伯之春"以来，在中东乱局的大背景下，伊朗是其中少有的国内政局稳定，经济依旧独立自主发展的中东国家。随着近期核谈判的顺利结束，凭借境内石油、天然气资源的巨大优势和地处"欧亚陆桥"和"东西方空中走廊"的独特地理位置，为伊朗重振强国梦提供了极大空间。伊朗经济开始全面回归世界市场，这势必促使伊朗在全球化时代发挥更加重要的作用。

总之，古代的波斯帝国是伊朗民族永远的骄傲和自豪，2000多年的历史变迁也从未消融伊朗人民对帝国辉煌历史的记忆。无论是在社会制度、经济、文化还是军事领域，波斯帝国都曾创造了当时世界上无可比拟的辉煌成就。正是这些辉煌与荣光，成为伊朗人在历史逆境中依然不断追求民族强大的动力。③ 伊朗传统文化和灿烂文明是民族的血脉和灵魂，是国家发展、民族振兴的重要支撑。伊朗人民在坚持以优秀文化传统为根基，提高文化自觉，增强文化自信，实现文化自强的基础上整合国家凝聚力是富有战略意义的。可以说，伊朗人民有着深厚的民族自豪乃至文明自信是基于历史传统，也是基于现实国情出发的，这也进一步强化了伊朗国家的凝聚力和向心力。

二、伊斯兰教什叶派的国教地位强化了国家的凝聚力

1502年，萨非丁的后裔伊斯玛仪灭白羊王朝，建立萨法维王朝，自认国王，称伊斯玛仪一世，将都城定在大不里士。④ 值得注意的是，波斯的萨法维王朝实际上是以阿塞拜疆人为主体的多民族国家，其中人数较多的是波斯人、突厥人、阿拉伯人、土耳其人、亚美尼亚人等，波斯人只是被统治者之一。当时波斯境内的各民族、各部落常处于半独立状态，还未构

---

① 新华社开罗2000年4月3日讯。
② 伊朗《市民报》，2005年1月31日。
③ 刘慧："民族身份认同对伊朗核政策的影响"，《阿拉伯世界研究》，2011年第4期，第34页。
④ 张铁伟编著：《列国志：伊朗》，社会科学文献出版社2005年版，第48页。

建起一个统一的波斯民族的认同理念。萨法维王朝的建立是波斯民族国家建构的起点，也基本奠定了现代伊朗地缘政治的版图。伊斯玛仪一世非常重视国家的统一和形成统一的民族问题，因此，他于1502年正式宣布把伊斯兰教什叶派十二伊玛目派定位国教，使之占统治意识形态。① 伊斯玛仪一世及其继承者，都把宗教视为统一不同民族为单一民族的工具，这对波斯历史的发展有着重大影响。②

伊斯玛仪一世虽宣布什叶派的十二伊玛目派教义为官方信仰，但在萨法维王朝初期，伊朗大众并没有完全接受。③ 当时在大不里士2/3以上的穆斯林属于逊尼派。④ 伊斯玛仪一世用武力强迫逊尼派信徒改宗，对坚持逊尼派信仰的贵族予以镇压，并设立萨德尔一职负责宗教行政事务。⑤ 虽然正统的什叶派认为在马赫迪到来之前任何统治都是非法的，但是在萨法维王朝初期，外来的教法学家对国王的统治是默认的。"在萨法维王朝初期似乎是一种国家和乌莱玛艰难的联盟。国家支持乌莱玛促进什叶派信仰的普及，而乌莱玛支持国家，并对君主前后不一的态度保持沉默。"从伊斯玛仪一世当政时起，什叶派教法学家分别从黎巴嫩、叙利亚、巴林、伊拉克等地汇集伊朗。其中大多数是阿拉伯人，他们推动了伊朗什叶派的新发展。⑥ 正统的什叶派学者受到国王的青睐和尊重，什叶派圣墓得到修葺，教法家、穷人孤儿和清真寺院受到资助。阿拉伯的什叶派著作被翻译成波斯语，以便伊朗大众接受。通俗的什叶派向经院的什叶派转变，伊斯玛仪亵渎神的诗句被抹去，家族的谱系被正式确定。萨法维王朝的君主们作为伊玛目隐遁期的代理。这正是那个时代伊朗传统的"君权神授"的体现，也可以说是继阿巴斯哈里发之后达到什叶派的政教合一。⑦ 萨法维王朝宗

---

① 王新中、冀开运：《中东国家通史：伊朗卷》，商务印书馆2004年版，第197页。
② 张铁伟编著：《列国志：伊朗》，社会科学文献出版社2005年版，第49页。
③ 官方宗教在民众当中的完全确立，首先要看信徒在大众之中的比例，其次要看是否有一套维护官方统治利益的完整教义以及宣传维护此套教义的完整僧侣集团，还有官方举办或倡导的固定宗教仪式。(详见程彤：《"正统"观念与伊朗什叶派——从旭烈兀到阿巴斯一世之间的伊朗》，宗教文化出版社2010年版，第196页。)
④ Cambridge History of Iran, vol. 6, p. 226.
⑤ 王新中、冀开运：《中东国家通史：伊朗卷》，商务印书馆2004年版，第199—200页。
⑥ 程彤：《"正统"观念与伊朗什叶派——从旭烈兀到阿巴斯一世之间的伊朗》，宗教文化出版社2010年版，第196页。
⑦ 程彤：《"正统"观念与伊朗什叶派——从旭烈兀到阿巴斯一世之间的伊朗》，宗教文化出版社2010年版，第197页。

教领域的指导权已经完全转移到什叶派学者手中,其标志就是萨德尔的职位已经由什叶派学者担任,而中心城市的什叶派学者担任的谢赫·伊斯兰(伊斯兰长老)的重要性也日益突出,这就说明新的宗教阶层已初具规模。[1] 至此,什叶派从形式上在伊朗被确立为国教,以此逐渐整合了当时的基本认同观念,因而达到了拥有其王权的合法性,强化伊朗中央集权的目的,[2] 更进一步加强了王朝的凝聚力和向心力。

到阿巴斯后期,正统的什叶派教义在伊朗得到了广泛传播;苏菲教团退出伊朗的政治舞台;而什叶派宗教学者从组织上、经济上有新发展,这就意味着正统的什叶派在伊朗地位最终得到确立,什叶派正统信仰根本上成为伊朗的国教。就此,"正统"的观念在伊朗得以确立。萨法维王朝统治的合法性重新确认,其统治也达到了新的平衡。[3] 由此,波斯的萨法维王朝标志着以波斯人、阿塞拜疆人、土库曼人和库尔德人等为主体的伊朗多民族共同体的形成,这一共同体以伊斯兰教什叶派为纽带、以融合了各种文化的波斯文化为基础,把各民族联合在统一的国家之内。美国著名东方学家菲利普·希提在《阿拉伯通史》一书中称该王朝"是穆斯林波斯最光荣的土著王朝"。[4] 可以说,什叶派经过萨法维王朝200多年的制度化建设,伊朗人民的宗教信仰与古老的波斯文化融合,并与伊朗国家民族认同建立起骨肉联系,什叶派信仰已经扎根于伊朗国民的灵魂深处。什叶派的宗教认同成为20世纪伊朗民族主义与爱国主义的意识形态的基础。[5]

1979年,伊朗伊斯兰共和国建立之后,在《宪法》12条中明确规定什叶派中的十二伊玛目派所信奉的伊斯兰教为国教。国家的法律法规,包括民法、刑法、财政、经济、行政、文化、军事等全部必须建立在伊斯兰的准则上。这样,什叶派伊斯兰教转化为掌控国家政治和社会生活的意识形态,伊斯兰政府开始偏重于强调伊朗民族的伊斯兰身份:伊朗人民的首

---

[1] 程彤:《"正统"观念与伊朗什叶派——从旭烈兀到阿巴斯一世之间的伊朗》,宗教文化出版社2010年版,第197—198页。
[2] 程彤:《"正统"观念与伊朗什叶派——从旭烈兀到阿巴斯一世之间的伊朗》,宗教文化出版社2010年版,第191页。
[3] 程彤:《"正统"观念与伊朗什叶派——从旭烈兀到阿巴斯一世之间的伊朗》,宗教文化出版社2010年版,第199页。
[4] 王新中、冀开运:《中东国家通史:伊朗卷》,商务印书馆2004年版,第196页。
[5] Metin Kunt, Ottomans and Safavids: States, Statacraft and Societies, 1500-1800, p.195.

要共同身份是穆斯林。所有的穆斯林都是兄弟。这种身份认同将"自己"与"其他人"界定为穆斯林与非穆斯林，伊斯兰的利益成为伊朗民族利益的重要组成部分。[1]

总之，伊斯兰教搭载起伊朗国家凝聚力和向心力的桥梁。在伊朗，宗教不仅仅是个人信仰，更是伊朗民族文化的核心，它提供了社会价值评判标准和行为规范。2000多年来，伊朗宗教一直与政权相辅相成，构成政教合一的文化特性。作为国教的伊斯兰教为政权的合法性提供理论与精神支撑。在政权的扶持下，伊斯兰教发挥规范民众生活，塑造民众世界观、价值观的作用。这样，宗教信仰与虔诚深深地渗入社会生活的底层，凝结为公众社会心理。宗教虔诚一旦成为民族文化的精神所在，民众对宗教身份的认同是很难削弱的。[2] 21世纪以来，伊朗也积极利用什叶派宗教认同为纽带构建宗教战略地缘，以伊朗为核心，涵盖伊拉克、叙利亚、黎巴嫩等国家。宗教并没有因为席卷全球的现代化和世俗化潮流实质性淡出伊朗社会，而是仍然"决定着人类群体的边界"。对历史、神学以及宗教法律的不同解读如同语言和种族一样发挥着界定身份的作用。[3] 诚然，宗教纽带的存在既是基于历史的必然，也是伊朗主动建构的结果。什叶派宗教的认同成为伊朗人民团结的精神纽带，更为国家凝聚力提供源源动力。

三、巴列维王朝以现代化改革提升伊朗国家的凝聚力和向心力

1921年2月，军官礼萨·汗发动政变，夺取政权建立巴列维王朝。第二次世界大战后伊朗和美国的双边关系发展迅速，伊朗逐渐成为美国在中东的"代理人"和战略支点。20世纪60年代末，当英国宣布将从海湾撤出后，伊朗便成为尼克松时期美国在中东地区"双柱政策"的重要内容之一（Twin Pillars Policy，即伊朗和沙特）。[4] "巴列维王朝时期的伊朗是美国

---

[1] 刘慧："民族身份认同对伊朗核政策的影响"，《阿拉伯世界研究》，2011年4期，第34页。
[2] 刘慧："民族身份认同对伊朗核政策的影响"，《阿拉伯世界研究》，2011年4期，第35页。
[3] Vali Nasr, "The Shia revival", New York·London: W. W. Norton&Company, 2006, p.23.
[4] Benard Reich, "The Powers in the Middle East", New York: Praeger Publishers, 1987, p.59.

在世界上最重要、最忠实的朋友。"① 在得到大量美援和石油收入带来的巨大财富后,伊朗国力剧增,其控制地区事务的大国心态愈发强烈,一度被称为"海湾宪兵"。巴列维国王(礼萨·汗的继承者)曾多次公开表示:"我要将伊朗建设成为世界第五强国,同时我们的军队也将发展壮大成世界第五大军事力量。"巴列维王朝开始重振"波斯帝国"的雄心。

礼萨·汗在 1924 年主动放弃追求共和政体的理念,之后还明确强调"充分强化宗教是实现民族团结和增强伊朗社会精神的最有效方法之一"。②在礼萨·汗执政早期,为了巩固王权,他在公开场合多次阐明自己对伊斯兰信仰的坚定支持,还经常拜访德黑兰的一些重要毛拉,甚至去什叶派圣地马什哈德朝圣,以使乌莱玛相信其对伊斯兰的忠诚。这说明在礼萨·汗统治初期,政府与宗教社团之间并未发生重大矛盾,双方都在竭力维持友好合作关系。③ 为了重振波斯帝国的雄心和强化国家认同,礼萨·汗为进行了大张旗鼓的改革。

礼萨·汗坚决铲除国内分裂割据势力,重建现代伊朗国家的统一。1922 年出兵阿塞拜疆和法尔斯,1923 年肃清科尔曼沙赫的割据势力,1924 年用兵巴卢齐斯坦,1925 年取胜马赞德朗和呼罗珊。④ 同年,礼萨·汗改变旧的征兵制度,实施义务兵役制,规定凡年满 21 岁的波斯男性公民都有义务服现役 2 年和预备役 23 年。这一改革打破了几千年来国家军事力量以部落武装为主的传统,极大地削弱了地方武装的势力。⑤ 礼萨·汗于 1926 年 4 月 25 日进行加冕典礼成为国王,正式建立巴列维王朝。礼萨·汗收回国家主权,维护国家利益。1928 年 5 月,彻底废除领事裁判权。1934 年 6 月,实现了海关业务管理人员伊朗化;宣布实行关税自主;收回恺加王朝给予外国部分石油租让权、捕鱼权和经营电报公司特许权;取消了外国在伊朗的军事基地。⑥

---

① George Lenczowski, "American Presidents and the Middle East", Durham: Duke University Press, 1990, p. 118.
② Said Amir Arjomand, "The Turban for the Crown: the Islamic Revolution in Iran", Oxford: Oxford University Press, 1988, p. 81.
③ 詹晋洁:"礼萨·汗时期(1921—1941 年)伊朗民族国家构建的路径选择与困境",《世界民族》,2015 年第 2 期,第 6 页。
④ 王新中、冀开运:《中东国家通史:伊朗卷》,商务印书馆 2004 年版,第 274 页。
⑤ 彭树智主编,王铁铮、黄民兴等:《中东史》,人民出版社 2010 年版,第 306 页。
⑥ 王新中、冀开运:《中东国家通史:伊朗卷》,商务印书馆 2004 年版,第 274 页。

礼萨·汗重新调整行政区划，将全国划为11个省49个县，并由内政部任免省县两级主要官员，"伊朗现代历史上，国家权力第一次走出德黑兰抵达地方市镇乃至乡村"，① 最终形成了从首都到地方的高度等级化结构。② 礼萨·汗创立了中央政府控制下有效的军事体制，形成了专业化的人事制度，由训练有素的专业人员负责国家的行政管理部门。礼萨·汗对行政资源的整合行为和措施在一定程度上完成了安东尼·斯密斯所说的国家构建进程中的"官僚式融合过程"。③ 礼萨·汗政权试图在伊朗建立起一种以效率为导向、超越传统的部落与宗教权力架构之上的军事、行政和财政主导权，使国家和政府成为社会公共权力的中心，从而扭转长期以来的地方主义割据局面，彻底改变了中央与地方的关系模式。④

礼萨·汗力图让伊朗境内的所有公民都认同于统一的伊朗国家。为此国王大力改善亚美尼亚人、犹太人和袄教徒的处境，使他们享有充分的公民权和择业自由。与此同时，国王严格管制和镇压具有分裂国家倾向的伊朗少数民族，如阿拉伯人、库尔德人和土库曼人，并对非伊朗部落和民族实行波斯化政策。为维护统一和强化国家认同，礼萨·汗于1932年制定了强制性定居政策。1933—1937年，在卢里斯坦、法尔斯、阿塞拜疆以及呼罗珊等地的游牧、半游牧部落推行定居计划。强性的定居政策削弱了游牧部落特有的经济基础，部落社会结构也发生了根本性变迁。通过强制性定居政策，伊朗将部落权力集中于中央政府，并通过定居政策促进民族融合，从根源上消除部落的分离主义倾向，加强伊朗的国家和民族认同。由此，伊朗部落人口的比例迅速下降，1900—1920年间，部落人口占全国总人口的25%，到1930年下降到8%。到1952年，伊朗政府估计全国人口为1950万，其中有200多万人属于迁徙或半定居的游牧部落，他们主要是

---

① Ervad Abrahamian, "Iran Between Two Revolutions", New Jersey: Princeton University Press, 1982, pp. 136-137.

② 詹晋洁："礼萨·汗时期（1921—1941年）伊朗民族国家构建的路径选择与困境"，《世界民族》，2015年第2期，第4页。

③ 安东尼·斯密斯著，龚伟斌、良警宇译：《全球化时代的民族与民族主义》，中央编译出版社2002年版，第106页。

④ 詹晋洁："礼萨·汗时期（1921—1941年）伊朗民族国家构建的路径选择与困境"，《世界民族》，2015年第2期，第5页。

库尔德人、卢尔人、巴赫蒂亚尔人、卡什凯伊人、阿拉伯人和俾路支人。[①]到 1976 年，部落人口只占总人口的 1%。[②] 强制定居政策结束了伊朗历史上地方部落势力长期游离于中央政府之外的历史。[③]

民族构建强调民族认同的同一性，即各族群成员对民族国家这个"想象的共同体"[④]的归属感，其基础是国家疆域内的居民中创建共同的民族精神与历史记忆、缔造标准化的统一语言和共享文化等主观性的文化和心理因素。众所周知，伊朗的民族格局是多元一体。礼萨·汗在国家民族主义的意识形态指导下开展了社会文化领域的世俗化改革，其文化整合理念与重建民族价值体系的出发点是弘扬波斯民族传统文化，提高民族自豪感，建立新的民族认同价值体系。[⑤] 国王旨在消除各族群在语言、服饰、风俗等领域的地区差异，践行"一个国家，一个民族，一种文化和一种政治权威"的原则，试图将颇具异质性的部落整合为具有高度民族同质性的现代国家，从而强化伊朗国民认同。在文字改革领域，礼萨·汗创造单一的波斯民族语言，根除非波斯语的语言和文化联系，将各族群凝结起来，以期获得一致的身份属性，重建波斯民族主义精神文化。礼萨·汗下令政府部门改革波斯文字，创建和推广新的拉丁化的波斯语词汇；将阿拉伯语和土耳其词汇翻译成波斯语；在公共学校、国家机关、世俗法院甚至民众交流必须使用波斯语，其他语言在出版书籍、报刊以及广播中均被予以禁止。可以说，伊朗语言文字政策在强化国家认同、民族认同方面是极具战略意义，更是增强国家凝聚力的一副强心剂。

1935 年 1 月 1 日，礼萨·汗正式将国名改为伊朗（意为"雅利安人的土地"），突出强调波斯人与雅利安人之间的历史联系，彰显民族主义精英内心的民族自豪感和荣誉感，达到促进伊朗民族意识的目的；同时礼萨·汗选择的巴列维这一姓氏是对前伊斯兰时期波斯帝国荣耀的一种记忆，以

---

① Donald N. Wilber, "lran: Past and Present", New Jersey: Princeton Uiversity Press, 1955, pp. 215 – 217.

② Said Amir Arjomand, "The Turban for the Crown: the Islamic Revolution in Iran", Oxford: Oxford University Press, 1988, p. 69.

③ 詹晋洁："礼萨·汗时期（1921—1941 年）伊朗民族国家构建的路径选择与困境"，《世界民族》，2015（02）：10.

④ 本尼迪克特·安德森著，吴叡人译：《想象的共同体：民族主义的起源与散布》，上海人民出版社 2003 年版。

⑤ 王新中、冀开运：《中东国家通史：伊朗卷》，商务印书馆 2004 年版，第 275 页。

此来淡化伊斯兰教对社会的影响,古老的波斯姓迅速取代阿拉伯语和突厥语姓氏;政府还用古代波斯太阳历取代了伊斯兰历。1928年和1935年,政府两次立法推进服饰改革,强制男性穿西装、戴尖圆帽以取代传统头巾。[①] 在破除伊斯兰传统方面最引人注目的是1935年立法规定禁止妇女戴面纱和身穿传统长袍;同时推行有利于提高妇女地位的政策,如规定德黑兰大学等高校要招收女生,电影院等公共场所对妇女开放,不得歧视妇女,否则将予以重罚。[②] 同时允许妇女进入医院、工厂和机关单位等。此外,为了能使伊朗境内的各少数民族尽快融入波斯主体民族主导下的民族构建过程,礼萨·汗政府试图通过修建基础设施、发展经济等措施改变少数族群地区的落后面貌,以此来加强各少数族群的伊朗国家认同和民族认同。[③]

为了使君主政体合法化和为亲西方的外交政策寻找依据,巴列维政府强调古代伊朗的身份特性,用一种浪漫的诠释将伊朗人自身定义为一个优越的雅利安民族,以共同的语言起源与欧洲联系起来,与阿拉伯—闪族区分开来,以此否定穆斯林势力提出的伊朗伊斯兰化。巴列维国王称波斯帝国是"世界上第一个真正由一个统治者统治不同人群的帝国"。[④] 怀着对辉煌历史的自豪,他于1971年在波斯利斯举行了盛大的庆典活动,即纪念居鲁士大帝登基和伊朗君主制度建立2500年(实际上并不足2500年)。这个庆典极尽奢华和浪费——专门为客人建立了巨大的帐篷行宫和寓所,食品和厨师来自巴黎,精美的瓷器和水晶器皿——这一切都使来访的达官贵人、国家首脑对国王治下新伊朗的宏伟壮观留下深刻印象。[⑤] 通过盛典折射出国王及民众对古代波斯帝国辉煌历史的崇拜和认同。同时国王决定取消伊斯兰太阴历,怀着复兴古波斯的辉煌、建立最终的"伟大文明"的梦想,把伊朗的穆斯林身份认同从波斯—雅利安身份中

---

① Houchang E. Chehabia, "Staging the Emperor's new Clothes: Dress Codes and Nation-building under Reza Shah", Iranian Studies, vol26, no. 3 – 4 (Summer-Fall, 1933), pp. 209 – 233.

② Ervad Abrahamian, "Iran Between Two Revolutions", New Jersey: Princeton University Press, 1982, p. 144.

③ 詹晋洁:"礼萨·汗时期(1921—1941年)伊朗民族国家构建的路径选择与困境",《世界民族》,2015第2期,第10—11页。

④ 穆罕默德·礼萨·巴列维著,刘津坤、黄晓健译,《对历史的回答》,中国对外翻译出版公司1986版,第30页。

⑤ 埃尔顿·丹尼尔著,李铁匠译:《伊朗史》,东方出版中心2010年版,第164页。

外化出去。这种伊朗民族的身份认同使巴列维政府宣称的同西方世界的"自然"联系合理化。"把伊朗的身份认同于西方,即雅利安国家,就允许接受西方现代化和西方文化的输入,允许伊朗去适应西方国家的模式。"

然而,随着美国对伊朗内政的严重干涉,从20世纪60年代起,伊朗反君主制度人士要求重新确认国家身份和在此基础上重新审视同世界的关系。"如果决定伊朗民族局限性的基础是雅利安因素,那么最终的结果是倾向于西方世界。但在我们民族和政治任务中,这种倾向包括了屈服和影响,以及同邻居的非雅利安和反西方的穆斯林国家的严重隔离。如果我们选择过去14个世纪的知识、行为和社会遗产作为我们国家的基础,我们会有不同的任务和其他的代价,这样,阿拉伯、土耳其、印度、印度尼西亚和中国将成为我们的朋友。"[①] 阿里·沙里亚提是其中的杰出代表,他在《回归自我》一书中强调,伊朗作为一个国家真正身份特性的发现,要求拒绝西方文化的影响和外国意识形态,恢复到真正的伊朗——伊斯兰自身。[②] 沙里亚提的著作为伊朗伊斯兰革命铺平道路所起的作用十分重要。[③] 由于巴列维王朝的激进政策,导致阶级矛盾激化,1979年爆发伊斯兰革命并建立起伊朗伊斯兰共和国。

四、两伊战争时期打造强大的国家凝聚力和向心力

1980—1988年的两伊战争,伊朗伊斯兰共和国在国内进行了强大的战争动员,军民同仇敌忾,英勇作战。伊朗军队,包括正规军和革命卫队在内的军队人数从清洗前的20.4万人猛增到1980年的70.5万人。1982年7月,伊朗向伊拉克发动了"雷马丹"攻势,在这场大规模的陆地作战中,伊朗出动了一批又一批革命卫队的士兵,他们被称为安拉的勇士,年龄最小的9岁,最大的50多岁。由于伊朗军队没有足够的排雷装备,坦克数量

[①] 米尔扎·蒙塔赫里:《为伊斯兰与伊朗服务(波斯文版)》,萨德拉出版社1984年版,第22页。

[②] 刘慧:"民族身份认同对伊朗核政策的影响",《阿拉伯世界研究》,2011年第4期,第34页。

[③] 埃尔顿·丹尼尔著,李铁匠译:《伊朗史》,东方出版中心2010年版,第169页。

又不足,因而无法穿越伊拉克军队的布雷区。但这些热情有余、训练不足的革命卫队士兵却不顾一切地涌向伊拉克的布雷区和防御工事。1984年2月22日,伊朗发动代号为"曙光5号"攻势中,到3月份伊朗军队没有排雷设备,坦克数量严重不足,因而无法穿越伊拉克的布雷区。伊朗成千上万名儿童发起了冲击,他们由20来人编成一组,用绳子绑在一起,不顾敌人的机枪扫射,向带刺的铁丝网猛冲,进入敌人布雷区,为坦克的进攻扫清道路。[1] 尽管大批儿童失去了生命,却收效甚微。但在这些儿童身上体现出的视死如归的勇气,充分展现出伊朗国民强大的凝聚力和抗战到底的决心。

两伊战争也是一场泛阿拉伯主义和泛伊斯兰主义的较量,在两伊战争爆发前,萨达姆期待大量的阿拉伯族人将起来反抗伊朗的"压迫者"。但这种情况在两伊战争战场上并没有发生。在胡泽斯坦省地下的阿拉伯组织与伊拉克预期的大规模运动相距甚远。阿拉伯百姓仍保持对他们自称的解放者明显冷漠。[2] 伊朗境内的阿拉伯人基本上同政府军一起抵抗伊拉克军队。霍梅尼当局对境内的阿拉伯人口聚集地区采取安抚政策,特别是加大在胡泽斯坦省经济建设的力度,改善当地阿拉伯人的居住和生活条件,此外伊朗境内阿拉伯人支持霍梅尼当局也有其历史渊源:他们从波斯萨法维王朝开始就一直定居于此,长期以来对伊朗国家早已高度认同,他们需要的是更多的自治权利,而不是与祖国分离。伊朗境内说阿拉伯语的人口众多,很多家庭都有阿拉伯血统,这就意味着伊朗境内的波斯民族和阿拉伯民族由于长期通婚,双方情同手足,血浓于水的关系早已根深蒂固。伊朗境内的阿拉伯人聚居地区民族融合得到切实保障。值得注意的是,伊朗境内的阿拉伯人绝大多数都是什叶派穆斯林,[3] 他们对什叶派国家的忠诚高度统一。

---

[1] 军事科学院外军研究部编:《外国对两伊战争的评论》,解放军出版社1988年版,第233页。

[2] Ray Takeyh, "The Iran-Iraq war: A reassessment", Middle East Journal, No. 3, 2010, p. 365.

[3] Nikki R. Keddie, "Iran and the Muslim World: Resistance and Revolutio", New York: New York University Press, 1995, pp. 12-13.

两伊战争导致伊朗人口死亡51万—56万人,[①] 上百万人伤残,300万人无家可归;现在的伊朗,很少能找到没受战争影响的家庭——不是失去了儿子,要不就是有致残的亲人,要不就都是经历过战争苦难的人。[②] 战争导致伊朗全部的经济损失大约为5920亿美元,这一数据并不包括人口损失、军事开支和战后重建费用等。[③] 拉夫桑贾尼承认:"战争期间国家的一半收入花在国防上。"[④] 可以说,两伊战争以伊朗巨大的伤亡代价换来了国内大团结。战争转移了国内人民的视线,为伊朗树立起一个共同的敌人,促使伊朗停止同室操戈,团结起来共赴国难;战争点燃了伊朗国民的宗教热情,这有利于伊朗人民团结在宗教领袖周围;战争加速了巴尼·萨德尔的垮台,促使伊朗的激进教士开始全面掌握国家权力,推动了伊朗社会的伊斯兰进程;霍梅尼政权还利用战争为借口对国家实行紧急状态,反对和镇压了国内反对派力量;战争进一步展现出伊朗强大的国家凝聚力和向心力。

五、单一制的行政区划和正确的国家政策增强了国家凝聚力和向心力

伊朗的版图与中国类似,即继承了古代国家的核心疆域,其国土面积

---

① 在有关两伊战争伤亡数据的国内外研究中,国内学者左文华认为战争中两伊共死亡约100万人,伤150万人。(左文华:《当代中东国际关系》,世界知识出版社1999年版,第267页。)冀开运认为两伊战争导致伊朗死亡30万人,伤残170万。(冀开运:《伊朗与伊斯兰世界关系研究》,时事出版社,2012年9月第1版,第87页。)彭树智认为"到1987年初,伊拉克已伤亡30余万人,被俘5万人;采用"人海战术"的伊朗损失更为惨重,伤亡约80余万人。据估计,八年之中双方共死亡100万人,伤150万人。(彭树智:《二十世纪中东史》,高等教育出版社,2001年版,第422页。)方连庆等认为在两伊战争中双方死亡人数超过35万,伤者65万。(方连庆、刘金质、王炳元主编:《战后国际关系史(1945—1995)》,北京大学出版社1999年版,第686页。)吴成认为双方共约60多万人死亡,95万人受伤,伤亡总数相当于4次中东战争伤亡人数总和的12倍。其中伊朗伤亡40万人,仅首都德黑兰就有20万妇女失去丈夫。(吴成:《走进共和——伊朗伊斯兰共和国的第一个十年》,线装书局2008年版,第304页。)国外学者约翰·席格勒认为两伊战争战斗死亡人数的范围约为42万—100万。(Miron Rezum, Iran at the Crossroads: Global Relations in a Turbulent Decade. Westview Press, 1990.)沙赫拉姆·库宾和查尔斯·特里普认为仅到1983年12月,战争已造成60万人伤亡。(Shahram Chubin and Charles Tripp, Iran and Iraq at war. Westview Press, 1988, p. 131.)文中数据来源自冀开运教授主持的国家社科基金项目:《两伊战争及其影响研究》(12BSS012)。

② Ray Takeyh, "Iran's New Iraq", Middle East Journal, Volume 62, No. 1, Winter 2008, p. 19.

③ Hooshang Amirahmadi, "Economic Cost of War and Reconstruction in Iran", New York: St. Martin's Press, 1992, pp. 260 – 261.

④ Anoushiravan Ehteshami, "After Khomeini, the Iranian Second Republic", London: Routledge, 1995.

达164.5万平方公里。值得注意的是，人们会普遍认为俄罗斯的行政区划比伊朗更具维护国家统一、遏制分裂的功能。实则不然，俄罗斯联邦由83个联邦主体组成，包括21个共和国、9个边疆区、46个州、2个联邦直辖市、1个自治州、4个民族自治区。[1] 21世纪，车臣共和国的分离主义倾向对俄联邦制度仍是一个难题。[2] 与俄罗斯相比，伊朗行政区划更具优势。1907年，伊朗颁布第一部国家行政区划法，该法将伊朗划分为四个州，即阿塞拜疆、法尔斯、呼罗珊和克尔曼、俾路支斯坦。州以下设立县和区。从1911年起，伊朗根据地区大小和面积进行了行政区划调整。1937年，伊朗通过新的国家行政区域法，全国设10个省，49个郡。到1961年，伊朗设13个省，5个一般州。到1971年，伊朗设14个省，8个一般州，151个郡。到1997年，伊朗设27个省，272个郡，712个区。伊朗采用中央集权制，实行单一制的行政区划。2004年，呼罗珊省一分为三。2011年，伊朗议会将德黑兰省西部四个县划分为新设立的厄尔布尔士省。目前，伊朗共有31个省，省下设立县、区、市（市镇）、乡等。总之，伊朗的行政区划的特点如下：第一，伊朗当局在充分尊重历史传统、历史文化的前提下对地方进行国家治理，并未设立独立的自治共和国、自治省、自治区，中央集权可谓高度统一，有效遏制了民族分裂势力和增进国内团结稳定；第二，着眼于维护国家统一和尊重历史前提下进行命名，如命名的胡泽斯坦省（阿拉伯国家口中的阿拉伯斯坦）保留古波斯文化遗存，明显淡化当地阿拉伯人的民族意识，抑制民族分裂主义倾向；第三，伊朗实行单一制的行政区划，并未实行联邦制。中央的政令享有最高权威，对库尔德民族、阿塞拜疆民族等民族聚居地区采取因地制宜的行政区划调整，严重打击民族分裂势力，有效解决分裂主义后患，强有力的维护国家统一。

伊朗全国人口达到8000万，伊斯兰教什叶派十二伊玛目派为国教，境内98.8%的居民信奉伊斯兰教，其中信奉什叶派的占91%，逊尼派的占7.8%。[3] 基督教、犹太教和祆教这三种宗教的信仰者分别占伊朗总人口的

---

[1] 数据来自中华人民共和国外交部网站，http://www.fmprc.gov.cn/mfa_chn/gjhdq_603914/gj_603916/oz_606480/1206_606820/，2015-9-24。

[2] 洪海军、范建中："车臣问题对俄罗斯联邦制度的挑战"，《世界经济与政治论坛》，2004年第6期，第80页。

[3] 数据引自中华人民共和国外交部网站，http://www.fmprc.gov.cn/mfa_chn/gjhdq_603914/gj_603916/yz_603918/1206_604882/，2015-8-29。

0.7%、0.3%、0.1%。① 在伊朗这样的一个政教合一的国家中，宗教意识、信仰认同对维护国家统一有重要作用，宗教上的忠诚很容易转化为政治上对国家的认同。伊朗居民中约有34%的人为少数民族，但是伊朗政府否认伊朗有少数民族存在。伊朗当局只承认国内有信奉基督教、祆教和犹太教的少数人群体，在提倡宽容和忍让精神的同时，主张实行同化政策。2003年9月17日，伊朗通过了生活在伊朗的少数宗教信徒与穆斯林赎续金相等的法案。伊朗的基督教徒、犹太教徒和祆教徒已经完全融入伊朗社会，对伊朗有强烈的国家认同感，并忠于伊朗的统治者。② 伊朗宪法还规定，伊朗人民不分民族和部落，均享有同等的权利，不因肤色、种族、语言等区别而享有特权。伊朗政府承认境内居民构成的多元化和平等关系，但多元化必须服从一体化，强调一体化之内的多元化、多元化基础上的一体化。事实上，伊朗的"多元"是指国族之内的各少数民族，"一体"是各少数民族所认同和忠诚的国族——伊朗人。③ 事实上，伊朗的宗教格局是伊斯兰教领导和控制下的多元宗教并存。伊朗的政教关系具有连续性、阶段性和层次性特征。连续性是指政治与宗教的关系伴随伊朗文明发展的每个阶段；阶段性是指伊朗的政教关系在各个时期各有其特点；层次性是指伊朗的政教关系包括三个方面：作为国教的伊斯兰教什叶派与政治高度融合，并指导控制政府；作为少数民族的宗教受到政府的控制和保护；作为异端的宗教受到政府的镇压。此外，为维护民族的团结和国家的统一，稳定国内的局势，伊朗政府主要采取了以下措施：

第一，伊朗政府从战略高度重视推广波斯语教学。在少数民族居住区的学校必须都用波斯语教学。至于伊斯兰教以外的其他宗教学校，也要按教育部规定的教学大纲进行教学。波斯语言成为增强国家认同的支柱。伊朗在国内设有专门的波斯语言文学研究院，近期将致力于出版35卷的词典——超过50000单词的科学、技术词汇转化为同等的波斯词汇。2012年建立的萨迪基金会积极在国外推广波斯语言和文学。④ 政府还充分利用

---

① 张铁伟编著：《列国志：伊朗》，社会科学文献出版社2005年版，第15页。
② Aptin Khanbaghi, The Fire, the Star, and the Cross Minority in Medieval and Early Modern Iran, London: I. B. Tauris, 2006, p. 162.
③ 冀开运："伊朗民族关系格局的形成"，《世界民族》，2008年第1期，第71—72页。
④ Iranisns view Persian language as pillar of national identity: official, THERAN TIMES, Thursday, August 6, 2015, p. 12.

"穆斯林皆兄弟"的宗教理念，呼吁各族人民消除分歧，最大限度地团结伊朗民众，强化伊朗国家认同。

第二，不惜一切代价坚决打击民族分裂活动，加强国际合作与交流，争取邻国尊重伊朗的国家主权与领土完整。伊朗伊斯兰共和国建立后，下令禁止库尔德民主党活动，取消该党领导人在专家制宪会议中的席位，并声称伊朗的国内政策不容许某一个地区分离或脱离。

第三，进一步增加对少数民族地区的投资，在当地设立高等院校，发展民族地区的经济和文化，吸纳一些宗教上层分子到政府中任职。

第四，采取针对美欧制裁的反制裁政策，稳定社会经济生活，缓解制裁造成的消极影响。其一，运用金融手段缓解制裁影响；其二，提高利率，防止里亚尔进一步贬值；其三，采取保护低收入阶层的措施；其四，寻求新结算方式与结算通道，稳定贸易客户。①

结语

伊朗在历史上充分继承了波斯政治传统。绝大多数伊朗人是穆斯林，尽管伊朗的特殊之处在于其尊奉什叶派分支十二伊玛目派为国教，而与周边穆斯林国家尊奉逊尼派截然不同。历史上伊朗周边国家的贵族精通波斯语，现实中其文化也受到波斯文化的广泛影响。波斯人的文化早已经受住了时间、入侵和政治变革的考验。无论是外来人还是当地人，都钟情于波斯的生活方式：波斯诗歌、波斯地毯、波斯园林、波斯工艺品等。伊朗人具有强大的历史认同感，这表现在他们的宏伟的建筑、绘画、历史记载和音乐领域，从而昭示出波斯民族的辉煌，而使其他中东国家在历史认同方面没有任何一个能与波斯相提并论。②

古代的波斯帝国一直是当代伊朗人心中的骄傲和自豪，作为有着悠久历史文化传统的文明古国，国家凝聚力将波斯人、阿塞拜疆人、库尔德人、阿拉伯人、俾路支人等境内各民族牢牢凝聚在一起，并有效维护国家

---

① 孙立昕：《美国制裁伊朗的现状、效果及影响》，《当代世界》，2015年第5期，第50—51页。

② 小阿瑟·戈尔德施密特、劳伦斯·戴维森著，哈全安、刘志华译：《中东史》，东方出版中心2010版，第205页。

稳定和民族团结，促进民族认同、社会认同、国家认同。伊朗的国家认同主要靠共同的历史意识、共同的文化意识、共同的宗教意识、共同的语言和共同的民族祖先来打造。[1] 伊朗民族的两种身份认同——波斯人和什叶派穆斯林在漫长的社会发展过程中始终联系在一起。在伊朗历史上的不同时期，统治者根据建立和维护政权的需要，会偏重于强调某种身份归属，并把这种归属认同加入到法律、政治和社会结构中，使之制度化，从而指引国家的政策行为。礼萨·汗及其继承者的改革，有一个显著的特点就是"去伊斯兰化"，突出波斯人的民族属性。1979年伊斯兰革命后霍梅尼则是要突出伊斯兰化。不过，尽管伊朗伊斯兰革命强调的是伊斯兰精神，但是伊朗要造核武器、实现强国梦也是为民族利益服务的。所以，不管是借用西方体制的巴列维王朝，还是吸收西方体制又冠以伊斯兰教监督的伊朗伊斯兰共和国，都是为波斯人的民族利益服务的。[2] 伊朗伊斯兰共和国建立初期，霍梅尼确立了"不要东方、不要西方、只要伊斯兰"的外交政策，该政策包含了以伊斯兰准则为核心的独立、反霸、不结盟的三大原则，充分体现出伊朗新政府对宗教身份的定位以及对独立自主的诉求。"居鲁士的后代"身份赋予伊朗人强烈的民族自豪感，支撑起伊朗民族的大国梦想。今天的伊朗已不复往昔的繁荣，但无论是巴列维时期的"重建波斯帝国"雄心，还是伊斯兰革命后伊朗立志成为伊斯兰世界中心的政策，复兴过去的辉煌一直是当代伊朗人民的梦想。当代的伊朗人始终怀念过去辉煌的历史，这成为伊朗民族自豪感和自信心之源，也成为伊朗国家民族统一和生存的精神支柱。民族自豪感使伊朗不惜代价地寻求"自己管理自己的国家"的权利，从而实现自己的民族尊严。历史的灾难令伊朗人对自己国家的独立非常敏感。对伊朗人来说，民族的尊严是他们独立的保障，"任何对伊朗伊斯兰共和国的批评是可以容忍的，但是那种批评不能来自一个外国国家或者势力的代表，伊朗人很清楚这一点，也会很好地保护这一点。"[3] 彭树智先生指出伊朗在历史交往中不仅离不开宗教价值系统的强烈文化政治属性，而且宗教因素也深深渗入到社会底层之中，凝结为群众社

---

[1] Richard W. Cottam, Nationalism in Iran. University of Pittsburgh press, 1964, pp. 23–32.
[2] 吴晓芳："伊朗，纠结的强国梦"，《世界知识》，2012年第6期，第17页。
[3] 艾哈迈德·纳吉布扎德：《民族文化对伊朗伊斯兰共和国外交政策的影响（波斯文版）》，伊朗外交部出版社2003年版，第231页。

会心理。① 伊朗实行政教合一的制度，伊斯兰教什叶派十二伊玛目派作为国教。其宗教意识、信仰认同对维护国家统一至关重要，人民在宗教上的忠诚和政治上对国家的认同两者高度统一。伊朗在某种意义上践行西方民主，特有的宗教领袖领导下三权分立的政治体制也是一大特色。伊朗实行单一制的行政区划和利于国家统一的方针政策，波斯语言成为国家认同的支柱。这也进一步强化了伊朗的中央集权和国家凝聚力。总之，伊朗的国家凝聚力来源于其历史传统、宗教信仰、现实国情和国家政策，它们在整合国家凝聚力的同时还有效巩固和增强当代伊朗国家的团结、稳定和发展。随着2015年7月伊朗核谈判的解决，伊朗开始全面回归全球市场，也将更好、更快地在全球化的时代背景下承担更大的国际权利、责任与义务。国家凝聚力在强化伊朗民族自尊心、自信心、自豪感的同时，更激励伊朗人民重振强国梦。

---

① 王新中、冀开运：《中东国家通史：伊朗卷》，商务印书馆2004年版，第432页。

第二章 伊朗能源工业影响及其发展

第一节 油气工业对当代伊朗的多层次影响

伊朗，地处伊朗高原，是中东地区地形结构最为多样的国家；历史悠久，是世界文明的摇篮之一，也是东西方文明交往的重要枢纽；资源丰富多元，人口结构呈年轻化趋势，发展潜力巨大。纵观中东历史，伊朗历经了多个文明的衰落与勃兴、统一昌盛与分崩离析，既具有文明古国发展演变所留下的历史文化积淀，也展现出民族复兴的蓬勃生机；既有与中东国家之间存在同呼吸共命运的历史与现实联系，也具有特色鲜明、兼容东西的特征。伊朗的地理优势一定程度上影响了伊朗的历史与国家命运。而伊朗土地上蕴含的丰富油气资源则带动了这个国家油气工业蓬勃发展。

作为世界重要油气出口国，伊朗在积极重振经济、扩大出口的同时通过积极参与地区事务，国际地位也相对提升，在诸多领域逐渐拥有了话语权。伊朗的油气工业发展的历史悠久，1908年发现第一口油井，1920年初步形成了石油的批量生产和小规模的出口。到了20世纪50年代，随着石油生产重心的转移和油气资源的大范围应用，世界经济发生了重大的变革。油气资源丰富的伊朗通过开发利用石油和天然气确立了实现国家现代化和民族复兴的资源优势。1979年，伊朗伊斯兰革命确立了伊朗独具特色的现代化模式，对伊朗实现现代化的历史进程影响深远。随着伊朗实施了石油国有化的运动并成立国家石油公司，油气工业和油气开采取得了飞速发展。石油和天然气成为伊朗经济重要的支柱和主要出口商品，并对伊朗综合国力的提升和现代化进程具有重要的影响。

一、伊朗油气工业的发展沿革与现状

1. 伊朗油气资源概况

伊朗是拥有世界第二大油气储量的国家，也是 OPEC 最重要的成员国之一。伊朗连接着中东与中亚油气资源富集的地区，同时也蕴藏着丰富的石油和天然气资源，波斯湾的出口霍尔木兹海峡也处在伊朗实际控制之下。早在 1980 年，已探明的石油总储量就已经达到 300 亿桶左右，2011 年探明储量 208 亿吨左右，排名世界第四；伊朗拥有世界第三大天然气储量，2011 年天然气探明储量达到 33 万亿立方米，天然气产量 1518 亿立方米。在全球能源供给中占据重要地位，经济发展依托油气开采和出口，1970 年伊朗实现了对石油的国有化以后，石油生产一度达到高峰，1975 年平均日产 538.7 万桶，石油美元是伊朗获得外汇的主要途径，2011 年石油生产能力在世界排名第四位。伊朗在两伊战争结束后，于 20 世纪 90 年代勘探发现了探明储量达 13 万亿立方米的非伴生气田。伊朗天然气规模开采的时间较晚，但随着相关开发项目的逐步落实，未来天然气出口的潜力巨大。虽然受到世界金融危机冲击，在西方国家制裁之前伊朗石油产量在 2004—2011 年一直维持在 2 亿吨以上[①]。随着国内能源需求地不断攀升，2014 年伊朗一次性能源消费总量约为 2.52 亿吨油当量，与 2013 年相比增长了 3.3%[②]。总体上呈现出天然气消费占比为主且不断增长、石油消费占比相对降低的特点。而为了抑制伊朗国内的能源浪费，伊朗政府自 2010 年开始分阶段提高石油、天然气、电力价格，实施能源价格改革，促进能源消费结构的优化。伊朗的油气资源是油气工业发展的基础，油气工业发展是油气资源开发的必然结果。油气工业是伊朗规模最大、最为先进的产业，攸关国民经济的平稳运行。油气产业政策也是历届伊朗政府施政的重中之重。伊朗油气工业起步虽早，但是上游产业链相对薄弱，出口原油的同时高级成品油仍一定程度依赖进口。

---

① EIA Country Analysis Briefs, www.eia.doe.gov, 2012.
② BP Statistical Review of World Energy 2015, excel workbook of historical data, 2015.

2. 伊朗油气工业发展的历史沿革

伊朗的油气工业发展大致经历了四个阶段：第一个阶段是伊朗石油国有化之前，从1901年初步钻探到1908年发现第一个大油田开始进行有规模的石油开发。第二个阶段是石油革命阶段，1951年伊朗宣布石油国有化，在两伊战争爆发之前的20多年里对伊朗的石油存储进行详细的勘探和大规模的开发，在1974年，原油生产达伊朗历史最高产量3.01亿吨。第三个阶段是1979年伊斯兰革命爆发后，伊朗国家石油公司控制了所有的作业权，勘探活动几乎停止，石油产量暴跌。即使在两伊战争后期恢复了石油生产，原油产量也一直未能超过每天390万桶，仅是1974年历史最高产量的2/3。[①] 第四个阶段是两伊战争结束以后到21世纪初期，伊朗国家石油公司启动了停滞已久的石油勘探活动，新发现了几处大油田。此外伊朗实施了战后的经济发展和工业多样化计划，恢复和扩大油气生产、加工和石油化工设施。

伊朗是OPEC的重要成员。石油美元虽曾使伊朗出现过一度的繁荣，但是也使其经济逐渐走上畸形发展道路，变成单一性的石油经济。20世纪初开始出口原油以来，伊朗的石油出口收入逐渐取代了传统产品的出口收入，成为国家外汇的主要来源。两伊战争前伊朗农业比较落后，相对于石油工业，伊朗的国家经济构成非常不平衡。1979年石油产量为1.51亿吨，出口为1.2亿吨，出口收入高达280亿美元，而传统产品出口收入仅有6亿美元，在国家外汇收入中所占的比例微不足道。[②] 由此可以明显看出，两伊战争之前伊朗的国家财政收入基本上就是依靠单一的石油出口。1988年，在波斯湾的伊朗、卡塔尔两国交界处发现了较大的天然气田，伊朗称之为南帕斯气田。南帕斯气田的探明储量约为13万亿立方米，占到了伊朗天然气储量的一半左右；北帕斯气田的探明储量约为1.35万亿立方米。[③] 为了摆脱对石油的单一依赖，伊朗大力开发天然气，培植国内的天然气工业，推动天然气向周边国家出口。伊朗的天然气开发分两个阶段，前期主

[①] 董秀丽：《世界能源战略与能源外交丛书·中东卷》，知识产权出版社2011年版，第78—85页。

[②] 宋广喜、王柏苍、张茉楠："伊朗局势前景走向及其影响分析"，《国际石油经济》，2012年第2期，第180页。

[③] 董秀丽：《世界能源战略与能源外交丛书·中东卷》，知识产权出版社2011年版，第78—85页。

要是回收石油的伴生气来作为燃料,且主要位于非伴生气田。此后则是对气田成规模性地开发,伊朗为此制定了天然气开发的中长期计划。

1987年,伊朗针对限制外国资本的石油法进行了修订,实行有限度的对外开发政策,允许外国资本以回购的方式进行石油天然气资源的开发。1989年,哈梅内伊被推选为新一任的伊朗最高领袖,面对严峻的国内形势他提出了伊朗的当务之急是经济重建和社会稳定,主要目标是要建设经济繁荣、社会公平、伊斯兰观念和革命精神的社会。新的领导层调整了外交政策,积极改善与西欧一些国家的关系,为伊朗争取一个宽松的国际环境来恢复和发展经济。经济重建的首要任务是修复石油生产设施,伊朗在战后修复了阿巴丹等地的炼油厂,加紧胡泽斯坦省和近海地区的石油勘探开采,建设了更多的油气加工厂。同时政府改变了限制石油生产和出口的政策,积极改善与西方国家关系、开展石油贸易,努力开拓国际石油市场。1989年,伊朗石油日均产油量已超过300万桶,出口量也达到200万桶。[①]虽然距离20世纪70年代中后期的日均最高产量仍有较大的差距,但是石油工业产能基本恢复到两伊战争前的状态。

1988年,伊朗政府制定了为促进社会经济发展的第一个五年计划,不仅包括油气工业,同时也涵盖了对交通、轻工业、食品加工企业等进行恢复和重建。然而这一个五年规划由于缺乏计划性、对当前困难认识不足、路线延伸太长没有结合实际出发致使资金短缺。并且在重建经济的过程中片面追求石油工业快速恢复和发展,让原本工业基础薄弱、农业落后的伊朗严重依赖石油出口,经济发展更加畸形。例如,石油出口一度占到伊朗外汇收入的80%、占财政预算收入的90%[②],这导致国际油价的波动直接影响到伊朗的经济和民生,因此伊朗制定的经济发展计划有了更多的不确定因素。国际油价下跌就会导致伊朗石油收入减少,直接影响到工业原料和设备的进口,工厂甚至就要被迫停工。伊朗的经济命脉被世界原油市场操控而不在国家的调控下,这必然加剧了伊朗国内局势不稳。伊朗国内企业由于管理不善经营乏术,不少企业业绩欠佳,甚至很多国营企业长期亏损,严重依赖政府财政补贴,成为了国家的负担。20世纪90年代石油价

---

① 张铁伟编著:《列国志:伊朗》,社会科学文献出版社2005版,第182—186页。
② 王晓苏:"价格战未来:两伊成黑马",《中国石化报》,2015年7月17日。

格下跌，伊朗外汇储备急剧下降，资金严重匮乏。为了保持五年计划中制定的高经济增长目标，伊朗向邻国大量借债，然而又无力偿还欠下的巨额的中短期外债，导致伊朗银行信用空前危机，使伊朗经济建设和发展受到严重影响。

自伊斯兰革命后伊朗宣布对石油国有化，为了对伊朗国内石油储备的合理管理与开发、减少对外国科学与技术人员的依赖性以及监督石油产业链相关活动，伊朗建立并完备了石油部门，到目前为止，主要由四大部门或公司构成：伊朗国家石油公司、伊朗国家天然气公司、伊朗国家石化公司以及伊朗国家石油提炼与销售公司。[①] 除此之外，石油部门还吸纳了一些石油相关的大学、科学研究所、货运公司等独立单位进行管理。建立石油部可以统筹一些重大项目和投资，为它们配置资金和管理，对它们活动进行监督。与此同时伊朗决策者意识到了石油人才和设备等资源极其匮乏，如果要保障油气出口在世界市场上立足就必须要国际先进技术以及国外资本的注入。伊朗在20世纪90年代中期逐步开放了国内的石油天然气的开发，与欧亚多国签订石油销售以及出口管线建设合同，兴建许多原油加工工厂，加速了伊朗石油工业的发展。2010年以来，在西方严苛制裁的大背景之下，亟需引进外资的伊朗出台了相关保护外资的政策。但是国民经济依然受到了石油天然气出口量下滑而带来的一系列冲击。

3. 当前伊朗油气工业发展所面临的国际新环境

随着2015年7月伊核问题达成框架性协议，国际能源市场担忧伊朗在解除石油禁运之后会扩大市场供应，油价也进一步下调。目前，亚欧国家对于天然气能源的需求依然较大，而对于石油的需求则出现了相对疲弱的态势。在中东地区，沙特和伊朗都分别从自身利益出发，结合自身工业发展与人口现状采取了不同的油气产业政策。沙特人口相对较少，国内压力与需求小所以主张"降低油价、提高产量"，而伊朗为了发展石油工业，提高国民生活水平与综合国力，主张"限制产量，稳定油价"[②]，因此伊朗亟需通过争取市场份额重新振兴本国的油气工业，在恢复原油市场份额的

[①] 刘苏、杨兴礼："伊朗的石油工业结构与布局分析"，《世界地理研究》2009年第2期，第92—97页。

[②] 周向彤，孙文全："近期国际石油价格回顾与预测"，《国际石油经济》，2015年第6期，第106—107页。

基础上扩大天然气的出口。但是沙特等一些国家为了维持现有的能源市场份额和削弱伊朗的实力,在2015年前后主动发起了油价战。由于新兴市场的制造业2015年以来增长放缓明显,国际原油价格跌至了数年以来的新低;而伊朗出于扩大市场份额的考虑,在油价持续低迷的大环境下仍然让石油"解禁"投放市场以抢占份额。在谈到进一步拉低国际油价、伤害伊朗本身经济问题时,伊朗石油部部长赞加内表示现在市场份额更重要,[①]并表示伊朗预计能在一年内将每日产量提升40万桶。

二、油气工业对伊朗综合国力的多层次影响

通过分析伊朗油气工业的发展、油气资源的分布状况以及伊朗在国际能源市场的表现,可以看出伊朗政府大力发展油气产业的同时,也伴随着激烈的国际政治竞争和经济利益上的较量。为了摆脱困境,伊朗利用石油美元重振经济以实现伊朗现代化进程,从而维护国家安全。伊朗的油气工业发展不仅关乎政局的稳定与否,也对国民经济结构产生重要影响。伊朗自身的资源优势不仅能够在国际能源市场赢得一席之地,也推动了伊朗综合国力的崛起以及提供了能源外交的舞台,进而提高了伊朗的国际地位以及地区话语权。因此,油气工业与伊朗的国家命运紧密相连,不仅是过去伊朗由传统农业国转型为石油工业国的关键,也是当今伊朗走向世界、提升在国际社会当中的影响力最为重要的助推剂。

1. 石油美元对伊朗政局的稳定作用

伊朗目前虽然不属于高收入国家,但实际购买力相对较高。伊朗伊斯兰共和国自建立以来,始终处于西方一些国家的制裁和封锁之下,在历经伊斯兰革命和两伊战争之后,伊朗利用油气资源的开发和出口得以恢复生产、发展经济。伊朗相较于中东国家,地大物博、资源丰富,通过几十年来的不懈努力建立起一套较为完整的工业体系。客观而言,油气资源对于伊朗政权具有相当重要的稳定作用。伊朗在制裁之前实际产量日均在360万桶左右,每天出口约260万桶。[②]伊朗利用油气出口获取的外汇收入,

---

[①] 王晓苏:"两伊或成石油市场最大变数",《中国矿业报》,2015年7月2日。
[②] EIA Country Analysis Briefs, www.eia.doe.gov, 2012.

对伊朗民众日常生活的用品实施补贴政策，同时增加对教育和医疗的投入，提高中低收入者的工资以及福利以刺激国内消费。价格补贴政策也使得伊朗国内即使处在高通货膨胀时期，社会依然相对稳定。虽然长期受到制裁，不过国内轻工业的加工生产能力基本可以满足国民的需求。在此基础上，石油天然气出口占到伊朗国家财政收入的一半以上，也相当程度减轻了伊朗民众的税负，事实上提高了伊朗民众的购买力水平。但是，油气工业作为伊朗支柱产业，在为伊朗创造财富、增强民族自豪感的同时也使伊朗的民众和一些政府官员产生了资源依赖心理。长期问题的积累拖延了伊朗油气产业升级转型的步伐，危机感与安于既得利益分配之间依然需要寻求一个新的平衡点。

随着伊核协议的达成，伊朗政府事实上已经避免了政局动荡的潜在威胁。2014 年，伊朗石化产品出口金额仅为 140 亿美元，远低于制裁之前 2011 年 180 亿美元以上的水平。[①] 有权威人士估计，制裁期间伊朗每天仅能出口 100 万桶石油，预计到 2015 年年底有望恢复到制裁以前的水平。石油美元的增加有望大幅缓解目前伊朗政府财政状况，搁置的计划项目得以开展，有利于缓解国内的矛盾，进一步稳定伊朗民众的社会福利水平。而 2015 年国际油价的一路震荡走低则为伊朗未来国家经济的振兴和政局的稳定增添了一丝变数。

2. 油气工业对伊朗国民经济结构的影响

自从在伊朗实施了对石油的国有化以后，石油生产在 20 世纪 70 年代一度达到高峰，1975 年平均日产 538.7 万桶，石油美元是伊朗获得外汇的主要途径。[②] 伊朗的石油产量迅速提升，国家收入急剧增加，伊朗当局利用石油出口带来的巨额收入建立并完善了国内的金融机构，在电力、交通运输、冶炼及采矿业都有巨额投资，同时在例如医药、食品、纺织等轻工业也有较大力度的投入。这使得伊朗在民生、福利、教育、就业、消费等各方面都达到了很快的发展，国家综合国力和国际地位都得以提升。但类似海湾地区其他产油国，伊朗的国家财政预算高度依赖于本国的油气资源出口；工业化程度和资本要素的积累依然落后于主要的新兴工业国家，产

[①] EIA Country Analysis Briefs, www.eia.doe.gov, 2012.
[②] 董秀丽：《世界能源战略与能源外交丛书·中东卷》，知识产权出版社 2011 版，第 78—85 页。

业转型和经济升级在历经多年的西方制裁后要实现这一目标依然遥遥无期。

自20世纪90年代特别是两伊战争结束以后，伊朗政府积极推动本国经济的多元化格局。强调石油产业作为本国国民经济命脉的同时，建立了多元经济，提升了伊朗国际经济和石油能源领域的竞争力，推动了伊朗现代化进程和国际地位的提升。2008年度伊朗的石油出口收入达到700亿美元，成为石油输出国组织中第二大产油国。2007年伊朗石油收入约680亿美元，石油出口收入占伊朗出口总收入的4/5。[1] 伊朗国民经济的增长很大方面都依赖于油气工业的发展，油气资源在近几十年成为了伊朗的经济建设重要的资金来源，伊朗国内的一系列关系社会和政权稳定的重大财政问题以及完成社会发展与社会建设都需要依靠油气收入来解决。

21世纪初，石油出口的收入占国家预算收入的比例高达一半以上并呈现出来逐年增加的趋势。石油和天然气是当今伊朗的经济命脉，国际能源价格的高低起伏也直接影响着伊朗国内的宏观经济运行。因此，伊朗确立了多元化发展战略，重视高科技技术的研发。自1979年伊斯兰革命以来，伊朗发展的国际环境一直都非常严峻。历经两伊战争、美国宣布制裁、西方石油禁运等重重危机，伊朗在近几年来加快实施工业化，并在纳米技术、干细胞研究等领域实现了突破。鲁哈尼政府上台后，油气收入预算占政府总预算比例有所降低，针对油气行业的改革也取得了一定的进展。

3. 油气资源开发对伊朗外交战略的促进作用

石油作为伊朗国民经济的命脉，世界原油市场的任何变动都可能影响到伊朗的经济、国家安全状况。金融危机前国际原油价格的上涨为推行能源外交的伊朗创造了一个非常有利的大环境。伊朗依托其所拥有的油气资源作为战略资源开展能源外交，追求地缘政治利益最大化、提升中东地区影响力和国际地位，这也成为了伊朗能源外交的主要目标。

丰富的油气资源成为伊朗大力推行"能源外交"战略的物质基础。伊朗能源外交的主要方向包括以下几个方面：第一，支持国内大型石油公司进行境外的活动，扩展伊朗在中东乃至世界的影响力，同时争取巩固自身的权益。第二，缓解伊朗伊斯兰革命以后与中东阿拉伯国家的紧张关系，

---

[1] OPEC Annual Statistical Bulletin, 2007—2012.

尝试与海湾国家合作从而稳定地区局势，为伊朗的崛起创造一个稳定友好的外部环境。第三，与能源需求大国的中国、日本、印度以及欧盟进行能源合作，吸引外国投资发展伊朗的油气工业；伊朗希望借此可以保持对外交往渠道的畅通从而可以抗衡美国孤立、遏制伊朗的战略。

面对美国以色列的威胁以及外交相对孤立的困境，伊朗政府能够用好油气资源来应对险恶的国际情势。由于油气资源的巨大潜力让伊朗得以坚持独立自主，在伊核问题的制裁压力下，面对国际社会仍然可以坚持其立场和底线。西方国家对伊朗的石油禁运和制裁虽然使伊朗面临严峻的国际压力和国内的经济问题，但同样也导致了国际油价的攀升、能源市场秩序的混乱甚至影响到其他各国国民经济的正常运行。对伊朗制裁是美国和以色列等国除了军事手段外解决伊核问题的有限途径，但是，仍然无法对伊朗进行严格的制裁。伊朗不仅在夹缝中得以生存，在经济建设的同时也大力对伊拉克什叶派、巴勒斯坦的军事派别以及其他中东国家的什叶派武装实施援助。此举客观上扩大了伊朗在中东地区的影响力，但也为地区局势缓和增添了不利因素。伊朗利用油气资源开展能源外交在与相关国家谈判中争取并扩大了自身的有利地位。

4. 油气工业成为伊朗保障国家安全的重要保障

二战后，世界工业化进程加快，能源资源已经成为能源生产与输出国家获取政治资本、在建立国际经济新秩序过程中谋求更高地位的政治武器。石油作为不可再生资源，伴随着市场需求增加以及全球能源紧缺，一些国家特别是中东主要产油国家开始限制对石油的开采和出口，政治上的限制也是导致全球石油储量以及国际油价大幅上升的重要因素。拥有丰富的石油资源，不再仅仅是满足能源需求这个单一方面，意味着这个国家在国际事务中拥有更多的发言权，在世界上拥有更高的国际地位和影响力。以伊朗为例，伊斯兰革命以后，西方国家对伊朗实施遏制战略，伊朗外交上处于相对孤立的态势，但由于伊朗处在里海、波斯湾、中亚等天然气资源富集地区的交汇处，加之天然气资源的合作开发，使得伊朗作为重要能源通道的地位凸显。伊朗与周边国家乃至区域外国家的油气合作的深入，也让西方一些国家的孤立和遏制政策无法达到其政治目的。

霍尔木兹海峡连接阿拉伯海与波斯湾，是世界重要的能源走廊。作为中东地区石油通过海运输送欧亚的必经之路，世界有近半数出口贸易的石油都要经过霍尔木兹海峡运输到目的地国家。① 霍尔木兹海峡对于伊朗来说，其重要性近乎国家的存亡，因此伊朗将本国大量的军事装备部署到霍尔木兹海峡附近。掌握着霍尔木兹海峡控制权，可以做到随时能够使用军事手段快速封锁霍尔木兹海峡。油气资源与伊朗的国防起到了互相支持、互为依托的作用。由于国家经济和政治原因，石油天然气已经不单纯是市场交易商品，从某种程度上也成为政治、外交战略博弈的武器。在发展的过程中，油气资源一直是伊朗综合国力的重要组成部分。在美国因为两伊战争以及伊核问题而采取的对伊朗的制裁、封锁以及石油禁运的局面下，伊朗就利用了自身油气大国的优势，积极展开国际能源外交，拓展能源战略合作伙伴，为自己打造了建立在能源交易基础上的国际关系与自我保护相结合的发展格局。

5. 伊朗国际地位与影响力的提升

近几十年来，一些中东国家先后因陷入战争或动乱而导致综合国力与国际地位下降，伊朗则凭借有利的国际大环境逐渐成为中东地区有影响力的大国。国家的经济发展必然推动软实力的增强，伊朗能源工业的发展成为波斯文化影响力增强的助推剂。波斯文化在中东地区的强势回归是未来伊朗崛起的重要支柱。②

习近平主席于2013年提出了"丝绸之路经济带"和"21世纪海上丝绸之路"的构想。该构想是历史与现实的结合，是文明之间包容合作的体现。"一带一路"的合作倡议充分激发了有关国家之间双边、多边的沟通和交流机制，必将构建起行之有效的区域合作平台。"丝绸之路经济带"的区域合作也是伊朗实现共赢、崛起的有利契机。丝绸之路经济带中线串联并沟通了包括了伊朗等中东地区国家，可实现国家间的经济合作，包含各国科技、教育等方面全方位的交往互动。随着丝绸之路相关国家之间交流的密切开展，不仅有利于伊朗与沿线国家开展能源合作，并且可推动伊朗悠久的波斯文化传播，其国家影响力也将迅速扩展。伊朗也必将会为地区的和平与稳定做出应有的贡献。伊朗是古丝绸之路的必经之地。千百年来，无数穿梭于丝绸之路上从事东西方交流的人都在伊朗大地留下了历史

---

① 张明生：《阿拉伯世界重要海上通道探析》，《江淮论坛》，2014年第1期，第76—81页。
② 冀开运：《伊朗现代化历程》，人民出版社2015年版，第183页。

的足迹，也为伊朗的历史文化书写了浓墨重彩的一笔。因此，伊朗人民为中西方文明的交往和人类历史的进步做出了巨大的历史贡献，并且也在丝绸之路间的贸易往来中获得了实实在在的经济利益和文化影响力的远播。根据目前的形势，预计到2017年，伊朗的国际制裁将可能完全解除。基于伊朗石油开发成本极低、油气工业基础设施完善的优势，未来伊朗可利用中伊产能合作，拓宽本国的能源出口，进一步深入地发展油气工业的产业链，提升伊朗的综合国力，提高伊朗人民的生活水平。因此，伊朗必将在共建"一带一路"的国际合作中发挥重要的作用。

伊朗有上千年被入侵的历史，所以其外交经验十分丰富。波斯民族千百年来纵横驰骋在东西方之间，拥有足够对外交往的经验和智慧。在弱肉强食的国际竞争中间，懂得如何自保，懂得如何在妥协中赢得自主与尊严。在中东历史发展的过程中，伊朗一直都是该地区的传统大国，但直到21世纪之前，伊朗未曾完成实质意义上的崛起，地区性强国的地位并不稳固。同时在中东地区沙特、伊拉克、以色列、土耳其、叙利亚等国仍具有相当大的影响力。伊朗经历了两伊战争，在中东长时间处于相对孤立的状态。然而两伊战争结束以后，伊朗实现了国家稳定与统一，积极为自身建设争取了良好的国际环境与时间。凭借稳定的油气出口作为重振经济的基础，伊朗在经济、工业、文化教育等方面进行了改革并取得了一定的成就。随着近些年来参与国际反恐合作，国际声誉和地位都有所改善和提高。丰富的战略资源和有利的地理位置使得伊朗在能源合作方面具有全球战略意义。伊朗有明确的利益诉求，充分利用自身丰富的油气资源，通过能源开发、产能合作与大国开展外交，形成了独具伊朗特色的对外关系格局。就如伊朗前驻德大使穆萨维亚（Hoseyn Musavian）所坚信的：因为得天独厚的资源以及世界对伊朗的需求，伊朗会变为世界焦点国家，成长为这一地区的强大国家，并且，目前在伊斯兰世界具有决定性的发言权，它是一个文化与政治上的超级大国……这样的国家是无法被排斥的。[1]

---

[1] Comments of Amb. Hoseyn Mus avian as quoted in Tehran IRNA. FBIS LD2108085395. Aug 21, 1995.

三、油气资源的开发利用给伊朗带来的机遇与挑战

伊朗石油天然气产业依然具有巨大的发展潜力，但是国内外的政治因素都阻碍了伊朗油气工业进行产业升级、进军上游产业链、摆脱出口原油的同时进口高级成品油的尴尬，进一步做大做强。伊朗只有进一步开放国内市场、引进国外的资金和先进的技术设备，破除利益集团的阻碍、制定与国际接轨的政策措施，并且营造良好的发展氛围才能有效地增加油气产量、提高出口产品的附加值，扩大出口并确保国内石化建设项目能够如期投入生产。从大趋势来看，如果伊核问题能够通过谈判和政治协商圆满地解决，未来伊朗将会从目前的油气开采、出口大国逐步变为油气生产、成品油加工等具备完整产业链的出口大国。这将有利于促进伊朗的经济快速恢复和发展，综合国力和国际地位也会相应提高。但随着全球经济不确定因素的持续作用与各国新能源的开发与利用，油气资源在给伊朗带来石油外汇、促进其综合国力和国际影响提升同时，对伊朗的国家发展也带来了相当大的挑战。

1. 依赖石油美元给伊朗带来的挑战

从19世纪对外出口原油开始，伊朗的石油出口收入逐渐取代了传统产品的出口收入，成为国家外汇的主要来源。相对于石油工业，农业与轻工业比较落后，伊朗长期以来都没有摆脱经济发展高度依赖能源业的状况，国家经济构成非常不平衡，其经济发展逐渐表现出畸形的发展态势，使国民经济变为一种单一性的石油经济。在1979年石油产量为1.51亿吨，出口量为1.2亿吨，出口量占据石油生产总量的80%，出口收入高达280亿美元，这使得石油出口成为伊朗的经济命脉和外汇收入主要来源，长期占其外汇收入的80%以上。传统产品出口收入仅有6亿美元，在国家外汇收入中所占的比例很低。[①] 伊朗的农业和工业虽然体系完整但基础相对薄弱，伊朗国内耕地、矿产资源比较丰富但依然需要大量进口初级产品。

伊朗的石油工业大部分是靠吸引外资，由外资协助投资建厂，大部分核心技术由外国公司掌握。在两伊战争中伊朗与伊拉克双方也不断使用各

---

① 张铁伟编著：《列国志：伊朗》，社会科学文献出版社2005版，第182—186页。

种手段摧毁对方的石油生产和出口能力，伊朗大量的油井、生产基地和炼油厂被轰炸，致使整个伊朗的石油生产基本瘫痪，石油加工能力的下降直接导致了国家经济严重削弱，整个国家的发展出现停滞状态。战争结束以后，伊朗的石油工业面临设备陈旧、技术落后的局面，能源产业及其脆弱。在之后的很长一段时间内，伊朗的石油生产量和出口量都未能得到显著增加，这直接影响了伊朗国民经济的发展速度，因此依赖石油产业在一定程度上又是其发展的限制因素。这充分暴露了单一的依靠石油对国民经济、国家安全都会带来很大的弊端，如果切断了伊朗石油产业链，那就意味着切断了伊朗的石油收入和经济命脉，对伊朗势必产生严重影响。[1] 石油美元虽曾使伊朗出现过一度的繁荣，但也使伊朗面临"石油魔咒"带来的困扰。在之前因为"伊核问题"使伊朗招致越来越严厉的制裁，不仅阻碍了伊朗经济的繁荣，也迫使伊朗国家和一般民众更加依赖石油工业所创造的财富，这种状况也严重抑制了伊朗其他产业的发展与壮大。2012年，制裁力度的加大使伊朗承受了巨大的财政压力，多元化的出口格局只停留在口头。伊朗自然资源和人力资源丰富，完全有能力摆脱对油气资源的过度依赖，通过石油收益将油气产业做大做强才是伊朗真正实现国家复兴的关键。但是，伊朗国内要求平分石油美元呼声高涨，民意的压力与油气工业亟待振兴的局面形成了现实性的矛盾。

2. 美国伊朗政策的调整与伊朗油气工业发展的契机

美国政府在1996年通过了对伊朗的制裁法案，对美国企业投资伊朗的油气工业进行了限制。中东地区各国之间的利益诉求不同，政治局势复杂且多变。伴随着20世纪末以及21世纪初连续爆发的国际性事件以及伊朗当局不懈地外交努力，中东地区的政治格局朝着对伊朗有利的方向发展。相继爆发的阿富汗战争和伊拉克战争导致了伊朗邻国伊拉克和阿富汗的国民经济恢复变数丛生、国内安全情势严峻。从另一层面来看，由于伊拉克战争后恐怖主义势力的滋生，美国深陷反恐战争泥潭，相对减轻了针对伊朗施加的制裁压力。由此给伊朗实质性地创造了一段经济恢复和发展的黄金时期，在客观层面给伊朗创造了一个稳定的发展环境，使得刚经历过两伊战争导致石油加工能力和国家经济严重削弱的伊朗得到了宝贵的恢复时

---

[1] Ray Takeyh, Hidden Iran, Henry Holt and company, 2006, p.52.

期，促进了伊朗的崛起。属于激进性质的逊尼派武装力量塔利班一直是伊朗的困扰，给伊朗国家建设和社会发展带来了很大的威胁。然而美国通过阿富汗战争严重打击了盘存在伊朗东部的塔利班力量，让伊朗的国家安全局势有了实质性的好转。而伊拉克战争使伊拉克建立了什叶派掌权的新政府，而作为什叶派大国的伊朗也就同时提升了其在中东地区的政治影响力。在这几场相继发生的战争中，伊朗趁机积极主动地与中东地区其他伊斯兰国家发展关系，由此中东地区的动荡实质性的给伊朗带来了发展的契机。

美国作为世界霸主和全球能源需求最大的资本主义国家，一直主宰资本主义世界的贸易与金融秩序并试图利用本国企业控制中东地区能源出口国对油气资源的开采、能源市场供需的调配。作为一向与美国对抗并被美国制裁多年的伊朗，其崛起自然不利于美国在中东地区利益的渗透与强化。进入21世纪以来，美国一直借以强调核武不扩散协议的约定，反对伊朗进行一切相关的核能研究，竭力阻止伊朗拥核。[①] 这就一方面借用反核武的借口打击了伊朗的建设与崛起，与此同时巩固了美国在中东地区的地位。当伊核问题呈现白热化状态，美国加紧了对伊朗实施制裁，紧紧扼住伊朗的经济命脉——石油出口，并向中、日、韩，以及英、德等欧美国家和地区施压，要求这些国家减少对伊朗的石油买入，并且在波斯湾等地区实施了石油禁运，一系列的制裁措施严重打击了伊朗，伊货币贬值，政府承担着巨大的政治经济压力。根据国际货币基金组织提供的数据显示，伊朗的通货膨胀率和失业率近几年来居高不下，达到10%以上。[②] 虽然伊朗政府试图稳定金融市场并采取了相对应的措施，但依然在维持汇率平衡上承受了巨大压力。

由于美国对伊朗的制裁、欧盟禁运伊朗石油的实施，伊朗被迫做出反击，停止对部分欧盟国家的石油出口，使用打折政策，促进亚洲的石油进口量。双方日益加剧的矛盾致使伊朗国内经济困难，通货膨胀严重；同时造成欧洲债务危机，石油和天然气价格的波动也影响了世界主要经济体经济复苏的进程，伊朗则在东西方博弈中保持自身独立自主的地位，利用石

[①] United States Government Accountability Office, IRAN SANCTIONS: Impact in Furthering U. S.

[②] Mahmoud Janjaweed: "国际经济制裁及其对国家发展的影响"，吉林大学博士论文，2013年12月，第76—77页。

油武器与西方博弈、周旋。伊朗总统鲁哈尼上台后采取了缓和的外交政策，美伊关系发生了一些微妙的转变，从而打破了伊核问题的僵局。随着叙利亚南部、伊拉克北部地区伊斯兰国极端组织的猖狂肆虐，出于地区反恐合作的考虑，美伊关系某种程度上实现了缓和。在打击极端组织过程中伊朗表现出来的积极负责的地区大国态度也得到了国际社会的肯定，在中东地区乃至世界的影响力和国际地位得到了显著提升。从另一方面来看，美伊的反恐合作在一定程度上缓解了两国的敌视态度，也有望实现美国逐步解除对伊朗的制裁与封锁，改善伊朗在中东地区的国际处境，对于伊朗的发展是很好的战略机遇。

3. 中伊产能合作的前景与障碍

目前，中国是伊朗最大的原油出口市场，同时也是伊朗最大的贸易伙伴。2014年，两国双边贸易额突破了500亿美元大关。增强双方的贸易往来一直是当今中伊关系的主题。中国和伊朗贸易关系具有互补性较强、产能合作契合度较高的特点，在油气资源勘探开发、油气供应等方面伊朗一直与中国有着密切的合作。2012年以来，由于国际社会进一步加强制裁，伊朗生产的石油近一半都出口到了中国。受到美国等西方国家制裁的影响，伊朗油气生产设备老化且缺乏资金和配套技术，石油采收率较低。近年来伊朗采取了一些改革措施，积极开展国际油气合作，本国油气工业发展取得了明显进展。值得关注的是，伊朗实行石油领域的体制改革，扩大投资，为中伊深化合作创造了机会。[1] 但是在把握机遇的同时，我们也应看到中国企业在海外投资需要有效管控风险，树立正确的义利观，从而实现互利双赢。在中国努力实现产业升级与转型的契机下，开展与伊朗的油气合作与基础设施建设显得更具现实意义。

一些中资企业在20世纪末以来由于和美国存在合作关系而无法投资伊朗。[2] 在2015年随着伊核谈判达成协议，这些中资企业在2016年初对伊朗制裁逐步解除之后，将有机会布局伊朗的油气合作开发项目。在过去西方长期对伊朗实施制裁下，中国企业在向伊朗出口工业制成品的同时也承揽了很多伊朗国内大型的基础设施建设项目。随着制裁的逐步解除，中国

---

[1] 庞森："中伊共同努力谱写心心相连新丝路"，《国际商报》，2016年1月25日。
[2] 刘雪莉、陈俊华、余玲、徐中强、宋新硕："中国与伊朗关系研究回顾与展望"，《世界地理研究》，2016年第1期，第31—38页。

企业的产品和服务在伊朗市场依然存有机遇。但与此同时，我们必须看到，中国企业在"走出去"的同时也存在相当大的运营风险。目前中资企业在伊朗市场面临着恶性竞争、蓄意违约的现象。① 因此在投资伊朗的同时必须充分了解伊朗国情，掌握伊朗市场的具体信息，对市场风险要有足够的认识。

4. 伊朗政府应对新形势所采取的措施

在过去相当长的时期，石油天然气出口一直是伊朗财政收入的支柱之一。但石油生产、出口相当程度上会受到国际政治环境的影响和制约。2012年后，由于国际社会制裁压力加大、国际市场石油需求相对疲软导致伊朗经济出现了衰退。在国际能源市场中，伊朗长期以来在天然气贸易的市场份额极低，与其拥有世界第三大天然气储量的地位极不相符，这与其所处地理位置、国内油气工业基础设施的建设、国际处境紧密相关。伊朗政府在制裁压力之下进行了一系列的战略政策调整，实施了能源多样化、出口多元化政策，以相对温和的态度在能源领域、国际安全问题方面进行国际交流与合作。鲁哈尼政府上台后，对石油工业体系进行了相应的调整与改革，对本国包括能源、经济、国际关系等方面在未来的发展进行了重新定位，以适应国际和国内新的形势变化。

2013年，伊朗新政府上台后执行了"抵抗型经济"政策，推动政府财政预算摆脱对于石油天然气出口的过度依赖，进一步增强经济活力和透明度以及增加资本的流动性，以达到刺激经济增长、摆脱持续衰退、控制国内通货膨胀的目的。伊朗政府在简化政府职能以提升效率、建立新型财税制度、改革金融系统以优化国内投资环境、促进国际间商品与服务贸易等方面都取得了显著的成效。2014年，伊朗政府在降低油气出口占政府预算份额的同时实现了进出口贸易的基本平衡，并且国民经济实现了正增长，国内通货膨胀率也大大降低。为推动经济可持续、多元化发展，伊朗政府采取一系列稳健的经济政策，已收到良好效果。伊朗投资与经济技术援助组织（OIETAI）宣称，2015年3月21日至6月20日，伊朗共完成计划内

---

① 段秀芳、吴盼盼："中国与伊朗双边贸易互补性及影响因素分析"，《新疆财经》，2015年第5期，第21—27页。

投资30亿美元，同比增长2倍。[①]

伊朗关于石油和天然气在投资建设方面的法律政策做出的调整尤为明显。出于吸引更多外资以加强自身石油工业建设的目的，在2002年伊朗政府重新修订了《鼓励和保护外国投资法》。这是1979年以来伊朗第一部外商投资的法律，其以明确的法律条文规定了一些符合要求的外资能够同等享受国内投资所享受的一切权利与优惠，同时保护这些外资在伊朗国内的投资与建设。这相对于20世纪90年代实施的法规和优惠政策，投资领域的监管变得宽松，方式也变得更加灵活。此外，《劳工法》的修订、《增值税法》的出台都进一步健全了伊朗国内经商投资的法律法规。在政策松绑的同时，伊朗进一步设立了经济特区和自由贸易区，特别是设立了石化经济特区和能源经济特区等，并出台了类似于延长免税期限、提供长期投资保障等优惠措施。但是由于管理不善、经济政策依然较为保守，未来的发展依然存在很大的挑战与阻碍。

未来，伊朗应对国际能源需求的相对疲弱，需以积极的态度加以应对。在石油生产稳步复苏的同时，针对天然气能源的开发，伊朗政府应当加紧与周边国家合作，积极响应"一带一路"的倡议，改革国内的财税制度和外资环境，运用资本的力量加快天然气管道和配套基础设施建设，增强本国油气资源的出口竞争力和产品附加值，拓宽天然气出口的渠道，提高国际天然气贸易的市场份额。

结语

综上所述，伊朗油气工业历史悠久、实力雄厚，是伊朗国民经济发展的重中之重。伊朗的油气工业具有较为完整的工业生产体系和自主发展能力，其发展历程与国家的政治演变息息相关。油气工业的发展在近些年来受到了国内政局的变化、政府政策的调整的影响，同时也受到了国际社会制裁与解禁等多重因素的制约。为了因应国际形势与国内经济发展的压力，伊朗政府进一步改革油气工业的发展格局，优化了外资进入伊朗的投

---

① 数据引自中国石油新闻中心网站，http://news.cnpc.com.cn/system/2015/08/04/001553163.shtml，2015-8-4。

资环境。为了抗衡美国的制裁以及摆脱在国际交往中的不利地位，伊朗着力于推行能源外交。通过能源合作搭建了多层次沟通平台，加强了伊朗同世界的联系，扩大了其在世界的影响力，也提高了伊朗的国际地位。与此同时，伊朗对于国际原油市场有着牵一发而动全身的战略影响，起到了有效巩固伊朗国家安全的客观效果。这就使国际社会在处理伊核问题上只能进行有限的制裁而没有进一步引发地区冲突，从而也就使海湾地区乃至整个中东地区维持了安全与稳定，避免了国际能源市场较大的波动与冲击。在相关各国的不懈努力之下，伊核问题得以暂告一段落，伊朗的油气产业未来将迎来一波产能的释放。

站在伊朗人的角度来看，伊朗类似中东地区的"中国"，优如远东没有中国就没有了政治意义，中东没有伊朗便不会在世界政治舞台发挥它的重要性了。[①] 伊朗一直努力克服在国家发展过程中的制约性因素，凭借自身的能源优势以及灵活的外交手段，为未来国家的和平崛起打下了有利基础。在历经2010年西亚北非地区重大变局以及2015年伊核问题达成协议后，伊朗的综合国力和国际影响力必将会不断提升，在地区事务中会扮演更加积极的角色。而在未来，伊朗的油气工业也必将不断挖掘潜力、发展完善，为伊朗迈向地区性强国奠定坚实的基础。

第二节　伊朗的能源生产及未来趋势

地处中东、拥有丰富的石油和天然气资源的伊朗，长期处于不稳定的地缘政治状态，究其原因主要是世界强权对中东丰富石油资源的掠夺和对中东战略地理位置的霸占，伊朗自然也成为了大国势力争夺的对象。近年来，伊朗因为核问题遭受到美国、欧盟等国家的经济制裁，能源出口大幅度下降，经济形势迅速恶化，民众不满情绪开始蔓延，这在很大程度上加剧了伊朗政局的不稳定性。2015年7月，伊朗与美国为首的六

---

① Hossein Nazem, Russia and Great Britain in Iran (1900—1914) Based on British, French, German, Iranian.

国就伊核问题的全面解决达成历史性协议,这意味着美欧对伊朗的经济封锁和制裁将逐步取消,伊朗也将重返国际能源市场。众所周知,作为OPEC创始国之一的伊朗是世界能源大国,在国际能源战略中具有举足轻重的地位。随着伊朗更多的原油不断涌入国际市场,更多的国际合作开发能源项目的推出,国际能源市场将面临新的机遇与挑战。因此,研究伊朗国内的能源生产情况以及核制裁解禁后对伊朗本身的影响具有现实意义。

一、伊朗能源储量及其评价

伊朗是能源大国,石油和天然气在国民经济中占至关重要的地位,尤其是石油产业占伊朗全部外汇收入的90%左右。[①] 伊朗主要的能源石油、天然气蕴藏丰富,截至2014年底,已探明石油储量157.8亿桶,天然气储量34兆立方米,分别占世界总储量的9.3%和18.2%,分列世界第四、第一位;石油和天然气生产量均列世界第三位,日产原油能力350万桶、天然气5亿立方米。

(一)伊朗油气资源储量

根据BP《Statistical Review of World Energy 2015》报道,截止2014年底,伊朗的石油探明量为157.8亿桶,居世界第四位,占全球比例为9.3%。表2—1是近20年来(三个时间点)世界前五位产油国家石油探明储量以及各国在2014年占全球的探明储量的比例。从数据看出,近20年,伊朗的石油探明储量处于上升态势,由1994年94.3亿桶增长到2014年157.8亿桶,10年间增长了63.5亿桶,增长率高达67.3%。2014年底,伊朗的石油储量位居世界四位,在OPEC国家中也仅次于沙特阿拉伯位居第二位;伊朗的探明储量占全球比例为9.3%,虽比重不大,但伊朗的石油储量对世界的能源贸易与消费有着深远的影响。

[①] 马路路:"浅析伊朗的能源状况",《社科论坛》,2013年,第478页。

表2—1 近20年世界前五国家的石油
探明储量对比（单位：亿桶、%）

国家和地区	1994年	2004年	2014年	2014年占全球比例
委内瑞拉	64.9	79.7	298.3	17.5
沙特阿拉伯	261.4	264.1	265.9	15.7
加拿大	48.1	179.6	172.9	10.2
伊朗	94.3	132.7	157.8	9.3
伊拉克	100.0	115.0	150.0	8.8

数据来源：BP, Statistical Review of World Energy, June 2015, p.6。

中东地区在世界石油的储量、产量和供给方面一直保持优势地位，是世界能源供应的主要来源，其地位是其他地区与国家难以替代。[1] 根据表2—2，截至2014年底，中东地区的石油探明量占全球47.7%，几乎占到全球的一半；而OPEC占到全球的71.6%。近20年来伊朗的石油探明量占中东地区的比重日趋上升，由1994年的14.2%增长到2014年的19.5%，增长了5.3%；相对OPEC来说伊朗的石油储量处于小范围波动，但比重也维持在13%左右。在表2—1可知中东地区位居第一的是沙特阿拉伯，而伊朗次之，足以说明伊朗在中东地区的石油地位以及在世界能源体系中作用。

表2—2 近20年伊朗石油探明量占中东及OPEC的比重（单位：亿桶、%）

国家和地区	1994年		2004年		2014年		2014年占全球比例
指标	产量	比重	产量	比重	产量	比重	
伊朗	94.3		132.7		157.8		9.3
中东	663.6	14.2	750.1	17.7	810.7	19.5	47.7
OPEC	778.9	12.1	918.8	14.4	1216.5	13.0	71.6

数据来源：BP, Statistical Review of World Energy, June 2015, p.6。

根据《BP世界能源统计年鉴》（BP Statistical Review of World Energy 2015）报道，截至2014年底，伊朗天然气探明量为34.0万亿立方米，占

---

[1] 史丹：《中国能源安全的国际环境》，社会科学文献出版社2013年版，第64—65页。

全球比例18.2%。2011年底时,俄罗斯的天然气探明量位居世界第一,44.6万亿立方米;但2012年,伊朗成功超越俄罗斯成为世界第一。见表2—3,伊朗20年来天然气探明量呈上升态势,同时中东地区天然气探明量也是不断上涨,2014年底占全世界42.7%,而伊朗接近全世界的1/5,因此伊朗的天然气探明量更为客观。从图2—1可知2014年世界主要产气国家天然气探明量的比重,伊朗位居世界第一,占全球18.2%,而依次是俄罗斯、卡塔尔、土库曼斯坦、美国;5个国家的总天然气探明量占全球63.2%,而剩下的所有国家仅占36.8%。从饼状图可以得出,伊朗的天然气储量在世界独领风骚。

表2—3 近20年来伊朗及中东天然气探明量(单位:万亿立方、%)

国家和地区	1994年	2004年	2014年	2014年占全球比例
伊朗	20.8	27.5	34.0	18.2
中东	45.5	72.2	79.8	42.7

数据来源:BP, Statistical Review of World Energy, June 2015, p.20。

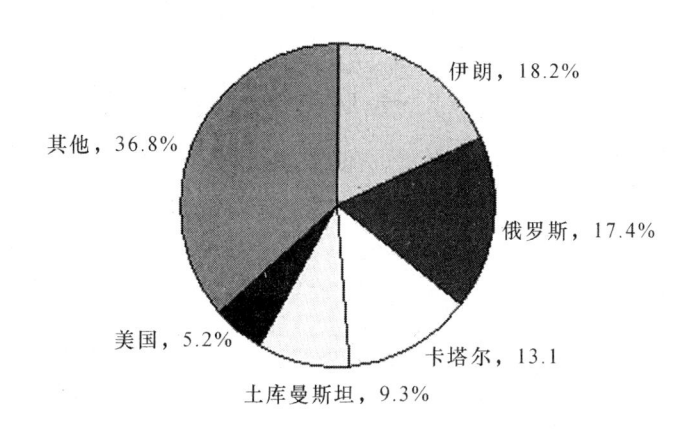

图2—1 2014年世界主要产气国家天然气探明储量比重示意图
数据来源:BP, Statistical Review of World Energy, June 2015, p.20。

综上所述,伊朗是中东乃至世界重要的石油天然气储量大国,其储量无论是从总量还是人均来看,都在世界能源领域占据着极其重要的地位。

(二) 伊朗油气资源的分布

伊朗石油油层浅，开采成本低，油田离海近，便于运输，具有成本低、获利高、竞争力强和经济效益好等突出的优点[1]，主要集中在南部的胡泽斯坦地区。20 世纪 80 年代发现的阿扎德甘油田，是世界上已发现油田中第二大油气田，也是伊朗目前最大的油田。伊朗天气储量居全球第一，且是世界第二天然气出口国，世界最大的气田南帕尔斯北部气田就位于伊朗和卡塔尔的波斯湾水域。

伊朗油气资源主要富集于国土西南部的扎格罗斯山前平原和波斯湾海底大陆架，此外伊朗的里海（南部）地区是其第二个油气资源富集区。伊朗西南部含油气区为波斯湾盆地的一部分，由扎格罗斯山前褶皱带和阿拉伯地台东缘（相当于鲁卜哈利盆地）的伊朗部分组成，是伊朗目前主要的油气产区。从行政单元来看，此区域油气资源大部分密集分布于西南部的胡齐斯坦 (Khuzestan) 省及其邻近的波斯湾地区。在该地区大约有 20 个油田在进行生产，伊朗国内石油产量主要也来自该地区。包括哈尔克岛—艾布扎油田、杜瑙德油田、弗罗扎恩油田和索罗什油田；拉万岛—雷萨拉特油田、雷什哈达特油田和沙尔曼油田；斯尔里岛—斯万德油田、德纳油田 (Dena)、伊斯法恩德油田、阿尔万恩德油田和诺斯拉特油田；巴赫来甘地区—赫恩迪詹油田、巴赫雷干萨尔油田和诺楼斯油田这几个近海油田。[2]

而中部伊朗夹于扎格罗斯山和厄尔布尔士山之间，地表大部分被沙漠覆盖，是除西南部伊朗以外伊朗含油气的远景区。伊朗中部的石油和天然气产区，包括迪卜迪拜平原凹陷、卡塔尔隆起和西海湾凹陷，石油和天然气产层约 50 多个。主要集中于库姆省，到目前为止，在该地区已经发现 11 个油气田。伊朗中部油田包括艾哈油田、切斯梅赫·霍斯赫油田、达兰气田、达尔帕里油田、达南油田、德赫卢兰油田、刚班达里油田、康干油田、康吉兰油田、帕伊达尔油田、沙克豪油田和其他一些小油田[3]。

---

[1] 李卫杰、杨兴礼："中国与欧盟在伊朗的能源博弈"，《重庆工商大学报》，2009 年第 5 期，第 27—30 页。

[2] 才建、沈钰新："中国—伊朗油气资源合作战略分析"，《石油规划设计》，2009 年 2 期。

[3] 陈沫："伊朗：不可多得的油气伙伴"，《中国石油石化》，2006 年第 14 期。

(三) 伊朗油气资源评价

1. 油气的质量

油气资源的质量一般由原油 API 度来度量。API 重度的全称是 American Petroleum Institute Gravity（API Gravity），从学术上讲，就是衡量一种油品相对于水的轻重指标。总体而言，油是比水轻的，而水的 API 重度是 10，所以世界上绝大多数油田生产的各类原油的 API 重度在 10—70 之间。API 度主要用处就是能基本判断原油品质的好坏。原油分轻质、中质、重质（light，medium，heavy）三类，分类的标准就是 API 重度。API 重度高于 31.1 的原油是轻质原油，API 重度介于 22.3—31.1 之间的原油是中质原油，API 重度在 22.3 之下的，是重质原油。

伊朗生产的原油主要是中质含硫原油，API 度为 28—35。[①] 对于原油的商业价值和炼油工艺来讲，最好的原油 API 重度介于 40—45 之间，这个重度间的原油最容易加工，生产出来的主流油制品也最多（采收率最高）。[②] 伊朗的主要原油品质包括 API34—35 含硫量 1.4% 的产于陆上的轻质油和 API29—31 含硫量 1.7% 的产于海上的中质和重质油。

2. 油气的开采条件

伊朗处于欧亚板块与阿拉伯板块之间，并以两者之间的伊朗微板块为主题。伊朗地质演化历史较长，漫长的地质演化将伊朗地质构造划分为 3 个单元，即南部的扎格罗褶皱带、北部科佩特褶皱带和中东部伊朗新生代活动带。[③] 伊朗的石油和天然气大部分密集分布于伊朗西部的胡泽斯坦省，伊朗国内的石油产量主要来自该地区。伊朗不仅油气资源丰富，而且开采条件比较优越。

第一，气候适宜。伊朗处于热带沙漠气候区，终年晴朗少雨。其石油主产区主要位于西南波斯湾海上以及沿岸地区，而波斯湾是由阿拉伯半岛与伊朗高原围成的内海，霍尔木兹海峡是唯一的航海通道，且较狭窄，因此海面平静，无风暴袭击，有利于开采石油。

第二，地质条件优越，构造简单。伊朗国内石油主产区的地质条件主

[①] "伊朗石油及炼制工业现状"，中国石油网，2004 年 8 月 9 日。
[②] "世界非常规重质油潜力可观"，《国外测井技术》，2006 年第 21 期，第 2 页。
[③] 王凤："伊朗经济环境与对外经济能源合作"，《国际石油经济》，2004 年第 9 期。

要为中生代砂岩、碳酸盐类岩石及第三纪石灰岩，裂隙发达，油气渗透性、流通性比较好。在构造方面看，伊朗大多数油田地处背斜或穹窿构造之中。这些地貌分布较为集中，规模巨大，两翼平缓，构造极为简单，非常适合大规模开采。

第三，油气分布集中，单产高。伊朗大部分石油储量均位于临近伊拉克边界的胡齐斯坦地区西南部的巨大陆上油田和波斯湾海上油田；天然气主要是特大气田南帕斯气田，位于卡塔尔半岛北部顶端至伊朗越200公里海上的国境线上，此外还有北帕斯气田。因此，油气分布都比较集中；且伊朗国内单个油田规模较大，6个主要油田就占据了全国大部储量。而且大部分油气资源分布于国土西南部的波斯湾沿岸省份及浅海大陆架地区，也便于石油的集中开采、加工与外运，大大节省了油气开采的成本。

第四，油气运输便捷。伊朗西南临近波斯湾，海上交通运输极为便利，在沿海的哈尔克岛、阿巴斯均有大型石油输出港；在广大内陆石油产区，也有密集的铁路、公路交通供应开采设备的运输；值得一提的是，伊朗国内有纵贯各产区和消费地的管道运输线路。各种交通运输线路的交织叠加，又为伊朗石油开采赋予了得天独厚的条件。

二、伊朗能源生产、消费及贸易现状

（一）伊朗油气生产状况

1. 石油天然气的产量

根据 BP Statistical Review of World Energy 2015 报道，截至2014年底，美国的石油产量居世界第一，占全球的12.3%，而伊朗则占全球4%。见表2—4，近10年来，伊朗的石油产量出现明显的波动，2004—2011年基本呈上升趋势，而2012—2014年呈下降态势；究其原因是以美国为首的西方国家就伊朗核问题而采取的经济制裁，致使伊朗国家内部石油产量锐减；但伊朗的石油产量依然处于优势地位，占全球的4.0%。众所周知，伊朗是中东有望崛起的大国，在中东的地位不可忽视。而中东国家的石油产量占到全球的31.7%，OPEC国家总和占到全球的41.0%，几乎占到全世界的一半，因此，不管是伊朗还是中东国家在石油产量上的地位都是不容忽视的。

表2—4 近10年伊朗及中东、OPEC的石油产量（单位：千桶/天、%）

国家和地区	2004年	2005年	2006年	2007年	2008年	2009年	2010年	2011年	2012年	2013年	2014年	2014年占全球比例
伊朗	4201	4184	4260	4303	4396	4249	4352	4373	3742	3525	3614	4.0
中东	24873	25518	25734	25305	26417	24727	25777	28088	28502	28198	28555	31.7
OPEC	34040	35170	35489	35161	36279	33987	35073	35939	37472	36628	36593	41.0

数据来源：BP, Statistical Review of World Energy, June 2015, p.8。

据表2—5，伊朗10年以来，天然气的生产量在不断增长，由2004年的86.8增加到2014年的155.3百万吨油，增加了68.5百万吨油当量，增长率高达78.9%。截至2014年底，伊朗的天然气生产量占居全球5%；而中东地区的天然气生产量也是呈上升趋势，2014年底达到了540.9百万吨油当量，占居全世界17.3%，而伊朗就占了1/3的数量。

表2—5 10年来伊朗及中东天然气生产量（单位：百万吨油当量、%）

国家和地区	2004年	2005年	2006年	2007年	2008年	2009年	2010年	2011年	2012年	2013年	2014年	2014年占全球比例
伊朗	86.8	92.1	100.3	112.5	119.2	129.8	137.1	143.9	149.1	147.6	155.3	5.0
中东	266.9	286.8	307.4	333.7	360.3	382.5	439.7	486.6	508.6	522.4	540.9	17.3

数据来源：BP, Statistical Review of World Energy, June 2015, p.22。

2. 原油的提炼能力

根据BP Statistical Review of World Energy 2015报道，截至2014年底，美国的石油提炼能力占到全球的18.4%，位居世界第一，占世界1/5，意味着美国炼油能力能充分地满足本国的消费需求，同时能满足其他地区、不同质地的原油需求。如表2—6，伊朗以及中东地区近10年的石油提炼能力呈上升趋势，但是截至2014年占全球的比例分别为2.1%、9.8%，这与美国相比相差甚远。

表 2—6 近 10 年伊朗及中东地区的石油提炼能力（单位：千桶/天、%）

国家和地区	2004 年	2005 年	2006 年	2007 年	2008 年	2009 年	2010 年	2011 年	2012 年	2013 年	2014 年	2014 年占全球比例
伊朗	1642	1642	1727	1772	1805	1860	1860	1860	1890	1970	1985	2.1
中东	7243	7274	7414	7556	7645	7893	8006	8094	8167	8687	9248	9.8

数据来源：BP, Statistical Review of World Energy, June 2015, p. 16。

（二）石油天然气的消费量

中东地区是世界石油消费的一大地区。根据 BP Statistical Review of World Energy 2015 报道，截至 2014 年底，世界石油消费量位居第一的是美国，占到全球比例 19.9%，接近 1/5 的消费在美国；位居第二的是中国 12.4%，毋庸置疑，美国与中国是世界能源消费大国。而由表 2—7 可以看出，整个中东地区的石油消费量从 2004—2014 年呈增长态势，截至 2014 年占到全世界的 9.3%，接近 1/10，而伊朗一个国家占到 2.2%，是中东国家的 1/5。从数据不难看出，伊朗也是石油消费的中坚力量，同时因其拥有丰富的石油储量，在石油贸易中占居重要地位。

表 2—7 近 10 年伊朗及中东地区的石油消费量（单位：千桶/天、%）

国家和地区	2004 年	2005 年	2006 年	2007 年	2008 年	2009 年	2010 年	2011 年	2012 年	2013 年	2014 年	2014 年占全球比例
伊朗	1549	1700	1845	1875	1960	2012	1874	1910	1928	2038	2024	2.2
中东	5940	6346	6469	6764	7212	7530	7766	7985	8296	8450	8706	9.3

数据来源：BP, Statistical Review of World Energy, June 2015, p. 9。

截至 2014 年底，伊朗的天然气消费量占全球 5.0%，是一个相当客观的数据。2004—2014 年间，伊朗的天然气消费量处于上升趋势，由 98.7 上升到 170.2 百万吨油当量，10 年来增加了 71.5 百万吨油当量，增长率为 72.4%；而整个中东地区占全球 13.7%，伊朗天然气消费量几乎接近中东一半，见表 2—8。因此，在天然气消费上来说，伊朗也占据可观的位置。

表2—8　10年来伊朗及中东天然气消费量（单位：百万吨油当量、%）

国家和地区	2004年	2005年	2006年	2007年	2008年	2009年	2010年	2011年	2012年	2013年	2014年	2014年占全球比例
伊朗	98.7	102.8	112.0	125.5	134.8	143.2	152.9	162.4	161.5	159.4	170.2	5.0
中东	259.3	277.0	294.7	315.7	347.0	361.0	395.4	418.7	430.5	437.7	465.2	13.7

数据来源：BP, Statistical Review of World Energy, June 2015, p. 23。

综述，伊朗在2013年消费244百万吨石油，达到近10年中最高水平[1]；而天然气和石油占主要能源消费量的98%。除此之外，还有煤、核能以及再生能源等，自2004年以来，一次性能源消费总量增长50%。[2] 但伊朗因其自身的技术限制以及国际对其的经济制裁，国内的油气生产量有待提高，且国内的油气消费也有限。

（三）伊朗油气贸易状况

1. 石油天然气出口规模

伊朗是世界上的石油大国，本国的能源消费构成也主要是以石油和天然气为主，截至2014年底，石油消费量达到202.4万桶/天，天然气为170.2百万吨油当量；但其石油的生产量为361.4万桶/天，消费量占其生产量的56%，而天然气的生产量为155.3百万吨油当量；因此，大量的原油则用于出口，但天然气则需要少量进口才能满足消费。

见表2—9，伊朗石油出口量由1980年的4140万吨增加到2012年的11880万吨，30年间增长了7740万吨，增长率高达187%。1980—1990年期间，石油的出口比重处于上升趋势，达到了71.99%，相当于伊朗生产的接近3/4的石油量都用于出口；但1995年开始，伊朗的石油出口比重开始缓慢减少，但基本维持在57%，出现相对稳定的时期。

---

[1] BP Statistical Review of World Energy 2014. BP. com, 2014.
[2] U. S. Energy Information Administration：Iran. International energy data and analysis, 2015.

表 2—9　伊朗主要年份石油储量、产量、消费量以及出口比重

年份	储量（亿吨）	产量（万吨）	消费量（万吨）	出口量（万吨）	出口比重
1980	79.52	7240	3100	4140	57.19%
1985	80.48	11040	4360	6680	60.51%
1990	126.72	16820	4710	12110	71.99%
1995	127.81	18550	5960	12590	68.87%
2000	135.72	18940	6350	12590	66.47%
2001	135.17	18650	6350	12300	66.95%
2002	178.27	17270	6790	10480	60.69%
2003	181.82	20370	7180	13190	64.75%
2004	181	20790	7460	13330	64.12%
2005	187.55	20730	7650	12720	63.10%
2006	187.55	20980	7930	13050	62.21%
2007	188.53	20910	8800	12110	57.92%
2008	187.71	21300	9100	12200	57.28%
2009	186.88	20400	9190	11210	55.95%
2010	206.2	20710	8980	11730	57.64%
2011	206.2	20580	8700	11880	57.73%

数据来源：BP, Statistical Review of World Energy。

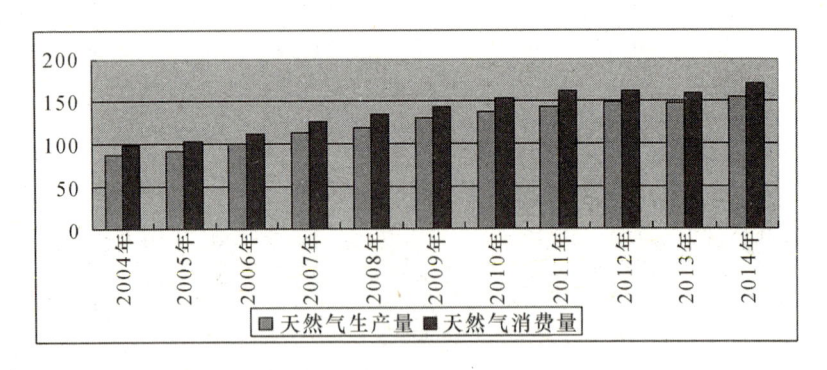

图 2—2　伊朗 2004—2014 年天然气产量与消费量的变化示意图（百万吨油当量）

数据来源：BP, Statistical Review of World Energy。

与石油大规模出口相比，伊朗的天然气还需要少量的进口。国内的生产量低于其消费量，因此需要从国外进口一部分天然气来满足国内需求。但根据 BP Statistical Review of World Energy 2015 报道，截止到 2014 年，伊

朗的天然气储量居世界第一位，虽目前国内供不应求，一旦大规模开发后，不仅能满足国内的需求，也能大量地出口。因此，伊朗也必将成为一大天然气出口国。

2. 主要油气出口市场

在伊朗核问题凸显之前，伊朗油气出口主要是欧洲以及亚太地区。欧洲是世界经济发达地区，而以中国为首的亚洲发展中国家近几十年经济发展迅速，对能源的需求日益上升，因此，伊朗出口的大部分油气都进入了欧洲与亚太市场。然而，随着伊朗核问题地不断升级，以美国为首的西方国家对伊朗进行经济制裁，减少甚至不进口伊朗的原油，使得石油出口受阻，国内经济下滑。表2—10可以看出，2012年伊朗石油出国的10大国家中，亚太地区的中国、日本、印度、韩国四国占据10强中的前4位，总量为145.6万桶/日，占居伊朗总出口量的68%。而剩下的六国中，还有欧洲三国，意大利、土耳其、西班牙，以及非洲地区的南非和亚洲地区的斯里兰卡。因此，伊朗的出口呈现新的变化，从地区上来说，有亚太地区、非洲以及欧洲地区，但是从数量来说，伊朗的出口市场主要是亚太地区。

随着伊朗核问题地逐渐深入化发展，伊朗的石油出口形势进一步严峻，出口市场面临进一步萎缩，主要的石油出口目的地国家集中到少数几个国家和地区。但随着鲁哈尼政府的上台，对外关系特别是伊美关系有所缓和，让伊核问题紧绷的神经稍作缓和，伊朗石油出口的市场也再度繁荣起来。

表2—10 2012年伊朗石油10大出口国

排名	国际或地区	数量（万桶/日）
1	中国	54.3
2	日本	34.1
3	印度	32.8
4	韩国	24.4
5	意大利	18.3
6	土耳其	18.2
7	西班牙	13.7

续表

排名	国际或地区	数量（万桶/日）
8	南非	9.8
9	法国	4.9
10	斯里兰卡	3.9

数据来源：国家社科项目西部项目"伊朗核危机的演变趋势与中国能源安全及对策研究（10XGJ0008）"。

3. 油气贸易在国民经济中的地位

伊朗作为 OPEC 第二大产油国，经济的增长很大程度依赖能源密集型产业，其 2/3 的外汇收入都来自石油的出口。21 世纪伊朗成为世界战略能源主要生产地和供应地之一，其石油与天然气是伊朗的经济命脉，石油的出口收入占居国内总出口收入的 4/5。依据数据统计，2011 年伊朗石油出口收入为 1147.51 亿美元，占其总出口收入的 87.9%。2012 年，伊朗的人口总数已达 7515 万，GDP 总额达 4824 亿美元，人均 GDP 约为 6359 美元。由此可见，石油是伊朗贸易的物质基础，也是其经济命脉。

近几年，由于石油出口收入颇丰，使该国建立起了稳定的石油资金。虽然伊朗石油出口收入很高，但仍面临着预算压力，人口迅猛增长，就业机会有限，失业人数居高不下，从而进一步加剧了对石油收入的依赖。[1]随着本国劳动力快速增长，伊朗每年有 200 多万人进入劳动市场，2004—2006 年失业率高达 11%—12%。增加就业和救助失业人口，都需要仰仗经济快速增长和石油收入的增加。[2]

另外，伊朗国内实行高额的价格补贴政策，补贴范围从能源到日常用品，包括大米、面、奶、蛋、植物油、糖、肥皂等等。伊朗每年给予民众的补贴金约占伊朗 GDP 的 30%，2006 年在能源补贴上就花费政府近 50 亿美元。伊朗的国有企业占国民经济 80%，除石油部门以外，国营企业普遍经营不善，长期亏损。仅 2005 年国有企业亏损达 41.9 亿美元、国有银行亏损达 22.7 亿美元。国内各种财政支出都要依靠巨大的石油收入，再加上

---

[1] 夏景华："中东石油工业的现状及对油市的影响"，《石油化工技术经济》，2003 年第 19 期，第 3 页。

[2] 邱立伟："伊朗能源形势展望"，《石油地质科技动态》，2006 年第 2 期。

伊朗为扩大军备，每年军费开支为 80 亿美元，也需要国家财政的足够保障。① 石油收入对伊朗政府来说，是国家财政、经济的保障；作为一个石油生产能力难以快速提高，但又严重依赖石油收入的国家，要保持和利用国际石油市场的紧张气氛，实现每桶石油出口的收入最大化，是当前伊朗有利可图的谋略。

三、对伊朗能源经济的深入解读

（一）能源产业依然是国民经济命脉

根据"国际货币基金组织"数据，伊朗 2014 年国内生产总值为 5148.21 亿美元，居世界第 23 位，亚洲第 8 位；2014 年人均国内生产总值为 4751 美元，居世界第 100 位。自 21 世纪来，伊朗的经济有所进步，但是近 10 年来，随伊朗核制裁，使得经济增长受挫。但其从产业结构看，石油产业依然是经济命脉，是外汇收入的主要来源，占到伊朗外汇收入的一半以上；从贸易结构看，伊朗对外贸易出口主要产品是石油和天然气，2013—2014 财年石油出口约 369 亿美元，占总出口额的 60%②。因此，能源是伊朗的经济命脉，其收入是国家经济的保障。

（二）能源政策向东看走向

伊朗属于 OPEC 成员国，其能源政策基本上与欧佩克能源政策一致，主要依靠丰富的石油储量及其在国际石油市场上所占份额的优势，通过国际市场石油价格的涨落以达到石油收益的最大化③。自 20 世纪 90 年代末两伊战争结束以来，伊朗对其石油、天然气产业进行全方位的挑战，加强对石油、天然气资源的开发力度，提高产能和产量，重视石油化工产业发展，提高产品附加值，推动出口贸易，实施"产品回购"、"串油"贸易、市场东移、改革"补贴"政策，扩大国际合作等方式④，以获取更多的外汇收入，提高石油行业竞争力，实现本国经济的发展。

---

① 万雪："伊朗石油资源研究"，西南大学硕士论文，2010 年 6 月。
② 尹继武："一带一路投资政治风险研究之伊朗"，《国际关系》，2015 年第 10 期。
③ 史丹：《中国能源安全的国际环境》，社会科学文献出版社 2013 年版，第 64—65 页。
④ 刘明："伊朗实现全方位的能源战略挑战"，《亚非纵横》2003 年第 6 期，第 43—57 页。

近年以来，伊朗因受到美国、欧盟等西方大国的经济制裁，且美元对欧元、人民币的贬值等因素，伊朗出口贸易受到阻碍，收入下降，人民生活水平低，国内矛盾爆发。为了摆脱石油贸易中对美元、欧元的依赖，同时为了抵制西方国家的制裁，伊朗宣布将使用愿意与其合作的国家货币进行结算。因此，为了保证石油出口安全，伊朗选择"向东看"战略，转向亚洲地区；但因日本是美国的盟友，与伊朗的外交关系中参杂着美国因素，进而开始与中国、印度展开贸易，且在政治上向中国靠拢。

（三）能源的外交工具化特征明显

石油是伊朗的经济命脉，世界能源市场的行情变化直接影响着伊朗经济走势。21 世纪初期世界石油价格暴涨为伊朗推行"石油外交"创造了有利的国际环境，加上伊朗的地缘政治优势[1]，因此，能源成为了伊朗外交谈判桌上的工具。在"后石油时代"，传统能源的国际争夺加剧，也抬高了石油作为政治武器与作为政治交易工具的地位。在与美国缠斗的近 30 年间，伊朗能够屹立于中东不倒，在很大程度上有赖于对石油资源这两种功能的交替使用[2]。伊朗以其自身能源资源的独特优势，利用能源作为外交的筹码，在经济上为自己赢得更多的投资机会，增强经济实力；在政治上抵制西方大国的制裁，能源合作重点转向亚洲大国，以赢得中国等的支持。

1. 与西方大国抗衡的筹码

伊朗核问题升级后，以美国为首的西方大国利用核问题对伊朗实施经济和外交的双重压力。美国认为其威胁了世界的安全，制止伊朗拥有核武器，必要时采取动武以达到颠覆伊朗现有的政权。为了对伊朗进行经济制裁，美国极力推动联合国安理会出台了制裁伊朗的第 1737 号和第 1747 号决议，并不遗余力地促使联合国出台更加严厉的制裁措施。因美国不断向欧洲银行和金融机构施压，限制他们与伊朗政府进行交易，世界多家银行已开始拒受伊朗银行的信用证业务，给伊朗的出口信贷和设备进口造成困

---

[1] 杨诗源、杨兴礼："新世纪伊朗能源外交浅析"，《西亚非洲》，2006 年第 7 期，第 29—32 页。

[2] 朱志群："中国对中东的能源外交与策略"，《国际观察》，2008 年第 4 期，第 60—65 页。

难①；同时美国为了阻止伊朗拥有核武器，在2008—2010年间，美国、以色列和欧洲国家通过绑架、策反、暗杀让伊朗科学家"神秘失踪"②，使得伊朗核研发进程减速。而欧盟也处于自身的战略利益的考虑，在核问题上也制止伊朗拥有自己的核武器，但是并不同意对其制裁或动武；但俄罗斯与中国在伊朗核问题上比较保守，希望通过外交手段来阻止其核武器的研发。

伊朗在与西方大国的对碰中，其强有力的武器是石油资源以及丰富的天然气储量。伊朗利用其石油资源，吸引外资参与能源合作。自2003年以来，伊朗与外国公司签署了200亿美元的合同，表明美国对其的经济制裁没有明显作用。而外国希望从伊朗获取丰富的石油与天然气资源，对于美国的经济制裁等置之不理，继续与其能源合作。

2. 寻找盟友的手段

伊朗是能源大国，对世界能源体系具有重要的作用。随着世界经济的快速发展，对能源的需求不断增长，而世界大多数国家都依靠进口能源来满足本国的需求。因此，任何的能源出口国家经济的波动都会导致石油市场的波动，影响世界能源安全。而伊朗是中东地区油气资源极度丰富的国家，对世界能源供应具有重大意义，同时影响着能源格局以及政治格局。

以美国为首的西方大国经济制裁下，伊朗利用石油寻找新的盟友，与亚太地区国家展开了石油外交。石油是伊朗与其他国家示好的筹码，也是反抗西方国家的武器，让美国在伊朗问题上面临更多的挑战。而伊朗实施"引进"战略，还积极实施走出去战略，在中国、新加坡、印度尼西亚、马来西亚等国建设炼油厂，并希望在中国建立战略石油储备③，与亚太地区建立了同盟关系。此外，伊朗利用石油资源还使得中国与俄罗斯在核问题上持中立态度，为自己赢得了喘息的机会，同时通过波动油价，让国际社会不敢轻易对其实施军事等制裁。

（四）能源在国际能源安全中的影响

伊朗是中东地区正在崛起的大国和强国④，具有重要的地理战略和位

---

① "欧洲多家银行切断与伊朗业务往来响应美国制裁"，中国新闻网，2007年10月26日。
② "伊朗核科学家被炸案迷雾重重"，成州网，2010年1月18日。
③ 刘明："伊朗实现全方位的能源战略挑战"，《亚非纵横》，2003年第6期，第43—57页。
④ 杨兴礼、冀开运、陈俊华：《现代中国与伊朗的关系》，时代出版社2013年版。

置，拥有丰富的自然资源和能源资源，其世界石油储量，仅次于沙特，居世界第二位[1]，对地区和世界经济具有显著影响。作为全球第四大探明石油储量最丰富的国家和曾经的 OPEC 第二大产油国，地处波斯湾和里海能源"心脏"地带的伊朗过度依赖石油的经济模式对国际石油市场有着促进作用，但一旦石油出口受阻势必会阻断伊朗自身的经济来源，影响国内的经济稳定，引发其他社会问题。作为世界石油供应主要力量之一的伊朗，其自身的石油、天然气行业应该积极适应与支持能源战略调整，促进国内的多元化发展。因此，伊朗的能源局势变化不仅影响着中东地区的石油产量，且直接引起国际石油市场的波动，影响世界能源市场以及经济、政治格局。

四、伊核危机后的伊朗能源局势及未来趋势

自 2002 年 8 月伊朗秘密进行铀浓缩项目直到浮出水面至今，围绕伊核问题展开的外交斗争与斡旋不断，且起起伏伏，国际石油市场波浪翻滚。[2] 伊朗欲通过推进核计划，以谋求在中东的大国地位，并达到与美国抗衡。而美国认为伊朗是中东地区最大的敌人，威胁其在中东地区的军事安全。因此，美国主张国际社会共同对伊朗施压，逼德黑兰放弃核计划，主张联合国安理会讨论和制裁伊朗。[3] 2003 年伊朗核问题爆发以来，伊朗再度成为国际石油安全的焦点[4]；2011 年伊朗核问题牵扯着全世界；2013 年伊朗核问题获得重大突破，从制裁和战争威胁转入边谈判边制裁的阶段；2014 年伊朗核问题已经走上实质性谈判的轨道；2015 年 4 月达成框架性的协议，为 6 月的全面协议奠定了基础；2015 年 7 月 20 日一致通过决议，批准伊朗核问题六国与伊朗在维也纳达成的全面解决伊朗核问题的历史性协议。这意味着伊朗将重返国际石油市场，对世界能源格局将产生重大的影响；同样也面临新的国际局势。

---

[1] 薛静静、杨兴礼、梁艳桃："中国—伊朗石油贸易风险及应对"，《对外经贸与实务》，2011 年第 1 期，第 27—29 页。

[2] 吴磊：《能源安全与中美关系》，中国社会科学出版社 2009 年版。

[3] Sanam Vakil. The Persian dilemma: will Iran go unclear. Current History, 2005 (4): 183-188.

[4] 史丹：《中国能源安全的国际环境》，社会科学文献出版社 2013 年版，第 64—65 页。

（一）伊朗面临国际新局势

1. 重返国际能源市场

伊朗丰富的油气资源，在以美国为首的西方大国经济制裁下难以在国际上流通，使得伊朗国内经济不景气，造成许多社会问题。但达成的全面协议意味着伊朗重返国际石油市场。众所周知，伊朗国内经济是以石油经济为支撑，对外政策也是大打"石油牌"为自己谋取更多的利益，现今在逐渐解除的经济制裁下，伊朗必定会大力支持本国的能源企业并展开国际合作，特别是加强与周边地区交流与合作，营造良好的区域环境。同时，继续与亚太国家进行能源合作，并逐渐恢复与美国、欧盟等国家的能源合作，深化发展，继续能源外交，使其在国际能源市场的地位增加，拥有更多的国际话语权。

2. 国际油价的低迷

据 ETA 数据，2014 年伊朗原油日产量 93.26 百万桶/天，而原油日消费量 92.45 百万桶/天。2015 年原油日产量 95.54 百万桶/天，而原油日消费量 93.82 百万桶/天。原油的供需平衡量在 2014 年为 0.81 百万桶/天，2015 年为 1.72 百万桶/天。不难看出，全球的原油供过于求，处于相对宽松的环境，且国际油价相对较低，使得出口石油的国家和地区减少了 4% 的收入，对应地降低了其 9% 的 GDP。伊核问题的全面协议达成，减轻了伊朗的经济制裁，并逐步进入国际能源市场，但是国际油价的低迷，对作为石油收入是其政府财政以及国家经济保障的伊朗来说，无疑是重创。

3. 能源市场份额缺失

众所周知，伊朗在核制裁前，石油、天然气等能源主要出口市场是欧美等发达国家，而亚太地区的中国、日本等国家位居次要市场。但随着核问题的出现，西方发达国家减少在伊的能源进口，实行经济制裁，伊朗经济受到重创。伊朗受到经济制裁后，将能源出口转向亚太地区的中国、日本、印度等国家，因此，也失去了原有的欧洲国家的市场份额。2015 年 7 月的伊核问题全面协议的达成，使得欧美国家减缓了对伊朗的经济制裁，伊朗势必重返国际能源市场，但是面对缺失已久的能源国际市场，伊朗需要做出相应的对策来改变现状。

4. 外资投入谨慎

伊朗核问题出现以来，受到西方大国的经济制裁，伊国内的原油生产与出口都大大减少，天然气的储量与开发量之间存在差距，不能有效的生产与出口；西方国家的资金、技术、设备等不能及时就位，伊朗经济不景气，国内通货膨胀、失业率高等问题出现，就更难吸引外资的进入。虽然全面协议的签订，使得西方大国减轻了对伊朗的经济制裁，但是外资在面对复杂的国际形势以及伊朗国内存有变数的情况下大多犹豫不决，对伊朗的能源投资还是很谨慎。

（二） 伊朗未来能源发展趋势

1. 恢复油气产量，加大出口市场

2008 年以来，世界遭受全球金融危机影响，经济呈现低速增长趋势。发展中国家经济发展逐步放缓，而发达国家也一度停滞或呈负增长。因此，世界石油消费量减少，加上西方大国对伊朗的经济制裁，其石油产量也同样减少。据伊朗 2008—2014 年 BP 石油资料数据显示，2008 年伊朗的石油日产量达到 4396 千桶，到 2014 年减少到 3614 千桶。随着全球经济的复苏以及伊朗核问题经济制裁的解禁，伊朗的石油产量势必会增加；同时美国、欧盟等恢复与伊朗的贸易关系，其石油将再次流入西方国家市场，出口的范围将不断扩大。

2. 建设石化工业，国内竞争激烈

伊朗核问题达成协议意味着西方国家的资本与技术将不断进入伊朗，增加对伊能源工业的投资，伊朗国内的油气资源将再次得到全面开发，释放巨大产能，但其国内的竞争将日益激烈。在西方大国的经济制裁下，迫于国际压力西方在伊朗国内进行能源合作项目较少，主要是亚太地区国家，而在协议达成后，西方国家陆续增加对伊朗的能源投资与技术支持，一方面对伊朗能源工业发展带来机遇，另一方面使得国内的能源市场竞争加大，特别是对中国在伊朗的投资带来了诸多挑战，但也有一定的契机。

3. 改变财税制度，吸引外资企业

伊朗能源产业引进外资采取回购合同方式，其基础是合作者提供资金并以 NIOC（伊朗国家石油公司）的名义进行勘探开发，必须提供必要的资金、技术和设备以及技能，并独自承担投产后不能收回全部投资的风险，并且合作者的利润和投资成本都是通过谈判形成的。自 1995 年以来，在伊的投资回报率已由 25% 降低到 10%，使得投资者积极性大减。伊朗自身的财税制度面临挑战，促使新版合同——IPC 孕育而生。IPC 更改了回购合同之前存在的毛病，具有新的内涵，吸进外资企业增加投入。

4. 国际合作加强，实现多元化战略

伊朗拥有丰富的油气资源，却遭受西方大国的经济制裁，一旦伊朗经济制裁解禁，国内的各个领域面临着不同程度地开放，伊朗需要资金、设备、技术人员的投入，吸引国外大量企业进入伊朗市场，双方可互利互惠，达到共赢。因此，伊朗将以油气为基础，加强国际合作，实施多元化战略。伊朗是 OPEC 的创始国之一，本国内油气资源丰富，储量位居世界前列，开发潜力大，且创造了伊斯兰文明，是中东地区正在崛起的大国。伊朗利用自身的能源优势积极引进外资并保护外资，其中中国是伊朗最大的贸易伙伴和石油需求国，其石油是国家的经济命脉，因此，世界能源市场的变化也直接影响着伊朗的经济走势。在这种情况下，伊朗必须实施多元化发展才能推动国家的进步。伊朗已加快了国家工业化的步伐，积极开拓医疗、国防、重工业、纳米技术、卫星发射等领域，同时开发新的能源，比如太阳能、风能等。在此基础上，伊朗还可以发展本国的旅游业，吸引更多的外国游客，拉动经济的增长。此外，伊朗政府积极推出新的经济政策以推动经济的可持续、多元化发展。

第三章 伊朗银行货币政策及其投资环境

第一节 伊朗银行货币政策的变迁及其影响

从米底时代，伊朗地区开始使用金属货币。当时的货币除了用于商品交换外，还具有宗教和信息传播的作用。直到巴列维王朝时期，礼萨·汗建立了伊朗历史上第一个现代银行，伊朗货币才开始具有了现代意义上的经济学价值。同时，在巴列维王朝时期，伊朗经济取得高速发展。根据世界货币基金组织的数据，1960—1976年伊朗经济每年的实际增长率为9.8%。[①]但巴列维全盘西化及亲美政策忽视了伊朗民众的宗教信仰和穆斯林传统，引发民众的不满，激化了社会矛盾，最终爆发了1979年伊斯兰革命。革命后，伊朗建立了伊斯兰共和国。宗教领袖霍梅尼提出"不要东方，不要西方，只要伊斯兰"的政治主张，在国内推行全盘伊斯兰化，并且大力输出革命，直接导致了伊朗在国际上变得孤立无援。毫无疑问，这对伊朗革命后经济的发展带来诸多负面影响。1988年，两伊战争结束，伊朗经济经过8年战争的洗礼变得更加脆弱。此外，1989年霍梅尼去世后，伊朗国内务实主义思潮兴起，改革成为拯救伊斯兰政权的唯一出路。伊朗经济由此进入新的改革期。进入21世纪，哈塔米提出"文明间对话"为伊朗经济发展创造了良好的国际环境，同时伊朗继续深化改革。本文将先简述伊朗古代货币的演化过程，再以伊朗经济发展的四个时期为时间轴，

---

① Islamic Republic of Iran: Selected Issues, IMF Country Repot, 2004, p.10.

探究伊朗银行货币政策①的变迁及其影响，从而认识伊朗经济发展过程中的困局。

一、伊朗古代货币

伊朗发现最早的货币是米底时代（公元前700—前550年）的环形银币、银块和铁块，货币上已铸有一些符号。② 在阿契美尼德王朝（公元前558—前330年）时期，"大流士统一全国货币，并规定中央铸金币、行省铸银币、自治市铸铜币，均可全国通用"。③ 此外，"为保证全国各省之间展开商品交换，大流士时期还设立货币管理机构和度量衡管理机构，保证

---

① 货币政策（Monetary Policy）是一个国家或是经济体的货币权威机构（多数国家由中央银行来执行）利用控制货币供应量，来达到影响其他经济活动所采取的措施。主要手段包括：调节基础利率、调节商业银行保证金、公开市场操作。一般而言，货币政策的主要目的是防止通货膨胀。多数国家的央行将目标通货膨胀率设定为1%—3%（少数国家例外，如美国、日本）。按照调节方向划分，货币政策一般分为：激进的——利率被调为促进经济增长；中性的——保持经济稳定；从紧的——降低通货膨胀却可能提高失业率。货币权威机构通常指中央银行或是和央行紧密联系的一套银行系统。他们有发行货币，改变货币供给和影响利率的能力。货币理论是经济学中研究货币的性质与功能的一个分支，是各经济体制定货币政策的理论基础。历史上货币政策常常随着货币理论研究的发展而改变。从1970年代开始，世界各国货币政策通常与财政政策（fiscal policy）分离。即中央银行控制货币政策，由政府控制财政政策。即使在此之前，布雷顿森林体系已经保证绝大多数的国家这两种政策分离。另外，根据对总产出的影响方面，可把货币政策分为两类：扩张性货币政策和紧缩性货币政策。在经济萧条时，中央银行采取措施增加货币供给，由此引起利率降低，刺激投资和净出口，增加总需求，称为扩张性货币政策。反之，经济过热、通货膨胀率太高时，中央银行采取一系列措施减少货币供给，以提高利率、抑制投资和消费，使总产出减少或放慢增长速度，使物价水平控制在合理水平，称为紧缩性货币政策。货币政策的最终目标，指中央银行组织和调节货币流通的出发点和归宿，它反映了社会经济对货币政策的客观要求。货币政策的最终目标一般有四个：稳定物价、充分就业、促进经济增长和平衡国际收支等。

② 货币，可称钱财，是在特定国家或经济体内的物资与服务交换中充当等价物，或是偿还债务的特殊商品。货币是用作交易媒介、储藏价值和记账单位的一种工具。货币包括流通货币，尤其是合法的通货，也包括各种储蓄存款，在现代经济领域，货币的领域只有很小的部分以实体通货方式显示，即实际应用的纸币或硬币（统称"纸币"），大部分交易都使用支票或电子货币。货币区是指流通并使用某一种单一的货币的国家或地区。不同的货币区之间在互相兑换货币时，需要引入汇率的概念。货币的本质就是一般等价物，具有价值尺度、流通手段、支付手段、贮藏手段、世界货币的职能。历史上不同地区曾有过不同的商品交换充当过货币，后来货币商品逐渐过渡为金银等贵金属。随着商品生产的发展和交换的扩大，商品货币（金银）的供应越来越不能满足对货币日益增长的需求，又逐渐出现了代用货币、信用货币，以弥补流通手段的不足。进入20世纪，金银慢慢地退出货币舞台，不兑现纸币和银行支票成为各国主要的流通手段和支付手段。

③ 张铁伟编著：《列国志：伊朗》，社会科学文献出版社2005年版，第104页。

贸易交换，并且还确定了金银与希腊硬币的价值比例"。① 值得一提的是，"大流士时期金币并不是为了用于商品交换，而是波斯用来收买希腊政客的重要工具"。② 而且，"在作为贡赋收集的大量贵重金属中，只有少量是钱币，其余作为金属块储存起来了"。③ 总而言之，大流士统一度量衡和货币，使得商人对那些原先不符合标准的货币不得不进行提纯，这样不仅将那些原先不合格的货币从商品交易中剔除出去，而且大大促进了商品贸易的发展，尤其是海外贸易的发展。到了塞琉古王朝（公元前330—前247年）统治时期，由于该王朝是希腊人建立的，所以铸造货币的规范与希腊货币一样。此时，货币的正、反两面均印有图像。货币的正面开始是亚历山大的侧面头像，后来改成塞琉古的头像，而背面则是希腊的神。④ 在帕提亚王朝（公元前245—公元224年）统治时期，延续了希腊货币铸造规范，"帕提亚的国王在铸币时，在自己名字上冠以"希腊之友"的称号"。⑤ 同时，该时期在商品交换中主要使用银币。与之前铸造的货币最大的不同的是，货币的背面开始刻有铭文，铭文内容包括国王的称号、铸造的年代和铸币的城市。此外，"自阿契美尼德王朝起，行省的面积和总督的权力都缩小了。大多数总督只是地方官员，不再是王室成员。这个职务失去了从前所拥有的特权地位。许多地方的统治者希望成为国王，创立他们自己的王朝。帕提亚中央政府也承认这个事实，只要这些国王继续缴纳税收，宣誓效忠于伟大的王就行。这些国王和独立的城市政府，有些还发行自己的钱币，自己进行战争"。⑥ 所以，在帕提亚王朝时期，一些地方统治者拥有铸币权。萨珊王朝（公元224—651年）时期的货币与帕提亚王朝时期一样，标明了铸币的地点和年代，但与之不同的是该时期的货币开

---

① 阿卜杜勒·侯赛因·扎林库伯著，张鸿年译：《波斯帝国史》，昆仑出版社2014年版，第146页。
② A. T. 奥姆斯特德著，李铁匠、顾国梅译：《波斯帝国史》，上海三联书店2010年，第228页。
③ A. T. 奥姆斯特德著，李铁匠、顾国梅译：《波斯帝国史》，上海三联书店2010年，第234页。
④ 上海博物馆青铜器研究部编：《上海博物馆藏丝绸之路古代国家钱币》，上海书画出版社，2006年11月，第14—17页。
⑤ 阿卜杜勒·侯赛因·扎林库伯著，张鸿年译：《波斯帝国史》，昆仑出版社2014年版，第358页。
⑥ 米夏埃尔·比尔冈著，李铁匠译：《古代波斯诸帝国》，商务印书馆2015年版，第110页。

始出现宗教词汇,或是颂扬国王的词汇。另外,据亚美尼亚资料:"每位新君加冕后,都要重新铸币。币上铸有新君头像。也许这就是萨珊金币难以搜集齐全的原因。银币称第二哈姆,制造精美。萨珊银币和铜币都成了哈里发效法的标本。"[1] 虽然萨珊金币难以收集齐全,但萨珊银币却分布广泛。在中国就发现了大量萨珊银币,同时,国内许多学者对萨珊银币在中国的分布情况及其功能做了诸多研究,从他们的研究成果中可知,萨珊银币集中分布于中国新疆和陕西两地,其主要功能可以简要概括为:通货、葬仪品、宝物和贡物。倭马亚王朝(公元661—750年)统治初期,货币的铸造主要受萨珊和拜占庭货币的影响,因此倭马亚王朝的东部地区是按照萨珊银币的原型铸造了阿拉伯——萨珊银币。而在西部地区依照拜占庭货币原型铸造了阿拉伯——萨珊金币。直到公元696年,哈里发马立克为了加强中央集权,在帝国内部进行了币制的改革。主要内容包括:"在大马士革建立中央造币局,制造统一规格的金币第纳尔和银币迪尔哈姆,在金币上以站立的哈里发像替代了拜占庭皇帝像。因伊斯兰教不允许崇拜偶像,不久便废除了在钱币上有人像的惯例,专用阿拉伯文,阿拉伯—拜占庭式钱币主要是铜币,少量金币,没有银币。币制改革后的阿拉伯钱币有金币、银币和铜币。"[2] 阿拔斯王朝(公元750—1258年)时期仅对倭马亚王朝货币进行略微改动。从哈里发马赫迪(公元775—785年)开始,将哈里发的名字铸在货币上,之后货币上有时铸有王储、埃米尔和大臣的名字。公元1256年,蒙古人建立伊利汗王朝,统治波斯。"在该时期伊利汗国铸造了带有回纥文、蒙古文、阿拉伯文和符号的金币、银币、铜币。在伊朗伊儿汗王朝境内就有65个货币铸造所铸造统一的货币。"[3] 乞合都汗统治时期,因伊利汗国财政短缺,乞合都汗效仿元朝,在帝国内部推行纸币替代了原先的金属货币。最终加剧了汗国通货膨胀,阻碍了商业发展。因此,到了伊利汗国后期,合赞汗为发展商业,对币制实行了改革。"首先,统一货币,将货币铸造权交由中央,中央政府专门设置铸造统一的货

---

[1] 阿卜杜勒·侯赛因·扎林库伯著,张鸿年译:《波斯帝国史》,昆仑出版社2014年版,第518页。

[2] 阿卜杜拉·马文宽:"伊斯兰世界文物在中国的发现与研究",《宗教文化出版社》,2006年,第124页。

[3] 麦达尔(文)、卫月望(编译):"古代蒙古货币",《内蒙古金融研究》,2003年第4辑,第25页。

币官署。其次,统一货币度量衡,汗国各地均以大不里士的金银度量单位为标准。"[1] 合赞汗统一货币和度量衡,促进了伊利汗国的商业贸易的发展。帖木儿王朝(公元1370—1506年)时期的货币沿用了伊利汗后期的风格。但值得注意的是,在15世纪时,帖木儿汗国内的商品交换中大量使用铜币。[2] 白羊王朝(公元1467—1514年)时期的货币大多由前代留下的钱币进行二次铸造和自己铸造。[3] 货币正面除统治者称号、名字外,还刻有"真主保佑他所拥有的一切永恒"的字样。货币的边缘则刻有四大哈里发的名字。萨法维王朝(公元1502—1732年)时期,货币正面包括铸币的时间、地点和一句表现君王忠于伊玛目的句子。但从阿巴斯二世开始,大多数货币上开始使用波斯语诗表达君王的称号。[4] 阿夫沙尔王朝(公元1734—1796年)时期,由于纳迪尔国王取消了伊斯兰教什叶派的国教地位,所以该时期的货币主要铸有表现国王勇武的诗句。赞德王朝(公元1753—1784年)时期,由于统治者卡里姆没有称王。所以该时期货币的正面只铸有统治者的名字、铸造的时间、地点,而货币的反面则铸有诗句。

从以上简要介绍中,我们可以看出伊朗古代货币的铸造带有宗教色彩,而且是根据其统治者宗教信仰的变化而不断变化。此外,伊朗古代货币还起到了宗教信仰和政治信息传播的作用。[5] 这样人们可以通过货币知道现任的统治者,而且也在无形中加强了人们的宗教信仰。

突厥人于1779年建立恺加王朝,恺加王朝建立初期,西方列强加紧在伊朗的争夺。1801年俄国兼并格鲁吉亚,英国同伊朗三次战争导致伊朗割地赔款及承认阿富汗独立。此后法国、奥地利、美国等相继强迫伊朗订立了不平等条约。19世纪下半叶,英、俄攫取了在伊采矿、筑路、设立银行、训练军队等特权。1907年,英、俄两国相互勾结划分了在伊的势力范

---

[1] 徐良利:"伊儿汗国后期商业和城市发展的原因及特点",《湖南城市学院学报》,2009年第5期,第44页和第48页。

[2] E. A. Davidovich(文),华涛、陆烨译:"中亚的钱币和货币制度",《新疆师范大学学报》(哲学社会科学版),2007年第2期,第17页。

[3] 程彤、吴冰冰:"伊朗古代钱币的宗教内涵",《世界宗教研究》,2007年第4期,第120页。

[4] 程彤、吴冰冰:"伊朗古代钱币的宗教内涵",《世界宗教研究》,2007年第4期,第120页。

[5] 程彤、吴冰冰:"伊朗古代钱币的宗教内涵",《世界宗教研究》,2007年第4期,第123页。

围：北部属俄国，南部属英国，中部为缓冲区。之后，法国、奥地利、美国等相继强迫伊朗签订不平等条约。此时，伊朗虽然名义上仍是"独立"国家，但实际上处于半封建、半殖民地的地位。

从19世纪下半叶至20世纪初，随着欧洲列强的侵入，伊朗逐渐沦为半殖民地国家，社会经济衰落，封建统治专横残暴，多次发生人民起义。1921年2月，军官礼萨汗·巴列维发动政变，夺取政权，建立巴列维王朝。虽然西方列强瓜分伊朗，给伊朗人民带来灾难，同时，伊朗也在与西方交往的过程中，学习了西方先进的技术，这其中包括西方的现代银行制度及其货币政策。

二、巴列维王朝时期的银行货币政策

实际上，在19世纪中后期，中东地区开始出现现代银行，但当时中东国家的银行完全被西方殖民者控制。20世纪20年代后，中东各国在独立后也都陆续建立了各自的货币局或中央银行以及一些商业银行，力图分享"石油蛋糕"。[①] 在此国际大背景下，礼萨·汗效仿土耳其凯末尔改革，推行伊朗现代化改革。为收回主权和实现独立自主，礼萨·汗于1927年成立了中央银行，限制外国银行对伊朗的非法剥削。1930年，收回了英国帝国银行发行货币权。随后又于1933年成立了"农业和工业银行"，由此建立了伊朗现代化的财政系统。

20世纪五六十年代，民族解放运动空前高涨，中东许多国家纷纷独立，并建立共和制国家。但伊朗依然实行君主制，因而在经济上依然与英国、苏联保持联系，但伊朗针对石油部门进行了国有化运动。二战后，伊朗人民要求限制英伊石油公司控制伊朗经济的特权，要求提高伊朗政府分享石油公司利润的比例。由此，爆发了石油国有化运动。最终1954年1月，美、英、法三国的石油财团组成国际石油财团，并于11月与伊朗签订协议，协议主要内容为："国际石油财团接管英伊石油公司的石油勘探和产销权，将一半的利润交给伊朗政府；伊朗政府向英伊石油公司支付7000

[①] 姜英梅：《中东金融体系发展研究——国际政治经济学视角》，中国社会科学出版社2011年版，第31页。

万美元的赔偿。"[1] 此时，伊朗虽然对石油部门进行了国有化，但并没有对外国企业和本国私人资本实行国有化，这其中就包括外国投资的银行。该协议签订后，石油伊朗石油收入大幅增加，巴列维拥有相对充足的资金来进行现代化改革。

1973年10月，第四次中东战争爆发。中东产油国通过石油减产、对西方国家进行石油禁运和抬高石油价格等措施，使得油价由每桶约3美元上升至11美元。因此，伊朗的财政收入大大增加，从而为实现现代化改革注入了充裕的资金。此外，巴列维为了实现进口替代战略[2]，巴列维伊朗的汇率为1美元兑70里亚尔，这实际上高估了里亚尔的实际币值。

伊朗虽然在该时期建立了现代化财政系统，但并没有发挥银行在经济体系中的作用。从表3—1可以看出，60年代伊朗通货膨胀率一直维持在较低水平上，自1973年以后伊朗通货膨胀率呈现上升态势，1977年通货膨胀率达到最高值27.6%。革命前夕，伊朗通货膨胀加剧。其主要原因是巴列维将财政收入除少部分用于工业投资外，大量用于购买军事装备，最终导致国家财政赤字增加。同时，经济过热引起国内总需求不断上升，导致总供给不足，使得通货膨胀上升。当巴列维试图稳定经济时为时已晚，伊朗国内已经矛盾激化，最终爆发了伊斯兰革命。

表3—1　1963—1979年伊朗经济通货膨胀率（%）[3]

1963年	1964年	1965年	1966年	1967年	1968年	1969年	1970年	1971年
0.79	3.91	2.26	-0.74	1.48	0.73	3.62	2.1	4.11
1972年	1973年	1974年	1975年	1976年	1977年	1978年	1979年	
5.52	9.94	14.7	12.81	10.9	27.6	11.7	10.50	

---

[1] 张铁伟编著：《列国志：伊朗》，社会科学文献出版社2005年版，第81页。
[2] 进口替代，进口替代是指用本国产品替代进口品，或者说，通过限制工业制成品的进口来促进本国工业化。
[3] Hamid Zangeneh, "The Iranian Economy and the Globallization Process", in Ali Mohammadi, ed, *Iran Encountering Globalization*: *Problems and Propects*, London: Routledge Curzon, 2003, p.114.

三、伊斯兰革命后前10年伊朗银行货币政策

伊斯兰革命有两大目标:"对内致力于建设一个公正、和谐的社会;对外抵制帝国主义的侵略和控制,维护民族独立。革命后初期,伊朗经济政策受到两大目标影响,明显具有伊斯兰经济的特征。公正与独立成为此阶段经济发展的主要指导思想和目标。"[1] 在该阶段政府为加强对国内经济的控制,银行所采取的货币政策主要包括三个方面:第一,银行国有化;第二,建立伊斯兰银行,即无息银行;第三,施行多重汇率制。下面将从这三个方面进行阐述。

(一) 银行国有化

"1979年2月12日伊斯兰共和国成立时面临着极大的经济困难:国家在中央银行的7亿美元存款被前政府花得精光,临时政府不得不加印钞票,以弥补财政赤字,结果导致通货膨胀;从1978年9月到1979年1月的5个月中,储户提走40亿美元存款,接受银行贷款的王室成员、项目承包人、企业家逃亡国外,贷款无法归还,银行濒于破产;外国专家离伊归国,几十个政府投资的大项目半途而废,项目承包人无法从政府那里得到钱款,无法购置原材料和设备,无法给工人发工资;工厂的白领和蓝领工人在左派及激进教士的支持下组成'职员和工人委员会'。"[2] "更重要的是,巴列维时期的很多银行都开通了国际业务,在革命开始时大部分业务还在继续运行,当时很多资本都通过这一途径被转移至国外。因此,国家必须马上接管并控制这些企业和银行。"[3] 因此,1979年6月,伊斯兰革命委员会把27家私人银行收归国有,这其中就包括13家与外国合资的银行。最后又将36家国有银行和国有化后的银行重新组成10大银行。"正如伊朗总理迈赫迪·巴扎尔干所说,接管银行的行为是不可避免的,当时银行没

---

[1] 韩建伟:"理想与现实的较量——当代伊朗伊斯兰秩序下的经济变迁研究",西北大学2010年博士论文,第55页。
[2] Shaul Bakhash: The Reign the Ayahollghs, B. jausis&CoLid. 1985, p. 176.
[3] 韩建伟:"理想与现实的较量——当代伊朗伊斯兰秩序下的经济变迁研究",西北大学2010年博士论文,第60页。

有利润且完全是不良资产，政府的举措完全是为了保卫国家财富，重新建立经济体系。"① 但是，银行的国有化同时使得伊朗国内私有银行失去发展空间，外资银行不得不撤离伊朗本土。总而言之，在革命初期，虽然银行国有化确实是不得以而为之，但同时也使得西方银行对伊朗的投资变得更加谨慎。

（二）伊斯兰银行，即无息银行

伊斯兰教本身一个入世极深的宗教，"它不仅是一种宗教信仰和意识形态，也是一种生活方式和社会制度，左右着穆斯林对事物、对人生及道德价值的看法"。② "形成了以安拉为中心的伊斯兰政治、经济、道德观念和文化传统，影响着穆斯林的全部社会生活。"③ 加之，1979 年伊斯兰革命后，伊朗建立了神权政治国家，因此，国家一切必须符合伊斯兰教原则。此外，霍梅尼在国内实行全盘伊斯兰化，银行伊斯兰化就是其经济伊斯兰化的表现之一。在伊斯兰经济中有反对坐收利息、不劳而获的传统观念。所以，伊斯兰银行又被称作"无息银行"。此过程可分为两个阶段：一是 1981 年 2 月，伊朗中央银行取消银行体制中的利率制度；二是 1983 年实现银行体制伊斯兰化。1981 年伊朗中央银行先建立了一个收费服务系统来代替利息系统，取消了银行体制中的利率制度。其主要内容是"银行向贷款者收缴 4% 的服务费；而存款利息则被利润取代，每年大约为 7%—8.5%"。④ 1983 年，伊朗议会通过了《无息银行制度法》，其内容为"存款人可在 12 个月内，将自己的存款分为无息短期存款、无息长期存款和长期投资存款三种类型。其中，选择长期投资存款的储户不仅是存款者也是投资者。而存款收益按照投资金额和预定合同分成比例来计算"。⑤ 由此，伊朗实现了银行体制的伊斯兰化。但并非所有银行都是如此，伊朗中央银行虽然是伊朗境内负责监管伊斯兰金融体系的唯一机构，但它的所有贸易

---

① Aryan, Hossein. "Iran: The Impact of Islamization on the Financial System." In Islamic Financial Markets, edited by Rodney Wilson, 155 – 170. London and New York: Routledge, 1990.
② 彭树智：《伊斯兰教与中东现代化历程》，西北大学出版社 1997 年版，第 25 页。
③ 蒋真：《后霍梅尼时代伊朗政治发展研究》，人民出版社 2014 年版，第 284 页。
④ Middle East and North Africa, Europa Publication, 1994. P419.
⑤ Jahangir Amuzegar, Iran's Economy under the Islamic Republic, London; New York: I. B. Tauris&Co Lid, 1997, pp. 107 – 109.

和交易带有利息。

但是，银行的作用主要表现在两个方面：首先，它以吸收存款的方式，把社会上闲置的资金和小额资金节余集中起来，然后以贷款的形式借给需要补充资金的人去使用。其次，银行为商品生产者和商人办理货币的收付、结算等业务，它又充当支付中介。总之，银行本身的存在是为了方便社会资金的筹措与融通。而伊朗银行实行无息制度不仅使得人民储蓄积极性下降，银行吸引存款能力降低，而且也限制了其在现代经济体制中的作用。

（三）多重汇率制

巴列维时期，伊朗的汇率①为1美元兑换70里亚尔。但事实上是巴列维为了实现进口替代战略，高估了里亚尔的实际币值。此外，1979年11月，约500多名自称是"伊玛目的门徒"的伊朗学生占领了美国驻伊大使馆，并扣押了大使馆66名工作人员。事件发生后，霍梅尼出于政治利益的考虑，并没有积极配合美国解决此次危机。所以，"伊朗人质危机"事件发生后，美国总统卡特从经济和外交上对伊朗政府施加压力。从1979年11月12日起，美国不再从伊朗进口石油；一些伊朗人被美国驱逐出境；自1979年11月14日起，大约价值80亿美元的伊朗人在美资产被冻结。美伊关系就此恶化，在之后的10年时间里，美国颁布了11部法令，对伊朗进行经济制裁。这导致伊朗外汇短缺，里亚尔严重贬值。因此，为了节约和更合理地使用外汇，政府决定施行多重汇率制，即根据进口物资在经济中所处地位的不同，规定不同的汇率价格。

多重汇率制最终主要演化为以下几种："官方汇率（1美元兑68.6里亚尔），主要适用于石油出口和关键物品的进口；鼓励性汇率（1美元兑338.6里亚尔或418.6里亚尔），适用于各种非石油出口；优先汇率（1美元兑420里亚尔），适用于进口一些重要的原材料；竞争性汇率（1美元兑800里亚尔）适用于进口不太关键的原材料；服务性汇率（1美元兑845里亚尔）适用于旅游、教育和医疗等活动。除此之外是自由市场的'浮

---

① "汇率"亦称"外汇行市"或"汇价"，是一种货币兑换另一种货币的比率，是以一种货币表示另一种货币的价格。

动'汇率,适用于不包含在以上各级汇率中的所有业务。"①

实行多重汇率制具有一定的积极的作用,首先,它保证了国内生产所需的进口物资,其次,在国内经济不景气的情况下,保障了人民最基本的生活水平。其实,它也是政府对人民的隐性补贴,人们可以用较少的本国货币便可以获得通过基本汇率进口的商品。此外,多重汇率制还有利于伊朗工业出口,降低了汇率变动对国家经济的影响,促进了伊朗经济的恢复发展。

但从长远看,多重汇率制造成了更为严重的负面影响。首先,人们用较少的本国货币获得通过基本汇率进口的商品的同时,也刺激了人们对基本生活用品的消费,最终增加了政府的财政负担。其次,外汇短缺促使外汇"黑市"的出现。"在20世纪80年代初,黑市外汇比率要比官方高出200%—300%,到20世纪80年代中期,要高出500%—600%,而到1989年要高出2000%。"② 值得一提的是,"黑市"上的外汇主要来自基金会组织、大巴扎商人,他们通过倒卖外汇来增强其经济垄断地位。

伊朗伊斯兰革命后建立了以教法学家治国的政治理念,因而一切活动必须符合伊斯兰教原则。在银行体制中则表现为伊朗中央银行取消银行体制中的利率制度,并于1983年实现银行体制伊斯兰化。革命后10年,伊朗政府主力图通过国家控制并谋求自给自足,采取各种措施实现经济公正。但是,伊斯兰革命后前10年伊朗实行的货币政策并未达到理想的效果。

表3—2　1979—1988年伊朗通货膨胀率(%)③

1979年	1980年	1981年	1982年	1983年	1984年	1985年	1986年	1987年	1988年
10.5	20.5	24.27	18.7	19.69	12.57	4.38	18.40	32.94	22.17

---

① Javad Amid and Amjad Hadjikhani, Trade. Industrialization and the Film in Iran: the Impact of Government Policy on Business. London; New York: I. B. Tauris, 2005, p. 40.

② M. Hashem Pesaran, "Economic Trends and Macroeconomic Policies in Post-Revolutionary Iran", in Parvin Alizadeh, ed., The Economy of Iran: Dilemmas of an Islamic State, London; New York: I. B Tauris.

③ Hamid Zangeneh, "The Iranian Economy and the Globalization Process", in Ali Mohammadi, ed, Iran Encountering Globalization: Problems and Propects, London; Routledge Curzon, 2003, p. 114.

从表3—2可以看出，与巴列维时期相比，该阶段伊朗通货膨胀率有所上升。1979—1981年，通货膨胀率持续走高，而在1981—1985年间出现暂时的下降。但从1985年开始又急剧上升，在1987年甚至超过了30%。革命后10年，伊朗国内长期保持高通货膨胀率，因而，伊朗政府必须采取更有效的银行货币政策才可能改变这一现状，以保证国内经济平稳发展。

四、两伊战争后10年伊朗的货币政策

两伊战争使得伊朗原本脆弱的经济变得更加脆弱。"两伊战争期间，战争双方都竭力打击对方的经济目标，实行'经济消耗战'，使得两国的发展至少迟滞了20—30年。"[1] 1989年6月霍梅尼去世，同月哈梅内伊由总统变为宗教领袖，继承了霍梅尼的地位，7月拉扶桑贾尼成为新一任总统。由此伊朗激进的政治时代结束，开始逐步走向务实。因此，面对越来越严峻的经济形势，两伊战争后伊朗经济的重建和改革也随之理性。此外，伊朗为改变国际形象，在海湾战争爆发后，谴责伊拉克入侵科威特的行径，使得西方国家改善了对伊朗的看法，为伊朗发展国际间经济交流与合作奠定了基础。1990年6月，世界银行和国际货币基金组织特使访问伊朗，并对伊朗经济发展情况进行了考察。他们在后来的考察报告中宣称："伊朗伊斯兰共和国的官员表明了他们要进行广泛的宏观经济调整的决心，包括让私有部门发挥更大的作用和逐渐开放经济。"[2] 与此同时，全球有50多个国家从20世纪90年代开始进行银行私有化改革，以提高经济效率和促进经济增长。受此影响，两伊战争后伊朗对革命后10年的银行货币政策进行了调整和完善。主要表现在两个方面：一是汇率制度改革——统一汇率，二是改革银行体系。

（一）汇率制度的改革——统一汇率

前文我们已经提到革命后，虽然制定多重汇率制的初衷是节约短缺的

---

[1] 杨明星："试论两伊战争及其遗产"，《阿拉伯世界》，2005年第2期，第49—52页。
[2] Sohrad Behdad, "The Post-Revolutionary Economic Crisis", in Saeed Rahnema and Sohrab Behdad, eds, *Iran after the Revolution*: Crisis of an Islamic, London; New York: I. B. Tauris, 1995, p. 116.

外汇，但最后却在无形中加重了伊朗对进口的依赖，并且也成为特权阶层获取暴利的工具。其次，1990年海湾战争后，美国为维持其经济发展，将油价维持在较低水平上。因此，20世纪90年代原油价格一般维持在每桶20美元以下的水平。这就使得伊朗外汇无法满足国内的需要。加之，"90年代，在国际经济和金融领域，世界开启了全球化时代，新的国际秩序，国际规则和国际机构不断出现，以新自由为理论基础的金融自由化、去监管化、私有化对伊斯兰金融机构产生了重大影响"。① 伊朗又是高度依赖进口的国家，制定合理的汇率是十分重要的。因而，20世纪90年代，拉夫桑贾尼开始废除多重汇率制，主要经过以下几个阶段：

首先，1991年，将多重汇率制简化为三种。它们分别是："基本官方汇率，仍然维持1美元兑换70里亚尔的比率；竞争性汇率，1美元兑600里亚尔；浮动汇率，1美元兑1460里亚尔。"②

但是仅仅简化多重汇率制，并不能遏制投机行为和外汇黑市交易。所以，1993年3月，统一汇率。汇率由外汇每日供求状况决定，将官方汇率定为1美元兑1538里亚尔。但是，统一汇率后政府不能采取有效的措施解决里亚尔不断贬值的问题。于是12月，政府将里亚尔的基本汇率固定在1美元兑1750里亚尔。到了1994年5月，伊朗政府又实施了一种出口汇率，其汇率为1美元兑3000里亚尔。到此，伊朗统一汇率计划失败。

此后，统一汇率的任务于1997年交由德黑兰证券交易所接管，汇率约为1美元兑换8150里亚尔。此外，伊朗中央银行为了帮助德黑兰交易所拥有足够的资金运转，并促使汇率进一步贬值。伊朗中央银行专门设立了一个吸引民众储蓄的机构，同时也吸纳了商业银行的多余储备。1999年，中央银行设立了一个向社会开放的吸引储蓄的机构，并将商业银行的多余储备都吸收进来。"在1999年5月之前，从平行市场外汇交易中所获利润要比德黑兰证券交易所高出1705里亚尔，但之后下降到不足2%。"③ 此后，德黑兰交易所也逐步接管了受官方汇率和出口汇率保护的进口业务，并且

---

① 姜英梅：《中东金融体系发展研究——国际政治经济学角度》，中国社会科学出版社2011年版，第161页。

② 韩建伟："理想与现实的较量——当代伊朗伊斯兰秩序下的经济变迁研究"，西北大学2010年博士论文，第99页。

③ Islamic Republic of Iran: Selected Issues and Statistical Appendix, IMF Country Report, 2002, p. 9.

逐步取消了出口汇率。最后，伊朗政府于2002年3月，建立银行同业拆借市场接管德黑兰证券交易所的所有外汇业务，并且取消了官方汇率。由此，伊朗汇率实现统一。

表3—3　1992/1993—1997/1998年伊朗物价指数（1990/1991=100）

	1993/1994	1994/1995	1995/1996	1997/1998	1998/1999
批发物价指数（WPI）	211.7	301.4	482.7	604.0	663.6
消费价格指数（CPI）	184.4	249.3	372.4	458.8	538.2
GDP缩减指数	213.7	290.8	394.0	490.5	568.4
非石油GDP缩减指数	194.8	257.1	358.8	448.8	537.5
石油GDP缩减指数	372.3	584.3	689.1	835.5	767.8
年变化率%					
批发物价指数（WPI）	25.3	42.4	60.2	25.1	9.9
消费价格指数（CPI）	22.9	35.2	49.4	23.2	17.3
GDP缩减指数	38.4	36.1	35.5	24.5	15.9
非石油GDP缩减指数	25.0	31.9	39.6	25.1	19.8
石油GDP缩减指数	172.7	57.0	17.9	21.2	−8.1
广义货币变化率（M2）	34.5	36.5	37.5	33.4	31.3

资料来源：Islamic Republic of Iran: Statistical Appendix, IMF Country Report 1999, p.26。

从表3—3中可以看出，伊朗的消费价格指数从1993/1994年开始迅速增长。这是由于20世纪90年代政府统一汇率而引起里亚尔不断贬值，使得里亚尔的流通量的迅速增长。而且在20世纪90年代的大多数年份，GDP缩减指数的增长要低于消费价格指数，这就表明消费的增长要高于投资，究其原因是由于政府的补贴政策从侧面刺激了人民的消费。从长期来看，统一汇率确实保障了伊朗经济发展。但从现实来看，统一汇率也带来了一定的消极影响。最为直接的影响就是里亚尔贬值引起了物价飞涨和恶性通货膨胀，人民实际购买力严重下降。

（二）伊斯兰银行的私有化及恢复利息制度

20世纪90年代初，苏联解体、东欧剧变后，许多社会主义国家放弃了计划经济模式，开始进行私有化改革和对外开放。而上文我们已经提到，80年代，伊朗政府为加强对国家经济的监控，将银行收归国有。两伊战争结束后，国有企业或部门已经控制了国家的经济命脉。但是，到了90年代，国有经济的低效率已显现出来。因此，从90年代开始，伊朗政府着手实施私有化改革。

银行私有化改革主要经历以下过程。1995年，政府允许私营非银行财政机构营业。同时，政府为了减少对银行的监管，解除了私有银行存在的禁令。2001年，伊朗政府正式允许私人银行营业。此外，20世纪80年代银行伊斯兰化，打击了民众银行储蓄的积极性，使得银行无法吸引到充足的资金。为了改变这一状况，90年代初伊朗银行采取"提前支付"的办法，以提高银行的储蓄额。银行可根据预先估计的利润提前支付储户所得份额，比例一般在15%—18%之间，具体数值则根据储蓄的不同类型决定。其实这是变相的固定利率制虽然此比例仍低于同期的通货膨胀率，但是在改革之后银行储蓄仍然明显增加。

但是，两伊战争后伊朗采取的银行货币政策并不理想。从表3—4可以看出，90年代伊朗总体的通货膨胀率高于80年代。主要原因在于从1991年伊朗政府开始着手进行统一汇率，在统一汇率的过程中政府未采取有效的措施控制里亚尔持续贬值的问题，因此该阶段伊朗国内通货膨胀随之加剧。

表3—4　1988—1997年伊朗通货膨胀率（%）[1]

1988年	1989年	1990年	1991年	1992年	1993年	1994年	1995年	1996年	1997年
22.17	20.38	17.10	25.70	21.20	31.50	49.66	28.91	17.20	19.41

虽然20世纪90年代伊朗政府已经意识到了统一汇率的重要性及银行在现代经济体制中作用，但并不能采取有效措施应对货币政策实施中遇到的问题。简言之，伊朗政府经济改革仍需进一步加深。

---

[1] Hamid Zangeneh, "The Iranian Economy and the Globallization Process", in Ali Mohammadi, cd, *Iran Encountering Globalization*: Problems and Propects, London: Routledge Curzon, 2003, p.114.

五、2000 年至今伊朗银行货币政策

两伊战争后的伊朗走上了改革的道路，但由于种种原因，改革效果不甚理想。进入新世纪的伊朗，面临着经济全球化与信息化的机遇与挑战，伊朗除了继续深化经济改革外，还积极参与世界性和地区性银行组织。

20 世纪 90 年代伊朗政府已经着手进行了私有化改革，2000 年以后伊朗继续深化银行私有化改革。在银行体系中，利息制度重新被引入。"从 2000 年开始，伊朗政府批准可以成立私人银行，并对一部分国有银行逐步私有化，以加强竞争。"① 2001 年，伊朗开始正式允许私人银行营业，银行开始发挥其本质为融资工具的职能。到了 2003 年伊朗已经有了 3 家私人银行。此外，1993 年，伊朗政府为了吸引外资，在基什岛和格什姆岛建立自由贸易区，并且允许在自由贸易区内完全按照国际经济模式运行。在自由贸易区内，允许外国银行在此设立分支机构。但是从 2004 年起，外资银行可以在伊朗境内开设分支机构，条件是所提供的贷款是基于利润和损失共享的原则。"2007 年，3 家外资银行被允许在伊朗开展金融分支机构。到 2008 年底伊朗共有 7 家商业银行、4 家特别银行、6 家私人银行和 1 个类银行的金融机构。"②

2012 年 7 月，美、欧针对伊朗能源和金融体系的制裁正式生效，伊朗石油出口受到限制，所有通过伊朗银行系统的进出口交易被阻断。伊朗外汇短缺使自由市场美元汇率不断攀升，伊朗货币里亚尔暴跌造成严重的通货膨胀。"2013 年初，伊朗政府对市场的干预能力随着外汇收入大幅减少而下降，美元自由市场汇率直冲官方，给进口货物清关带来困难。"③ "2013 年 8 月 3 日，鲁哈尼正式就职。鲁哈尼政府采取外交、经济并举的'双轨政策'。在经济上，为抑制伊朗长期以来的通货膨胀，伊朗政府着手

---

① 姜英梅：《中东金融体系发展研究——国际政治经济学的视角》，中国社会科学出版社 2011 年版，第 203 页。

② 苏丁·哈伦（Sudin Haron）、万·纳索非泽·万·阿兹米（Wan Nursofiza Wan Azmi）著，刚健华译：《伊斯兰金融和银行体系——理论、原则、和实践》，中国人民大学出版社 2012 年版，第 45 页。

③ 陆瑾："试析鲁哈尼'重振经济'的路径和制约——兼议哈梅内伊的'抵抗型经济政策'"，《西亚北非》，2014 年第 6 期，第 128 页。

整顿金融秩序、控制央行货币发行量，调整和稳定汇率。新政府第一次内阁会议做出决定，伊朗中央银行和各相关部委要采取措施允许滞留在港口和货船上的生活必需品进入海关。"[1] "中央银行因此停止了针对药品等特殊商品的优惠汇率，把官方美元汇率价格从原来1美元兑12260里亚尔，调整为1美元兑换约25000里亚尔，凡拥有进口许可证的商品，无论属于政府还是私人进口商的，关税一律按照统一新汇率进行结算。"[2]此外，2014年2月，伊朗宗教领袖哈梅内伊宣布了新的经济政策即抵抗型经济政策，为伊朗新时期经济改革确立了方向。

为规避美国的金融制裁，2015年伊朗政府已考虑在外贸结算中摒弃美元，终结美元的主导地位。"伊朗伊斯兰共和国通讯社2015年2月4日报道，预计伊朗中央银行将在其外汇货币篮子中并最终在伊朗经济中终结美元的主导地位。《伊朗日报》2015年6月30日消息称，伊朗财经部长塔布尼亚宣布，该国已准备好，随时可以与其他国家外贸结算时摒弃美元。"[3]

伊朗货币里亚尔目前有两种汇率，官方汇率是由伊朗央行决定，市场汇率是由菲尔多西街兑换市场决定。市场汇率几乎每一天都有波动。同时，伊朗银行也将采取更加开放的银行货币政策。"2015年6月，伊朗中央银行计划发行债券，以清偿银行债务。发行政府债券是世界各国政府通行的经济调控手段，此前伊朗政府并未采用。2015年7月1日，伊朗中央银行行长赛义夫表示，一旦伊朗与六个主要国家签订核协议，金融约束得到放松，央行将准备采用统一的汇率制度。7月28日，伊朗中央银行宣布，外国银行可以在伊朗自由贸易区设立分支机构。主要目的是吸引外国资本，并便于银行结算。8月3日，伊朗央行行长赛义夫表示，伊朗计划取消在该国设立外资银行的限制政策。"[4]

2015年7月14日，伊朗与六国在维也纳达成了伊朗核问题全面协议

---

[1] "允许基础商品进关的措施"，载伊朗政府网，http：//dolat.ir/NSite/FullStory/New/？Serv＝0&Id＝230091，2013—08—19。

[2] 陆瑾："试析鲁哈尼'重振经济'的路径和制约——兼议哈梅内伊的'抵抗型经济政策'"，《西亚北非》，2014年第6期，第134页。

[3] 中国驻伊朗大使馆经济商务参赞处网站，http：//ir.mofcom.gov.cn/article/jmxw/201507/20150701038066.shtml。

[4] 中国驻伊朗大使馆经济商务参赞处网站，http：//ir.mofcom.gov.cn/article/jmxw/201507/20150701038066.shtml。

《共同全面行动计划》，宣告伊朗核问题的解决取得突破。根据伊朗核协议，欧盟个人和组织与伊朗个人和组织的金融往来将可以恢复；伊朗银行也将能够在环球银行间金融通信协会平台上连接世界金融系统；与对外贸易相关的金融安排如信用证等将可以启用。美国对伊朗的金融解禁尽管范围较欧盟小，但也囊括了主要方面，如开放对伊朗个人和组织金融往来的限制，放开交易伊朗货币里亚尔，放开交易伊朗主债权等。对伊朗金融制裁的解除，将解开各国投资伊朗最大的心结。

随着伊朗核问题的解决，伊朗银行也将加强与其他国家或地区银行的合作。据伊朗伊通社 7 月 27 日消息，伊朗国有银行计划在伊朗核协议生效后重新加入 SWIFT。据伊通社 10 月 13 日消息，伊朗央行行长和财经部长在参加 10 月 7—11 日世界银行和 IMF 年会期间，与多国行长和财经部长会见，谈及伊朗与国际银行界恢复正常关系问题。《伊朗日报》10 月 27 日报道，伊朗财经部副部长哈扎伊宣布伊朗将要加入新开发银行即金砖银行，以扩大与金砖国家的经济关系。2015 年 10 月 28 日，据伊朗《金融论坛报》报道，伊朗为提升其在区域性组织中的影响，伊朗政府购买了亚洲基础设施投资银行 2.8% 的股权。《伊朗日报》11 月 20 日消息称，俄罗斯和伊朗已就建立联合银行事达成一致意见。① 由以上信息可以看出，未来伊朗银行将加大与其他国家或地区银行的合作，并降低美元在伊朗外贸交易中的主导地位。

表 3—5　2000—2010 年伊朗通货膨胀率（%）

2000 年	2001 年	2002 年	2003 年	2004 年	2005 年	2006 年	2007 年	2008 年	2009 年	2010 年
14.5	11.3	14.3	16.5	14.8	13.4	11.9	17.2	25.5	13.5	10.1

资料来源：世界银行集团官网，http://data.wordbank.org.cn/indicator/FP.CPI.TOTL.ZG/countries?display=default。

从表 3—5 可知，进入新世纪后，伊朗的通货膨胀率与 20 世纪 90 年代相比好转许多。这主要受到 3 个方面的影响，首先是油价的上涨，其次是

---

① 中国驻伊朗大使馆经济商务参赞处网站，http://ir.mofcom.gov.cn/article/jmxw/201507/20150701038066.shtml。

伊朗经济开始进行自由化、私有化和对外开放的改革,此次是哈塔米倡导"文明间对话",为伊朗提供了相对有利的国际环境。伊通社10月28日报道,伊朗央行宣布,伊历上月(9月23日—10月22日)通货膨胀率降至14.8%。[①] 总之,新世纪后,伊朗采取的货币政策,颇见成效。但面对世界全球化趋势,伊朗经济也将面临更为严峻的挑战。

六、制约伊朗货币政策作用的诸多因素

伊朗的货币政策在实际操作中遇到许多问题,阻碍伊朗货币政策效果的因素有很多。下面将从以下几个方面进行叙述。

首先,宗教领袖与总统的矛盾阻碍货币政策的运行。1979年伊斯兰革命后,伊朗颁布了宪法,宪法规定了教法学家治国的政治理念,宗教领袖拥有最高权威,宪法110条更赋予了领袖统率三军、凌驾三权的权力。[②] 这也就意味着宗教领袖集政治宗教权利于一身,参与国家政治经济的重大决策。当宗教领袖与代表世俗权力的总统在国家决策上意见不统一时,两者不可避免的产生矛盾。其次,宗教领袖作为一名教法学家,他不具备经济改革的经验。同时,除了在两伊战争后拉扶桑贾尼对经济进行重建外,之后的总统并未将经济建设作为中心任务。所以导致伊朗货币政策不能彻底执行。最后,政府在实施新的货币政策前,没有预想一些后果和采取哪些急救措施,导致不能解决所面临的问题时,出现货币政策反复的现象。

其次,银行丧失了对经济的调控能力。政府为了弥补财政赤字选择向中央银行贷款,这就使得伊朗财政赤字不断增加。政府银行债务从1979年的3333亿里亚尔增加到1983年的9813亿里亚尔,到1988年底已经超过30000亿里亚尔。[③] 这就使得中央银行成为专为政府提供货币的机构。加之,中央银行又通过增加发行货币来弥补亏空,最终导致货币供应量的增多和资产流动性的增加,从而引发通货膨胀。

---

① 参见中国驻伊朗大使馆经济商务参赞处网站,http://ir.mofcom.gov.cn/article/jmxw/201511/20151101152661.shtml。
② 蒋真:《后霍梅尼时代伊朗政治发展研究》,人民出版社2014年版,第284页。
③ Hooshang Amirahmadi, *Revolution and Economic Transition: the Iranian Experience*, Albany: State University of New York Press, 1991, p.17.

再次，上文已经提到伊斯兰革命后的目标之一就是对内致力于建设一个公正、和谐的社会。因此，在经济上表现为要求做到经济公正。经济公正的指导思想既是伊斯兰经济思想的具体体现，也是对巴列维时期一味追求经济发展速度、不考虑社会公平的发展模式的全面否定。[①] 所以，在伊斯兰革命后，伊朗政府实行配给补贴政策。从表3—6中可以看出，伊朗实行的补贴政策主要分为两种：一种是生活性补贴，另一种是生产性补贴。1994/1995到1996/1997年，小麦、牛奶和奶酪、大米和植物油的补贴逐年增加。而且，在1993/1994到1998/1999年间，政府补贴的总额在不断增加。所以，补贴政策虽然可以维持人民的基本生活，保障国内稳定，但是补贴制度在保障人民基本生活所需的同时也加重了国家财政负担。到90年代，拉扶桑贾尼曾试图取消补贴政策，但由于种种原因最后以失败而告终。

表3—6 1993/1994—1998/1999年消费者和生产者保护组织提供的补贴[②]（单位：10亿里亚尔）

年度	1993/1994	1994/1995	1995/1996	1996/1997	1997/1998	1998/1999
糖	239	296.2	495.0	345.0	292.0	85.0
小麦	1154	2095.4	2632.8	3933	3390	4447
牛奶和奶酪	103	129.0	230.0	234	440	284
大米和植物油	0	371.0	632.0	604	212	336
其他	392	272.6	610.8	372	245	187
总计	2125.9	3686.2	5158.6	5980	5101	5887
占GDP%	2.3	2.8	3.0	2.5	1.8	1.9

第四，伊朗工业基础薄弱，农业相对落后，并且伊朗是石油出口型的国家，政府的财政收入主要依靠石油出口。从石油国有化以来伊朗经济通过两个途径形成对石油的结构性依赖：其一，国家财政预算严重依赖于石油收入；其二，对外贸易严重依赖于石油出口以及国家外贸平衡与石油收

[①] 韩建伟："理想与现实的较量——当代伊朗伊斯兰秩序下的经济变迁研究"，西北大学2010年博士论文，第55页。

[②] *Islamic Repulic of Iran: Selected Issues*, IMF Country Report, 2008, p.25.

入相互关联。但石油收入并不直接对国家经济产生作用，而是通过金融、货币和外汇政策途径影响诸如经济增长率、通货膨胀率和失业率等经济总指标。而且石油收入在各个时期呈现出不稳定和大幅波动，从而造成伊朗经济发展长期不稳定和大起大落。① 所以，如果石油市场不景气时，国家财政收入会随之减少。同时，石油价格的波动也对伊朗银行货币政策产生重要影响。由于石油外汇直接进入政府财政预算和中央银行缺乏政策的独立性，为保持经济增长，政府从第一个"五年发展计划"开始实施后的几年里使货币流动性年均增长约30%。② "流动性是伊朗通货膨胀长期居高的主要根源。几十年来无论石油收入增加还是减少，伊朗经济伴随而来的都是通货膨胀。石油收入高时，中央银行的外汇储备增加带来基础货币增加和流动性增强，引起通货膨胀。石油收入低时，银根紧缩，预算赤字和失业导致通货膨胀加剧。"③

第五，伊朗银行货币政策的结果往往与原始目标相背离。伊斯兰革命胜利后，政府为实现社会公平，实施补贴政策，但是却加重了政府的财政负担。本来多重汇率制度是为了节约和合理使用外汇，但最终却造成外汇"黑市"的出现。而将银行伊斯兰化的主要目的是为了使银行和借贷者共同承担风险，增加借贷双方对投资的责任感，提高经济效率。但受整体投资环境恶化的影响，银行借贷十分小心，最终借贷大多流向国有企业和基金会组织，中央银行则成为专门为政府提供借贷的机构。④ 另外，为了符合伊斯兰教原则而取消银行利息制度，降低了民众储蓄的积极性。更为重要的是，伊斯兰革命后，一大批管理专家的离开，使得伊朗精英人才缺失，而代替他们的基本都是同宗教势力有密切关系的人。所以，他们无法应对实施货币政策过程中遇到的一系列问题。20世纪90年代，伊朗政府着手统一汇率，但是由于政府未能解决统一汇率后，里亚尔不断贬值的问

---

① 陆瑾："试析鲁哈尼'重振经济'的路径和制约——兼议哈梅内伊的'抵抗型经济政策'"，《西亚北非》，2014年第6期，第130页。
② "会议研究中心报告：制裁不是经济困境的根源"，http：//www.khabaronline.ir/detail/340713/Economy/macroeconmics，2014—02—25。
③ "鲁哈尼的经济顾问谈发展的瓶颈和2014年伊朗经济面临的挑战"，http：//www.khabaronline.ir/detail/365738/Economy/macroeconmics，2014—07—17。
④ 韩建伟："理想与现实的较量——当代伊朗伊斯兰秩序下的经济变迁研究"，西北大学2010年博士论文，第209页。

题。最后不得不又恢复多重汇率制。虽然最终政府实现了汇率统一,但也从侧面反映了政府对国家经济宏观调控的失败。

最后,经济制裁也是影响伊朗货币政策的主要因素。伊斯兰革命后,霍梅尼提出"不要东方、不要西方、只要伊斯兰"的口号并积极推行输出革命,使得伊朗与苏联、阿拉伯国家关系恶化。1979年"伊朗人质危机"使得美伊两国关系恶化。在之后的10年时间里,美国共颁布了11部法令,对伊朗经济进行制裁。1989年,拉什迪事件使得欧盟与伊朗关系恶化。90年代,海湾战争的爆发为拉扶桑贾尼改善国际关系带来契机,但是1992年,米克诺斯事件使得欧洲国家与伊朗关系再度降到冰点。进入21世纪后,哈塔米提出"文明间对话"的口号,改善伊朗对外关系。但是,2002年伊朗核计划暴露,为了使伊朗放弃核计划,美国与其他西方国家对伊朗实施了长达10年的金融制裁。由于伊朗拒不放弃铀浓缩,在美国等西方国家的主导下,2006年以来联合国安理会分别于2006年12月、2007年3月、2008年3月和2010年6月就伊朗核问题通过四轮包含制裁措施的决议。2010年的第1929号决议被称为近年来安理会对伊朗制裁中最严厉的一次,在经济和金融领域,有40家伊朗实体资产被冻结,禁止各国与伊朗进行与核活动有关的金融交易,同时禁止伊朗在国外开设可能会被用于资助其核活动的独资或合资金融机构。[1]

西方国家的经济制裁严重影响伊朗货币政策的运行。众所周知伊朗财政收入主要依靠石油。但是,由于石油美元机制,任何想进行石油交易的国家必须要有足够的美元储备。对美国来说,以美元作为国际石油交易的计价货币,重要的不是汇率的高低,而是美元作为交易媒介的垄断地位,这就巩固了美元的霸权地位。石油美元计价机制给美国带来的好处是:获得铸币税、影响和控制油价、维持或提升美元在国际货币体系中的地位,进而主导国际经济秩序,这是20世纪70年代以来美国经济霸权的基础。[2]安理会及欧美国家对伊朗的制裁以金融制裁为主,切断了伊朗与美元国际金融体系的联系,伊朗对外贸易的结算和汇率受到严重影响,外汇流动必须通过中转国来实现。

---

[1] 姜英梅:"伊斯兰金融中的政治问题",《世界宗教研究》,2014年第5期,第150页。
[2] 管清友、张明:"国际石油交易的计价货币为什么是美元?",《国际经济评论》,2006年第4期,第57—60页。

2013年11月,伊朗同相关六国就核问题达成《日内瓦协议》,伊朗终于在核问题上做出实质性让步。由于单边金融制裁容易被目标国规避,为了使制裁更好地发挥作用,制裁发起国会主动寻求多边合作。为了达到提高金融制裁效果的目标,制裁发起国会努力提高国际合作的法律化程度,以扩大制裁联盟的范围,提高联盟的紧密度。[1] 这一分析框架解释了为何美国以及其他国家在对伊朗实施金融制裁长达10年之后才实现政治上的突破,随之而来的是以美国为首的西方国家的经济制裁。其极端保守的不合作态度不仅使美国成为永久性敌人,也令其他国家望而却步,最终严重阻碍了国际间的经济贸易合作。总之,革命后伊朗的政府与政治不仅没有给经济发展创造良好的国内外环境,反而起到了强大的阻碍作用,这是导致货币政策受挫的根本原因。

以上是制约伊朗革命后货币政策的若干原因,我们可以看出虽然欧美国家的制裁制约伊朗货币政策发挥作用,但它并不是主要原因,更多要从其自身寻找根源。所以,一个国家要谋求经济的发展,必须有稳定、协调的政治环境做前提,并拥有一个务实并具有现代经济管理经验的领导集体,只有这样才可能健全制度,制定合理的经济战略和政策,理顺各方面关系,促进经济发展。

结语

纵观伊朗的货币政策,20世纪80年代,它主要受到公正思想的影响,为此实行补贴政策。同时,重视国家经济独立自主,革命后实行了国有化改革。虽然国营经济低效,但是可以避免个人财富过度集中,防止外国资本主义渗透。此外,受霍梅尼全盘伊斯兰化思潮的影响,建立伊斯兰银行取消利息。90年代,伊朗国内激进的意识形态慢慢弱化,务实主义渐渐兴起,伊朗货币政策逐渐走向成熟。银行体系重新引入利息制度;开始统一货币汇率;在自由贸易区内允许建立外国银行。进入新世纪后,伊朗开始允许私有银行的存在,同时外国银行可以在伊朗境内开设分支机构。2015

---

[1] 熊谦、田野:"国际合作的法律化与金融制裁的有效性:解释伊朗核问题的演变",《当代亚太》,2015年第1期,第98—130页。

年 7 月，随着伊朗核问题的逐步解决，未来伊朗将继续进行更为深入的货币政策改革。

第二节 伊朗投资环境评价

投资环境，在国外的文献中也称为"投资气候"（investment climate）、"商业环境"（business environment），其具体的概念学术界尚未形成统一的定义，综合各类相关文献，这里所采取的投资环境概念为：投资环境是根据投资者所面对的东道国环境的总和，是指影响国际投资的各种政治因素、自然因素、经济因素和社会因素相互依赖、相互完善、相互制约所形成的矛盾统一体，是一个动态的、全方位的、多因素的、多层次的综合体系。投资环境的优劣与外资流入的规模质量呈强烈的正相关关系。

一、伊朗外部投资环境宏观分析

（一）世界经济贸易形势

据商务部《中国对外贸易形势报告》分析，2014 年世界经济继续温和复苏，美、英增速相对强劲，增长率分别为 2.4% 和 2.6%；欧元区全年经济增长 0.9%；中东局势动荡，但整体经济仍保持较高增速；撒哈拉以南非洲国家经济增长率达到 5.1%。2015 年 4 月，国际货币基金组织（IMF）发布的《世界经济展望》分析报告显示，2014 年世界经济增长 3.4%，增速与上年持平。

表 3—7 2013—2016 年世界经济增长趋势[①]（单位：%）

	2013	2014	2015	2016
世界经济	3.4	3.4	3.5	3.8
发达国家	1.4	1.8	2.4	2.4

---

① 中国投资指南网，http://www.fdi.gov.cn/。

续表

	2013	2014	2015	2016
美国	2.2	2.4	3.1	3.1
欧元区	-0.5	0.9	1.5	1.6
英国	1.7	2.6	2.7	2.3
日本	1.6	-0.1	1.0	1.2
新兴市场和发展中国家	5.0	4.6	4.3	4.7
俄罗斯	1.3	0.6	-3.8	-1.1
中国	7.8	7.4	6.8	6.3
印度	6.9	7.2	7.5	7.5
巴西	2.7	0.1	-1.0	1.0
南非	2.2	1.5	2.0	2.1

注：2015年和2016年为预测值。

资料来源：IMF，《世界经济展望》，2015年4月。

2015年世界经济复苏趋势持续，但各地增长前景依旧不平衡。美国经济增长速度仍处于领先地位，欧元区和日本随着经济风险压力的缓解与美国增速差距趋小，然而石油、大宗商品价格持续下跌等因素使得新兴经济体整体经济增长放缓、金融风险上升。

从国际贸易和国际投资领域来看，受世界经济低速增长拖累，国际贸易增速低位徘徊，世界贸易组织（WTO）报告显示，2014年国际贸易增长率只有2.8%，连续3年增速低于3%，也低于同期世界GDP的增长水平。预计2016年世界贸易量增长率只有4%，较2014年有所加快。另一方面，据联合国贸易和发展会议初步统计，2014年全球跨国直接投资流量为1.26万亿美元，同比下降8%。其中，流入发达国家的直接投资下降14%，为5110亿美元；流入发展中国家的直接投资增长4%，超过7000亿美元，创历史新高。[①]

近年来世界经济贸易低速增长，且各地发展不平衡。但从世界经济增

---

① 中国投资指南网，http://www.fdi.gov.cn/。

长趋势来看,新兴市场及发展中国家整体增长趋势仍高于发达国家。在跨国直接投资中,流入发展中国家的也同样高于发达国家。世界经济复苏趋势持续,发展中国家市场潜力巨大,经济增长空间大。

(二) 中东地区经济环境

近两三年以来,欧佩克油价持续在 10 多年来的最低水平徘徊,使得中东国家石油收入锐减,降低对石油的依赖成为中东各产油国当务之急。该地区石油出口国正在进行经济改革以应对石油收入下滑带来的冲击。沙特阿拉伯拟转向信息技术、医疗保健、旅游等产业来降低对石油的就业依赖;阿联酋是油价下跌以来海湾地区中第一个快速反应并积极应对的国家,削减政府能源补贴,搁置或推迟不必要的建设项目,致力于能源多元化和收入来源多元化,非石油部门对经济的贡献逐年增加;海湾合作委员会高官也指出不管油价是否下跌,改革都是必要的,巴林和其邻国拟致力于财政和经济多元化,加大基础设施投资。

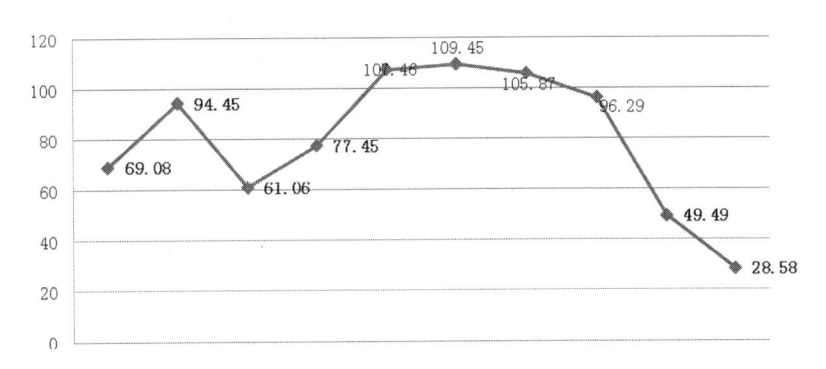

图 3—1 2007—2016 年欧佩克油价(年平均价;单位:美元/桶)

资料来源:http://www.opec.org/。

2015 年 7 月随着伊核问题达成全面协议,国际社会对伊朗的制裁也开始解除,西方企业纷纷到德黑兰抢占先机。这里就有德国、西班牙、意大利以及法国。据《华尔街日报》报道,一旦对伊朗的经济制裁取消,伊朗将吸引到数十亿美元的石油天然气领域的投资,7 月 14 日在维也纳就核问题签署的协议开启了这个有着 7800 万人口和数千年文明的中东巨人的新前景。

作为欧佩克的第三大产油国，制裁解除后伊朗加大了原油出口量，着力恢复到欧佩克组织内第二大产油国的位置。然而鉴于国际油价大幅下跌，伊朗政府仍将借力西方金融机构的外资以发展本国经济，并称吸引外资能够降低对石油收入及政府支出的依赖。为了完成新一年的经济增长目标，伊朗将把改善商业环境和吸引外资作为下个伊历年的首要经济政策。

由此可见，面对油价的持续偏软，中东地区各产油国都致力于减轻对石油的依赖程度。面对这样的地区宏观经济环境，外国企业的投资无疑减少了很多障碍，为该地区的投资打开了一扇新大门。

二、伊朗内部投资环境分析

（一）基础性因素分析

1. 自然条件和自然资源

自然条件是一个地域经历上千万年的天然非人为因素改造成形的基本情况，是自然界中的光、热、水、土壤、生物、矿物、地形地貌、地理位置等自然状态的物质因素总和。优越的自然条件成为吸引投资者的一大优势。自然资源包括在自然条件中。联合国环境规划署（UNEP）对自然资源的定义是：在一定时间和一定条件下，能产生经济效益，以提高人类当前和未来福利的自然因素和条件。包括土地资源、水资源、生物资源、矿产资源、气候资源。自然资源的数量、质量及其分布存在着空间差异性，这种客观存在的差异性导致了对自然资源地域垄断性的形成，对投资需求而言，就产生了一个资源导向性的结果。考虑到区位及资源条件对投资活动的影响较大，这里着重分析伊朗的区位条件及自然资源。

（1）伊朗自然区位条件

伊朗位于北纬25—40度，东经44—63.5度，在亚洲的西南部，北接土库曼斯坦、阿塞拜疆和亚美尼亚，濒临里海，与俄罗斯和哈萨克斯坦隔海相望；西与土耳其和伊拉克接壤；东邻巴基斯坦和阿富汗；南隔波斯湾、阿曼湾与科威特、巴林、卡塔尔、阿拉伯联合酋长国、阿曼和沙特阿拉伯等国相望，素有"欧亚陆桥"和"东西方空中走廊"之称。边界线总长8731公里，其中30%为海岸线。伊朗南部的霍尔木兹海峡是连接波斯湾和印度洋的海峡，亦是唯一一个进入波斯湾的水道，是国际石油运输通道，自古以来就是东西方国家间文化、经济、贸易的枢纽，作为当今全球最为繁忙的水道之一，霍尔木兹海峡又被称为世界重要的咽喉，具有十分重要的经济和战略地位，是海湾地区石油输往世界各地的唯一海上通道，因此霍尔木兹海峡又被誉为西方的"海上生命线"。

伊朗国土面积164.5万平方公里，是一个高原和山地相间的国家，平均海拔在900—1500米之间，最高峰达马万德海拔5671米，境内1/4为沙漠。伊朗境内主要河流有卡伦河（全长850公里）和塞菲德河（全长约1000公里）。伊朗气候四季分明，属大陆性气候，冬冷夏热，大部分地区干燥少雨。北部春夏秋季较为凉爽，冬季较为寒冷，南部夏季炎热、冬季温暖。德黑兰最高的气温是7月，平均最低和最高气温分别是22℃和37℃；最低气温是1月，平均最低和最高温度是3℃和7℃。伊朗国内大部分地区和南部沿海地区属沙漠性气候和半沙漠性气候，其特点是干热季节长，可持续7个月，年平均降雨量30—250毫米。[①] 在亚洲和非洲大陆上，西起北非撒哈拉大沙漠，东至蒙古高原的区域是世界上最辽阔的干旱地带，伊朗就是这个干旱地带的一部分。伊朗年降水量在200毫米以下的地区比较广泛，这些地区包括中央高原及其边缘山地和南部沿海一带。[②] 因为十分干旱，水对伊朗的发展尤其是对农业的发展有很强的限制作用，使伊朗的粮食严重短缺，对外依存程度较高，严重制约了伊朗经济的发展。中国作为传统的农业大国，农业历史悠久，在农作物耕作、田间管理、农业研究、品种改良及土地综合治理等方面积累了丰富的经验。中国在农业领域有一大批专家和技术队伍，这就为中国农业"走出去"在国际上开拓了发展空间。[③] 第五届伊朗国际农产品及农业技术展于2015年1月14—17日在德黑兰国际会展中心（Tehran Permanent Fairground）举行。此次伊朗举办方邀请了广大中国农业企业参加。这也为中国对伊朗农业领域的投资提供了契机。

（2）伊朗自然资源概况

伊朗石油、天然气和煤炭蕴藏丰富。截至2011年底，已探明石油储量

---

① 伊朗投资贸易指南，http://www.gfta.org.cn/Irani/。
② 徐晓云："伊朗农业地理区域研究"，西南大学硕士论文，2010年。
③ 韩少卿："新时期伊朗投资环境及中国对伊朗投资战略研究"，西南大学硕士论文，2008年。

1545.8 亿桶，天然气储量 33.69 万亿立方米，分别占世界总储量的 11% 和 17%，分列世界第三、二位。石油和天然气生产量均列世界第四位，日产原油能力 350 万桶、天然气 5 亿立方米。其他矿物资源也十分丰富，可采量巨大。目前，已探明矿山 3800 处，矿藏储量 270 亿吨；其中，铁矿储量 47 亿吨；铜矿储量 30 亿吨（矿石平均品位 0.8%），约占世界总储量的 5%，居世界第三位；锌矿储量 2.3 亿吨（平均品位 20%），居世界第一位；铬矿储量 2000 万吨；金矿储量 150 吨。此外，还有大量的锰、锑、铅、硼、重晶石、大理石等矿产资源。目前，已开采矿种 56 个，年矿产量 1.5 亿吨，占总储量的 0.55%，占全球矿产品总产量的 1.2%。①

伊朗地质组织负责勘探事务副主任巴尔纳表示，从矿产资源储量角度来说，世界上 3% 的矿产资源量都分布在伊朗，伊朗矿产储量在中东地区居首位，在亚洲排第三。巴尔纳表示，伊朗有 68 种矿产，其中 20 种已经勘探出来，正处于开采阶段。在伊朗 10 个省所处的扎格罗斯地区还发现了许多非金属矿。

由以上数据不难看出伊朗的自然资源相当丰富，这种客观存在的自然资源的地域垄断性，对投资需求而言就产生了一个资源导向性的结果。

（二）国家基础设施

基础设施是影响投资环境的重要因素，是社会化大生产和人民生活不可缺少的物质基础，完善和发达的基础设施是良好的投资环境的重要标志。它是投资环境的硬件部分，主要包括交通运输设施、邮电通信设施、水电气公用设施等。② 在现代社会中，经济越发展，对基础设施的要求越高；完善的基础设施对加速社会经济活动，促进经济发展起着巨大的推动作用。对新建、扩建项目，特别是远离城市的重大项目和基地建设，更需优先发展基础设施，以便项目建成后又好又快发挥效益。

（1）公路

据伊朗政府公布的数据，截至 2009 年，伊朗公路总长 172927 公里（包括 1429 公里高速公路），其中铺面公路约占 2/3。公路是伊朗运输业的

---

① 中华人民共和国外交部："伊朗国家概况"，2015 年 7 月，http：//www. fmprc. gov. cn/web/。

② 冷青："武汉城市圈投资环境评价研究"，华中师范大学硕士论文，2009 年。

骨干力量,绝大部分的人员流动和货物运输均由公路运输完成。

(2) 铁路

2009—2010年度,伊朗铁路总长12205公里,运送旅客2771万人次,运输货物32817千吨。而在2012—2013年度,铁路总长度达到13011公里,旅客运送达2701.5万人次,货物运送达34276千吨。

表3—8 伊朗铁路基本情况

	2009年	2010年	2011年	2012年
铁路长度(km)	12205	12620	12785	13011
铁路货运量(1000tons)	32817	33458	33104	34276
运送乘客量(1000人)	27710	28814	28560	27015

资料来源:IRAN STATISTICAL YEARBOOK 1391。

(3) 空运

伊朗国内现有航空港54个、国际航空港8个(即德黑兰、伊斯法罕、设拉子、大不里士、阿巴丹、阿巴斯港、基什岛和格什姆岛)。

中国公民前往伊朗的主要航线为:北京—乌鲁木齐—德黑兰(中国南方航空公司),北京—迪拜—德黑兰(阿联酋航空公司),北京—德黑兰(伊朗航空公司),北京—多哈—德黑兰(卡塔尔航空公司)。[1]

(4) 水运

伊朗海港大部分集中在南部的波斯湾,如阿巴斯港、霍梅尼港、布什尔港和霍拉姆沙赫尔港、波斯湾外的恰巴哈尔港。里海的安萨里港是伊朗北部的主要港口。伊朗是中东和波斯湾地区最大的油轮拥有国,截至2009年伊朗油轮总吨位已超过1100万吨。

据伊朗《德黑兰时报》2014年6月22日报道,伊朗私企准备投资20万亿里亚尔(约合6.25亿美元)于港口发展工程项目。伊朗港口和海事组织(PMO)总经理萨义德内贾德(Mohammad Saeidnejad)称,该组织将与相关的私企于该伊历年年底(2015年3月)前正式就上述投资项目签

---

[1] 商务部:《对外合作国别指南——伊朗》,http://fec.mofcom.gov.cn/gbzn/guobiezhinan.shtml? COLLCC = 3297010551&。

约。《伊朗日报》2015年8月3日消息，伊朗道路和城市发展部部长阿洪迪（Abbas Akhoundi）表示，波音公司代表近期将访问伊朗，讨论重建该国日益老化的民航机队问题。报道援引阿洪迪的话称，该国计划投资800亿美元来恢复其交通网络，包括用于改善铁路基础设施的250亿美元和用于公路的300亿美元。阿洪迪称，伊朗已经向法国的阿尔斯通购买了100辆机车，并正在与德国的西门子进行深入谈判，以实现德黑兰—马什哈德铁路的电气化改造。伊朗《金融论坛报》2015年8月18日报道，伊朗铁路局副局长阿苏里（Hossein Ashouri）称，从中亚国家发往伊朗阿巴斯港的铁路货物将享受35%的运费折扣。他补充说，中亚铁路货物过境伊朗运往巴基斯坦、土耳其的将分别享受40%和50%的运费折扣。从以上数据及报道中可以看出伊朗近年来为加快经济发展、完善基础设施所做的一系列努力。

(5) 通信

伊朗电信业近年来加速私有化进程。2009年9月，伊朗电信和信息技术部（Ministry of Telecommunications and Information Technology）下属的伊朗国家电信公司（Telecommunication Company of Iran，TCI）在德黑兰证交所挂牌上市，并以78亿美元的总市值成为伊朗最大的上市公司。总体来说，伊朗电信业比较落后，具体体现在固话和移动通信网络不健全、覆盖率低、信令落后等，且尚有部分村镇无法享有电信服务。近年来伊朗电信行业取得了较快发展，主要体现在移动电话和网络用户迅速增长。但伊朗电信行业基础设施仍然存在诸多问题，主要表现在尚无全国统一信令网，无全国统一网管中心，且多种落后信令并存，通讯质量较差。[1] 目前，伊朗正积极引进外国技术，

对本国电信网络进行改造。据伊朗《德黑兰时报》2014年11月11日报道，伊历年第一季度（2014年3月21日—5月22日），伊朗7800万人口中有4000万互联网用户，其中2300万为互联网签约用户，互联网普及率达53.2%。根据第一季度数据，伊朗宽带普及率为31.6%，相比较上一年同期为17.77%。据伊朗《金融论坛报》2015年4月13日报道，在最近

---

[1] 商务部：《对外合作国别指南——伊朗》，http：//fec.mofcom.gov.cn/gbzn/guobiezhinan.shtml?COLLCC=3297010551&。

一次电信会议上,伊朗三大电信运营商都表示要加大3G和4G网络的建设。伊朗移动电信公司(MCI)表示已经采购5000个基站,其中3300个基站已经在运营中,另外1200个基站也将于年内到位。MTN-Irancell表示,该公司正向200多个城市提供3G服务,该数字将在年内达到500。伊朗首个3G运营商RighTel表示,目前其活跃用户达到了300万个,并期望在今年底达到1000万个。①

(6) 电力

2013/2014财年伊朗发电量约为2659.62兆瓦,基本满足工农业生产和民用需求,并可对巴基斯坦等周边国出口部分电力。②

伊朗日渐完备的基础设施为伊朗投资环境的进一步完善起到了十分重要的作用,也是外资选择伊朗的一个重要参考指标。

表3—9 伊朗基础设施基本情况

	2009年	2010年	2011年	2012年
铁路长度(km)	12205	12620	12785	13011
公路货运量(1000tons)	222068	244037	251480	264662
水运货物容量(tons)	5295969	5388817	5296260	5122430
全国邮件发送量(1000)	172082	167543	155497	666381
电话用户	25303303	25417570	26540207	27478443
总发电量(1000kWh)	221318	232994	240063	254265

资料来源:IRAN STATISTICAL YEARBOOK 1391。

以上是伊朗部分基础设施的基本情况,从表中可以看出铁路基础交通设施的长度逐年增加,水运货运量下降的同时公路的货运量在稳步增加,这可以反映出国家政府对交通设施的修建力度在不断加大;在通信方面,电话用户也是逐年增加,邮件发送量在经历波折之后有了极大程度的提高;而发电量也呈增加趋势。由此,伊朗基础设施逐步完善的努力可见一斑。

---

① 中华人民共和国驻伊朗伊斯兰共和国大使馆经济商务参赞处,http://ir.mofcom.gov.cn/。
② 商务部:《对外合作国别指南—伊朗》,http://fec.mofcom.gov.cn/gbzn/guobiezhinan.shtml?COLLCC=3297010551&。

(三) 经济发展水平

经济发展水平是投资环境中对投资活动影响较大的因素，它的状况直接关系到投资效益的高低。

世界经济论坛《2013—2014 年全球竞争力报告》显示，伊朗在全球最具竞争力的 148 个国家和地区中，排名第 82 位。2004—2007 年伊朗经济一度保持了较快的增势，但自 2008 年以来，世界经济危机及国际油价大幅下跌等因素使伊朗经济发展深受影响，其 GDP 增速明显放缓，对外贸易增长缺乏后劲，外国投资大幅缩水，通胀率和失业率也长期在高位徘徊。

表3—10 2009—2013 年伊朗宏观经济统计

年份	名义GDP（亿美元）	实际经济增长率（%）	人均GDP（美元）
2009	3606	3.95	4927
2010	4191	5.90	5638
2011	5411	2.66	7200
2012	3980	-5.63	5229
2013	3663	-1.67	4750

资料来源：国际货币基金组织（IMF）。

2008 年世界经济危机以来，伊朗 GDP 增速显著下降。石油产业仍是伊经济支柱和外汇收入的主要来源之一，石油收入占伊外汇总收入的一半以上。近年，伊经济总体保持低速增长。据伊朗《财经论坛报》2015 年 8 月 30 日消息，英国经济学者兼专栏作家近期发文介绍在伊投资机遇。文章指出，在中国经济增长放缓、拉美陷入"增长陷阱"以及俄罗斯正被全球经济遗弃之际，六方会谈达成后的伊朗取消制裁在望，正成为全球性投资热点地区。伊朗拥有占全球 9% 的石油储量，仅次于俄罗斯，在遭受制裁之际，仅向中国、印度、巴基斯坦、伊拉克和阿曼等邻近国出售，现有望在欧洲市场与俄罗斯展开竞争。除石油之外，制造业和矿产业也表现出强劲的增长势头，上年度增长率分别达到 6.7% 和 9.8%。其中拥有 7000 万人口每年产量仅为 100 万辆的汽车制造业尤其拥有广阔的增长空间。就目前制裁未完全取消的阶段而言，进入伊朗市场还存在着一定的障碍。但考虑上述的投资机遇，伊朗仍不失为全球经济格局下的新投资热点。

据国际货币基金组织报告预测，制裁解除后的伊朗生产总值增长率将会达到5.5%，短期内经济增长的推手仍然是石油生产及出口。这样看来，解除制裁后的伊朗不失为一个投资热点区域。

（四）社会政治环境

社会政治因素对经济事物、经济现象尤其是投资活动的每一个环节都产生着直接的或潜在的作用，是投资者在进行投资活动时必不可少的一个考虑因素。

伊朗战略位置重要，是在海湾、中东、中亚和南亚都具有重要影响的地区大国，同时也是重要的发展中国家，在不结盟运动、77国集团、伊斯兰会议组织和欧佩克中都发挥着相当大的作用。[1] 1979年伊斯兰革命之后，霍梅尼执政，伊朗成为一个政教合一的国家，伊斯兰教为国教，98.8%的居民信奉伊斯兰教，其中91%为什叶派，7.8%为逊尼派。在动荡的中东地区，伊朗因为其政治制度成为该地区稳定的大国。作为一个穆斯林宗教色彩浓厚的国家，投资者在进行投资时也需尊重伊朗的风俗习惯，比如男女见面时不能握手；在伊朗想与对方见面必须事先约好，贸然到访属于不礼貌之举，甚至会被拒绝见面；在公共场合不喝带酒精的饮料，不食猪肉和无鳞鱼等。[2]

2015年7月14日，经过多年艰苦谈判，伊朗核问题最后阶段谈判终于达成历史性的全面协议。7月20日，联合国安理会通过决议，支持伊朗核问题的协议。这意味着长达10年的伊朗制裁将被取消。伊朗与西方国家的关系也得到了缓和。社会政治环境相对来说较为稳定。

（五）激励性因素分析

1. 市场环境

市场环境是引资的必要基础条件，市场机会和市场潜力是吸引投资的

---

[1] 中华人民共和国驻伊朗伊斯兰共和国大使馆经济商务参赞处，http://ir.mofcom.gov.cn/。
[2] 韩少卿：“新时期伊朗投资环境及中国对伊朗投资战略研究”，西南大学硕士论文，2008年。

最根本之处。① 生活支出方面：2009—2010 年伊朗城乡居民家庭年平均净支出为 15845.5 万里亚尔，2012—2013 年这个支出已达到 27246.9 万里亚尔。短短两三年时间上涨了接近一倍，可见其巨大的市场。对外贸易在伊朗国民经济中占有重要地位。由于工业欠发达，农业落后，一直以来，伊朗每年需使用大量外汇进口生产资料、零配件和生活必需品等。

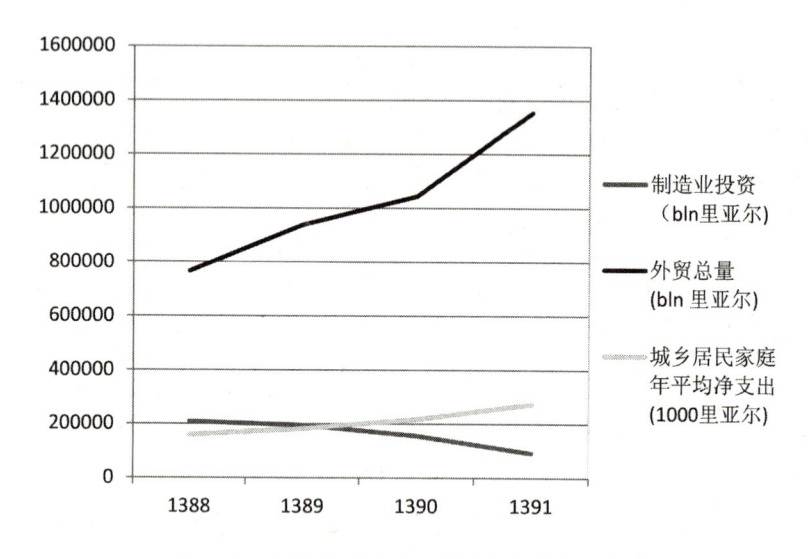

图 3—2　伊朗伊历 1388—1391 年市场基本情况

资料来源：IRAN STATISTICAL YEARBOOK 1391。

由图 3—2 可知，从伊历 1388—1391 年，即 2009—2013 年，伊朗的城乡居民家庭净支出和外贸总量是持续增长的，外贸总量增长的幅度相较而言要更大一些。但同时也可看出制造业投资是逐年下降的。前两项的持续增长表明伊朗国内有一定的市场，居民需求较大。制造业投资的下降很大原因在于西方国家对伊进行的制裁，导致国内经济不景气，然而这也从一个侧面向投资者发出信息：制裁慢慢解除后的伊朗有很大的投资空间。这也无怪乎西方国家在伊核协议达成之后，纷纷抢滩伊朗市场。此外，伊朗以石油产业为支柱，单一的石油产业严重阻碍了经济的发展。再加上西方国家对伊朗的长期制裁也导致伊朗国内经济发展不景气。由此可见，对伊

---

① 冷青："武汉城市圈投资环境评价研究"，华中师范大学硕士论文，2009 年。

投资的市场较大。

2. 政策环境

伊朗投资和经济技术支持组织是伊朗唯一的鼓励外国在伊朗投资、审批与外国投资有关的所有事务的官方机构。2002年2月，伊朗议会通过立法改革国家的税制，减少公司税，增加增值税，所得税从原来的54%降到25%，鼓励私人向生产企业投资。伊朗出台了对外国投资的优惠规定，外国人在伊朗投资享受一系列优惠政策，例如：外国现金资本和非现金资本的进入完全根据投资许可，无需其他许可。任何方面的外国投资没有金额方面的限制。外国资本在被执行国有化和没收所有权时，将获得赔偿，外国投资者具有索赔权。同时也出台了一系列的行业鼓励政策及地区鼓励政策，如伊朗第三个5年计划明确提出，为了使国家石化工业得到量与质的发展，伊朗将为石化领域吸收外资和私人资本创造良好环境，鼓励国内石化企业在此领域内的国际和地区合作；设立自由工业贸易区，部分或全部原材料由国内提供，而在自由区生产的商品，其原材料可全部或部分免交关税和商业利润税。

表3—11 伊朗吸引外资的税收优惠政策

行业	免除率	免除期限
农业	100%	永久
欠发达的工业和采矿业	100%	10年
旅游业	50%	永久
出口	100%	永久

资料来源：http：//ir.mofcom.gov.cn/。

（六）创新性因素分析

创新性因素主要体现为人力资源的规模以及素质方面。伊朗政府重视人力资源培养，对教育投入大，实行中、小学免费教育。重视高等教育，并于1989年制订高等教育5年发展计划，通过提供贷款和给予物质、政策支持等措施鼓励民办高等教育，因此教育普及率较高，教育水平在中东国家中位于中高水平。

表 3—12　2011 年伊朗总人口及受教育人口数

项目	数值
总人口数（人）	75149669
全国受教育人口数（人）	57362000

资料来源：IRAN STATISTICAL YEARBOOK 1390。

由表可知，伊朗 2011 年受教育人口占全国人口的 76.3%，而在 2014 年公布的数据中，6 岁以上受教育人口占了全国人口的 82.5%。伊朗的绝大数人口有教育背景，劳动力素质近年提高较为显著，劳动力资源丰富，2007 年，伊朗 30 岁以下人口占总人口的 50%，劳动人口为 3700 万。因此伊朗充足的人力资源也不失为对伊投资的一大条件。

三、伊朗投资环境的定量评价

创造良好的投资环境是一个国家和地区吸引外资、增强经济活力的基础。投资环境是一个内涵和外延非常丰富的系统，包含了对投资有直接或间接影响的地理区位、自然资源、原材料供应、基础设施、市场化程度、人力资源、信息渠道、资金融通、纳税负担、经济政策、法律法规、政治形势等诸多因素。因此，采用定量化的指标评估体系和评估方法对投资环境进行评价成为最常用的手段，准确的评价数据有利于我们科学地认识投资环境优劣，进而制定相应的投资政策和措施，吸引资金流入、促进经济社会持续发展。

建立指标体系评价投资环境优劣方法众多，归纳起来主要有投资冷热图法、投资环境评分法（等级尺度法）、道氏评估法、关键因素评估法、相似度法、国家风险评级法、综合评判法和多因素分析评估法等。经过数据的甄选和评价方法可行性分析，这里拟采用多指标综合评价法。在评价的过程中，不同于专家打分法确定权重的方式，这里采用变异系数方法确定影响投资环境的指标的权重，从而实现尽量排除主观因素的干扰，以期使评价结果更加准确和客观。

通过对伊朗社会经济统计指标的收集、甄选，这里选取了与投资环境相关的 20 个指标作为定量评价因素，评价时间段为自伊历 1388 年到伊历

1391年（公历2009—2012年），期望能够对伊朗投资环境做一个动态评价。

表3—13 伊朗投资环境评价的主要指标

	伊历1388年（2009年）	伊历1389年（2010年）	伊历1390年（2011年）	伊历1391年（20012年）
人均土地面积（平方米/人）	22251.9	21963.54	21673.42	21420.38
原油产量（1000桶/天）	3557	3544	3576	3740
天然气产量（百万立方米）	175742	187357	188753	202431
公路货运量（千吨）	222068	244037	251480	264662
发电量（1000千瓦时）	221318	232994	240063	254265
电话用户（位）	25303303	25417570	26540207	27478443
酒店旅馆数量（个）	2721	3002	3282	3058
制造业投资（亿里亚尔）	2074030	1946730	1559620	916840
德黑兰证券交易所交易额（亿里亚尔）	1841662.07	2180549.12	2264473.49	2570724.76
人均GDP（美元）	4927	5638	7200	5229
入境旅游者（人）	2272575	3121283	3294126	4070415
人类发展指数	0.703	0.74	0.742	0.742
有社会保障组织覆盖的企业（个）	1456757	1528390	1235700	1194781
医疗工作人员中医生人数（个）	29188	30302	32493	34219
城乡居民家庭年平均净支出（亿里亚尔）	1.58	1.82	2.17	2.72
进口额（亿里亚尔）	5479726.78	6647021.38	6727460.3	8331482.44
外国资产（亿里亚尔）	1033232	1434277	1723041	1358110
外贸总量（亿里亚尔）	7652640	9389360	10441560	13544200
大学及高等教育机构学生数（人）	822852	739965	837582	796472
教授副教授占教职工比重（%）	0.07	0.06	0.05	0.06

资料来源：IRAN STATISTICAL YEARBOOK 1391。

（一）投资环境综合评价过程

1. 计算指标权重

首先计算各指标均值 $\bar{x}$ 及标准差 Si

$$\bar{x} = \frac{1}{4}\sum_{i=1}^{4} x_i \quad Si = \sqrt{\frac{1}{4}\sum_{i=1}^{4}(x_i - \bar{x})^2}$$

其次求出各指标的变异系数 CV：

$$CV = \frac{Si}{x}$$

将各指标的变异系数 CV 做归一化处理，得到各指标的权重构建的投资环境评价指标如下：

表 3—14　伊朗投资环境评价各指标权重

一级指标	二级指标	三级指标（权重）
基础性因素（0.58）	自然环境（0.07）	人均土地面积（0.16）
		原油产量（0.26）
		天然气产量（0.58）
	基础设施（0.17）	公路货运量（0.3）
		发电量（0.23）
		电话用户（0.16）
		酒店旅馆数量（0.31）
	经济环境（0.44）	制造业投资（0.51）
		德黑兰证券交易所交易额（0.21）
		人均GDP（0.28）
	社会环境（0.32）	入境旅游者（0.51）
		人类发展指数（0.06）
		有社会保障组织覆盖的企业数（0.27）
		医疗工作人员中医生人数（0.16）
激励性因素（0.35）	市场环境（0.48）	城乡居民家庭年平均净支出（0.58）
		进口额（0.42）
	政策环境（0.52）	外国资产（0.46）
		外贸总量（0.54）
创新性因素（0.07）	智力资源（1.0）	大学及高等教育机构学生数（0.32）
		教授副教授占教职工比重（0.68）

2. 原始数据标准化

数据标准化处理，原始数据均转换为无量纲化指标测评值，即各指标值都处于同一个数量级别上，可以进行综合测评分析。将原始数据标准化以消除指标数量纲不同带来的结果不准确性。这里采用极值标准化法对原

表 3—15　投资环境各指标原始数据标准化结果

	伊历1391年	伊历1390年	伊历1389年	伊历1388年
人均土地面积	0	0.3	0.65	1
原油产量	1	0.16	0	0.07
天然气产量	1	0.49	0.44	0
公路货运量	1	0.69	0.52	0
发电量	1	0.57	0.35	0
电话用户	1	0.57	0.05	0
酒店旅馆数量	0.6	1	0.5	0
制造业投资	0	0.56	0.89	1
德黑兰证券交易所交易额	1	0.58	0.46	0
人均GDP	0.13	1	0.31	0
入境旅游者	1	0.57	0.47	0
人类发展指数	1	1	0.95	0
有社保组织覆盖的企业	0	0.12	1	0.79
医疗工作人员中医生人数	1	0.66	0.22	0
城乡居民家庭年平均净支出	1	0.51	0.21	0
进口额	1	0.44	0.41	0
外国资产	0.47	1	0.58	0
外贸总量	1	0.47	0.29	0
大学及高等教育机构学生数	0.58	1	0	0.85
教授副教授占教职工比重	0.43	0	0.48	1

（二）投资环境评价结果

确定了各指标权重后，根据基层指标的得分采用以下公式得出伊朗各年的投资环境总分：

$$f(x_1, x_2, \cdots, x_n) = \sum_{i=1}^{n} w_i x_i$$

式中 $f(x)$ 是对投资环境综合评判的函数，i 为指标数量，x_i 为第 i 个指标的极差标准化值，w_i 为其相对应的权重。由上式即可得出伊朗伊历1388—1391年的投资环境得分。

表3—16　伊朗伊历1388—1391年投资环境综合评价结果

年份	得分
伊历1388年（2009—2010）	1.8535
伊历1389年（2010—2011）	3.0349
伊历1390年（2011—2012）	3.8036
伊历1391年（2012—2013）	4.9266

通过对前述伊朗投资环境的定量评价结果显示，我们可以得出以下基本结论：

第一，总体来说，伊朗投资环境呈现不断改善趋势。数据显示，从伊历1388年以来，伊朗投资环境得分在持续增加。伊历1389年（即公历2010—2011年）投资环境有大幅度的改善，得分从伊历1388年的1.8535分大幅提高到了1389年的3.0349分，投资环境进步明显。伊历1391年（公历2012—2013年）伊朗的投资环境也有较明显的改善，得分达到4.9266分，较上一年增加了1.123分。

第二，影响伊朗投资环境变化的因素中，按照因素影响程度的大小排序，前4个因素分别是经济环境因素、政策环境因素、市场环境因素和社会环境因素。具体来讲，通过对各评价指标进行权重和数值的叠加分析，我们可以分别判断出影响因素和指标有积极作用和负面作用两大方面。

对伊朗投资环境改善起到积极作用的因素中，影响最大的是政策环境因素中的外贸总额指标，4年来该指标贡献了0.0983个积分，表明伊朗4年间对外开放程度和对外依赖程度有较大提高；其次是市场环境因素中的城乡居民家庭年平均净支出指标，4年间该指标贡献了0.0974个积分，表明市场消费能力在增强；第三的是社会环境因素中的入境旅游者数量指标，4年间该指标贡献了0.0947个积分。

对伊朗投资环境改善呈现负面作用的因素中，影响最大的是经济环境因素中的制造业投资指标，4年来该指标贡献了-0.1302个积分，表明伊朗工业经济4年间投资不断减少，工业经济增长乏力；其次是社会环境因素中的有社会保障组织覆盖的企业指标，4年间该指标贡献了-0.0396个积分，表明企业利润下滑，社保能力不足；第三的是智力资源因素中的教授副教授占教职工比重指标，4 年间该指标贡献了 -0.0271 个积分，显示高校高智力的科研工作人员比重 4 年间略有下滑，科学研究和创新受到一定程度的影响，智力资源有所流失。

第三，伊朗投资环境的前景良好。首先，伊朗的区位优势和资源优势为投资者所看好；其次，伊朗的基础设施近年来也在不断完善，再加上其出台的《鼓励和保护外国投资法》为投资者提供了良好的政策环境；伊朗因为其政教合一的政治制度成为纷乱的中东地区中稳定的"一极"，国内政治环境稳定；伊朗有近 8000 万且稳定增长的人口，有巨大的国内市场，投资者有了市场保障；2015 年伊核全面协议的达成，西方国家开始解除对伊朗的制裁，纷纷寻找机会进入伊朗市场。这些有利的因素都能够成为对投资者有利的优势条件。

第四，伊朗的投资环境仍然面临一些不确定因素和风险。就目前来看，这些不确定性和风险主要体现在几个方面：一是什叶派穆斯林掌权的伊朗与沙特阿拉伯的断交，与逊尼派掌权的国家或多或少的摩擦为伊朗外交蒙上一层阴影；二是伊朗的政治纷争会影响未来国家走向，投资具有一定的不稳定因素；三是经济方面，多年来由于经济制裁，伊朗的经济体系和财政金融体系陷入困境，并非短时间内即可改善，再加上世界石油市场价格暴跌，给其经济复苏带来严重困难；四是制裁解除后，外来投资者期待伊朗政府采取措施改善投资环境，但政府制定的措施受制于各种复杂关系而"心有余力不足"。

结论

近年来在西方政治孤立及经济制裁的打压之下，伊朗经济遭受严重困难，民众生活受到严重影响，制裁解除后民心思变，人民迫切渴求改变现状，在一定程度上有利于外商的入驻。受制于国际形势的变化及地区形势的牵累，伊朗经济可能需要一段时间恢复。然而考虑到政府吸引外资的种种表示及将吸引外资作为经济发展的优先政策的行动，从定性及定量两方面综合评价，沉睡的伊朗经济即将全面启动，伊朗的投资环境渐好，不失为全球经济格局下投资者选择投资的热点区域。

第四章 伊朗城市化特点及其发展

第一节 伊朗城市化特点

伊朗是有着悠久文明和城市发展史的传统中东大国，伊朗在前近代发展出高度的传统东方城市文明，同时由于长期的历史动乱，在进入近代以后伊朗在重建传统城市的同时又很快接受了西方的城市建设成果，开启了伊朗近代城市化历程，并最终形成伊朗今天独具特色的融传统与现代为一体的多彩城市格局，而伊朗的城市化也伴随一系列突出的社会问题，有些甚至左右了伊朗现代史，因此，对伊朗的城市化历程有必要进行一番探究以发现其特点并为伊朗未来的城市发展找到出路，也可为中国城市化问题的解决提供借鉴。

一、伊朗城市化基础的特殊性

伊朗有着悠久的文明史、众多的王朝帝国和复杂的民族交往史，而伊朗又居于连接西亚与中亚、南亚地区的特殊地理位置，同时具有和周边国家与众不同的自然地理条件，因此，伊朗城市化基础的特殊性由伊朗独特的自然和历史条件所决定，尽管在工业时代到来以后，伊朗与众多其他传统东方国家一样，逐渐步入城市化和现代化历程，但伊朗现代城市发展和其具有的特点仍然十分鲜明，由于在开启近代城市化历程之前，伊朗已经有悠久的文明史和城市史，因此伊朗近代的城市化必须在其自然历史宗教条件所决定的旧有伊朗城市的基础上进行，并逐渐走出传统伊朗城市发展框架①，在与工业化、全球化和现代化进程相适应的前提下进行新的城市建设。

（一）伊朗自然条件的特殊性

世界上最古老的城市起源于中东地区，这和中东地区具有大河冲积平原的自然条件密不可分，尼罗河流域和两河流域孕育了世界上最早的城市文明。② 然而伊朗高原并非与尼罗河流域和两河流域同时产生世界上最古老的城市文明，而是比前两个文明晚了两千年，因为伊朗高原并没有可与尼罗河流域和两河流域相比拟的大河冲积平原，伊朗国内最长的河流卡伦河全长不过850千米，而且中下游流域全部在古代称为"埃兰"的两河平原向东自然延伸的胡齐斯坦平原，埃兰文明虽不能算真正的伊朗文明的起点，但埃兰的城市文明却对高原腹地的伊朗文明的产生起了巨大的先导作用，由于伊朗全境虽然被高原覆盖，但由于平均海拔不过1000余米，且由几条显著的山脉所分隔，所以伊朗高原的气候并非不宜人类居住，而是呈现出沙漠中有绿洲、高原之间有平原、山脉之间有峡谷的丰富地理景观，从而使伊朗高原有许多地方具备产生城市文明的条件，比如厄尔布尔士山南北坡、法尔斯地区的丘陵和扎格罗斯山脉与库赫鲁德山脉之间的地区，而这些地区和胡齐斯坦平原一起构成了现今伊朗城市分布最密集的区域，另外高原中央地区的卡维尔盐漠和卢特荒漠边缘也有绿洲点缀，从而为伊朗内陆独具特色的绿洲城市的发展创造了条件。

（二）全球化之前伊朗城市发展的基本历史脉络和全球化以后的变化

在全球化时代以前，伊朗高原众多城市先后兴废，有些城市在繁荣之后永远被毁灭，如阿契美尼德时代的首都波斯波利斯、帕提亚和萨珊时代的首都泰西封等，有些在衰落一段时间后又重现生机，并一直延续至今，如伊朗高原内陆的哈马丹、克尔曼、亚兹德等，有些则是迟至近代早期才落成，如阿巴斯港、德黑兰、布什尔等，还有一些则是20世纪伊朗现代工

---

① 车效梅：《全球化与中东城市发展研究》，人民出版社2013年版，第13—14页。
② 高佩义：《中东城市化比较研究》，南开大学出版社2004年版，第28—30页。

业发展所造就，如阿巴丹等。在古代，伊朗随着游牧民族的不断征服和二次征服以及伊朗王朝的频繁迁都，伊朗政治中心变化不定，大不里士、马什哈德和法尔斯等城市都曾经作为王朝首都，至恺加王朝定都德黑兰以后，伊朗才再未迁都，德黑兰起初不过是萨法维王朝国王避暑郊区，恺加王朝建都于此后，虽经过长期建设，但在 19 世纪 60 年代以前，不过是中东地区一个人口一万上下的中等城市，但德黑兰成为伊朗首都不过百年，便迎来 19 世纪 60 年代和 20 世纪 30 年代两次现代化和工业化的机遇。① 从一个人口不过万的小城镇发展成初具规模的近代都市。20 世纪下半叶伊朗巴列维王朝又迅猛推进现代化，使得伊朗城市在数量和空间上飞快膨胀，其中尤以德黑兰为最，如今已成为西亚第二大城市和中东第三大城市。而从古至今几未衰落的伊朗大城市也不少，但有些偏离原址尚有一段距离，有些则是在旧城之旁另建新城。另外伴随伊朗的现代化出现了许多新兴石油城市和港口城市，这些城市在伊朗当今的城市经济中占有重要的地位。②

（三）伊朗独特历史和宗教条件对伊朗城市化的影响

由于伊朗自 7 世纪起改信伊斯兰教，并自 16 世纪起长期信奉伊斯兰教什叶派，因此伊斯兰教和什叶派信仰对伊朗城市的发展有特殊的影响，清真寺建筑成为伊朗城市不可或缺的部分，由于伊斯兰教什叶派独特的伊玛目殉教理论使中东一些历代什叶派伊玛目殉教地成为圣城，其中又以伊拉克境内的卡尔巴拉、纳贾夫和伊朗境内的马什哈德和库姆最为重要，伊朗的马什哈德和库姆因为宗教缘故而非其他因素得到全世界什叶派穆斯林朝圣者青睐和统治者重视，因此发展成为相当规模的宗教圣城，圣城的宗教功能凌驾于其政治经济功能之上，呈现出与伊朗当代其他现代化城市迥异的面貌。另外，在伊斯兰教征服伊朗以前，伊朗长期信奉祆教，因此伊朗高原有少许内陆城市保留了前伊斯兰时期的宗教影响，和伊朗其他典型伊斯兰城市相比具有一定的非伊斯兰特点。

---

① 车效梅："德黑兰两次现代化改革探析"，《西亚非洲》，2007 年第 12 期。
② 吕薇："伊朗城镇体系研究"，西南大学硕士论文，2008 年。

二、全球化背景下伊朗城市化的必然性

在工业化时代以前,伊朗城市的发展总体缓慢,并没有开始真正意义上的城市化,有的仅仅是新旧城市的兴废,城市与乡村之间构成自给自足的自然经济体系,由于战争和王朝更迭频繁,很少有城市能够持续繁荣数百年,城市衰落后城市人口又转化为农村或游牧人口,从而不可能产生持续的城市化效应,而中世纪后期蒙古人的两次征服更使得伊朗高原的许多城市被毁,伊朗人只能在之后另建新城。因此古代伊朗城市的建设和发展缺少连续性,在近代以前伊朗没有长期稳定的地区中心城市。

19世纪伊朗被西方列强拖进工业化进程以后,伊朗开始了初步的城市化历程,统治者不得不借鉴西方的城市建设经验来改造传统的伊朗城市,从而为伊朗城市注入了第一批西方化和现代化因素。由于传统自然经济在西方资本主义经济冲击下逐渐解体,使得伊朗的农业和手工业完全衰落,[①]而农民和手工业者则不得不进入城市谋生,从而不自觉地启动了伊朗近代城市化历程。因此,全球化背景下伊朗的城市化具有和广大东方国家相似的历史背景和在全球化驱使下或主动或被动开启城市化历程的必然性。

三、全球化背景下伊朗城市化路径的偶然性与不可控性

尽管在全球化背景下,伊朗国家的城市化不可避免地开始了,但伊朗的城市化路径却有自己不同于其他东方和中东国家的特点,主要表现在统治者意志的不可控性和伊朗资源结构的特殊性上。由于伊朗自古以来便是君主专制中央集权的国家,因此君主个人的作为对国家各个层面都会产生决定性的影响。进入近代,君主更是国家现代化、经济工业化和城市化的关键推动者,这其中尤以巴列维王朝两代君主的激进现代化措施为最。礼萨汗的世俗化改革和工业化起步以及巴列维国王的白色革命都极大地影响了伊朗国家的现代化和伊朗城市化历程,伊朗今天的城市格局由这一时期打下的基础所奠定,伊斯兰革命虽然摧毁了君主制国家机器,但并不能逆

---

① 车效梅:《全球化与中东城市发展研究》,人民出版社2013年版,第72—75页。

转伊朗国家的现代化和城市化趋势，伊朗城市化历程在新一波全球化浪潮中继续向前推进。两伊战争中伊朗采取鼓励生育政策，使得伊朗的人口在20世纪最后20年内增加了一倍，从而使伊朗的城市问题更加凸显，如今伊朗已成为中东典型的过度城市化国家，城市化率高达百分之60%[1]，各种城市化带来的问题也困扰着伊朗城市的发展，如环境污染、城市过度扩张、居民住房和就业问题等。由于伊朗在20世纪初发现了中东地区最早的石油，石油储量丰富的伊朗在西方国家中的战略地位因之进一步提升，伊朗收回石油主权后，石油工业的迅猛发展对伊朗城市化产生了不可估量的影响，一方面石油工业给国家带来丰厚的财政收入，从而为进行更多的城市建设提供了资金来源，另一方面石油工业的发展也使伊朗的产油区附近兴起了新兴石油城市如胡齐斯坦的阿巴丹，由于石油出口产生了建设港口城市的需要，伊朗出现了阿巴斯港、霍梅尼港、马舒尔港这些港口城市。

四、伊朗当代大城市分布的基本特点

伊朗当代城市群可主要分为：里海南岸以拉什特为中心的城市群、东北部以马什哈德为中心的城市群、东南部以扎黑丹为中心的城市群、西北部以大不里士为中心的城市群、高原中部以德黑兰为中心的城市群、西南部波斯湾沿岸城市群和两伊边界城市群，其中里海南岸城市群、西北部城市群、西南部城市群和中部城市群分布较为密集，而东北部和东南部城市群分布较为稀疏，其中首都德黑兰拥有最完善的现代化工业和市政建设，法尔斯的设拉子拥有伊朗最古老的历史遗迹，伊斯法罕和马什哈德则拥有众多中古时代的建筑景观，胡齐斯坦的阿瓦士和阿巴丹聚集了伊朗全国最多的石油化工设施，而伊朗东南部锡斯坦—俾路支斯坦地区则经济落后，城市化水平显著低于全国其他地区。[2]

五、伊朗当代城市的特点

从地理上看，伊朗城市可分为高原城市、绿洲城市和平原城市。伊朗

---

[1] 车效梅、杨琳："对中东过度城市化的思考"，《山西师范大学学报》，2010年第6期。
[2] 吕薇："伊朗城镇体系研究"，西南大学硕士论文，2008年。

的高原城市主要分布在厄尔布尔士山脉南坡、西北部阿塞拜疆地区即扎格罗斯山脉和厄尔布尔士山脉交汇地区、两伊边界沿线的扎格罗斯山脉西麓以及两伊边界伊朗一侧的扎格罗斯山脉与库赫鲁德山脉之间的地区,典型城市有厄尔布尔士山南坡的德黑兰、西北部阿塞拜疆地区的大不里士和乌尔米耶、两伊边界地区的克尔曼沙阿、萨南达季和伊拉姆,扎格罗斯山脉与库赫鲁德山脉之间的哈马丹、阿拉克、加兹温等,城市一般依山而建,或是位于山间谷底或盆地。沙漠绿洲城市主要分布在伊朗高原中部的卢特荒漠和卡维尔盐漠周围的绿洲中,如卡维尔盐漠西部的库姆、卢特荒漠南缘的克尔曼和亚兹德,也包括锡斯坦—俾路支斯坦的扎黑丹,这些城市受当地地理和气候条件的限制,建筑形式和居民生活方式都与其他地区迥异,且对外交通较伊朗其他地区不便,保存了较多的古代伊朗文化风貌如拜火教遗迹、风塔和坎儿井等。丘陵平原城市主要由胡泽斯坦地区的阿瓦士、法尔斯地区的设拉子和里海沿岸的拉什特等,这些城市海拔较低,气候湿润,宜于人类居住,但胡泽斯坦地区由于石化工业发达,空气污染严重,因此并不能一概而论。[①]

从功能上看,伊朗城市可分为传统政治城市、传统宗教城市和新兴工业和港口城市。伊朗的世俗政治城市主要为各省省会,而宗教城市主要为库姆和马什哈德,而库姆和马什哈德又同时具有库姆省和拉扎维呼罗珊省省会的行政中心身份,相较而言,马什哈德对伊朗东部地区具有更重要的政治意义,而库姆则以当地的宗教教育见长,培养出了许多重要的当代伊朗宗教界人士。在世俗政治城市中,宗教所具有的比重也不尽相同,如德黑兰、大不里士和伊斯法罕等行政城市历史上长期作为王朝首都,而伊朗国王又重视对什叶派信仰的维护,因此这几个城市的宗教建筑亦十分丰富,在作为行政中心的同时具有完整成熟的宗教文化功能。而胡泽斯坦地区的新兴石化工业城市和波斯湾沿海的布什尔、阿巴斯港等港市,其经济功能又比其行政功能重要,而至于宗教文化功能,则远较其他伊朗世俗城市逊色。在世俗政治城市中,政治功能最完善的要数首都德黑兰,其次应为大不里士,德黑兰自不必说,拥有全国最完善的市政设施和现代化交通

---

① Masoud Kheirabadi, Iranian Cities' Formation and Development, the University of Texas Press, Austin, 1991, pp. 25—27.

系统，是伊朗的政治枢纽，居于统摄伊朗其他地区城市的核心地位，大不里士自恺加王朝以来便是西北重地，靠近土耳其和高加索地区，因此其政治功能亦较强。而波斯湾沿海地区的港市则是伊朗海军的主要基地，具有非同寻常的军事战略功能，东部锡斯坦—俾路支斯坦地区由于靠近伊朗、巴基斯坦和阿富汗三国边界，且当地俾路支人对中央政府离心离德，因此是伊朗最不稳定的边疆地区，阿富汗和巴基斯坦局势关系到伊朗东南边疆的稳定，伊朗东南部的扎黑丹也是阿富汗难民的收容所。

从规模上看，伊朗城市可分为巨型城市、大城市和中小城市。[①] 伊朗的巨型城市以德黑兰为代表，大型城市有大不里士、伊斯法罕、马什哈德和设拉子，中小型城市如哈马丹、加兹温、阿尔达比勒、克尔曼、亚兹德等。德黑兰是伊朗唯一人口超过 1000 万的城市，远远多于后面的许多大城市，德黑兰发展为巨型城市是伊朗近现代城市化历程的必经途径和必然结果，百余年来全国各地人口向德黑兰集中的趋势未曾改变，因此德黑兰是伊朗城市化历程的缩影。大型城市如大不里士、伊斯法罕、马什哈德和设拉子由于历史悠久，因此有良好的发展基础和历代统治者的照顾。中小型城市主要位于两伊边界中段和伊朗高原内陆地区，这些地区由于长期以来交通落后，且战略地位逊于以上几个城市，因此发展程度不高，且由于这些城市周围部落众多，地理气候条件适合游牧经济，因此阻碍了这些城市发展到更大的规模，但这些中小城市是伊朗城市不可或缺的重要组成部分，蕴藏着巨大的经济潜力和投资开发价值，将是伊朗未来城市化和经济发展的重要参与者。[②]

从区位上看，伊朗城市可分为边境城市和内地城市。伊朗的边境城市主要有东部的马什哈德，靠近伊朗和土库曼斯坦边境，东南部的扎黑丹，靠近伊朗与阿富汗、巴基斯坦边境，西北部的乌尔米耶，靠近伊朗和土耳其边境，大不里士和阿尔达比勒则靠近伊朗与亚美尼亚、阿塞拜疆的边境，西南部胡泽斯坦地区的阿巴丹和霍拉姆沙赫尔，位于两伊界河阿拉伯河右岸，两伊边界中段则有克尔曼沙阿、萨南达季和伊拉姆三个边境城市。伊朗的沿海城市主要由里海沿岸的拉什特和阿尔达比勒，波斯湾沿岸

---

① 章有德：《城市现代化指标体系研究》，高等教育出版社 2006 年版，第 15—17 页。
② 高佩义：《中东城市化比较研究》，南开大学出版社 2004 年版，第 120—128 页。

的霍梅尼港、阿巴斯港和布什尔港。除以上外，则是伊朗的内陆城市。

六、当代伊朗行政区划与省会城市概况

伊朗是西亚和中东地区的传统大国，在行政区划上实行单一制，有着悠久的中央集权制传统，其行政区划的特点具有历史和现实的双重适应性，研究伊朗行政区划与主要城市的概况可以作为了解和把握伊朗当代国情的重要窗口，并以此为基础对中东其他国家的现状研究提供参照和借鉴，有利于理解伊朗国家的政治经济运行模式和对内对外政策的动机和根源。

伊朗全国共分为31个省，其中面积较大的省份全部分布在中、东部，面积较小的省份全部分布在西部，由于伊朗的人口分布由西向东、由北向南逐渐稀疏，因此西部、北部省份密集，东部、南部省份稀疏，中、东部的大省和西部的小省在政治经济地位和分布特点上具有明显的区分性，而省会城市的政治经济情况也基本由此决定。

（一）伊朗行政区划

伊朗城市化速度在世界各国名列前茅，从1950年到2002年，城市人口所占比例从27%上升到60%，[①] 联合国估计到2030年，城市人口比例将达到80%，绝大多数国内移民定居在德黑兰、伊斯法罕、阿瓦士和库姆周围。伊朗前6个大都市依次是德黑兰、马什哈德、伊斯法罕、大不里士、卡拉季、设拉子。

伊朗中、东部大省由北向南渐次为：塞姆南省、拉扎维呼罗珊省、伊斯法罕省、亚兹德省、南呼罗珊省、法尔斯省、克尔曼省、霍尔木兹甘省、锡斯坦—俾路支斯坦省，省会城市分别为塞姆南市、马什哈德市、伊斯法罕市、亚兹德市、比尔詹德市、设拉子市、克尔曼市、阿巴斯港、扎黑丹市。

9个大省分布在厄尔布尔士山脉、扎格罗斯山脉和波斯湾形成的天然地理界限内，东端的拉扎维呼罗珊省、南呼罗珊省和锡斯坦—俾路支斯坦

---

① https://en.wikipedia.org/wiki/Iran#Regions.2C_provinces_and_cities.

省的东部界限构成了伊朗与土库曼斯坦、阿富汗和巴基斯坦的国境线。

伊朗西、北部小省由北向南渐次为：阿尔达比勒省、东阿塞拜疆省、西阿塞拜疆省、吉兰省、赞詹省、加兹温省、马赞达兰省、戈莱斯坦省、北呼罗珊省、库尔德斯坦省、哈马丹省、德黑兰省、库姆省、克尔曼沙阿省、中央省、伊拉姆省、洛雷斯坦省、胡齐斯坦省、恰哈尔马哈勒—巴赫蒂亚里省、科吉鲁耶博耶尔艾哈迈迪省、布什尔省，省会城市分别为：阿尔达比勒市、大不里士市、乌尔米耶市、拉什特市、赞詹市、加兹温市、萨里市、戈尔甘市、博季努尔德市、萨南达季市、哈马丹市、德黑兰市、库姆市、克尔曼沙阿市、阿拉克市、伊拉姆市、霍拉马巴德市、阿瓦士市、沙赫尔库尔德市、亚苏季市、布什尔市。

西、北部21小省分别沿厄尔布尔士山脉和扎格罗斯山脉分布，是伊朗经济较为发达、人口相对稠密的地区，北部吉兰、马赞达兰、戈莱斯坦三省沿里海南岸排列，西北部阿尔达比勒、东阿塞拜疆、西阿塞拜疆三省分别与阿塞拜疆、亚美尼亚和土耳其接壤，西部库尔德斯坦、克尔曼沙阿、伊拉姆、胡齐斯坦四省与伊拉克接壤。

（二）伊朗省会城市介绍

伊朗省会城市呈现出西密东疏的特点，中部和北部地区的主要省会城市有厄尔布尔士山南麓的首都德黑兰、伊朗中部卡维尔盐漠附近的什叶派圣城库姆、里海南岸的港口城市拉什特、库赫鲁德山北段中麓的哈马丹和伊斯法罕，东部地区的马什哈德、扎黑丹，西北部阿塞拜疆地区的大不里士、乌尔米耶、阿尔达比勒和赞詹，西南部波斯湾地区的设拉子、阿瓦士、布什尔和阿巴斯港。现分别介绍如下：

1. 中部地区

伊朗中部主要由厄尔布尔士山以南的伊朗高原中部地区构成，主要有德黑兰省、库姆省、塞姆南省、哈马丹省、中央省和伊斯法罕省，省会分别为德黑兰、库姆、塞姆南、哈马丹、阿拉克和伊斯法罕，另外还有中南部地区的克尔曼省和亚兹德省，省会分别为克尔曼和亚兹德。另外属于德黑兰省的厄尔布尔士省首府卡拉季也一并介绍。

德黑兰：德黑兰是伊朗首都和德黑兰省省会，城区人口900万，城郊合计1600万，是伊朗最大城市和西亚第二大城市、中东第三大城市、世界排名 29 位。

卡拉季：厄尔布尔士省首府，人口 196 万（2011 年）。卡拉季最古老的遗址可追溯至公元前 30 世纪，卡拉季在萨法维恺加二朝加速发展，有大量当时的历史建筑，在 20 世纪后半叶以避暑胜地闻名，现在是大工业城市，制糖业、纺织业、钢铁业和酿酒业发达。①

哈马丹：哈马丹省省会，人口 47 万（2006 年），哈马丹是伊朗甚至世界上最古老的城市之一，在公元前 11 世纪亚述人占领该地，为米底首都，哈马丹坐落在海拔 3574 米的阿尔万德山下，位于伊朗中西部，城市平均海拔 1850 米，老城市特殊自然景观和历史遗迹吸引游客于夏季到访，位于德黑兰西南约 360 公里。哈马丹虽然大部分居民为波斯人，但也有部分阿塞拜疆人。②

伊斯法罕：伊斯法罕省省会，位于德黑兰以南 340 千米，人口 175 万（2011 年），城郊合计 239 万，大伊斯法罕区有人口 379 万，诸多卫星城的人口占相当比例。伊斯法罕位于伊朗南北东西交通主干线上，从 1050 年到 1722 年未曾衰落，继 11 世纪塞尔柱王朝之后，16 世纪萨法维王朝再次定都于此。直到今天伊斯法罕仍保持往昔荣光，以它的波斯—伊斯兰建筑闻名，有许多林荫道、棚桥、清真寺及宣礼塔，有"伊斯法罕半天下"之称。③

亚兹德：亚兹德省省会，拜火教中心，位于伊斯法罕以南 270 公里，人口 107 万（2011 年），因为居民长期对沙漠环境的适应，亚兹德的建筑奇特，手工艺品、丝织和糖果亦有名气。④

克尔曼：克尔曼省省会，人口 82 万（2011 年），位列伊朗第十大城市，是伊朗东南部最大城市，以历史悠久和丰富的文化遗产著称，有许多清真寺和祆寺，位列世界 1000 个最干净城市之一，也曾是伊朗首都，位于德黑兰以南 1036 公里的大平原上。⑤

库姆：伊朗第八大城市，位于德黑兰以南 125 公里，库姆省省会，人

---

① https://en.wikipedia.org/wiki/Karaj.
② https://en.wikipedia.org/wiki/Hamadan.
③ https://en.wikipedia.org/wiki/Isfahan.
④ https://en.wikipedia.org/wiki/Yazd.
⑤ https://en.wikipedia.org/wiki/Kerman.

口 107 万（2011 年），坐落于库姆河畔，气候温和干燥，因距海较远并靠近沙漠降水量稀少。库姆是伊斯兰教什叶派圣城，以伊玛目礼萨之妹法蒂玛陵墓闻名，是世界什叶派学术最大中心和朝觐圣地。库姆产一种叫索汗的太妃糖，由市内 2000 余家商店销售。库姆因为靠近德黑兰正在迅速成为一个工业中心，是石油化工产品集散地，从里海厄泽利港开始铺设的天然气管道和液化石油气管道通过库姆输往波斯湾的阿巴丹炼油厂。库姆由于 1956 年发现油田进一步繁荣，库姆与德黑兰之间有大型炼油厂。①

阿拉克：又名苏丹阿巴德，中央省省会，人口 52 万（2011 年），是伊朗主要工业城市，城郊有许多工业设施，如马琴萨兹工厂和阿拉克炼铝厂，阿拉克的工业出产占全国钢铁、石化、汽车工业产值近一半。由于是发展中国家工业城市，阿拉克空气污染较严重。②

塞姆南：伊朗东北部城市，塞姆南省首府，人口 4 万，位于厄尔布尔士山南麓、德黑兰—马什哈德铁路线上，海拔 1138 米，为附近平原地区的谷物、棉花、烟草、阿月浑子等农产品的市场，有棉纺织、针织、地毯等厂，附近有铁矿与天然硫等矿藏。

2. 北部里海沿岸地区

伊朗北部地区主要由里海南岸湿润平原构成，包括吉兰、马赞达兰和戈尔甘三省，省会分别为拉什特、萨里和戈尔甘。

拉什特：吉兰省省会，人口 63 万（2011 年），伊朗里海沿岸最大城市，因恩泽利港成为高加索地区、伊朗和俄罗斯之间的贸易枢纽，同时是著名旅游胜地，马苏来山村和里海沙滩是主要的观光地。③ 拉什特历史上是连接伊朗与俄国、欧洲的交通贸易中心，被称为"欧洲之门"，可追溯到 13 世纪，但是现代拉什特要从 16 世纪它作为丝路贸易中转站并拥有大量手工作坊时开始。

萨里：马赞达兰省省会，位于里海南岸，马赞达兰在古典时代称希尔卡尼亚，中古时代则称泰伯里斯坦，马赞达兰省主要出产五谷、蔬果、棉花、茶、烟草、甘蔗和丝绸等，另外有驰名世界的里海特产鱼子酱。

戈尔甘：戈勒斯坦省省会，位于里海沿岸，旧称阿斯特拉巴德，20 世

---

① https：//en.wikipedia.org/wiki/Qom.
② https：//en.wikipedia.org/wiki/Arak,_Iran.
③ https：//en.wikipedia.org/wiki/Rasht.

纪30年代改今称，距里海东南岸的沙赫港37公里，有铁路相通，另有公路东至马什哈德，戈尔甘是当地农产品的集散地，买卖柑橘、芝麻、烟草、亚麻、稻米，另有地毯工业，人口24万（2005年），市东150公里处有戈勒斯坦国家公园。

3. 东部地区

伊朗东部地区主要省份有原呼罗珊省（现分为北呼罗珊省、拉扎维呼罗珊省和南呼罗珊省三部分）和锡斯坦—俾路支斯坦省，重要省会城市有拉扎维呼罗珊省省会马什哈德和锡斯坦—俾路支斯坦省会扎黑丹。

马什哈德：伊朗第二大城市，拉扎维呼罗珊省省会，位于伊朗东北部，靠近土库曼斯坦和阿富汗边境，人口274万（2011年），城郊合计278万，在古代与东部的谋夫城同为丝绸之路要道。马什哈德以伊玛目礼萨圣陵闻名，每年上百万朝圣者来此朝觐。马什哈德同样以诗人菲尔多西闻名，菲尔多西是伊朗民族的象征。还有很多伊朗历史上著名文人艺术家如梅赫迪·阿赫万 - 赛里斯——当代伊朗著名诗人，伊朗传统唱作歌手穆罕默德·礼萨·沙贾里安。菲尔多西和阿赫万 - 赛里斯都埋葬于古图斯城。①

扎黑丹：锡斯坦—俾路支斯坦省首府，伊朗东南部绿洲城市，位于伊朗、阿富汗、巴基斯坦三国交界处以南41公里，人口55万（2006年）。扎黑丹是阿拉伯语扎黑得（虔诚）的复数形式，有公路北通马什哈德，南通阿拉伯海岸的查赫巴尔，西通克尔曼，另有铁路向东通往巴基斯坦，原名杜兹达布，20世纪30年代根据古代锡斯坦地名改为扎黑丹，居民绝大多数为俾路支人，使用俾路支语，也有少量的普什图人、锡斯坦人和布拉灰人。现地理上的锡斯坦地区由伊朗的锡斯坦—俾路支斯坦省和阿富汗的斯坦尼姆鲁兹省的部分地区组成，伊朗中世纪的地方王朝萨法尔王朝就兴起于锡斯坦地区，在菲尔多西的《列王记》中该地被称为扎布里斯坦，是神话英雄鲁斯塔姆的故乡。②

锡斯坦得名于萨卡斯坦，意为萨卡人的土地，萨卡人是古代操伊朗语的中亚游牧部落，曾多次入侵帕提亚王朝，被击败后安置于今赫尔曼德河

---

① https://en.wikipedia.org/wiki/Mashhad.
② https://en.wikipedia.org/wiki/Zahedan.

流域，该地从此得名萨卡斯坦，以后逐渐称锡斯坦。在帕提亚王朝时期，锡斯坦是王室六大家族之一的锡林家族的发源地，在卡莱之战中击败罗马将领克拉苏的帕提亚名将苏莱纳斯便出自该家族。在萨珊王朝时期，锡斯坦地区的哈穆恩湖是拜火教圣地，是拜火教创始人琐罗亚斯德保留火种的地方。

在20世纪30年代被选为锡斯坦—俾路支斯坦省的省会之前，扎黑丹只是一座小村庄，巴列维王朝时期成为省会后迅速发展，到1976年人口已达9.3万人，1980年之后由于苏联入侵阿富汗斯坦使得大量的难民逃到扎黑丹，使得扎黑丹的人口在1986年达到28.1万人，从那时起扎黑丹人口便以两倍的速度逐年增长。锡斯坦—俾路支斯坦省也是伊朗地方民族宗教分离主义势力较活跃的地区，扎黑丹是伊朗逊尼派穆斯林大本营，马基清真寺在扎黑丹的社会生活中扮演着重要的角色，居住在这里的少数民族俾路支人长久以来缺少对伊朗中央政权的政治和宗教认同，且经济发展水平较低、生活条件恶劣，俾路支人极端组织"真主旅"一直是影响伊朗东南边疆安全的不稳定因素，由于该省地处伊朗、阿富汗、巴基斯坦三国交界处，中央政府鞭长莫及，成为以走私、贩毒和鸦片种植而著称的"金新月地带"。

4. 西北部阿塞拜疆地区

伊朗西北部的四省——阿尔达比勒省、赞詹省、东西阿塞拜疆省与伊朗境外的阿塞拜疆共和国共同构成历史上的阿塞拜疆地区和现突厥语系、阿塞拜疆语族的主要居住区，19世纪两次俄波战争后，阿拉斯河以北的阿塞拜疆地区划归俄国，逐渐发展成现代的阿塞拜疆共和国，而阿拉斯河以南的阿塞拜疆地区仍属伊朗，并且伊朗境内的阿塞拜疆人口远远多于阿塞拜疆共和国人口，构成伊朗第二大民族和第一大少数民族。现对伊朗阿塞拜疆地区四省：阿尔达比勒省、赞詹省、东西阿塞拜疆省的省会城市进行介绍。

大不里士：伊朗阿塞拜疆地区最大城市，也是古都之一，现东阿塞拜疆省首府，坐落于萨汗和伊那里火山之间的库鲁河谷，海拔1350—1600米，河谷通向乌尔米耶湖东岸缓坡下的平原，冬冷夏温，是避暑胜地。

大不里士人口155万，大部分居民为说阿塞拜疆语的伊朗阿塞拜疆人，有汽车、机械、精炼、石化、纺织和水泥工业，以手织地毯和珠宝等手工艺品闻名，当地产的甜食、巧克力、干果较有名，大不里士也是学术中心，拥有伊朗西北部顶尖的学术机构。① 大不里士历史悠久而动荡，最早的遗址可追溯到前1500年，15世纪土库曼黑羊王朝和白羊王朝先后定都大不里士，使该城获得了巨大的发展，萨法维王朝在灭亡白羊王朝以后也曾定都大不里士，但因为地处对抗奥斯曼土耳其人前线多次被奥斯曼帝国夺取，因此萨法维王朝才放弃大不里士，迁都至高原中部的加兹温乃至伊斯法罕。大不里士拥有许多反映伊朗建筑成就的历史文物，最重要的遗址属于伊儿汗、萨法维和恺加三朝，大不里士大巴扎于2010年入选世界遗产名录，从近世早期开始，这里对高加索、东安纳托利亚和伊朗中部地区的各种进步、运动和经济事件产生密切的影响，19世纪后大不里士在伊朗重要性因诸多原因日益增强，由于这里距西方最近，因此许多现代化运动发生于此。在19世纪上半叶两次俄波战争之后，作为高加索前线地区的大不里士益发重要，是伊朗控制高加索地区的前线枢纽，在恺加王朝大部分时间里，王储即位前都出镇大不里士。从19世纪中期的巴布教徒起义到19世纪末的抗议烟草专卖到20世纪前期伊朗立宪革命到20世纪后期的伊斯兰革命，都可以看到这个城市在其中发挥的重要作用。

乌尔米耶：伊朗西北部第二大城市，西阿塞拜疆省首府，平均海拔1330米，位于沙哈尔查伊河畔的乌尔米耶平原上，乌尔米耶湖是世界上最大的咸水湖之一，位于城西部靠近土耳其边境，与土耳其境内的凡湖构成亚美尼亚高原地区的独特景观，是西亚地区最大的两个湖泊。

乌尔米耶是伊朗第十大城市，人口66万（2012年），居民以讲阿塞拜疆语的伊朗阿塞拜疆人为主，也有库尔德人、亚述人和亚美尼亚人，盛产水果、葡萄和烟草，农业发达，是地区贸易中心。② 乌尔米耶在9世纪时是一个重要的城镇，1184年塞尔柱人占领该地，之后数次被奥斯曼土耳其人征服，数个世纪以来乌尔米耶人口构成复杂，包括什叶派和逊尼派穆斯林、天主教东正教聂斯托利派和新教基督徒，还有犹太教徒、巴哈伊教徒和苏菲派教徒，1900年基督徒占总人口40%，但1918年因为一战东线波斯战场上土耳其人屠杀亚美尼亚人和亚述人大量基督徒逃走。

---

① https://en.wikipedia.org/wiki/Tabriz.
② https://en.wikipedia.org/wiki/Urmia.

阿尔达比勒：伊朗西北部古城，阿尔达比勒省省会，海拔1675米。位于大不里士通往里海的道路上，距里海61公里，人口56万（2011年），主要居民为阿塞拜疆人，阿尔达比勒省境内大部份地区为山区和森林，气候为众多省份中最寒冷的一个，在大不里士兴起以前，阿尔达比勒是阿塞拜疆地区最大的城市，1993年阿尔达比勒从东阿塞拜疆脱离单独建省，延续至今。

阿尔达比勒以丝绸和地毯贸易闻名，阿尔达比勒地毯是古波斯地毯翘楚，拥有萨法维王朝始祖谢赫萨菲丁陵墓。阿尔达比勒是伊朗萨法维王朝兴起之地。阿尔达比勒还是伊朗著名球员阿里达伊的故乡。[1]

赞詹：伊朗西北赞詹省省会，位于德黑兰西北298公里，从大不里士到土耳其的铁路经过这里，距里海125公里，位于卡夫拉赫山脉以南20公里，人口38万（2011年），绝大部分居民为伊朗阿塞拜疆人。赞詹手工艺品精美，如凉鞋、刀具、手帕等。[2]

5. 西南部波斯湾地区

伊朗在波斯湾地区主要有胡泽斯坦、法尔斯、布什尔和霍尔木兹甘四省，其中胡泽斯坦地区是伊朗最重要的油气产区，同时也是两伊战争的主要战场，有著名的新兴炼油城市阿巴丹，法尔斯省有众多伊朗文化古迹，布什尔省建有伊朗最早的核电站，霍尔木兹甘省则是伊朗海军基地所在。现对胡泽斯坦、法尔斯、布什尔和霍尔木兹甘四省的省会城市和石油城市阿巴丹进行介绍：

设拉子：伊朗第六大城市，法尔斯省省会，人口146万（2011年），城郊合计150万，位于伊朗西南部，气候温和，千余年间是伊朗政治中心，是古波斯历史最悠久的城市之一。10世纪时作为白益王朝首都获得了很大的发展，1750—1781年为赞德王朝首都，以前曾是中世纪伊朗地方王朝萨法尔王朝首都，是伊朗著名诗人萨迪和哈菲兹的故乡。设拉子以诗人艺术美酒鲜花闻名，因花园果树众多被许多伊朗人认为是花园城市。设拉子有几个犹太人和基督徒社区，设拉子有许多马赛克三角镶嵌式艺术：银制品、地毯编织和基利姆花毯。设拉子有水泥、制糖、化肥、纺织、钢铁、

---

[1] https://en.wikipedia.org/wiki/Ardabil.
[2] https://en.wikipedia.org/wiki/Zanjan,_Iran.

木材和地毯工业，还有一个石油精炼厂，设拉子也是伊朗电力工业中心，从设拉子运输到全国的电力占一半以上，还有伊朗第一个太阳能发电站，最近新建的风力涡轮位于城外巴巴库希山上。①

阿瓦士：伊朗南部城市，胡齐斯坦省省会，平均海拔20米上下，人口111万（2011年），城郊合计113万，根据国际卫生组织2011年调查结果，位列世界空气质量最差城市。阿瓦士位于胡齐斯坦省中部卡伦河畔，是卡伦河流出扎格罗斯山后的第一座城市，638年阿拉伯人征服此地，改名阿瓦士，12—13世纪时阿瓦士是糖、稻和蚕丝的贸易中心，后来胡齐斯坦地区农业衰落，阿瓦士亦随之衰落，1908年英国石油勘探小组在胡齐斯坦靠近伊拉克边境发现了中东最早的石油，随着20世纪伊朗石油工业的发展，阿瓦士重新繁荣，逐渐发展起钢条、石油化工、纺织和制糖等工业，是伊朗两条南北铁路干线的中继站，同时铺有连接阿巴丹的输油管道，现为世界上大气悬浮微粒浓度（PM10）最高的城市。②

阿巴丹：胡齐斯坦省港口城市，人口50万（2005年），位于两伊边境阿拉伯河右岸，东南距波斯湾53公里，西北距霍拉姆沙赫尔15千米，是伊朗石油输出的集散地和伊朗国营石油公司总部所在地，同时是伊朗最大的港口和世界最大的炼油中心之一。炼油厂建于1913年，年炼油3000万吨，这里的石油制品由油管输往马舒尔港输出，而原油来自阿瓦士东北面诸油田。阿拔斯王朝时代阿巴丹仅是个小港口和沿海城镇，以产盐和编席著称，14世纪时规模缩小为村落，16—19世纪经过伊朗恺加王朝与奥斯曼土耳其的长期争夺之后，于1847年归属波斯。自1909年英波石油公司在此设立管道终端炼油厂后，阿巴丹发展迅猛并成为现代化都市。1951年伊朗实行石油工业国有化，强行收回了阿巴丹的所有炼油设备，至1955年英国政府终于同意放弃对阿巴丹炼油设施的所有权。

阿巴丹经济以石油提炼和运输为主，是伊朗西南部油田地带输油管的终点和输往德黑兰、设拉子方面的油管的起点，是世界上最大的石油储藏和精炼基地，阿巴丹炼油厂产量占国内产量的60%，产品大多供出口，尤其是20世纪50年代前，为伊朗石油输出的主要港口，50年代后期改由马

---

① https://en.wikipedia.org/wiki/Shiraz.

② https://en.wikipedia.org/wiki/Ahvaz.

舒尔港输出，但阿巴丹港仍有重要地位。阿巴丹港拥有大量现代化设备，船只可在码头直接靠岸装卸，市内设有国际机场和阿巴丹技工学院等。

阿巴斯港：港口城市，霍尔木兹甘省首府，位于霍尔木兹湾北岸，据守霍尔木兹海峡，港外的格什姆岛是波斯湾除巴林外最大岛屿。西北距德黑兰1100千米，在古代是一个叫做贡布伦的小渔村，1622年萨法维王朝阿巴斯一世从葡萄牙人手中收复了霍尔木兹海峡中的霍尔木兹岛；翌年在该岛的对岸修建了这个港口城市，曾为波斯湾重要港口，后泥沙淤积，航运渐衰，市西另建新港，最大水深12米，有棉纺织和罐头厂；两伊战争期间由于该港远离战场而取代阿拉伯河沿岸受到战争严重破坏的港口成为新的石油和贸易中转站，货运十分繁忙，现在是伊朗海军基地所在，人口36万（2011年）。①

布什尔市：伊朗西南的城市和港口，布什尔省省会，位于波斯湾北岸一个小半岛上，德黑兰以南1281公里，气候炎热潮湿，人口16万（2005年），和霍尔木兹甘省的阿巴斯港、吉兰省的拉什特一起成为伊朗最重要的三座港口城市，始建于18世纪30年代，为伊斯法罕与设拉子等城市对外海联系的主要港口，后由于霍拉姆沙赫尔港的发展而地位下降，为一深水港，有小型纺织厂，还建有液化天然气厂（产品供出口）与钢铁厂，渔业亦盛，伊朗首座核电站建于此地。

5世纪时，布什尔是基督教聂斯托利派向伊朗南部扩张的据点。现代的布什尔城是阿夫沙尔王朝建立者纳迪尔沙于1736年建造的。1737年荷兰东印度公司在布什尔建立了一个贸易站，一直持续到1753年。1763年波斯统治者赞德王朝的卡里姆汗授予英国东印度公司在布什尔建造基地和贸易站的权利。18世纪晚期布什尔是英国皇家海军的基地。19世纪时，布什尔成为一个重要的商港，在英波战争（1856—1857年）期间，布什尔被英军攻占。伊朗恺加王朝末期爆发了立宪革命，英、俄出兵干预，英军遂于1909年4月再度占领布什尔，如今布什尔仍然是伊朗伊斯兰共和国海军的基地之一。布什尔的产业包括渔业和发电业，而布什尔内陆地区生产设拉子酒、加工金属、波斯地毯和其他纺织品、水泥和肥料。

布什尔核电站距布什尔市区12公里，是伊朗与俄罗斯的合作项目。

---

① https://en.wikipedia.org/wiki/Bandar_Abbas.

1975年伊朗与当时的西德政府签署协议，由西门子公司在波恩的一家子公司负责建造两座核反应堆。1979年1月伊斯兰革命爆发后，德方单方面停止建设并于同年7月完全从项目中撤出。德方撤出时，两座核反应堆分别完成50%和85%。伊斯兰政府多次要求德方恢复建设，但都被西门子公司拒绝。两伊战争爆发后，核电站建设被迫停止，一直到战后才恢复。从1985年2月到1988年，布什尔核电站的两座核反应堆在伊拉克军队的空袭中遭到破坏。1995年伊朗与俄罗斯签订了关于布什尔核电站的新协议，由俄方负责建造一座轻水反应堆，伊朗希望布什尔核电站可于2010年9月16日投入运作，现已运营。

6. 两伊边界地区

除胡泽斯坦省外，两伊边界尚有伊拉姆省、克尔曼沙阿省和库尔德斯坦省，省会分别为伊拉姆、克尔曼沙阿和萨南达季。

伊拉姆：伊拉姆省省会，得名于古埃兰王国，现主要居民为卢尔人，气候较伊朗其他省份温和，年降雨量578毫米。伊拉姆和胡泽斯坦以及法尔斯西部共同构成古代埃兰王国疆域，11世纪后期至13世纪伊拉姆为库尔德人所管治。1930年伊朗划定省份，伊拉姆成为克尔曼沙阿省的一部分并于之后单独建省。

克尔曼沙阿：伊朗西北部城市，又名巴赫塔兰，克尔曼沙阿省省会，位于伊朗西部距德黑兰525公里，人口85万（2011年），绝大多数居民讲南方库尔德语，气候温和，该市有石油提炼、制糖、面粉、地毯编织等工商业，市内多文物古迹，有历史上各个朝代的雕像和墓地，还有希雷英宫殿遗址、拜火教教堂、伊斯兰清真寺、波斯国王大流士一世记功石刻等。[①]

萨南达季：伊朗西北部城市，库尔德斯坦省省会，有公路北通乌尔米耶、南通克尔曼沙阿、东通哈马丹，有织毯与细木工等手工业，附近地区产小麦与烟草，饲养羊、牛。

七、伊朗城市化带来的问题及城市治理

由于伊朗在较短时间内完成了西方国家用数百年才完成的现代化和城

---

① https://en.wikipedia.org/wiki/Kermanshah.

市化进程，因此伊朗的城市化具有被动性、后发性和外源性的特点，由于这些特点使得当今伊朗城市既面临一般国家城市化所带来的通常问题和由于伊朗自身传统文化对伊朗现代化的阻力所造成具有伊朗本土特色的城市化问题。[1]

（一）伊朗城市化的一般性问题

伊朗城市化和其他国家共有的一般性问题为：城市的过度膨胀所造成的粮食供给、公共用地和住宅分配的紧张、现代工业所造成的环境污染以及城乡结构的二元性矛盾。

首先是粮食供给问题。由于在城市化进程中农村人口向城市人口的转移和城市扩张反过来对农村耕地的占用，使得从事农业生产的人口减少，而对粮食的需求则随城市化现代化进程伴随的高出生率所带来的人口增长而日益增长，因此城市化必须解决粮食安全问题，如果一个国家在现代化历程中只重视工业和城市的发展而忽视农村和农业生产技术的提高，则会造成农业生产的止步不前甚至倒退，从而使这个国家的粮食无法自给，只能向国外进口，由于国家关系的不稳定性，依赖粮食进口的国家便容易受到粮食出口国的掣肘，从而引发本国的粮食危机，巴列维王朝在现代化过程中正是因为没有处理好农、轻、重的关系，片面发展工业和推进城市化并用石油收入为上层积累财富，从而使以巴扎商人为代表的传统社会阶层沦为城市边缘群体，激化了社会矛盾，导致了巴列维王朝现代化的失败。[2]

其次是公共用地和住宅问题。由于城市基础设施建设落后于城市人口的增加，从而造成了城市公共用地和住宅分配的紧张，也就产生了城市边缘群体和贫民窟，进而成为社会稳定的挑战性因素。巴列维王朝的垮台则主要归功于传统宗教界人士和广大城市边缘群体如巴扎商人的联合。[3]

现代工业所造成的环境污染问题。这是所有国家城市化问题中最普遍的问题，也是任何国家在城市化进程中难以避开的问题，只要以煤炭和石油为基础的能源结构还继续存在，就必然产生环境污染，而严重依赖石油经济的伊朗在这方面表现更为突出，其大型石油化工城市如胡泽斯坦地区

---

[1] 车效梅：《全球化与中东城市发展研究》，人民出版社2013年版，第155—157页。
[2] 车效梅：《全球化与中东城市发展研究》，人民出版社2013年版，第166—169页。
[3] 车效梅："德黑兰都市困境探析"，《世界历史》，2007年第4期。

的阿瓦士和阿巴丹等，都存在严重的环境污染问题。

城乡结构的二元性矛盾。在传统社会，城市和乡村是密切结合不可分离的经济统一体，城市依赖乡村提供人口来源和城市建设物资，乡村则围绕城市并享受城市发展带来的经济效益。在现代化过程中，城市和乡村被逐渐从地理上隔离开，城市的建设和扩张不再考虑乡村，城市人口和乡村人口之间的对流不再存在，而是乡村人口向城市人口单向流动，城市居民和农村农民在经济和政治地位上的差别更加明显，在文化心理上的隔阂也逐渐加剧，农村进城人口和城市上层阶级之间也明显对立，构成一般国家现代化过程中贫富分化和社会心理分野的主要内容，从而为社会埋下不稳定因素。巴列维国王在进行白色革命的过程中，虽然推行了较为彻底的土地改革，但广大农民的生活条件和伊朗农业生产技术却停滞不前，农村农民在进城以后迅速沦为城市边缘群体，成为引发社会不满的重要诱因。[1]

（二）伊朗城市化的特殊性问题

由于伊朗具有悠久的波斯文化史的伊斯兰文化史，因此在伊朗城市化过程中波斯—伊斯兰传统文化和现代工业文化必然产生冲突，现代工业文化的过度膨胀必然侵蚀传统文化遗存，因此如何在发展现代工业文化的同时保存并发展伊朗传统文化，是伊朗城市规划建设者的重要课题。另外，如何处理传统巴扎商人阶层和什叶派保守教士阶层对国家现代化的抗拒心理，[2] 实现伊朗传统经济成分的现代化转型和传统宗教价值观和现代社会理念的兼容，也是伊朗现代化所要解决的重要问题，伊朗在继续推进现代化和融入全球化进程时，必然要面对传统保守排外势力的强大阻力，伊朗城市建设和发展必须兼顾社会各阶层的利益。

（三）伊朗城市问题的治理

首先，为解决粮食安全问题，必须提高农业生产技术，鼓励农业科技创新，同时改善农民的生活质量，限制外国粮食进口，保护本国农业。其次，为解决住房和公共用地问题，政府应加强城市基础设施

---

[1] [美] 布莱恩·贝利著，顾朝林等译：《比较城市化——20世纪的不同道路》，商务印书馆2010年版，第92—98页。

[2] 钱乘旦：《寰球透视——现代化的迷途》，浙江人民出版社1999年版，第299页。

建设，发展社会保障体系，改善城市边缘群体的生活水平，缓解社会矛盾。为解决环境污染问题，伊朗应该鼓励发展新能源，发展新兴产业，加大政府投资并积极引进外资，改变伊朗对石油经济的过分依赖现状。① 为解决城乡矛盾，伊朗应该加强农村建设，使农村和城市建立紧密联系，鼓励教育资源向落后地区倾斜，改善农村教育质量，提升农村文化水平。为解决伊朗传统文化与现代工业文化的冲突问题，应加强对伊朗传统文化资源的保护并在此基础上发展旅游业等第三产业，从而使伊朗城市可持续发展。另外，对伊斯兰传统价值观进行必要的扬弃，有助于找到伊朗现代化和伊斯兰价值观的结合点，从而缓解宗教阶层等传统势力对伊朗现代化和对外开放的疑惧和抵触心理，扫清伊朗城市现代化的传统障碍。

总结

尽管经历了历史上长期的动乱，伊朗文明仍然延续2500年至今，而伊朗的城市则是伊朗文明的集中体现，是伊朗悠久文明史和曲折现代化历史的载体，也是伊朗未来城市发展和进步的基础，伊朗的城市具有丰富的自然人文景观和巨大的经济开发价值，但伊朗的城市发展也存在严峻的问题，需要伊朗政府和人民来解决伊朗城市化所带来的一系列症结，从而调整伊朗城市化进程中各个要素的发展使之达到平衡，从而保证伊朗城市的可持续发展。

第二节 伊朗城镇化发展的特征及未来趋势

一 伊朗城市概况

（一）伊朗行政区划

目前（截至2015年底），伊朗共有31个省，1200多个城市。省是伊

---

① 冯璐璐：《中东经济现代化的现实与理论探讨——全球化的视角》，人民出版社2009版。

朗最高级行政区。伊朗行政区划的基本情况详见表4—1。

表4—1　伊朗省会名称及省域面积

分省	省会	省域面积（km²）
德黑兰省	德黑兰	13692
库姆省	库姆	11526
中央省	阿拉克	29127
加兹温省	加兹温	15567
吉兰省	拉什特	14042
阿尔达比勒省	阿尔达比勒	17800
赞詹省	赞詹	21773
东阿塞拜疆省	大不里士	45651
西阿塞拜疆省	乌尔米耶	37411
库尔德斯坦省	萨南达季	29137
哈马丹省	哈马丹	19368
克尔曼沙阿省	克尔曼沙汗	25009
伊拉姆省	伊拉姆	20133
洛雷斯坦省	霍拉马巴德	28294
胡齐斯坦省	阿瓦士	64055
恰哈马哈勒—巴赫蒂亚里省	沙赫尔库尔德	16328
科吉卢耶—博耶尔艾哈迈迪省	亚苏季	15504
布什尔省	布什尔	22743
法尔斯省	设拉子	122608
霍尔木兹甘省	阿巴斯港	70697
锡斯坦—俾路支斯坦省	扎黑丹	181785
克尔曼省	克尔曼	180726
亚兹德省	亚兹德	73477
伊斯法罕省	伊斯法罕	107018
塞姆南省	塞姆南	97491
马赞达兰省	萨里	23842
戈莱斯坦省	戈尔甘	20367
北呼罗珊省	博季努尔德	28434

续表

分省	省会	省域面积（km^2）
呼罗珊省	马什哈德	118851
南呼罗珊省	比尔詹德	151193
厄尔布尔士	卡拉季	5122

数据来源：http://citypopulation.net/Iran.html。

（二）城镇化发展进程

1. 人口城镇化进程

1935年，伊朗人口总数约为1505万，到1956年人口增加到1895.4万人，人口密度约为每平方公里12人，城市化率为31.4%。[1] 城市人口约为农村人口的1/2，这是伊朗城市化进程的初期阶段。

1956—2000年，伊朗城市化率呈不断上升趋势。其中1956—1966年增长最快，1966城市人口约为1956年的两倍，期间有168万农村人口迁入城市，其中德黑兰省城市人口增加了120万。[2] 此后10年，农村流入城镇的人口增加了43万。1976—1986年，伊朗的人口增长率由2.7%变为3.9%，人口总数由1976年的3370万增加到1987年的5037万，这是伊朗人口增长最迅速的阶段，人口总数将近增加一倍。同期，伊朗城市化率也由47%提高到54%。20世纪90年代，伊朗人口由5547万增加到6375万，整个20世纪，伊朗的人口累计增长了6.39倍，城市化进程随之不断推进。

21世纪初至今，伊朗城市化水平处于较高阶段，人口增长率在缓慢下降。2000年人口增长率为3.1%，2006年下降到1.6%，2011年下降至1.3%[3]。伊朗人口增速的放缓很大程度上是受伊朗政府的人口政策影响，这也间接导致了伊朗城市化发展速度逐渐变缓。2005年伊朗全国总人口6846.7万人，其中城市人口4565.0万人，约为农村人口的两倍，城镇化率达65%以上，在发展中国家中已处于领先水平。2006年伊朗全国总人口

---

[1] 刘苏："伊朗能源工业地理研究"，西南大学硕士论文，2009年。
[2] 冀开运、冀佩琳："伊朗人口政策的演变及特点"，《长安大学学报》，2014年第1期，第84—88页。
[3] 车效梅："中东城市化的原因、特点与发展趋势"，《西亚非洲》，2006第4期，第42—48页。

7049.58万人，首次突破7000万，城市人口比重也达到68.4%，2011年进一步上升到71.4%，2014年达到72.5%[①]。

从城市人口的区域差异来看，高城市化水平的城市主要分布在伊朗中部地区，包括德黑兰省，库姆省。中等城市化水平的城市数目较多，大部分位于伊朗的东部和西北地区。[②] 城市化水平较低的省份包括东北部的戈莱斯坦省和北呼罗珊省、东南部的锡斯坦—俾路支斯坦省以及西南地区的霍尔木兹甘省和科吉卢耶—博耶尔艾哈迈迪省。就城市人口规模来看，德黑兰、马什哈德、伊斯法罕等大城市是伊朗城市人口最集中的三大城市，仅德黑兰市人口就达到约1600万人。

表4—2 伊朗总人口及城市人口

时间	总人口	城市人口	城市化率（%）
1956年	18954704	5953563	31.4
1966年	25788722	9794246	37.5
1976年	33708744	15854680	47.0
1986年	49445010	26844561	54.0
1996年	60055488	36817789	61.0
2006年	70495782	48259964	68.5
2011年	75149669	53646661	71.4

资料来源：http://www.amar.org.ir/english/Statistics-by-Topic/Population#2224492-time-series。

表4—3 伊朗各省人口总数

分省	2006年	2011年	2014年
德黑兰省	1145375	12183391	12559000
库姆省	1046737	1151672	1214000
中央省	1351257	1413959	1456000
加兹温省	1143200	1201565	1238000
吉兰省	2404861	2480874	2527000

[①] "Demographics of Iran", https://en.wikipedia.org/wiki/Demographics_of_Iran#Populatoin.
[②] 王珂："伊朗人口地理研究"，西南大学硕士论文，2009年。

续表

分省	2006 年	2011 年	2014 年
阿尔达比勒省	1228155	1248488	1276000
赞詹省	964601	1015734	1047000
东阿塞拜疆省	3603456	3724620	3807000
西阿塞拜疆省	2873459	3080576	3201000
库尔德斯坦省	1440156	1493654	1524000
哈马丹省	1703267	1758268	1786000
克尔曼沙阿省	1879385	1945227	1970000
伊拉姆省	545787	557599	575000
洛雷斯坦省	1716527	1754243	1801000
胡齐斯坦省	4274979	4531720	4724000
恰哈马哈勒—巴赫蒂亚里省	857910	895263	923000
科吉卢耶—博耶尔艾哈迈迪	634299	658629	692000
布什尔省	886267	1032949	1100000
法尔斯省	4336878	4596658	4735000
霍尔木兹甘省	1403674	1578183	1676000
锡斯坦—俾路支斯坦省	2405742	2534327	2724000
克尔曼省	2652413	2938988	3071000
亚兹德省	924386	1004770	1067000
伊斯法罕省	4559256	4879312	5007000
塞姆南省	589742	631218	662000
马赞达兰省	2922431	3073943	3155000
戈莱斯坦省	1617087	1777014	1871000
北呼罗珊省	811572	867727	899000
呼罗珊省	5593079	5994402	6262000
南呼罗珊省	702852	732192	760000
厄尔布尔士		2412513	2548000

数据来源：http://citypopulation.net/Iran.html。

2. 产业活动城市化

1925 年的伊朗属于典型的农业国，农业在国民经济中比重高达

80%。① 1930年巴列维政府进行了以工业化为中心的产业结构调整后，农业比重开始下降，工矿业开始兴起，石油工业比重逐渐上升。截至1959年，农业比重降低至34%，石油和工矿比例占26%，第三产业开始发展。由于巴列维政权执行了"重工轻农"的政策，农业比重在1963—1973年的10年间继续递减，年平均减少率为1.58%，而这远远不能满足迅速增长的粮食需求量，为此农产品需大量进口，造成了较大的经济负担。此阶段中，各部门中发展最快的是工业。除传统的建材、轻纺、农副产品加工、地毯等行业，以石化为主体的制药、汽车、电子产品生产等行业逐步兴起。由于巴列维的现代化完全寄希望于巨额石油收入上，国内经济受国际石油价格波动影响大，在经济结构和技术上也存在较严重的弊端。

伊斯兰共和国建立前，伊朗石油工业为国有，其他产业以私有制为主体。1979年伊斯兰革命胜利后，伊朗政府没收了一部分权贵和资产阶级的财产，又将交通、金融、公共事业单位和石化企业等重要的经济体国有化，为了削弱美国对伊朗国内的经济控制，政府接收了众多私营企业，鼓励人民建立各行业的合作社，国家几乎宏观控制了整个经济，形成了以国有经济为主体，私有经济为辅的经济体制。1980年爆发的两伊战争，使得伊朗经济恶化，许多基础设施被毁，出现严重的通货膨胀，产业结构遭到破坏。战争结束后，伊朗为了经济复苏大胆的制定了五年发展计划，在一定限度内实行自由化经济，开始鼓励私有企业，转让部分亏损的国有企业，产业结构开始改善。

21世纪以来，伊朗国民经济中农业的比重逐步下降，2003年，农业占GDP比重为11.4%，服务业的比重达到48.3%，农业劳动力大量转向第二、三产业趋势明显，很大程度上促进了城市化的发展。② 根据CIA数据，2014年伊朗农业、工业和服务业增加值分别占GDP的比重为9.1%、40.7%和56.2%，石油工业依然为国民经济的支柱产业。伊朗工业整体发展较欧美发达国家薄弱，但在西亚地区是工业强国之一，随着世界经济一体化进程加快，伊朗油气资源逐渐枯竭以及替代能源的使用量大，产业结

---

① 岳云华："伊朗产业结构研究"，西南大学硕士论文，2000年。
② 陈凌："当代伊朗产业结构研究"，西南大学硕士论文，2008年。

构面临着升级转型，伊朗城市经济的"可持续发展"依旧面临着许多挑战。①

二、伊朗城镇发展的主要影响因素

（一）区位因素

伊朗属中东国家，位于亚洲西部，大部分位于东经 44°—63°、北纬 25°—40°。

国土面积约 164.9 万公里，世界排第 18 位，陆域面积 163.6 万公里，海域面积 1.2 万公里，海岸线长 1880 公里②。

伊朗北部靠近里海，西北部与亚美尼亚共和国和阿塞拜疆接壤，南部邻近波斯湾和阿拉伯海，东边领国为巴基斯坦和阿富汗斯坦、土库曼斯坦，还与土耳其和伊拉克等国相邻，地理位置十分优越，有"欧亚大陆桥"和"东方空中走廊"之称。③ 伊朗是中亚、东欧国家进入印度洋的必经之地，也是我国古代"丝绸之路"的重要枢纽，是东西方文明交流的中心地之一，作为波斯湾沿岸石油产量贡献极大的国家，伊朗巨大的油气储量与特殊的交通区位对于全球的战略格局有着重要的意义。④ 同时，伊朗突出的区位优势对伊朗城市和经济的发展也产生了重大的影响。

（二）自然地理因素

1. 地形地貌条件

地形地貌条件是城市开发和建设的基础条件，伊朗高原处于阿尔卑斯—喜马拉雅山系的中部，南部是阿拉伯海和波斯湾以及印度河平原和美索不达米亚平原，中部主要为中央高原，西部有扎格罗斯山，北部邻近里海沿岸平原，伊朗主要位于伊朗高原的西部，以高原地形为主，也有小部分平原和山地。中部的中央高原和卡维尔大沙漠是伊朗的主体部分。

---

① 岳云华、冉清红：《伊朗产业机构发展的问题、机制与启示》，《绵阳师范高等专科学校学报》，2001 年第 1 期，第 89—92 页。
② Geography and Map of Iran. http://geography.about.com/library/cia/blciran.htm.
③ 伊朗伊斯兰共和国驻华大使馆：《走进伊朗》，世界画报出版社 2007 年版。
④ 吕薇：《伊朗城镇体系研究》，西南大学硕士论文，2008 年。

位于伊朗南部的是波斯湾湾头的胡齐斯坦平原，即卡伦河下游平原，长约300公里，宽150公里，由底格里斯河和卡伦河合力冲积而成的，是伊朗最大的平原。① 波斯湾北岸的阿巴斯港曾是世界著名的港口之一，夏季高温炎热。

伊朗西南山地以扎格罗斯山主体，呈西北向东南走向，是伊朗最大的山脉，平均海拔3000米，最高处是扎尔德峰，这里还有丰富的矿产，分布着世界著名的加奇萨兰油田和马龙油田。伊朗的第一大河卡伦河以及卡尔墨河等发源于此处的高山积雪融水和雨水，注入底格里斯河和波斯湾，还形成了许多盆地绿洲。

伊朗西北部山地是厄尔布尔士山和扎格罗斯山两大山脉汇合处，最高峰是萨巴兰峰，其间有很多陷落的盆地，其中雷扎耶湖盆地是伊朗最大的盆地，这些盆地地区水草丰满，为伊朗最好的天然牧区。里海沿岸平原位于伊朗北部，东西线长800公里，这里气候条件较好，土壤肥沃，适合农业发展，里海沿岸平原西部是三角洲，适合水稻生长，东部则盛产棉花。

伊朗中东部为中央高原，中间平坦开阔，周边略高，平均海拔3000米，分布着首都德黑兰，以及伊朗最高峰达马万德峰。中央沙漠地区有著名的卡维尔大沙漠，这里干旱少雨，只有少量灌木生长，荒无人烟，这里的荒漠面积约为整个国土面积的一半。伊朗人口集中分布在里海沿岸平原地区以及雨量多的山区和高原上的绿洲。②

2. 气候条件

伊朗以亚热带干旱和半干旱气候为主，气候总体上干旱少雨又多样化。正是由于伊朗气候十分干旱，水对伊朗的城市发展起到了很强的限制作用。

南部属热带干旱气候，东部和内地属大陆性亚热带草原和沙漠气候，大陆性显著，寒暑变化剧烈。冬季因处于亚洲冷高压带，多东风和东北风，大部分地区1月平均气温在10℃以下。夏季北部里海气温较低但气压高，南部地面增温强烈，形成热低压中心，再加上印度洋季风难以到达，气候干燥炎热，中央高原7月均温达28度以上，南部波斯湾气温可达到

---

① 张铁伟编著：《列国志：伊朗》，社会科学文献出版社2005年版。
② 王珂："伊朗人口地理研究"，西南大学硕士论文，2009年。

40度以上。

伊朗西部山地和北部地区，来自大西洋的暖湿西风气流在遇到高大山地时，气流抬升冷却形成降水，导致沿岸平原和山区降水相对较多，以北部的里海沿岸和厄尔布尔士山北坡以及西北部山地和扎格罗斯山西部为典型，这些地区受近海和受西风影响，冬季积雪也多。伊朗降水较多的地区为气候干燥的伊朗提供了宝贵的水源。

中部高原和东部沙漠地区年降水量少于100毫米，是降水最少的地区，气候极度干旱，终年人烟稀少。

3. 水文条件

随着人口的增长和经济的发展，气候干旱的伊朗水资源紧缺日趋严重。河流、湖泊水资源分配上的矛盾日渐突出。水文条件的差异影响着伊朗城市分布密度和形态。

从资源量上看，伊朗1998年的人均淡水资源量为1755立方米，不到当年亚洲平均水平的1/2、世界平均水平的1/4。此外伊朗的地下淡水资源也匮乏，人均拥有量仅为671立方米。[①] 由于气候干旱，伊朗河流数目少且大多河流径流量小。

水资源的区域分布概况如下：河流主要分布在西部山区，这里山区降水冰雪融水相对较多，形成了卡伦河、卡尔黑河、迪兹河、曼德河、贾拉希河、舒尔河、库尔河等。卡伦河是伊朗最大的河流，全长850公里，上游落差大，筑有卡伦河大坝，最终分为两支注入阿拉伯河和波斯湾。伊朗周边的部分河流流向中央高原，纳马克扎尔湖是由东南山区的河水流向中央高原东部形成的，部分河流还会汇合形成湖泊，如乌尔米耶湖。北部气温高，纳马克湖蒸发旺盛，含盐量高。厄尔布尔士山脉的雨水和冰雪融水形成塞菲德河、阿拉斯河、戈尔甘河等，最终注入里海，此外，北部还有卡累木拉河、查卢兹河、巴博勒河等短小的河流。

4. 自然资源

优越的自然资源条件为伊朗城市兴起和发展提供了物质基础。伊朗曾是地中海的一部分，古地中海的有机物质同泥沙混合在海底形成石油矿床，因此伊朗的油气储量非常丰富，也是伊朗的经济命脉。除此以外，伊

---

① 张铁伟编著：《列国志：伊朗》，社会科学文献出版社2005年版。

朗的矿产资源也较为丰富。

油气资源总量及分布：截至2014年底，伊朗已探明石油储量217亿吨（1578亿桶），占世界总量的9.3%，名列世界第四。[①] 目前天然气探明储量34.0亿立方米，居世界第一，占世界总量的18.2%，多数未开发。伊朗石油资源主要分布在西南部的扎格罗斯山区以及波斯湾，扎格罗斯山区分布着著名的加奇萨兰油田、马龙油田以及帕扎南天油田、法尔斯油田等，储量较大的油田还有波斯湾的弗里敦油田和萨珊油田，萨拉赫斯气田天然气储量极大。

矿产资源持有量：目前被探明的矿山有3800处，矿产总储量达到270亿吨，已有56个矿种被开采，平均年产量1.5亿吨，占总储量的0.55%，占世界矿产年总产量的1.2%；其中，锌矿储量2.3亿吨，位列世界第一。品质较高，平均品位达20%；铜储量为30亿吨，排名世界第三位，占总储量的5%；铁矿、金矿和铬矿储量分别为47亿吨、150吨和2000万吨；此外，伊朗还富含铅、硼、锑、锰、大理石等矿产资源。

（三）人文因素

1. 历史因素

伊朗古称波斯，是一个历史悠久的文明古国，在人类文明发展史上占有重要的地位。古波斯人曾经创造了灿烂的文化，在其历史上先后有多个帝国建立、兴盛和衰亡，伊朗的城市在这些漫长的政治变革中崛起和发展，城市的发展历程与其王朝兴衰密切相关。

公元前7世纪，伊朗建立历史上第一个统一的国家。公元前550年，居鲁士大帝建立阿契美尼德王朝，是第一个波斯帝国。居鲁士统一波斯后，开始对外扩张，占领了巴比伦。冈比斯继承王位后，继续对外扩张，当时的波斯帝国领土包括埃及和巴勒斯坦、小亚细亚、两河流域、阿尔河与锡姆河之间部分地区。公元前449年，希波战争中波斯帝国遭受重创，开始衰败。公元前330年，亚历山大大帝征服波斯，其疆域北起中亚，南至埃及，东抵印度，西达巴尔干半岛。公元前247—224年，帕提亚王朝的领土抵至外高加索和印度河。萨珊王朝时期，沙普尔率军与东罗马帝国交

---

① 中华人民共和国外交部："伊朗国家概况"。

战，占领两河流域，势力扩大到印度次大陆边缘。

651年，阿拉伯帝国推翻萨珊王朝，波斯沦为阿拉伯的一个行省。1253年，成吉思汗孙子旭烈兀入侵波斯，1256年建立伊尔汗国，疆域范围东西向扩大到阿姆河和地中海，南北向延伸至高加索与阿拉伯海。18世纪，突厥人在此建立了恺加王朝，19世纪后恺加王朝开始沦为半殖民地。1921年巴列维发动政变，建立巴列维王朝。1935年，波斯国名通过议会决议，改为伊朗。1979年2月，梅尼领导发动伊朗伊斯兰革命，建立伊斯兰共和国，伊朗城市化自此开始进入一个崭新的时期。

2. 经济因素

从经济发展的总体水平上看，伊朗是中东的重要经济体，石油是经济支柱和主要外汇来源，伊朗在亚洲的经济实力较强，位列第七位。截止到2013年，伊朗国内生产总值5148亿美元，人均GDP为6659美元。[①]伊朗主要出口产品为油气、地毯、矿石、皮革和干果等，基本生活物资和日用品为主要进口产品，包括粮油食品、药品、以及牲畜、化工原料等、石油行业发达，但受国际石油价格波动影响大，经济对外依赖性较强。近年来伊朗经济整体上低速增长，2012年伊朗进出口总额约1787亿美元，呈下降趋势，其中出口额1117亿美元，同比下降21%；进口额670亿美元、同比下降7%。农业为伊朗国民经济的重要组成部分，伊朗农业机械化水平较低，农业主要分布在气候较湿润，地势较低平的里海和波斯湾沿岸平原。进入21世纪后，伊朗大力发展农业，已实现了国内粮食90%的自给。除石油外，伊朗还有化工、冶金、钢铁、电力、汽车制造、机械制造、电器、食品加工、制糖、建材、地毯和轻纺等工业部门，但发展速度较慢。20世纪90年代以来，伊朗大力发展旅游业，2013年伊朗旅游收入约50亿美元。伊朗与油气贸易以及旅游服务相关的第二、第三产业发达。

从经济发展的区域差异来看，伊朗工业主要集中分布在德黑兰为中心的城市群，部门类型齐全，基础设施完善。[①]中部高原和东南部的卢特沙漠，气候恶劣，人口稀少，经济落后。波斯湾产油区和里海沿岸平原人口密集，水源相对充足，盛产棉花、水稻，经济作物还包括椰枣、柑橘，人口分布稠密，经济较发达。

---

① 吕薇："伊朗城镇体系研究"，西南大学硕士论文，2008年。

伊朗历年来部分经济指数分布如下：

表4—4 伊朗部分经济指数

时间	GDP（10亿IRR）	美元汇率	人均GDP（美元）	通货膨胀指数
1980年	6622	40	4267	0.5
1985年	16556	53	6469	0.9
1990年	35315	101	6410	2.5
1995年	185928	399	7265	9
2000年	580473	940	9666	21
2005年	1831739	2025	13036	40
2010年	4333088	3498	16664	82
2015年	13077142	9788	16918	253

数据来源：https://en.wikipedia.org/wiki/Economy_of_Iran#。

注：IRR为伊朗里亚尔，是伊朗的货币单位。

三、伊朗城镇化发展的特征

（一）城市等级规模特征

伊朗城市等级规模随着城市化进程的推进在不断发展和调整。从等级规模的分布特征上看，伊朗的城市大致可分为首都、省会城市、一般城市三个层次的等级规模。目前，按照城市规模组合和地域范围大小，伊朗城市等级体系规模详见表4—5。

表4—5 伊朗城市等级规模体系

所属省	城市层次		
	首都	省会	一般城市
库姆省		库姆	
中央省		阿拉克	萨韦
加兹温省		加兹温	阿卜耶克、塔凯斯坦
吉兰省		拉什特	安扎利港
阿尔达比勒省		阿尔达比勒	梅什金沙赫尔

续表

所属省	城市层次		
	首都	省会	一般城市
赞詹省		赞詹	阿卜哈尔
东阿塞拜疆省		大不里士	马拉盖、马兰德、阿哈尔
西阿塞拜疆省		乌尔米耶	霍伊、马哈巴德、米扬道阿卜
德黑兰省	德黑兰	德黑兰	卡拉季、苏丹阿巴德
库尔德斯坦省		萨南达季	萨盖兹、戈尔韦
哈马丹省		哈马丹	纳哈万德、洪达卜
克尔曼沙阿省		克尔曼沙汗	西伊斯兰阿巴德、坎加瓦尔
伊拉姆省		伊拉姆	
洛雷斯坦省		霍拉马巴德	道鲁德、博鲁杰尔德
胡齐斯坦省		阿瓦士	安迪梅什克、马斯吉德苏莱曼、伊泽、拉姆希尔、贝赫贝汉、霍梅尼港、阿巴丹、霍拉姆沙赫尔
恰哈马哈勒—巴赫蒂亚里省		沙赫尔库尔德	
科吉卢耶—博耶尔艾哈迈迪		亚苏季	
布什尔省		布什尔	
法尔斯省		设拉子	卡泽伦、法萨、贾赫罗姆
霍尔木兹甘省		阿巴斯港	兰格港、贾斯克
锡斯坦—俾路支斯坦省		扎黑丹	
克尔曼省		克尔曼	巴姆
亚兹德省		亚兹德	
伊斯法罕省		伊斯法罕	卡尚
塞姆南省		塞姆南	伊玛目鲁德
马赞达兰省		萨里	阿莫勒、巴博勒
戈莱斯坦省		戈尔甘	贡巴德卡武斯
北呼罗珊省		博季努尔德	希尔万
呼罗珊省		马什哈德	古昌、内沙布尔、萨卜泽瓦尔、卡什马尔、托尔巴特海达里耶、托尔巴特贾姆
南呼罗珊省		比尔詹德	达尔米安、萨尔比谢、卡安、内赫班丹、萨拉扬、菲尔道斯
厄尔布尔士省		卡拉季	

数据来源：http://citypopulation.net/Iran.html。

从区域差异上看，规模较大的城市主要集中在里海低地平原沿岸，1956年以来中小城市的规模在不断扩大，大城市迅速扩张甚至出现人口膨胀。尤其是像德黑兰、马什哈德、伊斯法罕、卡拉季、大不里士等大城市在政治、经济、文化、社会生活各个方面优势突出，吸引了全国人口的很大部分，与一般中小城市保持着较大差距。伊朗大城市的过度发展，造成人口和经济活动不能有效地在一般中小城市聚集，大部分资源流向或集中在大城市，阻碍了中心城市的辐射功能，加剧了各省发展的不平衡性，进一步拉大了伊朗不同等级规模城市的经济差距。

表4—6 2011年伊朗人口排序前10位的城市（单位：人）

排位	城市名	所属省	人口（个）
1	德黑兰	德黑兰	8154051
2	马什哈德	呼罗珊	2749374
3	伊斯法罕	伊斯法罕	1756126
4	卡拉季	厄尔布尔士	1614626
5	大不里士	东阿塞拜疆	1494998
6	设拉子	法尔斯	1460665
7	阿瓦士	胡齐斯坦	1112021
8	库姆	库姆	1074036
9	克尔曼沙阿	克尔曼沙阿	851405
10	乌尔米耶	西阿塞拜疆	667499

数据来源：http://citypopulation.net/Iran.html。

（二）地域空间结构特征

城市的地域空间结构是指城市在空间上的布局、个体之间的相互联系及其组合形式。[①] 更确切地讲，城市的地域空间结构是国家或者区域在一定的空间范围内的社会行为以及经济物质实体的组合格局，它是区域的社会基础、政治基础和自然环境基础以及资源条件等共同作用于城市发展的结果。

[①] 祁新华、程煜、陈烈："大城市地域空间结构划分研究"，《热带地理》，2008年第1期，第37—41页。

伊朗是一个历史悠久、自然环境特殊、地形状况复杂以及油气资源丰富的国家，也是目前世界上整体城市化水平较高的发展中国家。综合伊朗各个省郡在人口、资源、民族及文化背景等因素的影响下，各个区域的经济发展水平和城市化水平存在巨大的差异，表现为城市的组合排列形式的不同，突出的呈现在城市的地域空间结构布局上，同时在一定程度上反映出区域地理条件的优劣势状况。总的来说，当前伊朗的城市地域空间结构呈现以自然地理环境为分异基础，城市分布与人口分布基本适应的特点。

1. 城市空间分布的人口指向性

伊朗城镇空间分布与人口分布趋于一致。西部和北部地区既是伊朗城市分布密度最大的地区，也是人口分布密度最大的地区，德黑兰省是全国产业最为集中、服务体系最为健全的省份，也是人口分布最密集的地方。[①] 2006年，德黑兰省每平方公里人口超过2万的城市有8个以上，首都德黑兰市的城市的人口在2011年约占全国的1/7。人口分布较为密集的省份还包括加兹温省、马赞达兰省、戈莱斯坦省以及吉兰省。

中部和东南部以及南部的城市密度小。塞姆兰、库姆、南呼罗珊、呼罗珊、霍尔木兹、克尔曼、亚兹德等省的城市稀疏，人口密度小。位于东南角的锡斯坦—俾路支斯坦省城市和人口分布最为稀疏。

2. 城市空间分布的自然环境适应性

水资源和地形是影响伊朗城市布局的重要因素。降水较丰富的地区城市分布相对密集，气候干旱的地区城市密度小，大部分位于中东部缺水地区的亚兹德省、霍尔木兹甘省、克尔曼省、锡斯坦—俾路支斯坦省、塞姆南省和南呼罗珊省的城市密度小，位于降水较多地区的吉兰省、德黑兰省、马赞达兰省和戈莱斯坦省城市和人口分布密集。此外，伊朗城市还主要分布在平原低地，沙漠地区城市分布稀疏。西北部地势低平，城市密集并形成城市群，中部沙漠气候恶劣，开发难度大且不宜居住，城市稀疏。

（三）城市职能结构体系

1. 行政中心城市

伊朗的行政中心城市主要包括两类：首都和一般省会城市。

---

① 吕薇：“伊朗城镇体系研究”，西南大学硕士论文，2008年。

德黑兰市是伊朗的首都和政务管理中心，同时经济及文化职能也举足轻重，是伊朗城市化进程中最具代表性的城市，在全国的行政体系中处于最重要的地位。

一般省会城市是省域内其他城市的行政中心，也在经济等其他方面有着突出的作用。由于省会城市具备的基本行政服务职能，在带动整个省域区域经济发展的同时，省会城市自身也成为了整个省域内城市化速度最快的城市。随着现代化进程的加快，这类城市已经从传统的政治职能为主向集政治、文化、经济等多方位职能为一体的综合性城市逐渐转型升级。

2. 交通中心城市

伊朗的交通中心城市主要由铁路中心城市、公路中心城市和港口城市三类组成。

铁路中心城市是物质和人流运输的集中地。随着城市化水平的不断提高，运输业发展的重点已经由传统的线路建设向枢纽建设转移，近现代铁路枢纽的建设对促进城市化进程、带动区域经济发展、调整城市职能区划等方面都起到了重要的作用。[1] 每个省域内通达度最高的铁路枢纽中心一般是省会城市，其次包括部分重要的工业城市和资源型城市或者处于水陆交接点上的城市。目前伊朗形成了较为完整的铁路枢纽网络结构：以德黑兰为中心，包括大不里士、阿卜哈尔、卡拉季、阿拉克、安迪梅什克、库姆、克尔曼、亚兹德、马什哈德、塞姆南、加兹温、霍拉姆沙赫尔、苏丹阿巴德、萨里、马拉盖、道鲁德、赞詹、扎黑丹、马兰德、内沙布尔、巴姆等城市组成。[2]

公路枢纽城市包括德黑兰、大不里士、锡尔詹、设拉子、库姆、伊斯法罕、亚兹德、萨卜泽瓦尔以及安迪梅什克等城市，这些城市的交通主要由高速公路和普通的公路连接交汇形成，一般省会城市和部分重要城市拥有多个由数条公路和铁路交汇形成的错综复杂的交通系统。

港口城市在伊朗的城市化发展中起着开拓国际市场，加强对外经济联系，加速融入全球经济一体化和区域经济一体化等重要作用的开放性城市。港口中心城市主要分布在里海沿岸和波斯湾沿岸，由于伊朗绝大部分

---

[1] 杨秋宝："论枢纽型城市铁路网络形态的优化"，北京交通大学博士论文，2010年7月。
[2] 吕薇："伊朗城镇体系研究"，西南大学硕士论文，2008年。

地区气候干旱，河流短小，内河航运发展受限，除阿巴丹、霍拉姆沙赫尔为河港城市外，港口城市大多数为海港城市，包括波斯湾沿岸的阿巴斯港、布什尔港、霍梅尼港以及里海沿岸的安扎利港。

3. 工业中心城市

伊朗的工业城市主要包括与油气行业有关的工业城市和其他轻工业为主的城市。

与油气相关的工业城市主要有德黑兰、大不里士、阿拉克、阿巴丹、阿瓦士、坎甘、设拉子、布什尔、拉什特、马什哈德以及霍梅尼港、阿巴斯港，由于交通网络和行政中心的不同，呈现出不同的地域格局。伊朗的天然气和石油储量丰富，再加上矿产资源丰富，兴起了很大一部分将油气开采和化工工业作为经济发展支柱的城市，这些城市对整个伊朗的国民经济有着极高的贡献率。

轻工业城市包括大不里士、拉什特、萨里、马什哈德、阿拉克、阿瓦士、卡尚、克尔曼、迪兹富勒等。伊朗轻工业类型包括机械制造、食品加工、电器、地毯、棉纺、造纸、水泥和制糖、橡胶、医药品制造等，其中地毯和纺织业生产历史悠久，可追溯到前伊斯兰时期，主要位于里海沿岸，一直以来都是伊朗大部分农村地区的重要收入。除德黑兰外，大不里士的机器制造业范围较大；水泥工业分布在伊斯法罕、设拉子、马什哈德；食品加工城市包括克尔曼、伊斯法罕、设拉子、马什哈德、阿瓦士、迪兹富勒、亚兹德、阿巴斯港等。

4. 旅游中心城市

伊朗的文化历史悠久，自然环境独特，旅游城市类型主要包括人文风光旅游城市和自然风光旅游城市。

人文风光旅游的代表城市包括德黑兰、库姆、伊斯法罕、设拉子市等。德黑兰市是伊朗人文历史内涵最为丰富的城市之一。德黑兰分为新老两部分城区，南部为旧城区，旧城区还分布着许多的清真寺和陵墓，保存了伊斯兰传统文化特色，吸引了国内外大量的游客和信徒前来观赏朝拜。伊朗共和国的创始人、伊斯兰宗教领袖霍梅尼的陵墓位于德黑兰的南郊，是穆斯林的圣地和伊斯兰建筑风格的典型代表。[1] 此外，封建王朝修建的

---

[1] 张铁伟编著：《列国志：伊朗》，社会科学文献出版社2005年版。

古列斯坦宫又称玫瑰宫也是德黑兰人文景观的一大亮点，它是历代国王加冕的地方，壮观美丽。德黑兰的自由广场可容纳数十万人，广场上的纪念塔是1971年为了纪念波斯帝国建立2500周年修建的。伊斯兰宗教圣城库姆具有1100多年的悠久历史，是什叶派的伊斯兰神学教育和研究中心，著名的菲依齐耶神学院每年接纳众多来自世界各地的外国留学生，目前还分布着许多规模不同，风格迥异的清真寺。伊斯法罕也是一座著名的古城，曾是丝绸之路南路的一处驿站，曾是东西方文化的交流中心，伊玛姆·侯塞广场建于1612年，面积达80000万平方千米，属于世界文化遗产。设拉子市曾是波斯帝国的发源地，前阿契美尼德王朝兴建的王宫遗迹，保存较为完整，也是世界著名的文化遗产。

自然旅游风光城市包括伊斯法罕、大不里士、哈马丹、马什哈德以及阿巴丹和阿巴斯港等。伊斯法罕夏季虽然炎热，但是春季气候温和宜人，景色秀丽，大不里士则适合夏季旅游，哈马丹是伊朗著名的休闲和避暑胜地，除了冬季较寒冷，春夏秋三季气候均温和，是伊朗国内旅游者的主要去处之一，夏季是它的旅游旺季。马什哈德气候适宜，降雨量基本满足植被所需，植被茂盛，再加上整洁安静，吸引众多游客。阿巴丹四季分明，冬春温暖湿润，旅游资源丰富。阿巴斯港冬季温和，海滩风光独特，北方人常到此度假。

四、伊朗城镇发展过程中的主要问题

（一）生态环境问题突出

伊朗最突出的生态问题是污染问题，主要表现在空气污染、水污染及其带来的土壤污染。

突出的生态环境问题是伊朗过度城市化的重要表现之一。二战后，伊朗城市工业的加速发展刺激了对劳动力的需求，导致了大量乡村人口迁移到城市，使得城市化发展迅速，城市数量逐渐增多和规模不断扩大，人口迅速膨胀，随之也带来了各种各样的环境问题，大城市尤为明显。以首都德黑兰为例，由于高度集中分布了与油气相关的工业部门，企业向空气中排放大量的废气，再加上国内油价低廉，市民多乘车出行，车辆也排出大量尾气。20世纪末，德黑兰每天约消耗100万升汽油、150万升柴油和

200万立方米的天然气，空气污染非常严重，仅2006年的11月，德黑兰死于空气污染造成的心肺疾病的人数达3600人。[①] 除此以外工业生产排放的大量废水与滞后的污水处理系统的矛盾造成了水资源的严重污染和浪费，甚至使城市周边的土地受到污染，同时滋生了各种传染病，严重威胁着居民的健康和生命安全。20世纪90年代，德黑兰已成为世界上污染最严重的城市之一，生态环境问题已经成为伊朗城市化可持续发展的重要阻碍。

（二）基础设施建设相对滞后

伊朗基础设施建设问题主要表现在住房紧张、交通拥挤以及供水不足。

首先是住房问题。二战后到20世纪末，随着伊朗城市化进程的加快，城市人口迅速增长，虽然石油经济带来充足资金，国内建筑业发展迅速，但由于城市住房的增加速度跟不上人口的增速，伊朗的城市住房紧张问题越来越尖锐。虽不及当时埃及等大城市的房价涨势和大面积棚户区，但伊朗的贫富人口区域分布差异也越来越明显，德黑兰的富人向气候凉爽的北部地区迁移居住，穷人则生活在南部的老城区，这里人口高度集中，拥挤破烂，生活环境恶劣。[②] 1966年与1976年德黑兰南部的人口密度分别为每公顷600人与700人，约为同期北部人口密度的6倍，因此住房紧张是伊朗过度城市化带来的最直接的问题。[③]

其次，交通的供需矛盾也非常突出。20世纪90年代初，伊朗的交通发展迅速，德黑兰公共交通每天载客量约为350万人次，1988年拥有超过2000辆公交车，每日运客量为170万人次，1989年公交车数量增加到3200辆，城市交通拥挤不堪，德黑兰成为当时世界上公交最拥挤的大城市之一。[④] 21世纪以来，伊朗为改善这一状况不断加强对交通运输业的投资力度。截止到2006年，德黑兰地铁已有1号、2号和5号线投入使用。伊

[①] 车效梅："当代中东大城市困境与对策分析"，《西亚非洲》，2006年第9期，第40—46页。
[②] 马超："德黑兰城市地理研究"，西南大学硕士论文，2012年。
[③] 车效梅："德黑兰都市困境探究"，《世界历史》，2007年第4期，第102—111页。
[④] 王泽壮、李晶、车效梅："中东过度城市化与社会稳定"，《史学集刊》，2011年第4期，第96—104页。

朗第四个五年计划期间（2005—2010年）投资25亿美元发展铁路运输业，采购180辆牵引机车、8800节货运车厢及500节旅客车厢，公共交通有所发展。[1] 但由于私家车的普及，伊朗的交通拥挤问题并没有得到完全的改变，城区道路狭窄，交通事故频发，仅德黑兰每年死于交通事故的人就约为2万。[2]

此外，城市的供水矛盾问题也比较突出，随着人口的增加和工业部门规模的扩大，伊朗污水处理系统滞后于工业废水和居民生活污水的排放，使得城市用水紧缺，20世纪50年代部分城市才开始拥有自来水，甚至还有部分居民使用泉水，到1966年德黑兰市民使用自来水的仅为60%，25%的城市居民使用井水。[3] 同时石油工业对于地下水资源的污染严重，伊朗后备水资源严重不足。

（三）公共服务管理不善

社保制度不健全、高失业率、贫困人口众多、产业发展失衡是伊朗公共服务管理不善的主要表现。

首先是政府的社会保障体制不够完善，没有采取及时合理的人口控制措施，导致就业岗位的增长速度滞后于人口增速，虽然经济总体上表现为增长，但失业率高。两伊战争结束至今，全国平均失业率一直徘徊在10%左右。德黑兰作为伊朗的首都、经济最发达的城市之一，在1980年、1986年和1991年失业率分别为高达16.2%、14.3%和11.1%，1994年首次低于10%，截至2004年，德黑兰贫困线以下的人口比重高达40%，还有8.2%的家庭只有一人就业或者零就业。再加上伊朗城市人口基数大，人口密度大，对伊朗社会的安全稳定构成了严重的威胁。此外，政府对城市产业的发展没有进行合理的引导性发展，目前伊朗城市的产业结构格局大致是第三产业的比重先增加后下降，吸收就业的比重降低，也是导致失业率高的重要原因，第一产业产值和从业人口比重较低，粮食需大量进口。

---

[1] 周殿宾：“伊朗城市轨道交通工程市场分析和开拓策略”，《都市快轨交通》，2006年第5期，第27—30页。
[2] 王泽壮：“中东快速城市化促生社会问题”，《中国社会科学报》，2010年10月28日。
[3] 马超：“德黑兰城市地理研究”，西南大学硕士论文，2012年。

五、伊朗城市化发展趋势及对策建议

(一) 发展趋势预测

1. 以大城市为中心的城市群是城市发展的基本空间格局

在区域经济合作化和全球经济一体化的国际背景下，区域城市化已成趋势，大城市人口和产业高度集中，作为各种经济活动和社会行为的聚集中心，拥有更加广阔的市场和充足的资金、劳动力，交通和通信相对于小城市也更加发达，在加上明显的政策倾向，大城市更容易形成规模效应和经济优势，再通过产业转移，从而加快周边城市的城市化进程，形成以大城市为活力中心的城市群。伊朗油气资源丰富，与油气相关的产业部门也主要分布在大城市，因此未来伊朗的城市发展的基本空间格局是以德黑兰、马什哈德、伊斯法罕、卡拉季、大不里士、设拉子、阿瓦士、库姆、克尔曼沙阿、乌尔米耶、拉什特等人口密度大，工业部门类型齐全，基础设施较完备的大城市形成的城市群。

2. 过度城市化带来的次生社会问题将会加剧

由于伊朗的城市化发展速度过快导致的过度城市化，再加上公共服务和社会保障制度的不完善，区域经济差异大、市民贫富悬殊大、失业率和待业率高、教育资源分配不均、社会分配不公、部门行政机关的低效和腐败，在城市人口爆炸性增长的同时，伊朗城市治安的隐患日益突出。[①]

此外，伊朗民族成份复杂，全国波斯人占66%，还有1/4的阿塞拜疆人，还有库尔德人、阿拉伯人、土库曼人等众多少数民族。主体信奉伊斯兰教，但其中91%为什叶派，7.8%为逊尼派。各个民族之间的认同和文化背景不同，以及被动城市化人口的传统价值观与城市世俗生活之间存在差异，这些都给城市管理和发展规划带来了严峻的挑战。伊朗城市人口基数大，再加上人口的过快增长，进一步激化社会各阶层和各民族宗教之间的矛盾，大大提高了集体犯罪乃至恐怖活动的可能性。

3. 可持续发展成为伊朗未来城市发展的主题

石油曾为伊朗提供了巨额利润和大部门生产资料以及财政收入，同时

---

① 王泽壮："中东快速城市化促生社会问题"，《中国社会科学报》，2010年10月28日。

也为其他产业部门以及城市获得发展和收益提供了雄厚的物质条件，伊朗大多数城市是在油气产业兴起下形成的资源型城市。在全球和区域经济一体化进程加快的国际背景下，油气价格受市场需求的变化以及市场经济体制的改变影响大，再加上油气资源为不可再生资源，始终面临资源枯竭殆尽的威胁，因此伊朗严重依赖油气资源进行经济建设的发展模式制约城市的长久持续发展，反映在城市发展过程中滋生一系列严重的"城市病"，环境污染、高比例的失业率和待业率、交通拥挤和供水不足等。[①] 其次，还出现产业结构严重失衡，表现在除油气资源外，生活生产物资严重依赖进口等经济问题。如何通过经济发展模式和产业结构的转型，实现伊朗城市的可持续发展，直接关系到伊朗城市体系乃至区域和整个国家的持续发展大局，是亟待解决的重大问题。

4. 伊朗城市化发展水平预测

根据现有资料，确定采用布朗单一参数线性指数平滑法进行伊朗未来城市水平预测。布朗单一参数线性指数平滑法是线性二次指数平滑法中的一类，是对现象实际观察值计算两次平滑值，并将一次和二次平滑值之差加在一次平滑值上，并在此基础上建立预测模型，对现象进行预测的方法。当趋势存在时，一次和二次平滑值都滞后于实际值，此方法则可对趋势进行修正。其实质上是将历史数据进行加权平均作为未来时刻的预测结果。它具有计算简单、样本要求量较少、适应性较强、结果较稳定。公式如下：

$$S'_t = ax_t + (1-a)S'_{t-1}$$
$$S''_t = aS'_t + (1-a)S''_{t-1}$$

其中 S'_t 为一次指数平滑值；S''_t 为二次指数平滑值；a 为平滑系数，为使均方误差接近最小，取值 0.9；x_t 为前一期实际值；S_{t-1} 为前一期预测值。二次指数平滑法预测模型为：

$$a_t = 2S'_t - S''_t$$
$$b_t = \frac{a}{1-a}(S'_t - S''_t)$$
$$F_{t+m} = a_t + b_t m$$

[①] 韩恩泽："石油资源城市可持续发展与转型研究"，中国石油大学硕士论文，2010 年。

F_{t+m} 为预测值，m 为预测超前期数。

表4—7 伊朗城市化率一、二次指数平滑值

年份	t	城市化率%（2016年、2026年为预测值）	S_t'	S_t''
1956	0	31.4		
1966	1	37.5	36.9	
1976	2	47.0	46.0	45.1
1986	3	54.0	53.1	52.4
1996	4	61.0	60.2	59.4
2006	5	68.5	67.7	66.9
2016	6	75.9		
2026	7	83.3		

在伊朗城市化率一、二次指数平滑值预测模型式中预测出伊朗在2016年城市化率达到75.87%，平均年增幅为1.03%，在2026年达到83.25%，年均增长幅度为0.74%，极有可能跻身成为发展中国家中高城市化水平国家的前列。这表明如果不计国家经济形势与发展政策对城市发展和人口增长带来的影响作用，伊朗的城镇化总体水平在未来几十年间将持续增加，但增长速度趋于放缓，较为符合城市发展的阶段性规律，大致为诺瑟姆曲线的后期阶段，处于城市化进程的成熟阶段。

（二）城市化发展的对策建议

1. 重新审视城市职能定位，制定合理的城市规划

目前伊朗的大多数城市以某一职能为主导职能，为使城市经济结构更加稳定，向综合多元的城市职能转变成为一种发展趋势，再加上城市都是由各种经济和社会行为高度聚集形成的，每个组成要素之间相关影响和制约，这就要求国家在定位城市职能进行城市规划时必须充分考虑人口和活动中心的不同需要，比如道路网的布局、住房建设和供水系统的设计等基础服务设施。[1]

---

[1] Hassan Afrakhteh、唐子颖："发展中国家的城市增长和新城规划：德黑兰大都市区案例研究"，《国外城市规划》，2003年第2期，第5—9页。

伊朗人文与自然地理环境独特，这就要求城市规划必须以各个区域的资源条件、自然环境、历史情况以及现状特点为基础，进行统筹兼顾，综合部署。① 在伊朗的城市化过程中，尤其要加强对环境污染的治理和宜农地的保护；通过选择科学的规划方案，减少经济发展和城市化带来的次生社会以及生态问题；吸收先进的市政规划理念与方案，并结合区域的发展现状，进行社会、经济组织的优化整合，合理的进行资源配置，提高城市经济发展的质量和效益，构建资源节约型、生态保护型城市体系。② 让伊朗建立起既能使环境污染得到控制、生态系统良性循环、资源利用效率最大化、经济持续增长并且拉动区域经济发展的新的城市发展模式，最终使伊朗城市内部要素得到持续、协调发展。

2. 完善社会保障制度，稳定社会秩序

社会保障制度实质在于分摊社会风险，补偿利益，转嫁损失，提高生产效率和均衡各种社会关系，使社会成员最基本的生存权与发展权得到保护，促进社会全面进步。③ 目前伊朗城市化已达到发展中国家的较高水平，但社会保障制度的不完善导致国内社会矛盾日益尖锐甚至社会秩序的安全威胁加大。完善社保制度成为当务之急。制定科学的社会保障政策将有利于政府内部和社会秩序的稳定，可以减少国家财政负担和资源的浪费。④

针对伊朗国内目前的发展现状以及各种突出的社会问题，社会保障制度的建立重点应该放在提高农村社会保障和城市低收入群体社会保障支出比重上，从而达到缩小贫富差距的目的。其次，进一步缓解就业压力和提高就业率，落实医保政策从而改善民生等也是社保制度建设的重要内容。

3. 优化产业结构，将资源优势转变为发展优势

伊朗的经济问题比较复杂，首先是经济支柱单一，严重依赖石油出口，世界石油价格的波动直接影响到伊朗工业原料和设备的进口，严重制约着国民经济发展。其次是工业发展迅速但基础薄弱，由于企业管理不善或者缺乏技术，不少国营企业处于长期亏损状态，增加了国家的财政负

---

① 叶强："我国城市规划原则方针执行难问题与城市空间效率提升"，《经济地理》，2008年第1期，第111—141页。
② 韩恩泽："石油资源城市可持续发展与转型研究"，中国石油大学硕士论文，2010年7月。
③ 张迎春："从社会公平视角看社会保障制度的建设与完善"，《湖南社会科学》，2010年第1期，第94—96页。
④ 李倩倩："以色列社会保障制度研究"，西北大学硕士论文，2011年6月。

担。此外，由于自然环境的限制，农业发展缓慢，产业结构调整成为当务之急。

伊朗产业结构调整需要从多个方面入手：将自身的资源优势转变为城市的发展优势，借助优势产业，积极调整工业结构，结合自然环境特点引进高新农业技术发展农业，加强发展第三产业。产业结构调整的重点区域应是人口分布密集，资源丰富，城市化水平较高以及交通通达度好的枢纽区域，以点及面的进项综合优化，加快伊朗经济结构转型的步伐，促进国民经济的持续稳定发展。

4. 调整城市化发展形态，提高城市化质量

伊朗城市化进程在不断推进，也暴露出了过度城市化及不合理城市化的弊病，包括城市首位度高，德黑兰远超其他城市[1]；城市人口规模不合理，德黑兰、马什哈德和伊斯法罕等城市人口众多，锡斯坦—俾路支斯坦省的城市人口稀疏；城市区位间不平衡，中小城市发展不足，大城市过度发展；碎片城市化问题突出，德黑兰的富人集中在北部气候好、用水方便的地方，南部多为贫民区；城市化的数量远超城市化的生活质量，工业化发展使得人口从农村流向城市，但生活方式依旧滞后。

高城市化水平的伊朗的城市化质量并不高，城市发展的形态亟需调整。为此应因地制宜提升伊朗城市化发展质量，在推进城市化进程中应着重强调文化教育、社会、经济等方面发展的协调性[2]；准确判断城市化发展进程中的薄弱环节，例如城市生态环境问题、产业结构的不合理等，努力减小限制性因素，行成有针对性的城市发展模式。

---

[1] 车效梅、杨琳："对中东过度城市化的思考"，《山西师大学报（社会科学版）》，2010年第6期，第96—100页。

[2] 方创琳、王德利："中国城市化发展质量的综合测度与提升路径"，《地理研究》，2011年第11期。

第五章 伊朗农业现代化及其发展前景

第一节 伊斯兰革命后伊朗的农业政策与农业发展[①]

伊斯兰革命的爆发根源于巴列维国王时期经济社会领域的现代化发展与政治领域的极权独裁倾向之间的悖论。在所谓"发展的独裁模式"之下，工业化与城市化进程迅速发展，相比之下农业与乡村的发展则明显滞后。作为对巴列维政府经济社会政策的否定性反应，伊斯兰政府赋予农业部门在经济发展中的"核心"地位。促进农业生产的发展，进而实现粮食自给并改善下层民众的生活状况则构成伊斯兰革命后伊朗农业政策的重要目的。土地改革、重组农业行政机构并建立乡村组织、改革农业经营方式、增加农业投入与农业信贷，以及推行价格政策与保险政策等措施，构成霍梅尼时期政府促进农业发展的重要措施。

一、共和国时期的土地改革

巴列维统治时期的土地改革中，大量乡村民众并未被纳入土地分配之列，大部分获得地产的家庭也因地产不足而难以维持生活。伊朗伊斯兰革命虽然其本质乃是一场城市地区的政治革命运动，但它也开启了乡村民众

[①] 本部分为国家哲学社会科学基金青年项目"伊朗现代化进程中农民与乡村变迁的历史考察"（项目编号：14CSS004）、重庆市哲学社会科学规划项青年项目"伊朗农业现代化历程研究"（项目编号：2013QNLS45）的阶段性成果。

的政治觉悟，乡村地区的激进主义情绪逐渐高涨。贫农和无地农民对土地状况强烈不满，伴随着政府权力的弱化和乡村地区权力真空的形成，诸多农民展开土地夺取运动。土地夺取运动的分布十分广泛，在伊朗西北诸省和东部库尔德人聚居省份尤为集中。

土地与农民问题在革命运动中往往具有重要的政治意义。伊斯兰革命期间，诸多政治势力卷入夺取土地的农民运动之中。农业土地在革命后的初期就开始成为暴力对抗、激烈斗争和紧张争论的焦点。[1] 左翼分子和伊斯兰激进势力、地主阶层、革命政府对土地问题的态度不一，争论激烈；在土库曼斯坦和库尔德斯坦等地区，由少数民族所引起的土地问题甚至包含着种族冲突和民族独立的不稳定因素。土地问题成为伊斯兰革命胜利之初伊朗最为重要的社会政治问题之一，实施土地改革尤显必要。

从伊朗伊斯兰共和国的建立到1986年之间，土地改革可谓是伊朗农业和社会经济政策的核心问题。然而，不同政治势力对土地改革的内容或方式持不同态度。各方势力对土地问题的讨论和斗争十分激烈，进而对土地改革的进程产生重大影响，土地改革法案也历经多次修改而最终走上中庸之道。1979年9月，巴扎尔甘临时政府在《伊朗伊斯兰共和国地产转让和开垦方式的法律建议》中详细提出了土地改革的方案。同年11月巴扎尔甘下台，平民主义倾向的伊斯兰势力获得统治权，时任农业部秘书的礼萨·伊斯法哈尼提出更为激进的土地改革路线。他认为根本的土地改革应保证土地归其耕作者所有，呈现出明显有利于农民的倾向。然而，激进土地改革法案的实施面临着诸多障碍。在各方势力辩论和斗争的影响之下，土地改革法案在1979—1986年间历经7次修改，增加了诸多解释性条款，土地改革法案的内容更趋模糊、保守，而土地分配工作甚至也一度中断。

在土地转让过程中，部分群体享有优先分配的权利，首先是无地农民和贫农，随后则是巴列维政府时期因难以维持生活而离开乡村的农民、高中或大学农业专业的毕业生，以及希望从事农业耕作的失业者。与巴列维时期土地改革的重要区别是，没有传统耕作权的无地村民被纳入土地分配受益群体的范围之内。土地改革中，伊斯兰革命期间所没收的土地、未耕

---

[1] Bakhash, Shaul, Reign of the Ayatollahs: Iran and the Islamic Revolution, New York: Basic Books, 1984, p. 195.

种的荒地和部分大地主的地产被有偿分配给缺乏土地的贫困农民耕种。至1985年底,实际转让土地68万公顷,其中包括荒地47万公顷、新政权没收土地5万公顷和大地主的土地16万公顷,近9万户农民获得土地。① 土地改革法案的多次修改导致农民所获得土地的所有权并不稳定。然而,由于在美国等西方势力的经济封锁局势之下伊朗国内农产品需求急剧增长,占取土地的农民可以继续耕作土地,享有土地的临时耕作权。1986年10月的土改法案通过之后,农民占取并临时耕作的土地获得了法律保障。据统计,伊斯兰革命后农民占取土地大约为70万到80万公顷,散布伊朗14个省份中。② 根据土地转让七人委员会的公布数据,到1991年年中,共约60.2万公顷未耕地、国有土地和牧场分配给10万农户;另外63.1万公顷临时耕作土地分配给13万农户。从改革中获益的农户约占乡村家庭总数的6%。③

二、农业行政机构的重组与乡村组织的建立

巴列维时期,伊朗农业机构和乡村组织具有官僚化特征,其决策过程亦呈现出自上而下的集中化倾向,这被伊斯兰革命政府视为导致伊朗乡村社会经济问题的重要原因。为实现国内农业生产的自给自足并解决社会不公正的现象,通过去官僚化和权力下放的方式改革农业行政机构,以及新建乡村组织促进乡村与农业的发展成为伊斯兰革命后伊朗政府的重要农业政策。

1. 乡村与游牧服务中心

1979年伊朗政府开始建立乡村与游牧服务中心,试图解决革命前时代农业部及其官僚特色所导致的危机,其主要宗旨便在于促进农业部真正走近乡村民众并提供切实的服务。

乡村与游牧服务中心所提供的支持服务几乎囊括了乡村生活的各个方

---

① Rahnema, Saeed & Behdad, Sohrab, *Iran after the Revolution: Crisis of an Islamic State*, London: I. B. Tauris, 1995, p. 101.

② Schirazi, A., *Islamic Development Policy: The Agrarian Question in Iran*, Colorado: Lynne Rienner Publishers, 1993, p. 188.

③ Hooglund, J. E, *Twenty Years of Islamic Revolution: Political and Social Transformation in Iran since 1979*, New York: Syracuse University Press, 2002, p. 110.

面。每一个中心都需提供11项服务,从灌溉项目的技术支持和灾害防御,到种子、肥料和生产设备的分配,再到收集农业统计数据、教育培训,以及鼓励农民采取合乎时宜的耕作技术。① 内容广泛的支持服务项目无疑体现了伊斯兰共和国政府对农业和下层民众的关注态度,其核心目标则在于满足乡村实际需求,进而增加农业产量以实现自给自足;改善乡村民众的福利,进而实现社会公正,并缩小城乡之间的社会经济差距。

乡村与游牧服务中心强调权力下放与高度自治。乡村需求由地方政府代表和诸多农民组成的乡村委员会审核,其目的旨在消除巴列维时期的集中化决策模式。服务中心的组织结构和工作程序充分体现了该农业组织去官僚化和权力下放的趋势。为充分实现乡村服务中心的职能和目标,伊朗政府建立了国家一级的农业部、省一级的农业委员会、县一级的农业和乡村发展中心,以及地方乡村和游牧服务中心共四层机构。乡村的计划项目自下而上逐层传达,最终到达农业部,农业部再根据政府的宏观农业政策和国家的人力、财政和自然状况等因素综合考虑之后再向下层机构颁布计划。

到1988年,全国共建立了730个地方服务中心。而1983年时农业部长扎里所提出的目标则为建立1703个地方服务中心和190个县级服务中心。② 尽管实际结果远低于预期目标,但服务中心的建立对促进农业发展具有积极意义。20世纪80年代中,服务中心向乡村地区送发的种子相比1976年的数据增长了100%,10年中的年均数量为4300吨,而70年代中的年均数量仅2100吨。③ 乡村与游牧服务中心在实践过程中,由于与相关部门缺乏联系、部门之间职权不明晰等原因,部分目标并未充分实现。进入90年代以后,结构调整、经济自由化和私有化等政策的实施促使服务中心逐渐失去为行动能力。90年代末期,政府预算紧张和外贸状况恶化也对这些中心的服务工作产生了不利的影响。

---

① Haghayeghi, Mehrdad, Agriculture Development Planning under the Islamic Republic of Iran, *Iran Studies*, Vol. 23, No. 1/4 (1990), p. 12.
② Schirazi, A., *Islamic Development Policy: The Agrarian Question in Iran*, p. 142.
③ Haghayeghi, Mehrdad, Agriculture Development Planning under the Islamic Republic of Iran, *Iran Studies*, p. 12.

2. 伊斯兰乡村委员会

地方委员会体制是伊斯兰革命后伊朗民众广泛实现政治经济参与的重要方式。① 1979 年 6 月总统巴尼·萨德尔亦指出："国家不同地区的居民——省、城镇和乡村——可以通过委员会选举参与他们自己的事务，并实现伊斯兰形式的自治。"② 建立乡村委员会是伊斯兰政府构建行政体系计划的一部分，《伊斯兰委员会国民组织法》于 1982 年 10 月获得通过。建立伊斯兰乡村委员会的原因首先是基于政治考虑。一方面，自由主义伊斯兰势力希望通过行政权力的下放实现民众参与，进而形成与前政府相区别的政治模式；另一方面，保守伊斯兰势力则企图通过伊斯兰乡村委员会排挤左翼势力和地方自治势力。根据伊朗乡村委员会法的陈述："伊斯兰乡村委员会的神圣任务在于保护伊斯兰革命的成果，努力加强伊玛目阵线，抵抗所有敌对伊斯兰和伊斯兰人民的群体。"③

然而，法案随后历经几度修补，委员会的选举亦一再推迟。直到 1999 年，建立伊斯兰乡村委员会的计划才开始实施。此年 2 月，哈塔米政府成功地组织了第一次全国规模的地方委员会选举，并获得了总共 20 万个地方议席中的大多数，取得了绝对性的胜利。④ 计划长期拖延的原因主要包括：伊朗政府担心非波斯语省份的自治倾向；国家主义倾向的伊斯兰势力以伊斯兰王权和权威主义的政治哲学为基础强调国家—社会的特殊关系，强烈支持政府参与社会政治经济生活的各个领域和集中化的行政体系。⑤

根据巴扎尔甘的设想，伊斯兰乡村委员是乡村人民协调一致参与发展乡村经济、社会和文化的公共组织。它是实现伊朗政府联系乡村民众的桥梁，也是乡村民众了解政府的处所。伊斯兰乡村委员会由一定比例的社会各阶层代表所组成，委员会成员由村民以秘密投票的方式每两年选举一

---

① 伊朗宪法明确规定：为在人民合作下加速实施各项计划，如社会、经济、建设、卫生、文化、教育和其他生活福利方面的计划，考虑到各地的需要，成立村、区、城镇或省等委员会，监督各地的行政事务。委员会成员由当地居民选举。姜士林编：《世界宪法全书》，青岛出版社 1997 年版，第 558 页。

② Schirazi, A., *Islamic Development Policy: The Agrarian Question in Iran*, p. 263.

③ Ibid., pp. 268 – 269.

④ 杨光、温伯友主编：《中东非洲发展报告（2000—2001 年）》，社会科学文献出版社 2001 年版，第 185 页。

⑤ Shakoori, Ali, *The State and Rural Development in Post-Revolutionary Iran*, New York: Pralgrave, 2001, p. 78.

次，数量 5—7 个不等。乡村与游牧服务中心正是通过乡村委员会成员实现村民的参与。乡村的需求由乡村委员会提出，由地方服务中心从诸多方面进行考察，最后，再综合考虑国家的宏观计划和乡村地区的发展潜力，由县级的服务中心制订和安排发展项目。

部分学者对伊斯兰革命后伊朗乡村委员会所做的调查研究显示，委员会并没有很好的履行其职能。[1] 其局限性毋庸讳言，但是乡村委员会的建立却无疑改变了巴列维时期乡村地区的政治结构。尽管革命前的首领制度及其影响并没有完全被消除，但乡村首领由政府任命的历史已然结束。绝大多数乡村形成一种二元的权力结构：一方面是乡村官员和乡村委员会成员，另一方面则是乡村地区的实际领导者（通常为年长的乡村首领）。之所以出现这种二元的权力结构，是由于乡村委员会绝大多数成员是由年轻或中年居民组成，他们对乡村生活和农业问题的认识不足，进而限制了他们的影响力。根据 1988 年对呼罗珊、马赞德兰、胡泽斯坦、中央省、赞詹、伊斯法罕等六省的研究，55% 的委员会成员年龄低于 40 岁，38.5% 的成员年龄在 41—60 岁之间，仅仅 3.9% 的成员年龄大于 60 岁。[2]

3. 圣战重建部

圣战重建部的前身是"圣战重建组织"（Jehad-e Sazandegi），它在伊朗乡村地区实施的诸多发展工程获得世界范围的广泛关注。"圣战重建组织的建立是由乡村地区的动乱所推动。"[3] 伊斯兰革命后，乡村地区面临各种政治势力竞相斗争的局面。"圣战重建组织"即旨在排挤左翼力量，获取乡村地区对伊斯兰革命的支持，在乡村民众中传播伊斯兰革命思想。"圣战重建组织"的建立是对整个革命前的传统行政机制的一种否定性反应。人们普遍认为，旧政权的行政组织崇尚技术论，不能消除乡村中的剥削问题，而乡村问题的解决则需要以广泛群众动员为基础的行政制度，以民主化的方式增加人民的参与程度，进而消除乡村地区的各种剥削。

"圣战重建组织"的任务是"制订并实施乡村地区发展计划，为乡村人民中最困难的那部分人服务，缩小城乡之间的差距并寻找解决乡村复杂

---

[1] See Schirazi, A., *Islamic Development Policy: The Agrarian Question in Iran*, pp. 269–270.
[2] Shakoori, Ali, *The State and Rural Development in Post-Revolutionary Iran*, p. 81.
[3] Ferdows, E., The Reconstruction Crusade and Class Conflict in Iran, *MERIP Reports*, 1983, vol. 17, no. 4, p. 12.

问题的措施"。① 官方所宣称的目标则包括：联合精力充沛的志愿者，特别是大学和高中学生，未就业的高中毕业生和其他失业人员；建立知识分子和被剥夺者之间的联合阵线；支助乡村经济发展；在农民中发展文化、教育；推动乡村地区的伊斯兰文化和伊斯兰革命。② 该组织的行动几乎无所不包，且遍布伊朗几乎所有乡村。相比之下，"圣战重建组织"更为激进，更加关注贫困地区和下层民众，广泛代表了社会下层和中下层民众的利益。

"圣战重建组织"的成员最初由志愿者参加组成，随后则逐渐呈现出制度化的趋势。其组织结构分为四级：地方中心、县镇中心、省中心和中央委员会，各级机构的任务与对应的农业部机构的任务相似。1983年末，"圣战重建组织"改为圣战重建部，被纳入国家农业行政体系之中，这一变化显示出它在政府行政体系中日益提升的重要性。新的圣战重建部获得了更多的资金，其工作涉及范围和职能也不断扩张。

在20世纪80年代中，"圣战重建组织"和圣战重建部的发展成就极为显著。1980年前，乡村公路的总里程数不足8000英里，到1990年已经有5000英里碎石路、6400英里沥青路。1980—1990年间，圣战重建部将电力带到10680个乡村，约66%的农户实现供电，相比之下革命前仅有5000个乡村通电。革命前仅有6611个乡村有自来水供给，到1988年这一数据增加到18139个，其中11428个乡村饮用水是由圣战重建部所供给，约占63%。③ 取得如此巨大成就的重要原因正是在于伊斯兰政府发展政策中对乡村和农业的关注，并提供了充足的资金。尽管由于两伊战争导致大量人力和财力转移到战事之中，圣战重建部的乡村发展工程进度逐渐减缓，但其所取得的巨大成就无疑促进了乡村环境的极大改善。

三、农业经营模式改革

白色革命后，自耕农经营、商品化家庭农场、国家资本主义农场和私有资本主义农场等多种经营方式长期并存，其中最广泛的类型就是自耕农

---

① Shakoori, Ali, *The State and Rural Development in Post-Revolutionary Iran*, p. 82.
② Ferdows, E., The Reconstruction Crusade and Class Conflict in Iran, *MERIP Reports*, p. 15.
③ Shakoori, Ali, *The State and Rural Development in Post-Revolutionary Iran*, p. 89.

家庭生产。伊斯兰革命在一定程度上改变了伊朗经济社会结构,进而导致农业经济结构的变化。20 世纪 80 年代,经济国有化的倾向十分明显,政府对经济的干预色彩十分浓厚;自 90 年代以来,伊朗政府开始实施经济私有化和自由化举措,鼓励私人投资并吸引外资以建设大规模农业生产项目,农事企业的发展明显加快。

伊斯兰革命后,自耕农经营仍然十分广泛。尤其是 20 世纪 80 年代上半期,伊斯兰共和国政府十分重视通过支持自耕农家庭生产而促进农业发展。到 20 世纪 90 年代,伊朗约 200 万农户为自耕农生产单位,[1] 将近 95% 的可耕地都由所有者自己耕作经营。[2] 地产不足的小农难以提高农业产量,贫农和富农之间的差距有扩大趋势。自耕农家庭通过多种方式来解决小规模地产所带来问题,其中最为主要的方式就是改变作物类型,由种植大麦和小麦等粮食作物生产转变为蔬菜和水果等经济作物。

农场公司早在革命前巴列维时期就建立,其运营过程中的诸多问题导致生产率低下,以及乡村贫富差距的进一步扩大。伊斯兰革命后的初期,伊朗国内对农场公司的处置方式意见不一。普遍而言,持抵制态度的占多数,特别在是农场公司内部。由于经济和技术等问题,在农场公司股东的要求下,93 个农场公司中的 88 个自发解体[3]。由于农场公司的解体引发了土地、水源和机械设备等物质的分配问题,在 20 世纪 80 年代部分农户开始要求重建农场公司。农业部也采取行动重建农场公司,1988 年伊朗政府宣布地产面积不足 10 公顷的农民需加入农场公司或乡村生产合作社。[4] 农业部努力维护余留的 5 个农场公司,并在呼罗珊省重建 2 个新的农场公司。到 20 世纪 90 年代末期,在伊斯法罕、克尔曼和呼罗珊三省共有 7 个农场公司处于经营中。7 个农场公司共覆盖 29 个乡村,共有成员 3048 人,仅占革命前时期农场公司成员的 10%。其地产总面积约为 63050 公顷,其中 10880 公顷实际处于耕作状态中。相比巴列维时期,伊斯兰共和国时期的农场公司经营状况较为良好。农场公司小麦年均总产量 1.53 万吨,平均单

---

[1] Lahsaeizadeh, Abdolali, *Contemporary Rural Iran*, Aldershot: Avebury, 1993, p. 268.
[2] Hooglund, J. E, *Twenty Years of Islamic Revolution: Political and Social Transformation in Iran since 1979*, p. 110.
[3] Schirazi, A., *Islamic Development Policy: The Agrarian Question in Iran*, p. 248.
[4] Lahsaeizadeh, Abdolali, *Contemporary Rural Iran*, p. 277.

位面积产量则为每公顷 4000 公斤,而大麦年均总产量则为 5230 吨,平均每公顷 2.5 吨。这些农场公司共拥有 2200 头牛和 4100 只羊,奶产品和肉产品主要销售往附近周边城市。① 此外,农业部也开始在基础设施缺乏地区和在两伊战争中破坏严重的乡村重新建立农场公司。1998 年底,战争地区建立起了一个农场公司。②

农事企业的建立亦是巴列维政府强调的农业政策之一,然而伊斯兰革命之前,五个大型跨国合资农事企业均以失败而告终,绝大多数农事企业在伊斯兰革命后的初期业已解体。伊朗政府中对国有农事企业的态度亦存在差异,一方面是主张将农事企业转变穆萨或生产合作社的形式,另一方面则是主张由政府接管前政权时期的国有农事企业。最终,三个国有农事企业的土地以穆萨形式转让给农民,其余农事企业的土地则由农业部、穆斯塔兹基金和农业银行三个机构掌管。私营农事企业的命运有所不同,部分企业仍归原企业家所有,而部分企业的地产则被扣押没收。德兹大坝下游地区的合资农事企业中,共和国政府遵从原土地所有者的诉求,最终决定"重建这些地区失去的乡村体制",将土地租赁给农业工人和无地村民,租期为五年,如果在租期内农民经营状况良好,则土地所有权则完全转让给农户,获得土地的农户加入穆萨合作社。③ 然而,由于深处两伊战争的前线地区,其农业生产遭到了严重破坏。自 20 世纪 80 年代中期伊始,为促进农业产量的增长,重新建立农事企业的政策被提上政府议程。根据 1988 年的农业统计数据,伊朗共建立 3526 个农事企业。④ 在农事企业的经营状况方面,不同企业的农业生产状况存在差异,同一企业中不同作物的生产状况亦不尽相同。

合作社自巴列维时期开始建立,伊斯兰革命后,部分合作社开始解体。伊斯兰革命后伊朗政府鼓励合作社的经营模式,在乡村新建了诸多类型的合作社组织。共和国时期的合作社具有新的特征,与巴列维政府时期不同的是,除乡村合作社外,诸多类型的合作社普遍实行自主管理和自主

---

① Lahsaeizadeh, Abdolali, *Contemporary Rural Iran*, p. 278.
② Hooglund, J. E, *Twenty Years of Islamic Revolution: Political and Social Transformation in Iran since 1979*, p. 114.
③ Schirazi, A., *Islamic Development Policy: The Agrarian Question in Iran*, p. 252.
④ Lahsaeizadeh, Abdolali, *Contemporary Rural Iran*, p. 280.

经营，政府很少直接干预，合作社的职能得以更加充分地实现。诸多类型的合作社中，最具代表性的就是穆萨合作社。

"穆萨"（Mosha）一词意为土地集体所有，穆萨合作社是伊朗伊斯兰革命后新兴的生产合作社，以伊斯兰什叶派教义和法理作为基础而具有强烈的民族特征。1979年9月，伊斯兰政府通过了建立以"穆萨"原则为基础的集体生产合作社的法案。穆萨合作社的建立既是来源于巴列维时期农业政策所导致的危机，同时也体现了革命意识形态在经济领域的延伸。当时伊朗一名议员曾说：建立伊斯兰模式的合作社制度的最初目的在于区别于其他国家的合作社制度，特别是区别于巴列维时期所建立的"庞然大物"。[1] 1980年，穆萨合作社正式引入乡村地区。到1985年，约13217个穆萨合作社正式建立。平均每个合作社由7个农民家庭组成，耕作56.3公顷的土地。根据可以利用的生产要素，每个合作社成员可以耕作4—24公顷不等的土地。[2] 1999年官方统计数据则显示已建立的穆萨合作社数量为21757个。[3]

穆萨合作社拥有明显的经营自主权，其经营原则中也体现出集体所有、民主决策、公平分配的特征。根据"穆萨"的原则，土地所有权集中转移到作为穆萨成员的农民手中，农民所得到的并非具有明确界限的实际土地，而是穆萨合作社所管理土地的平等份额，水源和农业机械也均属成员共同所有。穆萨合作社的地产面积在不同学者的研究中有所差异，[4] 出现这一差异的主要原因在于学者对穆萨合作社的研究时间不同，其抽样调查范围亦可能存在差异。然而，穆萨合作社的地产面积处于中等规模毋庸置疑，摒弃巴列维政府时期片面强调大规模经营的农业政策正是穆萨合作社的理念之一。

穆萨合作社的农业经营并未获得显著成功，其主要原因在于合作社土地的贫瘠、资金不足、土地所有权的模糊和行政管理的混乱。集体的原则

---

[1] Schirazi, A., *Islamic Development Policy: The Agrarian Question in Iran*, p. 237.

[2] Haghayeghi, Mehrdad, Agriculture Development Planning under the Islamic Republic of Iran, *Iran Studies*, Vol. 23, No. 1/4 (1990), p. 14.

[3] Hooglund, J. E, *Twenty Years of Islamic Revolution: Political and Social Transformation in Iran since 1979*, p. 112.

[4] See Shakoori, Ali, *The State and Rural Development in Post-Revolutionary Iran*, and Hooglund, J. E, *Twenty Years of Islamic Revolution: Political and Social Transformation in Iran since 1979*.

在某种程度上降低了成员的生产积极性，进而导致实践与理念呈现差异。萨卜泽瓦尔和巴夫特等部分地区的穆萨合作社农民独立耕作土地，法尔斯省的穆萨合作社成员则进一步细分生产单位，往往由2—3名农民联合耕作。① 尽管穆萨合作社面临着诸多困难和不足，其对改善乡村民众的生产和生活状况的积极影响亦毋庸置疑。土地改革中无地村民和少地贫农的土地加入穆萨合作社，其地产面积相比土地改革之前明显增长，合作社成员的平均地产规模为7.5公顷。② 到1985年，合作社共分配获得拖拉机5560辆及其他农业机械8139台，农民在合作社帮助下挖掘水井4168口，获得水泵4558台。③

四、农业计划与农业投入

霍梅尼时期伊朗经济发展的核心宗旨在于实现"经济的独立"与"穷人的福利"，实现伊朗国内农业生产的自给自足和改善乡村下层民众的境况成为霍梅尼时期伊朗农业经济政策的重要目标。"我希望我们的农民一天比一天兴旺。我们的国家拥有土地、水资源和一切条件；我们可以成为粮食出口国家。我们不需要向他人伸出双手索求小麦和大麦。"④ 1984年，霍梅尼明确告诫国民："我们只有经济自足才能实现独立。自给自足和经济独立的实现只能依靠增加我们的农业产量。"⑤ 霍梅尼时期伊朗政府将经济独立视为实现政治独立的基础，而发展穷人的福利则是争取下层民众广泛政治支持的重要手段。

农业计划的制定和实施开始于1980年9月，穆罕默德·萨拉麦提上任农业部长之时与农业部秘书共同提出"十四条计划"。其核心目标除土地分配、发展乡村、支持服务和合作社之外，另一个重要目标就是快速提高农业生产。伊斯兰共和国政府在五年发展计划中强调农业经济的核心地

---

① Taleb, Mehdi, *Some Considerations on Mosha Cooperatives*, Tehran: Tehran University, 1985, p. 94.
② Lahsaeizadeh, Abdolali, *Contemporary Rural Iran*, p. 267.
③ Ibid., p. 268.
④ Haghayeghi, Mehrdad, *Agriculture Development Planning under the Islamic Republic of Iran*, p. 6.
⑤ Schirazi, A., *Islamic Development Policy: The Agrarian Question in Iran*, p. 89.

位，在前两个五年计划中给予农业发展的优先权，旨在 10 年内实现农业的自给自足。

受激进革命氛围之影响，霍梅尼时期伊朗政府提出的农业发展目标显得过于理想，而客观政治经济环境却给伊朗农业发展带来了诸多不便。1980—1988 年之间可谓是伊朗经济的严重困难时期。石油经济的下滑导致国家财政收入锐减，旷日持久的两伊促使大量人力和物资转移向战事，战争给伊朗城市和乡村带来的破坏影响巨大，与西方国家的对抗亦导致伊朗长期处于世界政治经济的孤立状态中，伊朗经济发展的环境满目疮痍。与此同时，革命后的政治动荡与各政治派别之间的斗争无疑对农业发展也具有负面影响。

霍梅尼时期伊朗经济发展模式并未实现预期目标，因此两伊战争结束之后，伊朗宏观经济政策与农业政策发生了明显的转变。伊斯兰化与国有化的经济趋向转变为自由化与私有化的经济举措，农业经济的核心地位让位于经济恢复与重建。1989 年初，总统拉夫桑贾尼组建内阁并准备好新的五年发展计划，1990 年初该计划获得通过，经济重建与恢复的进程正式启动。1989—1994 五年计划中，农业经济失去"核心"地位，与工业、国防等诸多领域共同构成"优先"发展部门，其预算的发展资金位于第三位，落后于工业和交通运输业。新的农业政策亦体现出经济自由化趋势，农业经济的私有化和鼓励私人投资的目标纳入其中。1989—1994 五年计划中，政府农业政策明显改变，例如：撤销政府对棉花等产品的垄断购销；逐渐取消农业补助政策，刺激战略作物生产的手段改为进一步提高农产品收购价格；扩大战略作物的保险计划；发展农产品出口等。此外，霍梅尼时期未被重视的大规模生产方式再次获得重视。15 亿美元的外资应用于胡泽斯坦省的大规模生产项目。[①]

新的五年计划中，农业发展的预期目标比上一个五年计划有所降低，相对更为实际。灌溉耕地面积预计由 630 万公顷增长到 650 万公顷，小麦年均产量预计增长 9%，大米产量预计由 1988—1989 年度的 170 万吨增长到 1993—1994 年度 200 万吨，农业产量的整体年均增长率目标预计为

---

① Haghayeghi, Mehrdad, Agriculture Development Planning under the Islamic Republic of Iran, p. 22.

6%。① 战争的结束无疑有利于此目标的实现，然而经济自由化所导致的物价飞涨却在一定程度上制约了农业生产的发展速度。

为实现振兴农业与粮食自给的目标，法基赫政府增加农业投入，实施财政补贴、农业信贷、农业保险等诸多措施。伊斯兰革命后，伊朗政府农业固定投资有所波动，整体呈现出增长的趋势。1977—1978 年度，政府农业固定投资 420 亿里亚尔，占政府固定投资总额的 6.2%；1986—1987 年度增长到了 975 亿里亚尔，占政府固定投资总额的 15.9%。1983—1988 年计划期间，农业部门获得的政府固定投资为 7759 亿里亚尔，占政府固定投资总额的 13.4%。② 由于通货膨胀和货币贬值，伊朗政府农业投资的增长并没有想象中乐观，但这种增加趋势却表明了政府对农业发展的态度。两伊战争结束之后，农业经济的地位有所削弱，首要体现，便是五年计划中的农业领域的政府固定投资增长相对缓慢。1983—1988 五年计划中，农业领域政府固定投资 7559 亿里亚尔，占政府投资总额的 13.4%；1989—1994 五年计划中，农业领域政府固定投资 7872 亿里亚尔，仅增长 313 亿里亚尔，由于政府总体投资数额的减少，其比重上升到 19.6%。相比之下，1983—1988 五年计划中交通行业政府固定投资 9420 亿里亚尔，占 16.6%；1989—1994 五年计划中，两项数据分别增长到 11973 亿里亚尔和 29.9%。③

除农业固定投资的增长外，政府金融机构为乡村民众提供的贷款数量亦明显增长，贷款期限亦有所延长。1977—1978 年度，巴列维政府银行提供贷款共计 517 亿里亚尔；1979—1980 年度，共和国政府银行提供贷款共计 817 亿里亚尔；1988—1989 年度伊朗银行机构提供贷款共计 3820 亿里亚尔。④ 在 1979 年革命之前平均每笔贷款约 13.5 万里亚尔；贷款平均数额在 1980 年迅速增加到 20.5 万里亚尔，1987 年则达到 83.4 万里亚尔。其中 47% 为 2 年期贷款，51% 的贷款期限为 2—10 年，2% 的贷款期限超过 10 年。⑤ 尽管如此，通货膨胀、两伊战争以及经济封锁等诸多因素削弱了

---

① Schirazi, A., *Islamic Development Policy: The Agrarian Question in Iran*, p. 131.
② Schirazi, A., *Islamic Development Policy: The Agrarian Question in Iran*, p. 276, table 12.1.
③ Ibid.
④ Ibid, p. 279, table 12.3.
⑤ Haghayeghi, Mehrdad, Agriculture Development Planning under the Islamic Republic of Iran, p. 13.

贷款对农民的积极意义。农业贷款的增长仍难以满足农户的需求，长期贷款明显不足，获得贷款的农民仍难以将其用于长期性的生产发展投入。

伊斯兰革命后，小麦、大麦和大米被共和国政府视为实现粮食自足的"战略作物"，共和国政府对这些主要粮食作物实施的价格手段包括价格控制和价格补贴。价格控制之目的正是在于防止粮食产品价格过度波动，维护下层民众的利益，进而获取他们的政治支持。但是低水平的价格对农民并非有利，所以政府一方面逐渐提高部分粮食产品的收购价格，另一方面通过价格补助弥补农户并鼓励其生产积极性。巴扎尔甘政府将小麦的收购价格由每公斤 12 里亚尔提高到 18 里亚尔，高于 14 里亚尔的国际市场价格。1986 年，小麦收购价格提高到每公斤 55.5 里亚尔。[①] 自穆萨维时期开始伊朗政府为种植国家战略作物的农民提供实物补助，例如每生产 1 吨小麦，政府将提供 100 公斤化肥、4 公斤食糖和 1 公斤茶叶；农民将产品运往当地粮食和谷物组织亦只需要支付运输成本价。[②] 为促进农民种植小麦的积极性，政府以实物的形式给予种植小麦的农民各种奖励。政府以远远低于市场价格的水平将这些实物奖励出售给农民，农民转而可以将其置于自由市场出售赚取差价以弥补低水平小麦收购价格的损失。[③]

伊朗政府自 1980 年开始对重要经济作物实施保险政策。棉花、甜菜保险费用的 80% 由政府负担。[④] 1983 年，政府进一步扩大保险的作物种类和受益群体范围。1987 年，耕作 59468 公顷甜菜的 24207 农户、耕种 155620 公顷棉花的 44993 农户，以及耕种 26453 公顷大豆的 9259 农户获得政府提供的保险。[⑤] 保险政策的实施有利于降低农民的生产风险并刺激农民种植受益经济作物的积极性。

伊斯兰政府在 80 年代中的价格政策受到了许多农业部专家的批评，其调控产量和价格的政策未能取得预期的成效。由于两伊战争中石油产量减

[①] Haghayeghi, Mehrdad, Agriculture Development Planning under the Islamic Republic of Iran, p. 16.

[②] Haghayeghi, Mehrdad, *Agrarian Reform Problems in Post-Revolutionary Iran*, Middle Eastern Studies, Vol. 26, No. 1 (Jan., 1990), p. 48.

[③] Schirazi, A., *Islamic Development Policy: The Agrarian Question in Iran*, p. 291.

[④] 张振国："战后伊朗的农业发展道路"，《西亚非洲》，1987 年第 4 期，第 35 页。

[⑤] Haghayeghi, Mehrdad, Agriculture Development Planning under the Islamic Republic of Iran, p. 16.

少以及国际石油价格下跌,伊朗外汇短缺,政府投入逐渐减少。粮食作物增长速度低于土豆、洋葱等蔬菜作物,其重要原因正是在于政府的价格政策。在粮食价格长期由政府实行控制的同时,畜牧产品、水果、蔬菜价格一直保持着与高通胀率一致的增长速度,粮食价格相对较低。这种价格扭曲的结果就是,农民从粮食生产中撤出资源和投资,转向更有利可图的水果、蔬菜等农产品生产。尽管粮食作物产量有所增长,但由于两伊战争和高达4%的年均人口增长速度,粮食产量的增长未能满足需求的增长,1989年伊朗粮食进口消费仍达21.7亿美元。[1]

1989—1994五年计划实施之后,政府的价格政策逐渐改变,取消对农产品的补助而提高农产品的控制价格。从1992年到1994年,小麦的政府控制价格由每公斤150里亚尔提升到225里亚尔,大麦由每公斤115里亚尔提升到172里亚尔,谷物由每公斤130里亚尔提升到195里亚尔,甜菜和棉花等重要经济作物的保护价格也得到不同程度的提升。[2]尽管物价飞涨限制了价格提升的积极意义,但其取得的成效仍十分明显,1989—1994五年计划期间,小麦和大麦这两种主要粮食作物产量的增长明显高于1983—1988五年计划时期。(见后表5—1)

五、农业生产技术的发展与农业产量的增长

20世纪80年代初,农业机械的价格急剧降低,加上政府的巨额投资,促使农业机械数量增多。1978年,农业部供应拖拉机、联合收割机和铁犁的数量分别仅为7482台、36台和6266台;1984年分别增长到23860台和423台和24195台。[3]革命后在用拖拉机的数量从1979年的78000台增加到1985年的135000台。同一时期,耕犁和联合收割机的数量增加了15%。[4] 与此同时,革命后初期化肥的供应量也快速增长,政府向农民提供大量的化肥和杀虫剂,并一直维持其最低价格。1977—1978年度,化肥

---

[1] Haghayeghi, Mehrdad, *Agriculture Development Planning under the Islamic Republic of Iran*, p. 19.

[2] Shakoori, Ali, *The State and Rural Development in Post-Revolutionary Iran*, p. 118.

[3] Haghayeghi, Mehrdad, *Agriculture Development Planning under the Islamic Republic of Iran*, p. 26, table 1.

[4] Shakoori, Ali, *The State and Rural Development in Post-Revolutionary Iran*, p. 117.

和杀虫剂的销售量分别为 77.2 万吨和 3.2 万吨，1984—1985 年度则分别增长到 167.9 万吨和 4.5 万吨。[①] 得益于伊朗政府对灌溉设施发展的重视，深井、普通灌溉井和卡纳特（坎儿井）等地下水灌溉设施数量增长极为明显，进而促使灌溉地面积的增长及休耕地面积的降低。1979—1989 年的 10 年间，灌溉地面积由 382.5 万公顷增长到 562.6 万公顷，休耕地面积则由 568.3 万公顷减少为 536.4 万公顷。[②]

农业技术的发展对促进单位面积产量的增长具有积极意义。据世界银行的数据显示，伊斯兰革命后伊朗农业生产的单位面积产量年均增长速度一直保持在 5%—6%。[③] 世界粮农组织的统计数据亦显示出主要农产品的单位面积产量增长十分明显。1978—1994 年间，小麦的单位面积产量由每公顷 1.04 吨增长到 1.6 吨；大麦单位面积产量由每公顷 1.03 吨增长到 1.7 吨；甜菜单位面积产量由 24.3 吨增长到 25.9 吨；油菜单位面积产量由每公顷 1.0 吨增长到 1.3 吨；玉米单位面积产量由每公顷 1.39 吨增长到 6.3 吨。[④]

农业生产力的进步促进农作物产量普遍增长，特别是谷类、土豆和洋葱，以及烟草、茶叶、柑橘类水果等经济作物。根据政府工作报告，1980—1985 年间，伊朗农业产值年均增长率为 6.2%，1985 年的增长率甚至达到 8.9%。[⑤] 受自然环境等客观因素和市场因素的影响，主要粮食作物的总产量有所波动，但整体却呈现出上涨的趋势。粮食作物产量的增长归因于政府对此类作物生产的重视，相比之下，棉花等经济作物的播种面积减少，进而导致其产量呈下降趋势。

表 5—1　1977—1995 年间农作物产量（单位：千吨）[⑥]

年度	小麦	大麦	大米	甜菜	植物油	棉花	土豆	洋葱
1977/1978	5517	1230	1399	4187	105	557	697	392

---

① Ibid., p. 287, table 12.7.
② Schirazi, A., *Islamic Development Policy: The Agrarian Question in Iran*, p. 281.
③ Shakoori, Ali, *The State and Rural Development in Post-Revolutionary Iran*, p. 121.
④ http://faostat.fao.org/site/567/DesktopDefault.aspx?PageID=567#ancor.
⑤ Haghaveghi, Mehrdad, *Agrarian Reform Problems in Post-Revolutionary Iran*, p. 45.
⑥ Shakoori, Ali, *The State and Rural Development in Post-Revolutionary Iran*, p. 123.

续表

年度	小麦	大麦	大米	甜菜	植物油	棉花	土豆	洋葱
1979/1980	5946	1262	1271	3814	99	322	998	515
1981/1982	6610	1700	1624	2331	105	275	1540	675
1983/1984	5956	2034	1215	3648	188	300	1740	736
1985/1986	6631	2297	1772	3924	137	324	1725	719
1987/1988	7600	2371	1803	4456	229	341	2348	923
1989/1990	6010	2847	1854	3535	236	395	2033	692
1991/1992	8793	3102	2357	5000	137	412	2612	1200
1993/1994	10732	3058	2281	5408	316	275	322	1305
1994/1995	11228	2952	2301	5521	234	523	3074	1130

结语

伊斯兰共和国时期的土地改革根源于巴列维国王时期土地改革后乡村地区普遍的地产不足，可以说是巴列维土地改革的延续。为排挤敌对势力并获取更多乡村民众对伊斯兰革命的支持，伊斯兰政府将前政权土地改革中未能受益的没有租佃权的农民被纳入土地改革的范围，更多的农民获得了土地。土地改革法案经历了由温和形式到激进形式再到中庸形式的转变，国内激烈的政治斗争在很大程度上左右了土地改革法案的修改与走向，进而减缓了土地改革的开展进程，对农业生产具有一定的负面影响。农业行政机构的重组与乡村组织的建立，在某种程度上是对革命前农业行政体制的一种否定性反应，其本身也是伊斯兰革命之组成部分。农业行政机构的建立改变了革命后乡村地区的无政府混乱状态，乡村秩序得以恢复。同时，农业机构与乡村组织也是国家实施农业政策和乡村民众实现政治经济参与的重要途径，保障了农业生产的顺利进行。其普遍的核心宗旨在于通过权力下放与民众的参与来实现农业与乡村的发展，诸多农民参与到乡村组织之中，自下而上的模式对农业政策的制定和实施产生了巨大影响。这种模式相对而言更加符合乡村实际和乡村民众的需求，对促进农业发展具有积极意义。然而，农业行政机构的重组与乡村组织的运行面临着诸多的障碍，其初衷、理念也亦未能在实践过程中充分实现。在农业经营模式方面，统治阶层内部的意见并非统一，相关政策也并非一成不变。对自耕农经营和穆萨合作社的鼓励无疑具有政治目的，伴随着实践过程中的诸多困难及革命氛围的逐渐淡去，相关政策方向出现转变，其目的则是推动农业生产效率的提升和农业产量的增长。伊斯兰政府加大固定投入、增加农业信贷并延长贷款期限、实施财政补贴和农业保险等举措，多旨在保障下层民众之利益，进而争取对伊斯兰革命和伊斯兰政府更为广泛的支持，体现出保卫革命果实和国家安全的政治意图。受激进革命氛围之影响，国家最初的农业发展计划表现出过于理想的特征，再加之恶劣的经济环境，伊斯兰政府的诸多农业政策未能实现预期目标，故而饱受批评。尽管如此，这些政策对促进伊朗农业发展的积极意义不可否认。伴随着两伊战争后的经济重建和经济自由化进程，伊朗宏观经济政策与农业政策在新的形势下逐渐调整。

伊斯兰革命后特殊的政治经济环境对农业发展产生了重要影响，伊斯兰政府的农业政策在实践过程中所取得的成就与不足，均与此间特定的社会政治环境密切相关。伊斯兰革命中，下层民众的广泛参与导致狂热和激进的政治倾向。革命后，新旧势力的激烈较量、政局的混乱、经济的濒临崩溃伴随着伊朗社会重新整合的复杂过程。在农业经济领域，实施土地改革、强调农业行政权力的下放和自下而上的计划决策过程、重视小规模的农民家庭经营模式和伊斯兰形式下的穆萨合作社、增加政府农业投资和提供农业生产补助等举措在一定程度上均具有特定的政治目的，体现为带有浓厚平民主义倾向的革命式发展模式，是为政治领域革命意识形态在农业经济领域的延伸。经济滑坡作为社会对立和政治冲突的逻辑结果，是后革命时代存在于诸多国家的普遍现象。霍梅尼时期，激烈的权力角逐和动荡的政治局面对于伊朗的经济生活无疑具有负面作用；美国的经济制裁、石油收入的锐减和长达 8 年的两伊战争导致伊朗经济环境恶劣，亦对农业部门产生诸多不良影响。然而，伴随着伊斯兰革命后选举政治的建立和日臻完善，民众意志与国家意志日趋吻合。主权在民的政治原则和乡村民众的政治参与，提供了乡村民众意志与国家意志趋于吻合的历史基础，对农业与乡村的重视则是这一趋势的重要体现。巴列维极权主义时期的突出现象是推行工业优先的经济增长和高比例的工业投资，现代化进程主要表现在城市的巨变和城市化的长足发展，白色革命成为巴列维发展君主独裁的政治工具，农业投资严重不足，乡村民众的境况实际并未受到关注，农业和乡村处于现代化的边缘地带，城乡发展水平明显失调构成巴列维时期农业和乡村的突出现象。霍梅尼时期，农业部门被赋予经济发展的"核心"地位，政府农业投入的增长构成农业核心地位的集中体现；两伊战争之后，尽管农业经济丧失核心地位，但并非像巴列维时期那样居于边缘化的地位。增加农业投入、提高农产品价格、维护农民利益和改善乡村生活状况成为扩大政治影响和争夺选票的重要手段，乡村民众的意愿通过国家农业政策得以体现。尽管面临着诸多不利的政治经济因素，伊斯兰政府的一系列农业举措取得明显成效。农业生产力的进步与农业产量的增长，突出体现了伊斯兰革命后伊朗农业现代化发展的长足进步。

第二节 伊朗农业生产的现状与前景

一、伊朗农业生产的自然环境条件

（一）地形特征以山地为主

伊朗地处伊朗高原，四面环绕高山，平均海拔约1200米[①]。伊朗境内最大的山脉为扎格罗斯山，呈西北东南走向，盘踞在伊朗的西南部，平均海拔3000米，地势起伏交错。伊朗北部则分布有呈东西走向的厄尔布尔士山脉，将里海和中央高原隔开。伊朗的中部为中央高原，平均海拔900米，其中分布着几个封闭的盆地和荒漠。伊朗东部为加恩比尔德高地，与阿富汗的兴都库什山脉毗邻。伊朗地形总体特征是四面环山，类似一只深度较浅的巨碗，山区与荒漠是伊朗最常见的地貌景观，光西部和西南部的扎格罗斯山脉就占据了伊朗约1/3的国土。除了四周环绕的高山，伊朗中部的高原干旱少雨，多荒漠和盐渍地，如著名的卡维尔大沙漠和卢特荒漠，那里气候干旱，荒无人烟。据估算，伊朗全境约有一半的国土为沙漠和荒漠[②]，只有在北部里海沿岸和南部波斯湾沿岸的狭长地带分布有小面积的冲积平原，地势平坦，土壤肥沃，适宜农业耕种。

---

① http://www.fao.org/ag/agp/agpc/doc/counprof/iran/iran.htm#2. SOILS.
② 张铁伟编著：《列国志：伊朗》，社会科学文献出版社2005年版。

（二）干旱性大陆气候为主

伊朗位于亚洲西部，东经44°—63°、北纬25°—40°之间，国土面积约164.8万平方公里，是中东地区面积第二大的国家。其北部与里海接壤，南部濒临波斯湾，西部靠近地中海，在地理位置的分布上伊朗处在亚非欧三洲交接地带，同时也是海洋湿润气候和大陆干燥气候、亚热带气候和温带气候的交汇地带，加上伊朗地势复杂四周高山环绕，造成其气候类型多样。

从气候类型来说，伊朗西部里海沿岸附近分布有地中海气候，南部地区则有大面积的热带荒漠气候和热带半干旱气候，中部地区则以大陆性干旱气候为主，局部高山地区还有寒冷的高山气候。从气候特征来说，伊朗西北部冬季寒冷有暴雪，春季和秋季相对温和，且降水较多，而在伊朗的南方，冬季相对温和而夏季非常炎热，7月的平均气温可达38℃，年降水量较少。总的来说，伊朗的气候以干旱性大陆气候为主，夏季高温，冬季平均气温高于0℃，全年热量充足。但在降水方面，由于受到副热带高压和大陆气团的影响，伊朗绝大部分地区的年降水量均低于250毫米，只有北部里海沿岸的狭长地带和西部的山区受西风的影响气候较湿润，年均降水量可达到500毫米—1000毫米[1]，中央高原的年均降水量甚至低于100毫米。伊朗属于水资源贫乏型国家，水资源短缺更是桎梏其农业发展的关键因素。

（三）土壤贫瘠，水资源短缺

伊朗国土面积164.8万平方公里的土地中，有约54.6%是山地，7.5%是森林，而有20.6%的土地是荒漠。由于地形和气候的原因，伊朗地表的土地遭风化与流水侵蚀严重，绝大部分的地表都是由岩石覆盖，土壤层稀薄。[2]从气候特征来说，伊朗的土地可分为湿润的、半湿润的和干旱的。湿润的土地主要集中在北部里海沿岸地区和一些河谷以及河流冲击扇地区，面积较少。在一些山区森林地区和其边缘地带，也分布着一些湿润土壤和半湿润土壤，但这些不便于开发为耕作用地。在伊朗的腹地，由于气候干旱，分布着

---

[1] 张铁伟编著：《列国志：伊朗》，社会科学文献出版社2005年版。
[2] http：//www.fao.org/ag/agp/agpc/doc/counprof/iran/iran.htm#2. SOILS.

大片的荒漠，这些地表的土壤为干土，甚至是碎石和细沙。

伊朗大约有1/3的土地适宜农业生产，但由于土壤贫瘠和缺乏水资源等原因，导致伊朗真正进行农业生产的土地只占其国土面积的11%[①]。由于地表缺水，水利灌溉设施不足和生产方式传统等原因，伊朗的农业用地中灌溉地不到1/3，剩下的则是旱作土地，故大部分农业作物的产量较低。伊朗的粮食生产大多集中在里海沿岸和西北部的河谷地带，这些地区降水相对丰富，中部和西南部地区则大多是畜牧业分布区。

由于气候干旱伊朗年降水量较少，境内河流水系也偏少，国内最大的河流是卡伦河，发源于扎格罗斯山脉，流入波斯湾北部。该河流部分河段可行舟，流经中央高原段一年中大部分时段是干河床。西北部的尔米亚湖是伊朗最大的咸水湖，常年不干涸。除此外，伊朗境内并没有更大的河流或湖泊。从自然条件来看，伊朗发展农业生产的条件严峻，最严重的问题是缺水以及水土流失。

二、伊朗的农业产业概况

（一）伊朗农业在国民经济中的地位

历史上伊朗是一个以农牧业为主的国家，农业曾经是伊朗国民经济的支撑，在石油工业兴起以前，农业生产是伊朗最主要的经济活动。据统计，1925年伊朗的农牧业产值约占其国民经济的80%—90%[②]，在20世纪60年代，伊朗的农业生产总值占其GDP的1/3，从事农业生产的劳动力约占其总劳动力的50%[③]。

到了20世纪末，伊朗农业生产仍占其国民GDP的1/5，在其国民经济中占有重要地位。根据世界银行的统计数据显示，2006年到2012年间伊朗的农业总产值从186亿美元增长到46.4亿美元[④]，年均增长率达到16.4%。受经济制裁的影响，2014年伊朗农业总产值有所下降，仅为395

[①] 田鸿坡、杨兴礼、郭巧梅："论伊朗耕地利用于问题"，《重庆科技学院学报》，2010年第22期。

[②] 张铁伟编著：《列国志：伊朗》，社会科学文献出版社2005年版。

[③] Mohammad Javad Amid：《AGRICULTURE, POVERTY AND REFORM IN IRAN》，https://en.wikipedia.org/wiki/Agriculture_in_Iran.

[④] http://data.worldbank.org/indicator/NV.AGR.TOTL.ZS/countries/IR?display=graph.

亿美元，仍占其当年 GDP 比重的 9.3%。[①]

伊朗的农业生产在世界也具有一定地位，是中东第一农业大国，是世界排名第 7 的 22 种主要农作物生产国以及世界第 12 大小麦生产国。此外，伊朗的开心果生产居世界第一，椰枣生产第二，苹果生产第四，每年开心果、葡萄干、核桃、柑橘、樱桃、石榴等干鲜果品的出口是伊朗出口贸易的重要部分。

（二）伊朗主要农业部门

伊朗的农业经济部门相对齐全，主要有种植业、畜牧业、渔业、林业和农副产品加工业等产业部门，种植业在农业总产值中占的比重最大。伊朗的种植业主要分为粮食作物和经济作物，粮食作物主要是小麦、大麦和水稻等，经济作物则有传统的经济作物如棉花、甜菜、甘蔗，以及一些水果坚果如椰枣、石榴、柑橘、葡萄和开心果、杏仁等。

伊朗的畜牧业和渔业在其农业经济中也占有一定地位。伊朗山区众多耕地有限，畜牧业是其经济的重要组成部分，伊朗至今仍有不少少数民族部落以游牧为生。此外伊朗的渔业也能为其农业部门创造不小的经济价值。伊朗拥有 2700 千米的海岸线和众多的河流湖泊，北部的里海和南部的波斯湾海域，为其提供了巨大的渔业资源。[②] 伊朗的虾、白鱼、鲟鱼和金枪鱼等鱼类产品在国际市场上深受欢迎，尤其是由北部里海的鲟鱼子制成的鱼子酱，更是享誉世界。

林业也是伊朗传统的农业部门之一，伊朗的木材开采主要集中在伊朗沿岸和西北部山区，近年来伊朗较注重保护本国的林业资源，在保证一定的商业开采的同时也禁止过度砍伐森林，促进环境的可持续发展。

三、伊朗主要农业部门的发展现状

（一）种植业

1. 主要粮食种植概况

伊朗是以面食为主的国家，尽管小麦是国内种植面积最广的粮食

[①] http：//data.worldbank.org/indicator/NY.GDP.MKTP.CD/countries/IR? display = graph.
[②] 李励年、谢营梁："伊朗渔业发展概况"，《现代渔业信息》，2005 年第 10 期。

作物，但由于消费量大以及伊朗的农业生产水平落后，伊朗常年需进口大量的小麦、大麦等粮食，1971—1978年间，伊朗光小麦的年均进口量就达108万吨。1979年伊朗伊斯兰革命爆发，随后建立的伊斯兰政府非常重视发展农业经济，认识到农业是伊朗经济的基础，提出实现伊朗农产品尤其是粮食自给的经济目标，要求摆脱伊朗长期对粮食进口的依赖。

新建的伊斯兰政府对于推动本国农业经济的发展主要采取了两个政策，一是保证从农民手中收购的一部分主要农产品的收购价格，保障农民的利益和农业生产的积极性。通过财政补贴鼓励农民种植生产一些特殊品种的农产品，丰富国内农产品的品种，提高伊朗农产品在国际市场的竞争力。同时伊朗还注重扩大主要农产品的生产面积，发展农业科技，提高农业生产的机械化水平。自1980年起，伊朗的主要粮食作物的产量总体呈增长趋势，20世纪60年代，伊朗还是一个小麦纯进口国，到了2007年伊朗的小麦产量达到了1500万吨，第一次实现了小麦的出口[1]。

伊朗的粮食生产集中在北部里海沿岸和西部山地的河谷和低谷地带，这些地方地势相对低矮，水资源也较丰富。小麦是伊朗国内最主要的粮食作物，占伊朗农业粮食种植总产量的50%[2]，近年年产量达到1300万吨。大麦则是伊朗国内第二大粮食作物，占伊朗农业总产量的17%，近些年均产量达到340万吨左右[3]。尽管如此，伊朗的粮食目前也不能实现完全自给，伊朗是世界主要的小麦进口国之一。

小麦在全国的耕种面积最广，但由于大多是旱作农业生产依赖天然降水，产量普遍偏低。大麦的种植范围则主要在伊朗的北部和中部地区，以旱作耕种为主，近年来种植面积有所缩减。因水稻对水资源的要求较高，伊朗的水稻种植主要集中在北部里海沿岸地区，这里地势低平，土壤较肥沃且降水充沛。

---

[1] http://spzx.foods1.com/show_220469.htm.
[2] Helen Loveday, Bruce Wannell.《Iran Persia: Ancient &Modern》.
[3] 世界粮农组织数据库: http://faostat3.fao.org/home/E.

表5—2　1980—2013年伊朗主要粮食作物的生产情况（收获面积、单产与产量）

作物	计算单位	1980年	2013年	年平均值	年均增长率
小麦收获	公顷	5953700	7050000	6340709	0.51%
面积单产	吨/公顷	0.98	1.99	1.59	2.16%
总产量	吨	5849800	14000000	10110000	2.68%
大麦收获	公顷	1576700	1600000	1824119	0.04%
面积单产	吨/公顷	0.86	2.0	1.52	2.60%
总产量	吨	1352500	3200000	2710000	2.64%
水稻收获	公顷	462180	570000	545168	0.64%
面积单产	吨/公顷	2.84	5.09	4.0	1.79%
总产量	吨	1310600	2900000	2220000	2.44%

数据来源：世界粮农组织1980—2013年伊朗农业数据，http://faostat3.fao.org/home/E。

1980—2013年间，伊朗的小麦生产面积有小幅度的增加，但单产和总产量提高较快，年均增长率均保持在2%左右，使得30多年间伊朗小麦的单产和总产量翻了近2倍。同一时期伊朗大麦的投产面积其实处于缩减状态，在1981—1993年间伊朗大麦的年均生产面积约2230000公顷，1994—2013年间年均生产面积则只有1572024公顷，但由于大麦种植的单产显著增加，使得伊朗大麦生产的总产量从1980年起呈增长趋势。在此其间，伊朗的水稻种植面积有小范围增加，同时单产基本呈逐年上升的趋势，水稻总产量不断提高（见图5—1）。

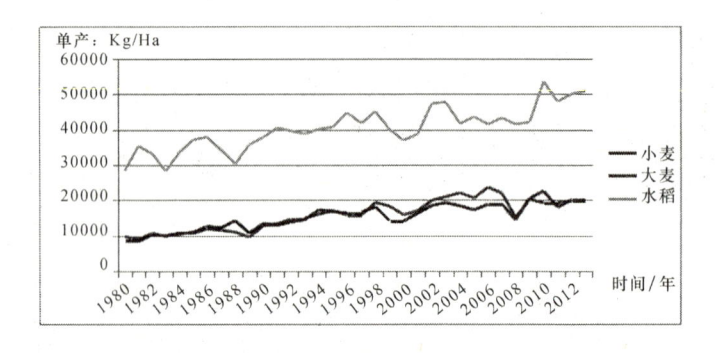

图5—1　1980—2013年伊朗主要粮食作物单产变化趋势

数据来源：世界粮农组织1980—2013年伊朗农业数据，http://faostat3.fao.org/home/E。

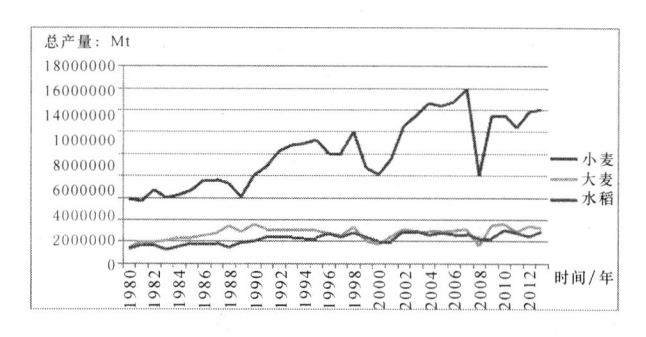

图 5—2　1980—2013 年伊朗主要粮食作物产量变化趋势

数据来源：世界粮农组织 1980—2013 年伊朗农业数据，http：//faostat3. fao. org/home/E。

伊朗的气候相对干旱，降水量少且土壤贫瘠，加上传统的农业生产模式粗放，历史上伊朗的粮食种植产量偏低。自 20 世纪 80 年代以来，伊朗的三大主要粮食作物总产量显著提高，首先是因为主要粮食作物的种植面积不断扩大；其次，伊朗也从国外引进了高产的粮食种子，使得粮食的单产增加；再者，则是在依靠大量施用农药和化肥来提高粮食的产量。

由于高产作物的引进以及农药和化肥等的普及，使得伊朗过去 30 多年来粮食的增产可观，但过度使用农药和化肥，已经造成了伊朗的土地退化，加剧土地的盐渍化，陷入恶性循环。伊朗曾试图提高粮食生产的农业机械化水平，但效果并不理想，比如在广大的农村，大约只有 10% 的农民拥有现代灌溉设备，余下的仍然是使用传统的方式进行灌溉。在粮食的收割、播种等方面，伊朗的机械化水平也偏低。2005 年伊朗全国的耕地面积为 1610 万公顷，而全国在用的农用拖拉机数量仅为 289100 台，平均每台拖拉机负担 55.69 平方公顷的耕地，此数值约为中东另一农业国家以色列 5 倍。早在 2000 年，以色列国内每台农用拖拉机负担的耕地面积仅为 12.46 公顷。[1]

2. 主要经济作物的生产概况

伊朗的主要经济作物有棉花、糖类作物、茶叶和藏红花等。伊朗的棉花种植历史悠久，种植范围广布全国，其中以北部里海沿岸的马赞达兰省

---

[1] http：//d. qianzhan. com/xdata/details/71747a9947c7921e. html。

和戈尔丹省以及东北部的呼罗珊省为主要产区。棉花是伊朗纺织业的主要原料，而棉籽则是伊朗当地食用油的主要原料之一。伊朗人嗜甜食，每年国内的糖类消费量巨大。甜菜是伊朗传统糖料作物，但近年来甘蔗的种植面积增幅迅速。伊朗是世界主要产茶国之一，同时也是世界茶叶消费大国，伊朗人无一日不饮茶。伊朗的茶叶种植主要以红茶为主，2009年伊朗出产约6万吨红茶。[1] 此外伊朗还生产和出口一味重要的药材——藏红花。伊朗是藏红花的原产地之一，藏红花一直是伊朗重要的经济作物。伊朗是世界最大的藏红花生产国，藏红花的产量占世界总产量的90%，出口量稳居世界第一。[2] 2010年仅伊朗东北部的北呼罗珊省就出口了57吨藏红花，价值1.5亿美元。[3]

表5—3 1980—2013年伊朗主要经济作物的生产情况

作物	单位	1980年	2013年	年平均值	年增长率
棉花总产量	吨	57000	67000	108000	0.49%
甜菜收获	公顷	154000	106500	155728	-1.11%
面积单产	吨/公顷	23.6350	39.2958	29.4255	1.55%
总产量	吨	3639786	4185000	4430948	0.42%
甘蔗收获	公顷	19000	71000	38866.79	4.10%
面积单产	吨/公顷	68.7895	87.3239	76.19978	0.73%
总产量	吨	1307000	6200000	2926446	4.83%
茶叶收获面积	公顷	31000	24500	30476	-0.71%
总产量	吨	32200	160000	66643	4.98%
藏红花收获面积	公顷	854	810	813.9	-0.25%
总产量	吨	449	560	505.5	1.1%

数据来源：世界粮农组织1980—2013年伊朗农业数据，http://faostat3.fao.org/home/E。

---

[1] http://tea.wikia.com/wiki/Tea_production_in_Iran.
[2] 中国驻伊朗使馆经商处：http://ir.mofcom.gov.cn/article/c/h/201104/20110407496245.shtml.
[3] No. 3663 | Economy | Page 5". Irandaily. 2010—03—20. Retrieved 2011—09—22.

棉花在伊朗的种植历史悠久，是其重要的经济作物之一。在1980—2013年间，伊朗的棉花产量呈波动上升趋势，在1984—1992年间伊朗棉花的年产量均达到10万吨，而在1994—2005年间，伊朗棉花的年均产量更是达到了13万吨。但自2006年后，伊朗棉花的产量开始呈下降趋势，并在2012年低至5万吨。2000年是1980年以来伊朗棉花产量最高的年份，达到了16万吨，对比1980年棉花的产量，年增长率高达4.2%。2006年伊朗因为核问题受到欧美等国家的经济制裁，对其国内经济造成了重大影响，使得不少农产品的生产量减少，棉花种植就是其中之一。

伊朗在饮食上好甜食，故历来是一个糖类消费大国。伊朗的传统糖类作物主要以甜菜为主，但近年来甘蔗的种植量有所增长，甜菜的种植反而在缩减。1979年伊朗的甜菜和甘蔗的种植面积分别为14万公顷和1.9万公顷，到了2013年伊朗甜菜的种植面积约10.6万公顷，甘蔗的种植面积约为7万公顷。甘蔗作为伊朗国内第二大糖类作物，其种植生产自20世纪末期后得到伊朗政府的重视与引导，生产面积在2000年后迅猛增长。1980—2000年间，伊朗的甘蔗年均种植面积约在25000万公顷左右，2001—2013年的年均生产面积则攀升到60000万公顷左右。在2000年至2013年间，伊朗的甘蔗种植面积年均增长8.18%。而从2011年开始，伊朗国内的甘蔗总产量开始超越甜菜，成为伊朗国内生产面积与总产量均为第一的糖类作物。总的来说，伊朗的糖类作物总产量在过去30年间呈增长趋势。

茶叶是伊朗人民重要的日常消费品，但由于气候和土壤等条件的限制，伊朗可种植茶树的区域不多，主要分布在里海沿岸和南部的沿海地区。20世纪80年代以来伊朗的茶树种植面积缩减了，但是茶叶的总产量增幅巨大，说明伊朗的茶树种植水平有了较大的提高。尽管如此，由于伊朗人民日常的茶叶消费大，茶叶依然是伊朗主要的进口产品之一。藏红花具有较高的药用价值，加之产出不高，价格一直居高不下。由于气候等自然条件限制，过去30年间，伊朗的藏红花种植面积并无明显增加，有些年份种植面积甚至处于退减状态，但是由于政府对藏红花的种植技术进行改良，使得其单产有所提高，总产量呈增长趋势。

3. 水果和坚果的生产

伊朗地域面积广阔，跨亚热带和温带气候区，气候类型多样，适宜多种水果的种植。伊朗不仅是中东地区最大的水果生产国，甚至在全球也是水果生产大国，伊朗的水果和坚果的出口在世界水果市场上占有一定地位。伊朗的水果生产在世界排名第八到第十位，世界人均年水果产量是80千克，而伊朗则达到了200千克。[1] 伊朗的石榴和开心果生产总量居世界第一位，椰枣和樱桃的产量世界第二，苹果和核桃第四位，柑桔的生产则居第七位。[2] 2008年伊朗出口了20万吨开心果和3.5万吨柑橘，总价值约8600万美元。[3] 伊朗的水果和坚果是其主要的出口农产品，仅2010年伊朗便向周边国家和欧盟出口了价值20亿美元的水果。[4]

表5—4　1980—2013年伊朗开心果、椰枣、葡萄等的生产情况

作物	计算单位	1980年	2013年	年平均值	年增长率
开心果 收获面积	公顷	112000	246714	224938	2.42%
总产量	吨	23000	478600	230281	9.63%
椰枣 收获面积	公顷	82000	162998	156763.7	2.10%
总产量	吨	250000	1083720	761771	4.54%
葡萄 收获面积	公顷	182000	207537	238006	0.40%
总产量	吨	1100000	2046420	1975296	1.90%
柑橘 总产量	吨	360000	1192266	1474265	3.70%
杏仁 总产量	吨	55000	457308	214651	6.63%
樱桃 总产量	吨	53000	200000	150499	4.11%

数据来源：世界粮农组织1980—2013年伊朗农业数据，http：//faostat3.fao.org/home/E。

---

[1] http：//financialtribune.com/articles/economy-domestic-economy/24095/fruit-smuggling-threatening-agro-sector.
[2] "Faostat". Faostat.fao.org. Retrieved 2011—09—22.
[3] http：//www.iran-daily.com/1388/3396/html/economy.htm.
[4] http：//www.iran-daily.com/1388/3396/html/economy.htm.

开心果的种植种在伊朗历史悠久，产量稳居世界第一，一直是伊朗主要的出口产品。在 1980—2007 年之间，伊朗的开心果种植呈增长趋势，种植面积不断增加并在 2007 年左右达到历史峰值，全国的种植面积共 450000 公顷。在此期间伊朗开心果的年产量从 80 年代初的 23000 吨增长到 2013 年的 478600 吨，产量大幅增长，年均增长率达到 7%。而椰枣作为伊朗国内的主要水果——甚至在一些农村地区被当作粮食食用，在过去 20 多年间种植面积和单产均呈上升趋势。总的来说，伊朗椰枣的产量在 2006 年后有一个较大的增长，2006—2013 年的年总产量均在 100 万吨以上，是 80 年代年均产量的两倍多。

伊朗气候较干燥，日照时间长，故而盛产优质的葡萄。伊朗人历史上好饮葡萄酒，如设拉子的葡萄酒就很出名，伊朗也出口优质的葡萄干。近年伊朗的葡萄种植稳步发展，产量不断提高。此外，伊朗的柑橘、杏仁和樱桃等水果的产量近年来产量也大幅增加，杏仁在过去 30 多年甚至达到了年均 6.6% 的增长，产量惊人。开心果、椰枣、杏仁、樱桃、柑橘等，都是伊朗主要出口产品，优质的鲜果加上巨额的产量，使得伊朗在世界果蔬产品的出口中名列前茅。2007 年，伊朗的开心果、核果与草莓的出口排在世界第一位，椰枣、杏仁排在第二位，甜瓜、樱桃等则排在世界第三位。[1] 这些干鲜果品产量的增长，表明伊朗一直大力发展其果蔬种植，致力于保持其水果出口的优势。

（二）畜牧业的发展

历史上伊朗除了是一个以农业经济为主的国家，畜牧业也是其国家经济的重要组成部分。伊朗在地域分布上也处在农耕区和游牧区的交汇地带，其境内至今仍分布有不少以游牧为生的部落。伊朗的畜牧业分为游牧和半游牧，过去以粗放式游牧经营为主，大多分布在山区和边远的贫困地区，蓄养的主要牧种有绵羊、山羊、黄牛、马等，其中绵羊和山羊的数量占总蓄养量 2/3 以上。伊朗是伊斯兰国家，羊肉、牛肉是其主要的肉类消费品，故而牛、羊的蓄养是其畜牧业的主要构成，同时产出的羊毛还可用

---

[1] "Iranian Producer & Exporter of dried fruit and Nuts, all kinds of Iranian Pistachios, Iranian Dates, Golden Raisins, Sultana Raisins and Figs". www.sahravi.com. Retrieved 28 May 2011.

于纺织业或出口。在 1960—1961 年间，伊朗的全国牲口统计显示，当时蓄养的绵羊总数约 2720 万只，山羊 1280 万只、黄牛 520 万头、马 45.2 万匹。[1] 当时伊朗的肉类产品基本能实现自给，羊毛还能出口。1979 年伊斯兰革命后，新建立的伊朗伊斯兰政府实行大力扶持农业发展的政策，也推动了国内畜牧业的发展。根据世界粮农组织的统计数据，2010 年伊朗国内绵羊的存栏数为 4950 万只，山羊为 2230 万只，黄牛有 850 万头，马匹则有 14 万头[2]，比起 20 世纪 80 年代有了巨大的发展。

表 5—5 1980—2013 年伊朗的绵羊、山羊和黄牛的统计数据

名称	计算单位	1980 年	2013 年	年平均值	年均增长率
绵羊数量	万只	3450	5022	4731.87	1.14%
山羊数量	万只	1735.8	2210	2362.48	0.73%
黄牛数量	万头	517.4	867	745.16	1.60%

数据来源：世界粮农组织 1980—2013 年伊朗农业数据，http://faostat3.fao.org/home/E。

绵羊的养殖一直在伊朗的畜牧业中占重要比重，且蓄养总数总体呈上升趋势。1980—2013 年间，伊朗国内绵羊的畜养数量从 3450 万只增长到 5022 万只，年均增长率为 1.14%。在畜养比重上，2013 年伊朗国内绵羊的存栏数 5022 万只，占国内主要畜种总量的约 62%，相比 1980 年的 60% 增幅不大。山羊养殖是伊朗第二大畜牧业，但其数量和增幅较小，过去 30 多年间养殖数量从 1735 万只增加到 2210 万只，年均增幅仅为 0.73%，在全国主要畜种中的比例也较稳定。2013 年伊朗国内山羊存栏数约 2210 万只，占全国畜牧总量的 27%，相比 1980 年的 30% 减少了 3%。与此同时伊朗黄牛的养殖数量有较大增长，在 2013 年存栏数达到 867 万头，相比 1980 年的 517 万头，增幅高达到 69%，但黄牛的养殖在全国的畜牧业中占的比例仍较小，2013 年蓄养总量在全国主要畜种中约占 10%。

---

[1] 张铁伟编著：《列国志：伊朗》，科学文献出版社 2005 年版。
[2] 世界粮农组织数据库：http://faostat3.fao.org/home/E。

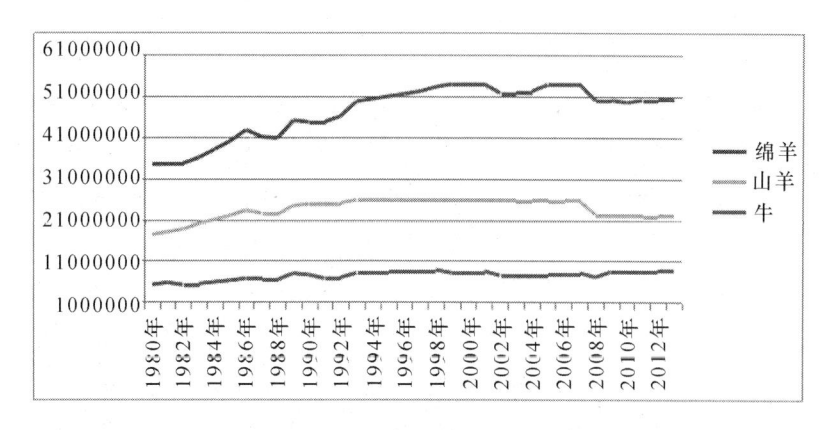

图 5—3 1980—2013 年伊朗主要牧种的增长趋势（单位：只）

数据来源：世界粮农组织 1980—2013 年伊朗农业数据，http://faostat3.fao.org/home/E。

由于畜牧业的持续发展，伊朗国内的乳畜产品消费在过去 30 年一直处于基本满足国内消费需求的状态。只有在 20 世纪 80 年代末的两伊战争时期，伊朗国内的肉类和乳畜产品消费受到压制。这是由于伊斯兰政权建立后，随着政局的稳定和社会经济的发展，伊朗的人口迅速增长，这对国内的粮食和肉类供应造成明显压力。同时 20 世纪 80 年代末的两伊战争，也对伊朗的畜牧业发展带来严重打击，使其发展几乎停滞。

2000 年以后，经济的发展和人民生活、消费水平的提高，伊朗的畜牧业规模迅速发展。在 2006 年前后，伊朗国内的绵羊和山羊养殖数量均达到历史的峰值，分别为 538 万只和 258 万只。2006 年后受西方欧美等国家的经济制裁，伊朗国内的畜牧业也随之受到打击，部分牲畜的蓄养量有所下降。

但总的来说，跟伊朗国内的粮食生产长期不能实行自给相比，现代伊朗的乳畜产品的生产形势较好，基本能保障国内居民对肉类产品的需求。如在 2008 年，伊朗的家畜产品总量达到 1130 万吨，人均肉类消费是 26 公斤每年[1]，同年我国的人均肉类消费为 23.96 公斤每年[2]。

---

[1] https://en.wikipedia.org/wiki/Agriculture_in_Iran.
[2] http://www.p5w.net/news/cjxw/201104/t3562000.htm.

（三）渔业和林业发展

伊朗的北部是里海，南部是海岸线曲折的波斯湾，伊朗的国土面积中有 2700 公里的海岸线[1]，从地理位置上看伊朗是中东地区渔业资源较好的国家，尤其是南部的水域渔业资源丰富。伊朗目前的年捕鱼量约在 30 万—40 万吨，其中 80% 的捕鱼量来自南部波斯湾水域[2]。

鱼虾类水产品是居住在里海和波斯湾沿岸的伊朗居民的重要食材。但伊朗传统的肉类消费以牛羊肉和家禽为主，鱼类的人均消费偏低。为了改变国内居民的饮食习惯，均衡营养物质的摄入以及促进国内水产市场的消费，伊朗政府采取了举办水产品展销会，在大城市开设水产市场以及向儿童及其父母宣传鱼类的相关知识等措施。随着近年伊朗水产品产量的增长以及政府的宣传，伊朗人均鱼品消费已经从 1998 年的 4.6 千克增长到 2003 年的 6 千克[3]。

同时水产品也是伊朗重要的农业出口产品，伊朗的水域主要出产鲟鱼、鳊鱼、白鱼、鲑鱼、龙虾、对虾和鱼子酱等。伊朗北部的里海主产白鱼和鲟鱼，其中鲟鱼的鱼子酱闻名世界，是伊朗水产出口的重要物资。而南部波斯湾水域则主要出产小虾、龙虾、金枪鱼。1997 年伊朗水产出口总额为 5000 万美元，到了 2003 年伊朗出口水产品共 2 万多吨，总价值约 8740 万美元[4]，其中出口总值最大的是鱼子酱。伊朗是世界最大的鱼子酱出口国[5]每年出口的鱼子酱约 300 吨，2009 年伊朗光鱼子酱出口就达到 2200 万美元[6]。

近年随着政府对海洋捕捞业的重视，伊朗的海洋捕鱼量不断增长，光南部海岸水域的捕捞量在 2004 年就达到了 29.9 万吨，相比起 1976 年的捕捞量，达到了年平均 12.6% 的增长[7]。2005 年伊朗实施第四个五年计划，

---

[1] 张铁伟编著：《列国志：伊朗》，社会科学文献出版社 2005 年版。
[2] 张铁伟编著：《列国志：伊朗》，社会科学文献出版社 2005 年版。
[3] 李励年、谢营梁："伊朗渔业发展概况"，《现代渔业信息》，2005 年第 10 期。
[4] 李励年、谢营梁："伊朗渔业发展概况"，《现代渔业信息》，2005 年第 10 期。
[5] "Crunch time for Caspian caviar", BBC News. June 19, 2001. Archived from the original on 27 March 2010. Retrieved April 23, 2010.
[6] 李励年、谢营梁："伊朗渔业发展概况"，《现代渔业信息》，2005 年第 10 期。
[7] http://lcweb2.loc.gov/frd/cs/pdf/CS_Iran.pdf. This article incorporates text from this source, which is in the public domain.

其中把渔业作为其国民经济的重点发展项目之一，计划到 2009 年使伊朗的水产产量从 2003 年的 44 万吨扩大到 76 万吨①。在伊朗的渔业发展计划中，南部的波斯湾、阿曼湾水域是其重点开发区域，目前南部波斯湾水域的捕获量已占据伊朗全国渔业总产量的 80%。

伊朗海洋渔业的发展得益于伊朗在海洋捕捞上增强了与邻近国家的合作，以及本国的海洋捕捞设备不断增多，设施日益完善。同时伊朗为实现其第四个五年计划的渔业发展目标，积极开发新的海洋渔业捕捞资源，组建远洋捕捞船队，并参与印度洋的渔业捕捞。然而伊朗的石油工业也对其渔业发展带来一定的限制，尤其是南部波斯湾海域，石油的开采和石化工业带来的污染日益严重，对该地区的渔业发展造成威胁。

伊朗的主体气候特征虽然以干旱为主，但在北部里海沿岸和西部山区，由于受到来自大西洋的湿润气流的影响，年降水量可达 800—1000 毫米以上，培育了不少茂密的森林。据统计在 2005 年，伊朗的森林面积为 1100 万公顷，约占伊朗国土面积的 7%②。伊朗的主要林地分布按地域划分可分为北部里海沿岸森林、西部森林、南方森林和中部的荒漠森林。其中面积最大的为西部山区森林，约有 360 万公顷，其次是里海沿岸，分布有 150 万公顷的茂密森林③。

伊朗主要出产的木材有枫树、栎树、阿月浑子树和杨树等。伊朗的木材开采主要集中在伊朗沿岸和西北部山区，其中里海沿岸和厄尔布尔士山北坡的森林最具开采价值，湿润的气候使那里森林茂密，树种丰富，出产包括硬木和软木等多种木材。根据伊朗自然资源部门的监测显示，2004 年里海沿岸的森林产出了 82 万立方米的木材，其中超过 90% 用于工业生产④。

但近几十年由于森林的过度开采和保护不当，伊朗的森林资源遭到严重破坏。早年的伊朗官方数据统计仍显示伊朗的森林面积有 1800 万公顷，占国土面积的 1/9，而到 1994 年时，根据联合国粮农组织的统计显示，伊

---

① 李励年、谢营梁："伊朗渔业发展概况"，《现代渔业信息》，2005 年第 10 期。
② https://en.wikipedia.org/wiki/Agriculture_in_Iran.
③ http://lcweb2.loc.gov/frd/cs/pdf/CS_Iran.pdf. This article incorporates text from this source, which is in the public domain.
④ http://lcweb2.loc.gov/frd/cs/pdf/CS_Iran.pdf. This article incorporates text from this source, which is in the public domain.

朗的森林面积已减少到1140万公顷①，在1954—2004年间，41%的伊朗森林消失了②。目前伊朗政府已经认识到森林破坏的严峻形势，开始对砍伐森林的数量进行严厉控制，并扩大对木材和林产品的进口，以保障国内的木材消费以及保护其日益减少的森林面积。

四、20世纪80年代以来伊朗农业发展的特点

（一）政府大力扶持农业发展

1979年伊朗伊斯兰革命后伊斯兰共和国建立，由于西方国家的压制以及霍梅尼政府"不要东方，不要西方，只要伊斯兰"的立场，新建立的伊斯兰政府在大力发展石油化工工业的同时，也大力扶持国内农业的发展，试图首先在粮食供应方面实现基本自给，以摆脱对西方的经济依赖。1980年以来伴随着伊朗农业生产产量不断提高的是政府的政策扶持。

伊斯兰政府建立后首先抛却巴列维王朝优先发展工业的经济政策，转而向农业经济倾斜，强调农业是伊朗经济的基础，把发展农业作为伊朗政府的中心任务之一。伊朗政府通过好几种方式支持农业的发展，首先最直接的是对农业进行高额的财政补贴。每一年，伊朗政府都会预先划定从农民手中收购小麦的特定价格，以减少他们由于受到市场粮食价格的季节波动而受到的损失。同时政府也会对在农产品生产上的改进给予广泛的补贴，比如对农药和化肥的使用等。此外政府还扩大了对针对农民的短额信用贷款，以及对农民实行免税的措施③。

除了在财政上的补贴，伊朗政府还推动了一系列针对传统农业的改革。它们包括进口高品质的改良种子，与他国签订农业合作协议等。为提高农民的科技水平，伊朗还成立了农业科研、教育与推广组织AREEO，专门负责农业科研、技术推广和人才培训④。该组织归属伊朗农业部，前身是农业部的顾问机构，下设有计划与支持部、教育及人力资源培训局、推

---

① 张铁伟编著：《列国志：伊朗》，社会科学文献出版社2005年版。
② http://lcweb2.loc.gov/frd/cs/pdf/CS_Iran.pdf. This article incorporates text from this source, which is in the public domain.
③ https://en.wikipedia.org/wiki/Agriculture_in_Iran.
④ 赵金萍："别具特色的伊朗农业技术推广"，《中国农技推广》，2001年第5期。

广部和研究部。1980年后由于国家高度重视农业的发展，该部门除了在国家层面指导监督各省进行农业生产和推广，还在各市级城市成立农业推广办公室，通过开展现代农业生产技术的培训和宣传，出版影视宣传资料和杂志刊物等，提高农业生产者的科技水平，推动伊朗农业的现代化。此外，小城市和偏远落后的农村地区，还会派农业技术推广员或专家对当地农民的农业生产提供指导。

（二）主要粮食总量增产巨大，但技术进步有限

由于得到政府的大力扶持，1980年后伊朗的农业生产总产量不断提高，尽管随后不久经历了两伊战争的影响，伊朗的经济发展受到一定的阻碍，伊朗的主要粮食产量依旧日益提高。

根据世界粮农组织的统计数据，1979年伊朗国内小麦总产量为602.5万吨，大麦产量125.5万吨，水稻产量为124.8万吨，同年伊朗有65%的粮食依赖进口。经过近20年的发展，到了1998年伊朗的小麦产量达到1195.5万吨，大麦产量330万吨，水稻产量277万吨，小麦的增产达到98%，而大麦和水稻的产量在20年间更是翻了一倍多。在此期间伊朗对粮食进口的依赖逐渐降低，到了2007年伊朗小麦大丰收，国内小麦产量首次达到了1588万吨，伊朗农业部长Jihad Mohammad Reza Eskandari称当年伊朗国内小麦需求约1100万吨，余下的400多万吨小麦将用于出口。自此伊朗开始摆脱小麦的纯进口国历史，步入小麦出口国之列。

但由于缺少平坦广袤的平原地区，国内粮食种植的分布较分散，不利于现代机械化生产，伊朗的小麦、大麦和水稻等主要粮食作物的生产仍属于劳动密集型，这些年政府增加农业投资的结果是扩大了粮食的耕作面积从而提高了总产量，但农业生产力的变化不大。一个最明显的例子是伊朗农业生产的机械化水平不高。在20世纪80年代后半期，现代农业机械成本过高，伊朗的农用机使用率下降了51.9%，而传统农具铁犁的销量在1984—1989年间则翻了5倍[1]。到了2007年伊朗全国在用农用拖拉机的数308422台[2]，比起1980年的78000台，数量上增长了近3倍，年均增长率

---

[1] 张超:"伊朗农业自给问题及政策选择"，《生产力研究》，2013年第12期。
[2] 世界粮农组织：http：//faostat3.fao.org/home/E。

达到5.22%,但其农业机械化程度与别国相比还是处在较低的水平。2006年伊朗每平方公里耕地可用的拖拉机数量为15.9台,低于世界平均水平的20.2台;收割机—脱粒机的数量为0.6台每平方千米,而世界平均水平则为2.9台每平方千米[1]。2006年伊朗的谷物和小麦产量分别为2672千克每平方千米和2417千克每平方千米,低于同期世界平均水平的3296千克每平方千米和2804千克每平方千米。可见伊朗的粮食作物生产总体仍是粗放经营为主,机械化水平低,农业生产力低下。

(三) 从事农业生产的人口不断下降

自20世纪80年代以来,由于伊朗城市化的快速发展,大量农村人口流向城市。加上巴列维政府时期遗留的农村土地改革问题得不到有效解决,大量失去土地的农民只能转向城市谋求生计,此外还有国际高油价给伊朗带来高收益的同时也造成了国内通货膨胀,以劳动密集型为主的伊朗农业收益下降,也导致其从事农业生产的人口减少。1976—2009年间,伊朗的农村人口比例从53%下降到28%。得益于部分现代农用器械的推广已经大量的使用农药和化肥,近30年来伊朗得以在农业从业人口减少的情况下仍保持粮食产量的增长。但随着城市人口的增多和居民生活水平的提高,伊朗城市居民对农产品的需求量会进一步增大,若农业人口继续流失,势必对伊朗的农业生产带来巨大压力。

(四) 粮食生产受气候灾害的影响严重

近10多年来,全球变暖导致低纬度地区的降水发生明显变化,据已观测到的数据,伊朗的年降水量已明显减少。气候变化对伊朗的粮食生产产生明显影响,由于伊朗大多数地区气候干旱,降水较少,而伊朗的耕地中水耕地只有30%,其余均为旱作农业,故粮食产量受自然条件的影响非常严重。如在伊朗近些年的粮食生产中,发生全国大范围严重干旱的2000年和2008年,粮食产量均严重减少。2000年伊朗的小麦产量只有800多万吨,大麦产量168万吨,水稻产量197万吨,均为临近年份的最低值,而

---

[1] 田鸿坡、杨兴礼、郭巧梅:"简论伊朗耕地利用特征与问题",《重庆科技学院学报》,2010年第22期。

2008年伊朗的小麦产量更是跌破800万吨，相比2001年到2007年年均1350多万吨的小麦产量，少了500多万吨。

伊朗本身的自然条件在农业生产中便没有太多的优势，加上近年来全球气候变暖，伊朗所处的亚热带干旱地区受到升温和降水波动的影响，粮食产量的波动性更强。已有研究结果显示，近年来受全球气候变暖的影响，伊朗近10年的大麦和小麦产量减产34%—75%[1]，其余的农业生产也遭受了巨大的损失。

五、伊朗农业发展的前景

（一）政策扶持的优势继续保持

伊朗作为中东地区粮食生产大国，同时也是世界上的粮食生产大国，农业在其国民经济中本就占有重要地位，伊朗政府在政策上会一直支持农业的发展。加之现阶段由于伊朗发展核势力导致与美国、欧洲等国家关系紧张，更需要发展农业以保障自己国内的粮食安全。1979年伊斯兰共和国建立后，伊朗政府就一直把实现国内粮食自给作为其农业发展的重要目标，试图减少伊朗经济对于西方国家的依赖，以便在地区和国际事务上掌握更多的话语权。通过政府大力的财政补贴，以及对提高农业产量的各类技术、资金投入，在2007年伊朗的小麦产量突破1500万吨，一度使伊朗摆脱了小麦纯进口国的身份。但在2007年后，由于经济制裁、气候灾害频发等原因，伊朗的小麦生产没能保持稳步增长，伊朗在近几年每年仍需进口数百万吨的小麦。因此伊朗政府对进一步保障和推动国内农业尤其是粮食的生产，仍不敢掉以轻心。

农业是国民经济的基础，这是各国经济发展的共识。伊朗是世界油气大国，在20世纪70—80年代世界石油价格疯涨的时候，中东地区的国家均陷入经济过度依赖石油能源出口的状态，伊朗也不例外。20世纪后期石油出口占伊朗外汇收入的80%，占其财政收入的90%左右[2]。伊朗为解决

---

[1] Marzieh Keshavarz, Ezatollah Karami, Mansoor Zibaei (2013) Adaptation of Iranian farmers to climate variability and change. Reg Environ Change 914: 1163 - 1174 DOI 10.1007/s10113 - 013 - 0558 - 8.

[2] 张铁伟编著：《列国志：伊朗》，社会科学文献出版社2005年版。

其国内经济结构不合理的现状,也需要大力发展农业,完善其经济结构,同时为国内其他工业的发展创造基础。

(二) 伊朗的农产品需求将会增大

自 2006 年起,伊朗因为核问题受到以美国为首的西方主要国家的经济制裁,国内经济发展遭到严重削弱,一度出现经济负增长。2007 年起,伊朗的国民经济增速急速降低,据中国驻伊朗大使馆经济参赞处数据显示,2007—2010 年间,伊朗的实际经济年增长率分别为 7.8%、1.0%、1.1% 和 1.6%[①]。伴随着经济增长放慢的是伊朗国内的高通货膨胀率和高失业率。由于通货膨胀,2010 年伊朗国内大米价格为 3 美元每公斤,面粉 1 美元每公斤,牛肉 15 美元每公斤,羊肉 20 美元每公斤,日常蔬菜则约 1—2 美元每公斤[②]。2013 年度伊朗国内的通货膨胀率一度高达 40%[③],经济增长率则为 -5.8%[④]。国内经济的不景气,失业率以及通货膨胀率居高不下,使得居民对农产品的消费能力大大降低,对伊朗的农业造成巨大打击。在此期间伊朗的棉花、甜菜的产量和羊、牛的养殖均有不同程度的减少。而随着 2015 年 7 月,伊核谈判取得突破性进展,西方国家对伊朗的经济制裁有望逐渐消除,这对伊朗国内经济的发展将是一个巨大的刺激,其农业生产也将迎来新的机遇。2015 年 8 月,伊朗媒体发文介绍在伊朗的投资机遇,试图在经济制裁解除后第一时间吸引各国到伊朗投资,以帮助伊朗经济的恢复。同时据欧洲统计局的数据,2015 年前 6 个月欧盟从伊朗进口的货物较去年同期已有一定的增长,据预测对伊朗的经济制裁解除后伊朗与世界的贸易量,特别是与欧洲国家的贸易将显著增长。伊朗与欧洲的贸易除了石油出口,农产品亦是伊朗出口欧洲国家的主要货物之一,种种信息均显示,2015 年后伊朗的农业将迎来一个良好的发展环境,同时经济形势的转好也会增加伊朗国内的消费能力,这对促进伊朗国内农产品的消费也是一个巨大的推动。

---

① 中国驻伊朗使馆经商处:http://ir.mofcom.gov.cn/article/c/h/201104/20110407496245.shtml。
② 中国驻伊朗使馆经商处:http://ir.mofcom.gov.cn/article/c/h/201104/20110407496245.shtml。
③ http://news.eastday.com/eastday/13news/auto/news/world/20160307/u7ai5374599.html。
④ http://paper.people.com.cn/rmrbhwb/html/2014-02/15/content_1391022.htm。

(三) 水资源短缺仍是伊朗农业发展的短板

伊朗现阶段仍处在传统农业向现代农业的过渡阶段，农业生产技术水平较低，人工灌溉能力不足，故大部分土地依靠自然降水进行农业生产，产量低下。伊朗大部分地区的年降水量不到250毫米，只有世界平均年降水量的1/3[1]，水资源成为制约其农业生产的关键因素。伊朗适用于农业生产的土地占其国土面积的1/3，但由于缺水、土地盐渍化等原因，目前实际用于农业生产的土地仅占其国土面积的12%，仍有近63%的农业用地没有被利用[2]，伊朗并不缺乏可用于农业生产的土地，缺的是农业灌溉设施。伊朗现今的农业用地中灌浇地约1/3，剩下的则是旱作土地，而92%的农产品产量依赖于水资源[3]。

伊朗目前的水利灌溉设施主要有坎儿井、暗渠和水坝，灌溉用水来源则主要靠地下水、河流和泉眼等。坎儿井很早就传入伊朗，是伊朗农民解决农业灌溉的主要形式，曾对伊朗农业的发展做出巨大贡献。据统计伊朗平均长度为5公里的暗渠大约有50000条，地下暗渠总长约25万公里[4]，在1960年以前，伊朗超过75%的农业灌溉是通过坎儿井完成的。但由于后来人们将抽水机运用到坎儿井中，过度抽取地下水导致水位下降，使得政府限制了坎儿井的使用。20世纪80年代以来，随着政府大力扶持农业的发展，提高农业产量，伊朗投入大量资金建设农业基础设施，尤其是水利设施如水坝、泵井和一些现代的水利工程。在2004年，伊朗投入15万亿里亚尔（约102亿人民币）来兴建农业基础设施，其中包括修建了16座水坝和7个水利灌溉项目[5]。

尽管如此，伊朗目前的水利灌溉能力仍不能满足伊朗农业的发展需求。2000年和2008年，伊朗全境经历大范围、历时长的干旱事件，造成农业的大幅减产。2000年伊朗小麦产量800万吨，为1991年以来最低值；2007年伊朗曾迎来小麦的大丰收，产量达到1500万吨，但2008年由于干

---

[1] Mohammad Javad Amid:《AGRICULTURE, POVERTY AND REFORM IN IRAN》.
[2] http://www.iran-daily.com/1387/3292/html/economy.htm.
[3] http://www.iran-daily.com/1387/3323/html/economy.htm#s358839.
[4] Mohammad Javad Amid:《AGRICULTURE, POVERTY AND REFORM IN IRAN》.
[5] 田鸿坡、杨兴礼、郭巧梅："简论伊朗耕地利用特征与问题"，《重庆科技学院学报》，2010年第22期。

旱，小麦的产量下降到约 800 万吨，同年大麦、水稻等也减产数百万吨，造成了巨大的经济损失。同时由于灌溉能力不足，伊朗现有的农业用地的生产能力远没有发挥出来，农业单产仍属处于较低水平。因此今后很长一段时间，伊朗农业的建设重点，将仍是大力兴修现代化的农业水利设施，减少旱作农业的面积，以保障和提高农业产量。

（四）土地所有权问题限制农业的发展

伊朗当今的农业生产水平低下，集约化程度低，有很大一部分原因是由于其农村土地所有权所制约。20 世纪 60 年代以前，伊朗农村的土地绝大部分掌握在王室、贵族、寺院、大地主和农场主手中，广大农民拥有很少的土地甚至没有土地。1962 年巴列维王朝曾推行一项称为"白色革命"的土地改革，试图让广大农民拥有更多地土地，但这次土改没有成功，最终的结果是地主和大农场主仍旧掌握大量的土地。伊斯兰革命政府建立后曾有进一步推行农村土改的试想，但由于被伊斯兰教法中关于"穆斯林私人财产神圣不可侵犯"等教义所限制，土改问题始终得不到解决。

由于土地所有权的失缺，广大农民的生产积极性受到打击，80 年代以来大量农民流向城市，限制了伊朗农业的进一步发展。而拥有土地的农民，一则土地面积较小，二则地域分散，不利于现代农业科技的推广。同时由于对土地所有权的争议一直存在，导致拥有大量土地的地主和农场主对国家推广农业的政策抱怀疑态度，不愿在土地上投入太多的资金以促进农业生产。

土地高度集中，是伊朗目前土地制度的主要特征，它不利于提高农民的生产积极性，同时那些没有土地的农民将进一步涌入城市，农业人口持续流失的状况将得不到缓解，农业发展的后劲不足。而对于大地主和大农场主来说，他们大多居住在城市，更愿意把手中的土地分成小块出租，他们并不关心也不愿意在农业生产上做过多的投资——出于对成本等考虑，他们更愿意采用传统的生产方式。这些均对伊朗的农业现代化进程造成了阻碍。

第六章 伊朗电影、卫生以及人口管理制度

第一节 伊朗电影的发展历程与特征

随着全球化的深入发展，不同区域内文化、文明之间的沟通联系逐渐加强，电影作为一种软文化现象，成为不同文化、文明间相互沟通交流的纽带。伊朗—古波斯帝国的缔造者，波斯文明的传承者和伊斯兰文明的继承者，在人类文明的进程中扮演着重要的角色。伊朗电影始于20世纪初，并于20世纪90年代在世界影坛中大放异彩，将中东地区这个具有神秘特色文化和独特社会意识的国度展现于世界并积极融入世界。在国际电影界区域一体化的形势下，伊朗电影带给观众的是一种久违的扑面而来的纯真感动，了解伊斯兰文明，了解伊朗人们的真、善、美。这里试图在通过简述伊朗电影的发展历程中，发掘伊朗电影的独特魅力，使其在面对电影全球化浪潮中，坚守本质，迸发活力，进一步拍摄具有伊朗特色的作品，给予观众独特的视觉享受。

一、伊朗电影的时代特征

19世界末20世纪初，是一个风云变幻的年代，西方列强在世界范围内进行大规模地殖民掠夺和扩张，除采用军事、经济手段外，思想文化侵略也占据重要地位。影视作品作为一种软文化，在思想文化侵略过程中发挥了重要的作用。1895年12月28日，法国人卢米埃尔兄弟在巴黎的"大

咖啡馆"第一次用自己发明的放映机兼摄影机放映了影片《火车到站》，标志电影的正式诞生。电影制作技术的诞生和放映机的发明，使得西方列强拥有了先进的文化侵略载体并随之传到世界各地。伊朗电影拍摄起源于20世纪初，其第一部有声影片名为 The Lor Girl，是一位旅居印度的伊朗侨民制作的，他名叫阿布杜尔·侯塞因·沙班达（Abdol Hossein Sepanta）。[1] 起初伊朗电影的拍摄不同于西方列强，电影的取材、制作、拍摄主要是以娱乐宫廷王室成员为前提，并且由王室资助。随着西方列强侵略的加剧、伊朗皇室的衰败和电影制作、拍摄技术的进一步成熟，电影不在仅仅局限于服务皇室成员，出现了向平民过渡的现象。1906年伊朗建立了首批对民众开放的影厅。1909年曾在莫斯科电影学校学习的伊朗人阿斯旺·乌甘尼扬斯制作了伊朗第一部长故事片，开创了伊朗故事片之先河。[2] 在现阶段由于电影设备和技术的限制，影片主要以默片（无声影片）为主。但私人电影院的开放、波斯语字幕和故事片的拍摄，让观众在无声的电影世界里感受到了电影的魅力，丰富了民众的生活。同时，电影由贵族化向平民化的转移，大大改善了伊朗民众的生活娱乐方式，为电影创作提供了广泛的选择题材，从而为伊朗电影在国际影坛上大放异彩奠定了基础。

在巴列维王朝礼萨·汗统治时期（1925—1941年），是伊朗电影史上的黑暗期和空白期，仅出产通俗而质量低下的言情片和喜剧片。1925年曾留学与莫斯科电影学校的亚美尼亚人奥瓦尼斯·奥哈尼安（Ovanes OhanIan）在德黑兰创办了第一所电影艺术学校，并拍摄了伊朗第一部故事片《阿比与阿拉》（Abi va Rabi），但并没有取得理想效果；1932年被称为"伊朗电影之父"的阿布杜尔·侯塞因·沙班达创作了伊朗第一部有声影片《鲁尔姑娘》，并连续在伊朗上映两年，在当时取得了巨大的影响力。《鲁尔姑娘》的成功上映，激发了阿布杜尔的创作热情。随后又相继拍摄了《西林和法哈德》（1934年）、《费尔多西》（1934年）、《黑眼睛》（1936年）、《雷丽和马季农》（1937年）等影片，他所拍摄影片的主题大都是称赞古波斯的辉煌文明，并表达了对伊朗的未来拥有很大的自信心。尽管这一阶段有相当一部分数量的影片问世，但伊朗电影却仍然呈现出缓

---

[1] 高利、任晓楠：《镜像东方——纪实主义：从伊朗新电影到中国新生代》，四川出版集团巴蜀书社2009年版，第4页。

[2] 杨文笔："近代伊朗电影产业的崛起与当代发展"，《民族艺林》，2014年2月，第87页。

慢发展的态势。究其原因：首先从国际环境方面来看，世界各国人民还没有从第一次世界大战的悲怆中走出来，接踵而来的第二次世界大战，给电影界带来了无比巨大的创伤。其次，就国内环境而言，如果说英俄两国是造成近代特别是殖民主义时期伊朗屈辱历史的主流外部力量，那么美国则是第二次世界大战结束以后及冷战开始以后成为伊朗创伤的始作俑者。[1]无论是前期的英俄殖民统治，还是后期的美国干涉内政，伊朗直到伊斯兰革命之前未曾摆脱西方列强的影响，因而在这样的国际大背景下，伊朗电影发展过程不可避免地出现黑暗与中断的现象。最后，缺乏较完善的电影产业管理制度，电影院大多是由导演们自行筹资建立的，面对市场风险能力弱，随时面临着破产的危机。尤其是在1937—1948年间，盟军全面控制了伊朗，伊朗本土电影产业受到了好莱坞大片的严重冲击，伊朗在这一阶段没有拍摄过任何题材的影片。

20世纪六七十年代，全世界电影界都出现了"新浪潮"。在穆罕默德·礼萨·巴列维（1941—1979年）在位时期，伊朗电影迅速发展。1948在德国接受过系统知识学习的导演伊斯梅尔·库尚（Esmail Kousha），成功拍摄了批判社会现实的影片《生活的漩涡》，这是继《鲁尔姑娘》之后的又一部成功的伊朗本土影片，随后他又拍摄了影片《阿米尔囚犯》（1948年）、《春天的变化》（1949年）、以及浪漫歌舞片《羞愧》（1950年）。在此之后，其作品更是层出不穷，有《母亲》（1952年）、《偷情》（1952年）、《魔术师》（1952年）等影片。如果说导演伊斯梅尔·库尚是伊朗新电影的先行者，那么导演莫森·巴迪（Mohsen Bdie）则是伊朗电影的挽救者。1952年以前，伊朗所产影片不外乎歌舞片和言情片。但导演莫森·巴迪改变了创作风格，拍摄了一部偏执于教育，但却带有歌舞和悬疑动作成分的影片《流浪汉》，这是对伊朗先期电影创作肯定的同时又加入了更多的现代化元素，使得电影不再枯燥乏味，从而成功挽救了处在边缘地带的伊朗电影。在此之后，伊朗新建了大量的影视创作公司和制片厂，促进了伊朗电影质的飞跃。但这一时期的电影大多都是低俗、枯燥、乏味的喜剧片和言情片，很难吸引观众的眼球。原因是1953年以前，巴列维并没有完全掌握伊朗政权，更谈不上对伊朗国家未来发展的规划。其治国方

---

[1] 金良祥：《伊朗外交的国内根源研究》，世界知识出版社，2015年4月第1版，第19页。

略的系统形成始于白色革命时期，其中在维护巴列维王朝的最高利益前提下，争取民族独立、民族统一和民族振兴是该时期现代化改革的最高目标。① 伊朗为了尽快摆脱西方列强的干扰，进行了大刀阔斧的全面改革，制定了相对宽松的文化政策，使得更多的电影人能够进行独立自主地创作。

伊朗电影"新浪潮"由毕业于美国加州大学洛杉矶电影分校的达鲁希·梅赫朱依（Dariush Mehrjui）开创，1969 年他拍摄的电影《奶牛》标志着伊朗电影"新浪潮"的开端影片讲述了一个贫困的村子里一头奶牛的离奇死亡后所引发的一系列问题。此后他又相继拍摄了《天真先生》和讽刺政治的影片《邮差》等影片，引起很大的反响。随后与导演达鲁希·梅赫朱依同名的大导演马苏德·基米亚伊于 1969 年成功拍摄影片《凯撒》，开创了伊朗故事片的先河，在导演莫森·巴迪的基础上马苏德·基米亚伊进一步开拓了伊朗电影创作的题材选择。这一时期优秀的影视作品有导演法拉赫·加法里拍摄的《城南》（1965 年）、导演易卜拉欣拍摄的影片《砖头和镜子》（1965 年）和导演达乌德·马拉普尔的《阿胡夫人的丈夫》（1968 年）等。1967 年伊朗在历史名城设拉子举办国际电影节；1972 年在伊朗首都德黑兰召开第九届亚洲广播联盟大会；1973 年 8 月 23—30 日在伊朗的设拉子市举办亚洲广播联盟青年电影节。② 巴列维王朝的采取的这些积极措施，进一步推动了伊朗电影新浪潮的发展。当谈及伊朗新浪潮运动的背景时，有人说："70 年代见证了国王政治上取得的辉煌成功，使他相信自己的政权固若金汤，所以允许电影人对社会问题进行适度批判。"正是在这样的宽松的文化背景之下，吸引了大批海外留学的电影人回到伊朗，进行创作，为伊朗电影界注入了新的血液，正是由于他们的不懈努力，才拍出了许多具有进步意义的影视作品，推动了伊朗电影的发展。

如果说 20 世纪 60—70 年代的伊朗电影敲开了新浪潮运动的大门，那么伊斯兰革命后的伊朗电影人则是把伊朗推向了国际大舞台。法国导演让·卢克·戈达尔认为："电影始自格里菲斯，止于阿巴斯·基亚罗斯塔米。"③ 1969 年，年轻的阿巴斯·进入了"儿童及青少年智力发展协会"并

---

① 钱乘旦、王铁铮：《世界现代化历程》，江苏人民出版社 2010 年版，第 159 页。
② 杨文笔："近代伊朗电影产业的崛起与当代发展"，《民族艺林》，2014 年 2 月，第 87 页。
③ 穆尔维著，梅峰译："基亚罗斯塔米的不确定原理"，《世界电影》，1999 年第 3 期。

在协会和国家的支持下拍摄了第一部处女作品《面包与小巷》，从这里阿巴斯迈出走向电影大师的第一步。这一时期的导演拥有很强的社会批判意识，他们注重电影质量，讲究电影语言的应运。例如1973导演帕尔微兹（Parvis Kimiavi）创作了《蒙古人》，采用暗语的手法表现出对霸权主义和强权政治的嫉妒不满，对社会现实进行深刻地批判。在1976年，由他创作的电影《石头花园》在柏林电影节获得银熊奖。而导演索拉布·沙希·萨勒斯拍摄了其成名的代表作"生命三部曲"《简单的事》（1973年）、《精密的生活》（1974年）、《远离家园》（1975年），这些影片大多都带有导演的个人情感，借助电影批判社会现实。从1966—1973年间，伊朗所拍摄的电影中，62%的伊朗电影是情节剧，20%是喜剧，12%是犯罪冒险题材。这与其国家的电影审查制度分不开。伊朗是一个教政合一的国家，影片的创作不仅要符合伊斯兰教的教义，同时也要满足统治阶层的利益，因而电影的创作极其困难。但部分伊朗电影人在电影拍摄的过程中加入西方现代性因素，采取暗喻的表现手法对统治阶级展开批评，引起伊朗民众的反思。

　　1979年伊朗爆发了伊斯兰革命，即伊朗什叶派在霍梅尼的领导下推翻了巴列维王朝的专制统治，给伊朗社会带来巨大的变化，霍梅尼政府认为巴列维王朝时期的电影是腐化堕落的生活方式，是愚昧无知的表现，很多电影公司关门，电影院倒闭，一些导演们迫于政治的压力和文化的专制不得不离开伊朗。在"伊斯兰原教旨主义神权政治统治的国家，电影一直遭到宗教人士的公然诋毁和排斥，发展相当缓慢。毛拉们认为电影院是西方国家无神论的象征，电影亵渎神灵，是伊斯兰教的劲敌，直接威胁到他们的权力，颠覆了他们长期以来信奉的价值理念"。[①] 电影的创作不符合宗教教化的初衷，和伊斯兰教传统教理相违背，使得电影产业受到了政府前所未有严厉打击。其次，1979年革命之后，霍梅尼提出了"不要东方，不要西方，只要伊斯兰"的口号，电影作为具有西方性的产物，受到了严厉地镇压，许多导演被清洗，有的甚至被判刑。霍梅尼政府为了进一步加强对电影产业的控制政府，设置了更严格的电影审查制度。目前电影审查制度分为四个步骤：第一，剧本必须通过审查；第二，申报演员和剧组人员名

[①] 兰育平："全球化背景下的伊朗电影突围之路"，《电影文学》，2014年8期。

单,申请拍摄许可;第三,完成后的样片送审,以决定影片的命运,是通过、要修改还是被禁;最后,导演制片人申报银幕许可,影片被分为A、B、C三级以决定电影的发行渠道和宣传方式。伊朗的电影分级是与欧美电影分级不同的,它与电影内容无关,A、B、C的级数是电影质量的分级。因而A级电影可以在官方的电视台上发布广告,在最好的影院的最佳时间上映。C级则被禁止在电视上播广告,也只有在较差的、少量有限的影院在非高峰时间播放。所以通过多层的审查,电影法律决定了影片的内容及市场。欧美电影如果有幸可以通过审查,那么政府是唯一的进口者,其放映时间也都有严格限制。[1] 在这样严格的电影审查制度下,伊朗电影停止不前。据相关数据统计,在伊斯兰革命期间,伊朗每年出产的影片超不过15部,平均每年7—8部,这时期的伊朗电影主要包括三个方面的内容:一是枯燥无味的,纯粹记录伊朗社会生活的;二是以维护宗教集团和统治阶级利益的;三是以著名导演阿巴斯·基亚罗斯塔夫为代表的继承了达鲁什·莫赫朱为掉膘的乡土写实风格,并在此基础上远离了伊斯兰宗教模式的影响,把制作视角转向儿童的儿童片。尽管伊斯兰革命后,霍梅尼采取了文化专制主义,对电影产业进行了严格限制,但还是有部分优秀影片问世。例如导演阿巴斯创作的《一号方案》(1978年)、《牙疼》(1980年)、《有序与无序》(1981年)、《公民》(1983年)、《一年级新生》(1984年)等,导演穆森·马克马尔巴夫在1982—1984年创作的《南松的忏悔》、《两眼双盲》、《从魔鬼奔向上帝》、《抵抗》(1985年)等影片。

20世纪90年代初是伊朗社会巨大变革的时代,伊朗实施开明的文化政策,伊朗政府逐渐认识到电影在教化民众方面的重大作用,转而开始实施积极的电影扶持政策。在1983年伊朗举办了第一届曙光电影节并在同一年政府出资设立的法拉比电影基金会,提出了"监督、引导、保护"的口号,合理地分配电影资源,促进电影市场的良性循环发展。但是两伊战争的进行,未能给伊朗导演们提供一个稳定的创作环境。此外,电影的创作视角更多的向战争倾斜,目的在于鼓舞伊朗士气,而导演巴赫曼·戈巴蒂则通过电影创作的视角把战争描述的淋漓尽致。《电影文摘》曾对导演巴赫曼·戈巴蒂的作品《乌龟也会飞》做过这样的评价:当戈巴蒂在导演

---

[1] 林国淑、余佳丽:"'看得见'和'看不见'的伊朗电影",《电影评价》,2008年5期。

《乌龟也会飞》的水下镜头时，刚好看到一只乌龟用瘦小的腿，背负着沉重的壳，很平顺、不费力地从眼前爬过，让他联想到他的库尔德人同胞身上所背负的世代以来的流离迁徙与种族屠杀，就如同龟壳一般紧黏住库德族人。[①] 导演通过记录受压迫的库尔德人，描述了两伊战争期间受压迫的伊朗人民。尽管当前的文化政策是开放的，但由于众多因素的限制伊朗电影却并没有跟上世界电影发展的浪潮，也没有迸发出更多的火花。伊朗电影的发展真正出现于20世纪90年代末，这一阶段涌现出一批赋予创新锐气的青年导演和女性导演，使伊朗电影在触及现实的深度以及电影美学的多元化的探索上向前跨了一大步。[②] 例如穆森的妻子玛尔齐埃赫·梅什基尼拍摄了一部三段式的电影《女人三部曲》，是这一时期对电影美学的最好呈现。两伊战争结束时，伊朗国内遍体鳞伤，满目苍凉，为了消除由于战争给人们带来的恐惧，伊朗急需一种精神上的解脱，而电影成了最佳的选择。但是霍梅尼政府依旧制定了较为严格的电影审核制度，伊朗新政权倡导"伊斯兰电影"，主要包括两个方面：一是对非伊斯兰艺术和娱乐实行严格的审查制度，二是扶持拍摄那些遵守伊斯兰宗教道德准则的国产电影。在这样的大背景下，伊朗导演们选择了拍摄伊朗人民真、善、美的纪录片和带有童真趣味性的儿童电影，其中以导演阿巴斯·基亚罗斯塔米和穆森·马克马巴夫为代表的第二代伊朗导演表现的最佳，通过对伊朗儿童的描述，间接反映出伊朗社会积极向上的精神面貌，他们同第一代导演们一起创造着属于伊朗电影的辉煌。

虽然严格的电影审核制度会影响导演们的创作激情，但伊朗大导演阿巴斯于1998年3月在美国俄亥俄州大学的一次访问中所说："我不想用压制这个词来描述我所处的环境，我想说他是限制，限制是我们东方人生活和文化中的一部分，生活就是在限制和自由的矛盾和对立中发展和变化的。我并不是说这些限制是应该的，我是说，我们就是在这种环境中长大的，并形成自己的思想观念。而且并非电影才是这样，各行各业都是如

[①] 高利、任晓楠：《镜像东方——纪实主义：从伊朗新电影到中国新生代》，四川出版集团巴蜀书社2009年版，第39页。

[②] 兰育平："学术论坛：全球化背景下伊朗电影的突围之路"，《电影文学》，2014年第8期，第15页。

此。但正是有了限制,才让我们变得更有创造性,激发我们的创造风格。"[1] 基于此,使得伊朗导演们更注重社会现实,更期望通过拍摄伊朗的儿童来表现出在贫穷的伊朗人们之间依旧是处处充满爱。这一时期的儿童电影创作视角则成为伊朗走向国际影坛的最佳选择,并成为伊朗电影拍摄过程中一个持久不变主题,沿用至今。

当历史步入21世纪的时候,全球电影界出现了一个电影发展史上的"黄金期",高科技的发明与应用,电影制作技术的提高以及世界各国之间的密切联系等因素促使伊朗电影在被动的过程中主动寻求创新,参与全球竞争。这一阶段伊朗电影的发展主要得益于以下几个方面:首先,伊朗政府改变了对电影的传统认知,并通过政策上的支持和经济上的扶持促进电影产业的发展,大量优秀影视作品相继问世,另一方面,伊朗政府为了迎合电影产业全球化的浪潮,进一步放宽电影审核限制,设立电影学,培养电影人才。其次,稳定的国内政治经济环境以及相对宽松的文化政策,涌现出一大批新锐的青年导演和女性导演,他们改变对传统伊朗电影的认知,大量增加现代化元素,使电影更具有美感和艺术感,激发电影人创作的活力。1997年哈塔米当选伊朗总统,面对电影市场全球化的巨大挑战,伊朗政府在电影产业上进行了大刀阔斧的改革,首先是一改前政府的极端措施,宣布对外国进口片的解禁,还取消了若干限制电影工业发展的规定,一些被禁多年的影视作品获得了解放重归银屏。这一时期出现的优秀作品有导演阿巴斯·基亚罗斯塔米的作品《樱桃的滋味》、年仅20岁的女导演萨米拉·马克马巴夫创作的《黑板》、导演马吉德·马吉迪创作的天堂的颜色、导演贾法·帕纳赫创作的《生命的圆圈》等影片。并在各大国际电影节上,获得不菲的成绩。2005年,内贾德当选伊朗总统,伊朗国内强硬派宗教人士掌握了政权,伊朗电影审查制度再度收紧。特别是2009年内贾德获得连任之后,政府对电影业的审查加大力度,逮捕了一些电影制片人和导演,其中伊朗著名导演贾法尔·帕纳希因准备拍摄反映伊朗总统大选骚乱的纪录片而遭政府当局的软禁,并被判罚20年内不得在电影业内从事工作。[2] 在这种严厉电影审查制度下,伊朗电影的选题角度有了少许

---

[1] 阿巴斯·基亚罗斯塔米著,单万里译:"阿巴斯自述",《天涯》,2003年第1期。
[2] 兰育平:"学术论坛.全球化背景下伊朗电影的突围之路",《电影文学》,2014年第8期,第15页。

的改变，更多的以服务宗教和加强政府的集权统治为目标。例如2014年11月10日，伊朗成功试飞了"哨兵"无人机，即伊朗版的RQ－170，由于伊朗的远程通讯能力有限，即便能够复制该无人机，其实战意义也不大。然而，伊朗仍然对这一重大成就兴奋不已。试飞之日，最高宗教领袖（下称"领袖"）表示，"今天是个令人难忘的日子。"伊斯兰革命卫队的准将阿米尔·阿里·哈吉扎德（Amir-Ali Hajizadeh）宣布，伊朗将拍摄关于这架飞机的电影。他还表示，伊朗不会将捕获的RQ－170归还美国，因为那是战利品，但如果伊朗取消对美国的制裁，那么可以送给美国一个伊朗版的RQ－170。[1] 这不仅是伊朗对美国的宣言，更是伊朗对美国电影产业界的宣战。内贾德政府严厉的电影审核制度，并没有消弱伊朗电影创作人的热情，他们拒绝暴力、色情、灾难、恐怖、科幻，而是希望通过描述伊朗人民平静的生活，关注本民族的生存状态，揭示人们的内心世界，以实现最佳的电影艺术效果。这一时期的优秀作品有阿巴斯创作的《如沐爱河》、导演阿斯哈·法哈提创作的《过往》、导演文森特·帕兰德创作的《我在伊朗长大》以及美国导演本·阿弗莱克拍摄的影片《逃离德黑兰》等一系列优秀的作品。而在全球化的进程中，我们应该更多的从人文主义角度和纪实主义角度关注伊朗电影的发展。

二、伊朗电影的民族特征

从世界电影的角度来看，美国电影更多的展现了现代化因素，印度电影以印度歌舞为主导，而法国电影更是充满浪漫情节。就伊朗电影来看，无论是伊斯兰革命前还是革命后，电影创作的主体离不开其特有的民族特征。我们根据西方的历史经验，将民族主义定义为一大批人对创造和维持一个共同的独立国家，拥有他们自己的统治者、法律与其他政府的渴求。这一被渴求的政治共同体或国家，是这一群体的最高效忠对象。[2] 历史上的伊朗常遭遇外来民族的入侵，是一个备受压迫的民族，人民具有强烈的

---

[1] Iran may give copy of RQ—170 drone to U. S. If sanctions lifted; IRGC general", Tehran Times, November 12, 2014.

[2] 小阿瑟·戈尔德施密特、劳伦斯·戴维森著，哈全安、刘志华译：《中东史》，东方出版中心2015年版，第190页。

反抗意识，因而伊朗被称为"西亚民族构成上最复杂的国家"。首先，伊朗的民族主要包括俾路支人、土库曼人、库尔德人和阿拉伯人，正是由于不同民族、不同地域、不同文化的人在伊朗高原的定居生活促使不同文化之间出现了融合的趋势，最终塑造了绚丽多彩的古波斯文明，并深深影响了亚非拉三大洲。其次，定居在伊朗高原的不同民族在面对外来侵略者时，总能够同仇敌忾，久而久之便形成了共同的国家认知感，并为之努力奋斗。最后，伊朗人普遍信仰伊斯兰教，他们有着相似的宗教观念，并影响伊朗人生活的方方面面，是伊朗区别于其他民族的显著特征。伊朗电影是民族性很强的电影，自阿巴斯开创儿童电影题材以来，伊朗电影作为最具代表性的亚洲电影之一时常出现的国际影坛上，并受到了世界电影人的认同。消费文化可能是突破禁忌的最强有力的一种方式，任何禁忌的话题——比如性、暴力、政治、毒品问题等——进入一个消费文化的商业系统，他们就轻易获得了潜在的合法地位。[1] 但纵观伊朗电影，严格的审查制度保了伊朗电影屏幕的干净、纯洁，使得伊朗电影远离电影消费的主题，更多注重浓厚的乡土人情，凸显民族个性，进而在全球电影产业界的竞争中占据了重要的地位。

巴赞认为："电影是人类追求逼真地复现现实生活的心理的产物。"[2]《何处是我朋友的家》（Where Is the Friend's Home?）是导演阿巴斯在1987年拍摄的最具代表性的一部儿童电影，他通过运用"被隐藏下的另一半"的表现手法，用天真无邪的儿童来展现出社会的另一半，是对伊朗人民内心世界的真实写照。电影讲述了少年阿默给同桌还练习簿过程中的遭遇。拉扎由于没有把作业抄在练习簿上，受到了老师的严厉批评，老师让他在第二天一定要把作业交给他，放学后，扎拉的同桌阿默发现自己拿错了练习簿，趁母亲不注意，他悄悄溜出家门，打算把练习簿还给扎拉，但是他又不知道扎拉的家住在哪里，于是他只能在弥漫之际中寻找。其中遇到孤零的村落，遇到麻木、无知的人们，在好不容易打听到扎拉的父亲纳马扎德时，阿默微弱的呼叫声却被嘈杂的人声所湮没。其中有个故事情节值得深思，阿默在寻找扎拉家的过程中，遇见了一个老妇人，阿默询问老妇人

---

[1] 郭启櫓：《电影理论笔记》，河南第一新华印刷厂印刷2002年7月第1版，第1页。
[2] 李恒基、杨远婴：《外国电影理论文选》，生活·读书·新知三联书店2006年版，第275页。

知不知道扎拉的家,但是老妇人对阿默的焦虑显得毫不关心,并把阿默赶出了家门。好不容易等到纳马扎德谈完生意,他却急匆匆地骑上毛驴往家里赶,夕阳西下,阿默追赶的身影显得那么的无助。电影的故事情节出乎观众的预料,最终阿默没有找到扎拉的家,回到家后,阿默采取作弊的方式,帮扎拉写完了作业。荒芜的村落,孤独的老妇人和阿默的坚持,整个社会的固执无知,谁会去主动了解一个孩子的内心世界。独特的电影创作视角和对社会现实的暗喻批判,这不仅是阿巴斯才华的彰显,同时也表达了对伊朗现实社会的不满。整部影片拥有浓厚的乡土气息,进而掩盖了战争带给伊朗的伤痛,天真无邪的儿童,用欢声笑语抒发着对未来社会的美好期盼。在此,我们可以看到的是伊朗民族坚定不移的信念以及对未来社会的美好期盼,但更多的是希望人与人之间能够相互包容与理解。

1998 年导演马基德·马基迪拍摄了影片《天堂的孩子》(又名《小鞋子》)是代表伊朗儿童电影最高峰的一部影片,并荣获 1999 年蒙特利尔电影节最佳影片、2000 年奥斯卡最佳外语片的殊荣,并在多伦多、香港、伦敦、纽约等地的 18 个国际电影节上荣获 11 项大奖。《时代》杂志年度十大影片,创下美国放映伊朗电影的票房纪录——100 万美元。马基德·马基迪认为:"儿童的语言往往是通向成人世界的一座桥梁,成人世界最复杂和晦深的问题,儿童都能用最简单的话语说出来。"[1]如果说导演阿巴斯是伊朗儿童电影的旗手,那么导演马吉德·马吉迪则是把儿童电影推上国际影坛的领头羊。影片主角阿里生活在德黑兰的北部贫民区,一家人生活过得十分艰苦,但却非常温馨。阿里帮妹妹去修鞋子,在回家的路上,路过杂货店,阿里去买土豆,把妹妹的鞋子放在门口,出来以后鞋子就不见了。阿里赶到很沮丧,回家后通过和妹妹的协商,阿里和妹妹决定换穿一双鞋子去上学。有一双属于妹妹自己的鞋子成为阿里的奋斗目标,为了填补家用周末阿里和父亲去城市里打工,但在回家的路上,父亲意外受伤,使得这个贫困的家瞬间破碎,作为家中男孩的阿里主动承担起家庭的重任。有一天妹妹在学校发现一个女孩穿着自己的鞋子,于是和哥哥决定去他们家要鞋子,却发现小女孩有一个盲人父亲,相对于自己家的生活条

---

[1] 高利、任晓楠:《镜像东方——纪实主义:从伊朗新电影到中国新生代》,四川出版集团巴蜀书社 2009 年版,第 39 页。

件,两兄妹觉得他们更可怜,于是两颗善良的童心带着无限的遗憾回到了家中。阿里得知参加全省长跑比赛,季军奖品将会有一双鞋子以后,阿里苦求老师参加比赛。在比赛过程中,小阿里用自己瘦弱的身躯和坚定的意念奔跑着,最终小阿里意外获得了冠军,在讲台上阿里的眼中却闪现着泪花,小阿里没有实现对妹妹的承诺。父亲下班后给阿里和妹妹买了鞋子……而此时,阿里回到家,妹妹难过地走开了,阿里脱下自己满是水泡的脚放在水池中,一群红色的鲤鱼游了过来,故事以这样一幅优美的场景结束。孩子百折不挠地追求以及导演对社会底层的人文关怀,使观众忽略了略显粗糙的印象,从而被影片最核心的部分击中。阿里的坚韧、妹妹的善良、父亲的慈祥、母亲的温和构成了一幅温馨的家庭画面,家庭成员之间的互相包容和理解,使观众感受不到因战争后而带来的生活苦楚,而更多地展现出了伊朗人民为生活不断奔波的坚定信念以及伊朗人持之以恒的决心和坚定不拔的意志。因此戴锦华说:"从某种意义上说,《小鞋子》是一部非常典型的伊朗电影。准确地说,是一部在国际视野中、在环球电影舞台上具有典型特征的伊朗电影。"

戴维·梅索斯说:"我们不给拍摄的人物强加任何事情,我们是拍摄对象的仆人,而不是其他。"[1] 1997 年导演贾法尔·帕耐希(Jafar Panahi)拍摄了影片《谁能带我回家》,本片主角是一名小学女生米娜·穆罕默德·汉妮放学后在校门口等她的母亲,等了好久都没有等到,于是她决定独自回家,她先坐上摩托车,接着转乘公共汽车,在坐了一半后,她忽然大发脾气,说不拍了,人们这才意识到原来是在拍电影,故事就以这样的背景而展开。导演帕耐希做了一个大胆的决定,继续悄悄拍摄汉妮的回家之路。整个影片都在讲述汉妮在回家过程中,所发生的点点滴滴,故事最后以汉妮关上家门的那一刻结束。不论演员汉妮的愤然离场,还是导演帕纳希的随机应变,使这部影片的拍摄变得扑朔迷离。直到最后汉妮关门的一瞬间,使得影片达到了前所未有的高度。与未找到朋友家的阿默和未得到鞋子的阿里相比,汉妮是个幸运的孩子,因为她最终回到了家。伊朗这种固有的文化大背景下,人们的思想深深受到伊斯兰教义的影响,但是其独立的人格特征和多民族文化间的相互融合、沉淀,使得思想不再处于禁

---

[1] Bruzzi, S. (2000). New documentary: Acritical introduction. New York: Routledge. p. 70.

锢的状态，人们在思想上依旧是独立的个体。导演帕纳希和演员汉妮是伊朗社会的一个缩影，在较为严格的电影审查制度下，拍纳希仍然可以大胆抉择选择一条独一无二的创作之路。我们可以从演员汉妮身上看到伊朗人民坚韧不屈的民族特性，当面对挫折和失败后，不是选择哭啼，而是大胆地求索，去发现、去努力实现心中的回家梦。

　　战争带给人们无比沉重的伤痛，而战争的阴影更是无法抹去的伤痕。巴赫曼·戈巴蒂属于全球人数最多的一个游牧民族——库尔德族，由于他们同伊朗宗教信仰的分歧，因而时常受到政治上的迫害。2000年巴赫曼·戈巴蒂拍摄了第一部影片《醉马时刻》便一举获得戛纳影展最佳新片金摄影机奖和平影评人费比西奖。[①] 故事讲述了12岁库尔德族少年阿尤一家生活在两伊边境地带，他每天带着年幼的妹妹和患有侏儒病的哥哥在人力市场上辛苦地工作着，只为贴补家用。但是，灾难又一次降临到这个不幸的家庭，一天，阿尤的父亲意外触雷死亡，给这个家庭蒙上了一层黑色的面纱。哥哥的病急需治疗，而妹妹为了上学又急需作业本，年轻的阿尤只好通过拼命打工干活来维持家庭生计。于是他向他的舅舅借来骡子，每天在冰天雪地里运货，而哥哥的病却越来越严重。不得以，阿尤的姐姐通过叔叔的介绍打算嫁给一户人家，前提条件是，这户人家需要支付哥哥治疗的费用，但是在姐姐出嫁的那天，这户人家只牵来一头骡子。阿尤只好牵着骡子参与走私活动，行进过程中，他不断给骡子喝带有酒的水，为的是能够让它在寒冷的天气下维持工作。一天的运输过程中，队伍遭到了突然袭击，许多人放弃骡子去逃命，而阿尤一个人背着哥哥，看着醉倒在雪地里的骡子，满眼泪滴，哭啼过后的阿尤，他的目光无比坚定，只为了那个遥不可及的目的，他跨过边界的铁丝网，他那头喝醉的骡子也跛着腿跨过，可能是为了追随他的主人。但是等待在他们面前的不是生的通道，而是在白雪掩盖下埋满地雷的土地。看到这里，除了心酸外在没有了任何的感情。年轻的孩子却为了托起这个家同命运不断地抗争着。这里我们不再是拥有观赏的角度去看待《醉马时刻》，而是深深的感受到战争带给人们的灾难，是生活的艰辛，是同命运相抗争的不屈意志。阿尤不仅是对库尔德

[①] 高利、任晓楠：《镜像东方——纪实主义：从伊朗新电影到中国新生代》，四川出版集团巴蜀书社2009年版，第35页。

族人的写照，同时也反映出伊朗人民在面对生活，面对家庭时所表现出来的勇于担当，勇于奉献的精神。阿尤是伊朗人民的民族象征，是伊朗人的乐观坚强，对生活的向往以及人性的光芒和伟大。而正是这部作品，使得巴赫曼·戈巴蒂一跃成为伊朗新锐导演之一。《洛杉矶时报》曾对戈巴蒂做出过这样的评价："辉之不去、令人难以忘怀。一个富有才华的大事导演即将诞生。"

伊朗电影用独特的电影视角独树一帜。在日益喧闹的当今社会，伊朗电影却能够返璞归真，用清新的故事情节，纯洁的荧屏，展现伊朗人民的真、善、美。伊朗人的淳朴和现代人得自私自利形成鲜明的对比，深深地拨动观众心弦，同时伊朗人民的乐观坚强，对生活的希望以及他们不屈的意志都应当是现代人所追寻的。伊朗电影的兴起深深的印证了一句名言：越是民族的便越是世界的。

三、伊朗电影中的女性

当莎米拉·马克马尔巴夫（Samira Makhmalbaf）的首部电影《苹果》在西方引起轰动时，人们感到十分困惑。女性受压迫且遵行伊斯兰法律的伊朗为什么会出现一个视角迥异的18岁女导演？当莎米拉·马克马尔巴夫的答案很简单："伊朗是一个两种极端能同时存在的国家。"① 为什么当今的伊朗会出现两种极端的同时存在？伊朗作为一个政教合一的国家，男权主义极度盛行，女性在伊朗属于弱势群体，但是关于女性题材的影片出现在国际影坛上，往往会取得出乎意料的成绩。无论是导演戴瑞什·麦赫瑞（Dariush Mehrjui）1996年拍摄的《女人花》，穆森的妻子玛尔齐埃赫·梅什基尼2000年拍摄的《女人三部曲》，还是阿巴斯2009年拍摄的《希林公主》，都是以女性为故事主体，从不同层次上反映了现代社会中的伊朗女性，在伊朗这样一个政教合一的国家，女性由于种种教条的限制，不能拥有很高的地位，但她们却通过不断完善自身，努力获得更多的权利。

伊朗著名导演马基德在接受采访时说："一个艺术家、电影人如果在

---

① 《伊朗》，中国地图出版社2014年版，第303页。

他自己的文化里，他的作品会更好、更成功。"① 马克马尔巴夫家族则成功诠释了这一说法。2000年穆森的妻子玛尔齐埃赫·梅什基尼拍摄了讲述伊朗3个不同年龄阶段女性的影片《女人三部曲》，本片荣获2000年芝加哥国际电影节最佳处女作奖、2000年釜山国际电影节新浪潮奖等诸多殊荣。玛尔齐埃赫·梅什基尼作为一位女性导演，通过电影揭露女性在伊朗的生存现状，同时从自身角度出发，对社会、对政府对于女性的错误认知，提出了批判。影片分为三部分：第一部分是伊朗社会对女性残酷的描述，9岁的小女孩哈娃即将迎来的生日，一小时之后，她将会带上面纱，不能和男孩子们接触了，而小女孩却荒废了这仅剩的一个小时，当哈娃和小男孩一起你一口我一口舔着棒棒糖的时候，母亲走到小女孩身边，静静的给女孩带上面纱，从这一刻起，她的一段人生宣告结束，而迎接着小女孩的又是一段……第二部分是对现实社会中伊朗女性的记录，阿和由于受不了丈夫的暴力举动，和一群女伴们参加长途自行车比赛。而她的丈夫、朋友、家人在听到这一消息之后，纷纷前来劝止阿和的这一不理智行为，故事由此而展开。第三部分讲述了弥留之际的伊朗老妇人霍拉来到一座城市进行疯狂采购，老妇人的身后跟着一群推车的小孩，从家电、冰箱、电视、家具等等一系列生活物品，她的行为好似一个暴发户，即使是在老妇人等船的间隙，她也要孩子们在海边布起家当。在空荡的海边布置了一个空荡荡的家。老妇人在努力实现作为女人从来不曾拥有过实现过的一切，她可以买来婚纱和大床，却无法接受一个透明的茶壶。突如其来的遗产，虽然改变了老妇人现有的生活，但是心中的桎梏却如同魔咒一般永远刻在老妇人的心中，现在所拥有的一切，却远远不及所错过的作为女人应该有的和享受的一切，年迈的老妇人已经没有足够的时间来拥抱它。影片到此而结束，却引发观众的深思，到底是什么改变了伊朗妇女的现状，而同为女性的导演玛尔齐埃赫·梅什基尼为什么要拍摄这样一部具有强烈社会现实意义的影片，仅仅是对现阶段伊朗社会中女性的描述吗？还是更多的在于对女性遭到的不公待遇而控告呢？还是提醒观众在这个古老的中东国家在全球化的冲击下已经再也不能无视外面的世界。

---

① 名导马基德访谈："伊朗电影正在取代中国电影的位置"，http://ent.sina.com.cn，2001年10月23日，南方网—南方都市报。

马克马巴夫家族的电影更多地聚焦于伊朗的社会现状和人们的生存状态。生活的痛苦、追寻的迷茫是他们家族所拍电影永恒不变的主题。穆森的大女儿萨米拉·马克马巴夫也是一位多产的女性导演，1998年拍摄影片《苹果》、2000年拍摄影片《黑板》、2002年拍摄影片《上帝、建设和毁灭》、2003年拍摄影片《下午五点》、2008年拍摄影片《两条腿的马》，其中不得不提的是她在18岁时拍摄的处女作品《苹果》，夺得戛纳电影节"一种注目"单元的金摄影机奖，成为戛纳历史上该奖最年轻的获得者。萨米拉对伊斯兰民族生存苦难的关注使她坚定了用电影反映现实的决心，正如她自己所说："一部正在拍摄的摄影机，仿佛一挺瞄向现实的机关枪。"[①] 2003年6月在第五十六届戛纳电影节上，23岁的她凭借电影《午后五时》一举获得"评审团大奖"。萨米拉·马克马巴夫在此次赢得戛纳评审团大奖后，情绪激动地说："这部电影对我来说就像面镜子，他反应了阿富汗人民的生活，尤其是阿富汗妇女。我希望我的电影活在人们心中。"[②] 在电影中，我们可以看到导演对阿富汗社会现实的彻骨揭露，电影的主角由持枪的男性换成了遮面的女性。影片主要讲述了在塔利班政权倒台后的阿富汗地区，一位年迈的马车夫给他的家人寻找避难所，他们不断的搬家，而马车夫的最大希望就是儿子能够从巴基斯坦的战场上活着回来，马车夫的女儿却希望竞选成为伊拉克总统。而儿子遇难的消息传来，使得马车夫心灰意冷，他决定去寻找神的庇护。其中有这样一个故事情节，诺切拉决定竞选总统，在喀布尔她和新男朋友一起去照相，但老板说："你们都是一样的"。仔细想想，到底是什么样的一样呢。是的，在这样拥有浓厚宗教氛围的国家，妇女的面纱不仅是宗教的象征，同时也是民族的象征，他们不能够轻易掀开自己的面纱，带着面纱的妇女们都是一样的，一样的对伊斯兰教充满虔诚和敬畏。同样，阿拉克的战士如同妇女的面纱一样，他们会受到真主的保佑，他们的战士是可能会被打倒的，却永远不会被打败。电影的结局是最令人感伤的，"此时生，何时死"的生存状态使她无力去憧憬未来。对此，萨米拉说："阿富汗的历史本身就是让人伤心的，这不是美国人到了那里，一切问题就可以解决了的。我想通过

---

① 高利、任晓楠：《镜像东方——纪实主义：从伊朗新电影到中国新生代》，四川出版集团巴蜀书社，2009年10月，第23页。

② http://www.people.com.cn/GB/paper68/9328/864920.html.

影片展示出阿富汗人真正的生活状态。"不论社会是多么的残酷，生活环境是多么的恶劣，永远不会改变的是穆斯林们忠诚的信仰，即使是遮面的妇女们，在面对战乱时，仍以纱遮面，用实际行动来表示她们对于真主的虔诚。在这里，我想导演更多的在于对阿富汗社会现状的批判，通过电影反映了战乱中的阿富汗人民的生活态度。战乱中的人们，不敢拥有太大的奢求，只想平平安安的生活。

"看书的人拥有世界，看电影的人失去了世界"。2003年穆森年仅15岁小女儿汉娜·马克马巴夫执导了纪录片《疯狂的愉悦》，作为威尼斯电影节"国际影评人周"首映的第一部电影，创造了威尼斯电影节上最年轻导演的奇迹，2007年导演的故事长片《没了羞耻，佛像也会坍塌》获得西班牙第55届圣塞巴斯汀影展评审团特别奖，延续着马克马巴夫家族的电影神话。① 马克马巴夫家族成员都把自己置身于电影的世界里，他们不是看电影的人，他们是拍摄电影的人，他们通过镜头揭露社会现实，对社会中的一系列歪曲现象展开了大胆地批判，呼吁更多的人们从全球化的视角看待阿拉伯以外的世界。在2008年第58届柏林国际电影节上，汉娜·马克马巴夫的作品《没了羞耻，佛像也会坍塌》获得了新生代单元最佳长片奖和和平电影奖。影片主要讲述了在战乱的阿富汗地区，塔利班武装炸毁了巴米扬大佛后，阿富汗居民们只能在荒废的佛教遗址中苦苦地追寻，日子虽然困苦，但是人们却充满对未来生活的向往。天真可爱的小女孩芭缇心中有一个小小的愿望，那就是可以去学校上学，听老师讲有趣的故事。但邻居的小男孩，告诉芭缇去学校需要笔记本和铅笔，如果没有这些东西是不可以去学校的，芭缇筹钱买了笔记本，用妈妈的口红当作铅笔，开开心心地去上学。然而没有想到的是，在上学的途中，芭缇遇到一群男孩，模仿塔利班恐怖分子的游戏，给芭缇的求学之路带来了无限的困难，故事就由此而展开。同其姐姐执导的《黑板》相比，这是一部小女孩主动求学的影片，而不是老师找学生的影片，两部影片间形成了鲜明的对比。从而我们可以看出，连年战乱的阿富汗，暴力事件层出不穷，老师找不到学生，学生找不到老师，二者成为知识传播中的矛盾体。即使塔利班武装分子没有炸毁佛像，神佛若真的有灵性，他也会因阿富汗受难的人们难过而羞愧

---

① http://www.people.com.cn/GB/paper68/9328/864920.html，第22页。

倒塌。影片的开头和结尾都出现了佛像倒塌的画面，似乎佛像的倒塌意味着人们失去了精神的寄托。

最能展现伊朗电影特征的不外乎"神秘的面纱"，面纱下的穆斯林妇女用一种不同的眼光看待这个世界。ABC 电视台执行制片人约翰·赛肯德雷在 1936 年宣称。"利用手中的摄影机，不用太多的文字和叙述，随着事件的发生，你就能把故事讲出来，此时纪录片就已经在你手掌心了。[①] 它们都是电影艺术表达过程中活的灵魂。2009 年伊朗多产导演阿巴斯，通过一种独特的视角拍摄了一部关于伊朗女性的影片《希林公主》，是一部实验性极强的艺术电影。荧屏上没有任何的故事情节，我们只能听到这个故事中的对白和声响，三把椅子，一张荧幕屏，一群女性观众，坐在电影院观看女主人公的命运和被爱情的牵连。她们的聆听，她们的关注，她们面纱下的微弱的反应，以及一个接一个的细微镜头的勾画，这不是渲染，只是通过人物简单的动作表情，表现出作为电影主体的观众在观看影片时丰富的感情，她们聆听着古诗，盯着一片黑幕。简单的电影道具和制作环节，使得影片在展现伊朗魅力的时候，更多地凸显了在伊斯兰教下的妇女。她们不同玛尔齐埃赫·梅什基尼和女儿萨米拉和汉娜所执导影片中的女性，阿巴斯执导的《希林公主》在揭露面纱下的妇女的同时，注重于对她们内心世界的刻画。从而把面纱下"被隐藏的另一面"表现得淋漓尽致，她们是幸福的伊朗现代女性。

在伊朗，妇女屈从于男人之下，主要是受伊斯兰教的影响。先知穆罕默德并不认为男女完全平等，他认为男人是维护女人的，因为真主使他们比女人更优越。妻子应当服从丈夫，满足丈夫。妇女要时刻降低视线，不能够随便炫露美丽。在严厉的伊斯兰教法之下，妇女是受害者群体，她们时刻渴望着展现自己的美丽，获得自由独立的权利，同时在新时期的伊朗妇女更多地想获得政治上的权利。而伊朗所拍摄这些类似的有关妇女的影片，一方面是对伊朗妇女现状的描绘，另一方面是导演对伊朗政府的控告，希望妇女获得更多的政治权利和人生自由。

---

① Quoted in Bluem, Documentary, 259.

四、伊朗电影的宗教特征

伊朗作为一个充满浓厚宗教色彩的国家，电影市场的发展受到政府的严格限制，但却时常能够破茧而立，占据亚洲电影市场的重要地位，在世界影坛上都产生了深远的影响。纵观伊朗电影，直接从宗教出发或者间接表达宗教思想的影视作品数不胜数，更主要是创作者在厚重的民族文化的熏陶下不可避免地形成与生俱来的宗教思维习惯，使得很多影片具有东方宗教国度特有的气质。① 这主要是源于伊朗的国家属性，政府对有关宗教题材的电影采取了较宽松的文化政策，这类电影很容易通过政府审批。其次，影片拍摄的过程中不可避免地加入了伊斯兰教的宗教习俗、教规和教义，让观众在观看电影时能够及时自我反思，遵守伊斯兰教教规，因而伊朗电影的宗教宣传意义更大于影片自身价值。通常在集体主义和个人主义的这两个极端的表达之间充斥着大量的影片，这些导演们只是观察这个世界，而不做任何的评价和社会变革的担当。伊朗每年出产影片80部，大体分为三类，第一类是商业片，约为50部到60部；第二类是在政府指导下拍摄的影片，导演由政府选定；第三类是每年10部到15部左右的由独立电影人拍摄的，这类影片在国外赢得较多声誉。② 但伊朗杰出导演穆森·马克马巴夫、阿斯巴斯和贾法·帕纳西等，作为第三类影片的拍摄者，时常想通过影片揭露社会的黑暗面，常受到政府或者来自民间反对力量的打击迫害。2001年女导演米拉妮拍摄影片《面纱背后》，揭露面纱下面受到欺迫的伊朗妇女，但此片却受到宗教人士的强烈反对，认为此片涉及了敏感的政治异议，被指控犯有"支援反革命团体"罪而被捕入狱。在伊朗这样一个宗教色彩浓厚的国度，任何提倡自由主义思想的作品都会受到政府的封杀。同时，关于女权的影片，被认为是极端危险的行为，这类影片是轻易不会通过国家审核的。

如果说伊朗电影到处都充满这宗教情怀，那电影《麦西哈·尔萨》则更是一部凸显伊斯兰宗教的影片。这部由伊朗于2008年拍摄的影片，主要

---

① 俞敏武："清新质朴的伊朗电影"，《世界电影》，2008年第4期，第186页。
② 倪俊："电影的感动——伊朗的另一面"，《世界知识》，2007年第2期。

讲述了一位伊斯兰教的先知——尔萨。相传尔萨嫌弃极力宣传伊斯兰教的思想，被犹太教的教徒们发现以后钉死在十字架上，这同基督教中耶稣的死法相一致。但是在电影中，导演不仅是对尔萨一生对伊斯兰教的发展做出的伟大贡献进行了宣传，同时也对尔萨的死做出了相关的解释，尔萨并未死在十字架上，他是被自己队伍中的叛徒所出卖，被捕入狱。电影的结局以尔萨受到了真主的号召安详地离去而结束。尽管这部电影叙述的是尔萨的一生，但其中曲折的故事情节，优美的电影布局，使得人们在观看电影时，不仅能够了解到伊斯兰教的先知们对伊斯兰教的发扬光大所做出的杰出贡献，而且还能够感受到穆斯林对伟大先知的崇高敬意。先知尔萨的一生，就如同现如今的伊朗一样，尔萨用自己的聪慧同邪教徒抗争，而伊朗人继承了历代先知的睿智，坚决抵御外来侵略者。宣传伊斯兰教，团结世界各地的穆斯林，促进伊斯兰世界的和平发展。

2011年导演阿斯哈·法哈蒂拍摄了影片《一次别离》，获得第61届柏林电影节金熊奖。电影讲述了一对夫妻纳德与西敏和他们的女儿特梅。西敏希望一家三口移居国外，但是丈夫纳德坚决反对，原因是纳德的父亲患有老年痴呆症，需要有人照顾。家庭纷争由此开始，最终，两人走上了法庭，准备离婚，但是法院驳回了西敏的请求。西敏赌气回到了娘家，无奈之下，纳德只好通过找护工瑞兹来照顾老父亲。但是，问题却出现了，依据《古兰经》教义，瑞兹感到禁忌重重。瑞兹的女儿陪伴她左右，也使得瑞兹特别分神。几个月下来，纳德发现父亲被瑞兹绑在床上，生气的纳德非常愤怒，把瑞兹推倒在地上，导致瑞兹流产，然而事情并没有因此而结束，双方最终走向法庭对峙，对峙的结果却使得观众们大出意料。纳德最终妥协并给瑞兹支付赔偿，但在他要求瑞兹对真主发誓她的流产确因纳德推搡所致时，女佣放弃了，毫无意外地被自己笃信的教条所击溃。影片到这里，我们可以看出，在具有浓厚宗教色彩的伊斯兰国家，《古兰经》上所规定的是人们所不敢违背的，无论说话还是做事都要以《古兰经》为依据，不然最终会受到真主的惩罚。这是怎样一种威严的存在，以至于可以令被随意践踏的法律的尊严荡然无存。这就是伊斯兰教下的伊朗社会大众，当国家法律同《古兰经》教义发生冲突时，人们从内心深处坚守《古兰经》并认同它。伊斯兰教对伊朗社会和人民产生的影响是永远不会消失的，穆斯林们无论何时何地都把伊斯兰教放在首位，他们是最虔诚的信仰者。反之，我们可以看到，在伊斯兰教法之下的穆斯林们，他们的人生自由受到了限制，尤其是妇女，可谓之，幸福而痛苦地生活着。

尼采在论悲剧时有这样一段话："人生是一个美丽的梦，是一种审美地陶醉。可是，科学却要戳穿这个梦，道德要禁止这种陶醉。所以审美的人生态度与科学的人生态度、伦理的人生态度相对立，人生审美的必要性，正出自人生的这种悲剧性。凡是深刻了解人生悲剧性的人，若要不是走向出世的超脱或玩世不恭的轻浮，就是向艺术求归宿。①2015年贾法·帕纳西拍摄的影片《出租车》成功入围，并获得第65届柏林节金熊奖，但在颁奖典礼上，贾法·帕纳西却没有出席，因为伊朗政府自2009年起就禁止贾法·帕纳西再拍电影，所以他为了偷偷拍摄《出租车》，不得不将摄像头装在了汽车仪表盘里，这才躲过了政府的监视。②本届电影节评委会主席、好莱坞导演达伦·阿伦诺夫斯基（Darren Aronofsky）对贾法·帕纳西十分敬佩，他说："面对强权，他没有颓废绝望，也没有被愤怒和沮丧吞噬，而是写了一封给电影的情书。在他的电影里洋溢着对艺术的热爱、对民众的热爱、对祖国的热爱和对观众的热爱。"贾法·帕纳西是成功的，尽管受到伊朗政府的限制，失去了自由拍摄电影的权利，但是他却没有失去拍摄电影的初衷，通过镜头不断揭露伊朗社会的黑暗面、丑陋面，告知人们在这样具有浓厚宗教色彩的国度，人们所做的一切都是为宗教阶层的利益所服务的，他们是苦难的人。影片主要讲述了帕纳西再当出租车司机时，所遇到的形形色色的人，他们有的为了生活而忙碌着，有点却在为家庭生活的点点滴滴而争吵着，等等。在浓厚宗教色彩下生活的伊朗人民，权利受到限制，思想得到控制，只是为了简单的生活和信仰生活着。

以伊斯兰教为主导的伊朗电影，在给观众带来视频盛宴的同时不忘传播伊斯兰教义，使穆斯林们时刻遵守伊斯兰教法，尊重先知，这就是伊朗宗教电影的独特魅力所在。同时，部分导演也尝试打破这一保守固执的拍摄方式，由于伊斯兰教在伊朗的根深蒂固，导演们在不知不觉中总会或多

---

① 王坤："审美视野下中国西部电影的悲剧性情节"，《电影文学》，2013年第20期，第11页。

② http://ent.sina.com.cn/zz/2015—02—16/doc-ichmifpx8168495.shtml。

或少加入宗教因素，使得标新立异的新题材电影脱离不了伊斯兰教的影响。可谓之，以儿童电影而文明于全球的伊朗电影离不开伊斯兰教的影响，是间接地对伊斯兰教教义的传播。

五、总结与思考

纵观伊朗电影的发展历程，其发展艰辛不言而喻。严厉的伊斯兰教法、复杂多变的国际大背景以及历届政府的文化高压政策，使得伊朗电影始终处于在夹缝中努力求生存的境况，即使现如今在世界影坛上拥有很高的地位，伊朗电影仍就摆脱不了这些因素的影响。伊朗电影发展始终离不开把宗教与世俗社会相联系，把伊朗置身于全球化的发展浪潮中，同时在人物塑造的过程中，以"神秘面纱"下的伊朗妇女和天真无邪的儿童作为影片拍摄中的主人公。最后，伊朗通过屏幕展视了独特的民族风格与魅力，并积极融入于世界民族之林。但另一方面，伊朗电影也面临着前所未有的危机与挑战。伊朗电影的兴起使得世界电影格局发生了重大的变化，在面对欧美大片的冲击下，伊朗电影在保持淳朴创作风格的基础上，需要进行大胆的创新，同亚洲电影、欧美电影进行积极对话。多角度、多视野地进行创作，寻找到一条把民族性和世界性、个性化和本土化相结合的道路，进一步扩大伊朗电影在世界范围内的影响力。伊朗电影在全球电影界地成功崛起表明了一种文化只有通过自己文化身份的认真书写和认同，才能确认民族文化的品格和精神，得到观众的接受与认同，从而打破文化霸权，在庞大的电影市场中赢得一席之地。因此，我们在观看电影时，不能够仅仅带着批判、娱乐的心态去看待，更多的需要猜测影片所表达的主题内容，以及这部电影究竟会起到什么样的作用？会带来什么样的影响？电影往往是对一个国家内部生活的外在表现，在很大程度上能够普及对一个国家的认知。因而，探索伊朗电影的发展历程，在享受美的同时关注和发掘不同阶段电影所表达的内容，探析伊朗社会面貌，改变人们对伊朗的传统认知，是一个新兴的研究课题。

第二节 伊朗的人口结构与人口政策

人口数量是国家大小的主要衡量标准之一，2014年伊朗人口规模已经达到7868.74万，位居中东国家第二位（与人口最多的其他两个中东大国相比：2012年伊朗人口总量为7642万，同年埃及为8072万、土耳其为7400万），人口众多是伊朗作为中东大国的一个主要标志。[1]

一、伊朗人口的发展状况及主要特征

（一）伊朗人口数量的历史变化

2015年伊朗人口总数可能超过8000万（2012年人口增长率为1.32%，低于同年埃及的1.66%、高于土耳其的1.28%[2]），达到这个规模经历了5000多年的漫长时期。

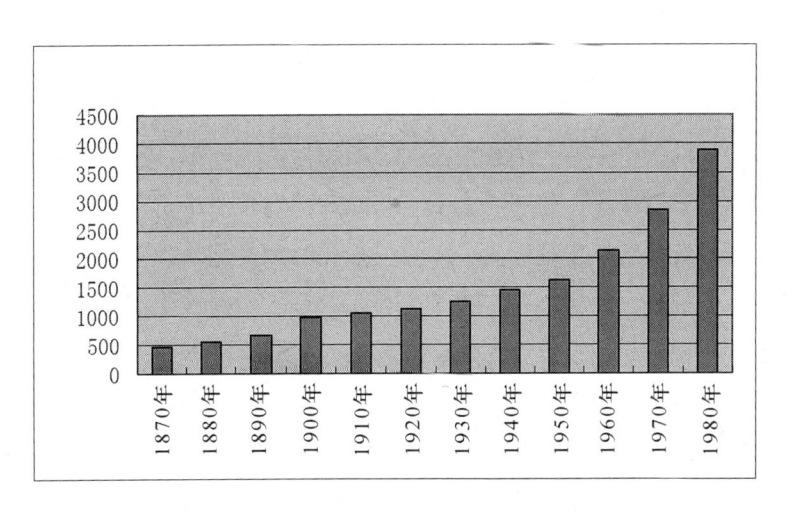

图6—1 1870—1980年间伊朗人口的数量变化（单位：万人）
资料来源：根据网站www.populstat.info提供的数据资料整理得来。

---

[1] 中华人民共和国国家统计局：《中国统计年鉴—2014》，中国统计出版社2014年版。
[2] 中华人民共和国国家统计局：《中国统计年鉴—2014》，中国统计出版社2014年版。

伊朗历史悠久，是世界上最早出现农牧业生产的国家之一。据估计，中石器时代伊朗人口约为 3 万，而到青铜时代末期的公元前 7 世纪，人口就已达 400 万。但在此后的两千多年时间里，伊朗的人口数量却长期停滞不前，在 400 万上下波动，直到 17 世纪才达到 500 万人。18 世纪后半期至 19 世纪初期，伊朗人口有大幅度下降，至此以后才进入了一个大体上持续增长的新时期，根据 1956 年人口普查，当年伊朗总人口已达 1894.48 万人，其中农村人口占 69.9%、城市人口（居民超过 5000 人的 186 个城镇）占 30.1%①从 19 世纪开始，伊朗的人口数量进入了持续增长时期。根据 1870 年到 1980 年期间伊朗人口数量以及人口增长率的变化情况（见图 6—1、图 6—2），可以把这个时期伊朗人口的数量变化过程分为三个阶段。

第一个阶段从 1870 年到 20 世纪初期，伊朗人口进入了快速增长阶段。这 30 年时间内，伊朗人口数量增加了约 500 万，人口增长率从 1880 年 17% 上升至 1900 年的 46%，到 1900 年伊朗人口数量突破了 1000 万大关。当时，"不管伊朗主动还是被动、自发还是自觉、情愿还是被迫，都被推进到国际斗争的旋涡里，被推进到世界发展的大潮中。"② 这一历史背景给伊朗的人口发展打下了时代的烙印。

1804—1813 年伊朗与俄国第一次战争以伊朗失败结束。1823 年伊朗被迫与俄国签订了第一个丧权辱国的条约——《古利斯坦条约》，这个条约破坏了伊朗的领土完整和国家主权，伊朗的封建王朝第一次乞求外国的保护，把自己置身于洋人的羽翼之下。至此欧洲列强纷纷仿效俄国，强迫伊朗签订不平等条约，伊朗进入了半殖民地化时期。之后，伊朗与俄国又爆发了第二次战争，1828 年伊朗被迫签订了奇耻大辱的《土库曼恰依条约》。这一时期伊朗由于战争等原因人口增长相当缓慢。1848—1896 年是纳赛尔丁国王统治时期，也是伊朗引进工业文明、学习先进文化、克服落后的时期：1857 年在皇宫和劳莱朝尔花园之间架设了伊朗第一条电报线路；1873 年春天纳赛尔丁国王第一次去欧洲旅行，也是首次走出自己的伊斯兰文明圈踏入西方工业文明世界，这是伊朗对外开放历史上的一件大事；1875 年伊朗依照欧洲的新型方式建立了现代邮政制度；1878 年国王第二次出访欧

---

① W. B. 费舍尔主编：《伊朗》，北京人民出版社 1977 年版，第 172、174 页。
② 冀开运、蔺焕萍：《二十世纪伊朗史》，甘肃人民出版社 2002 年版，第 22 页。

洲各国；1884年在伊朗首都与阿布杜·阿圣姆圣墓之间建造了伊朗第一条铁路。这一时期尽管伊朗处于殖民地半殖民地状态之下，但毕竟国内政局稳定，没有爆发大的战争，在学习西方的过程中生产力有了一定提高，人民安居乐业，所以这一时期伊朗人口数量的增长速度很快。

第二个阶段从20世纪初期到第二次世界大战结束，伊朗人口数量进入了缓慢增长时期，人口增长率骤降。1910年伊朗的人口增长率已从19世纪初期的45‰降至7‰，此后的40多年中人口数量虽有所增长，但一直保持在15‰以下的水平。这一阶段伊朗人口数量的变化与当时伊朗本国的政治经济环境和动荡的世界政治经济格局密切相关。

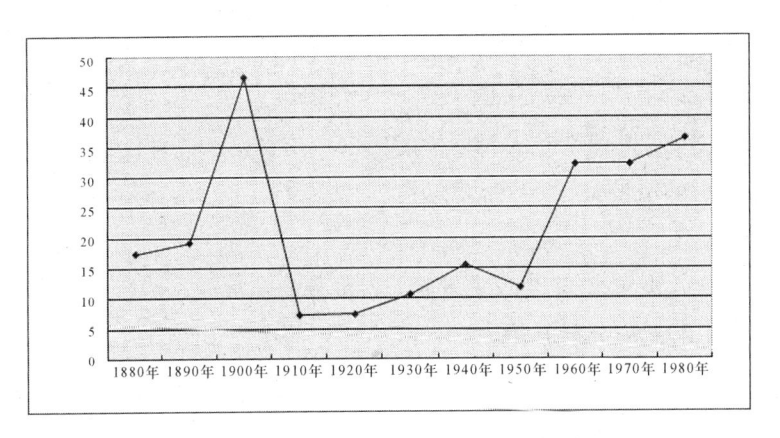

图6—2 1880—1980年间伊朗人口增长率变化（单位：‰）

资料来源：根据网站www.populstat.info提供的数据资料整理得来。

20世纪初，伊朗的恺加王朝腐朽不堪，纳塞尔丁国王不思进取、荒于朝政、贪图享乐、挥金如土，导致了伊朗国库空虚，为了筹措金钱，国王不得不出卖国土的租让权。1903—1904年伊朗饥荒是导致伊朗爆发立宪革命的直接导火线。立宪运动在德黑兰、大不里士等城市如火如荼地开展，但是遭到了国王的残酷镇压，人民为抵抗国王的镇压，纷纷开展农民起义和工人罢工。虽然立宪运动最终以失败告终，但这一事件标志着伊朗历史进入了资产阶级民族民主革命的时代。1914年第一次世界大战爆发。大战刚爆发，伊朗政府就宣布严守中立，但当时的国际形势已经把伊朗拖入到战争之中。由于英俄军队占领着伊朗，而伊朗的邻国奥斯曼帝国已成为英俄的交战国，致使伊朗客观上已经成为协约国和同盟国交战的前线战场。伊朗虽极不情愿，但却无力改变局面，被迫卷入战争。1939年第二次世界大战爆发，伊朗仍然宣称奉行中立政策，但最终还是未能如愿，英国、苏联占领了伊朗的产油区。这一时期伊朗频繁卷入战争使得人民生活困苦、经济发展停滞不前、社会动荡混乱，这是此阶段伊朗人口数量增长缓慢的主要原因。

第三个阶段从20世纪中叶到20世纪70年代，伊朗人口数量进入了快速稳定增长的阶段。1950年伊朗人口数量仅为1600万，而到了1980年已经增至近3900万，30年间伊朗人口数量增加了近2300万。这一阶段伊朗的人口增长率保持在3.0%的较高水平且变化幅度较小。这是因为自第二次世界大战结束后，世界格局在整体上呈现出和平发展的势态。各个国家都致力于战后重建；发展中国家刚刚取得民族独立，需要努力发展经济，提高人民的生活水平。这一时期伊朗国内政局稳定、国泰民安，促进了伊朗人口数量的增长。

（二）20世纪80年代以来伊朗人口数量的变化

从20世纪80年代开始到21世纪初期的30多年时间内，伊朗人口总量逐年增加，人口增长率却呈现出从上升到递减，甚至骤降至低速增长的特点。

表6—1　1960—2014年伊朗人口总数及增长率（单位：人、%）

年份	人口总数	增长率
1960	21958460	N/A
1961	22535672	2.63
1962	23130085	2.64
1963	23742324	2.65
1964	24373188	2.66
1965	25023580	2.67
1966	25696631	2.69
1967	26393889	2.71
1968	27113136	2.73

续表

年份	人口总数	增长率
1969	27850926	2.72
1970	28606584	2.71
1971	29381955	2.71
1972	30184173	2.73
1973	31024743	2.78
1974	31918360	2.88
1975	32877678	3.01
1976	33901414	3.11
1977	34992483	3.22
1978	36171889	3.37
1979	37465764	3.58
1980	38889520	3.80
1981	40440041	3.99
1982	42100410	4.11
1983	43852710	4.16
1984	45672219	4.15
1985	47531740	4.07
1986	49440637	4.02
1987	51377914	3.92
1988	53250434	3.64
1989	54938264	3.17
1990	56361868	2.59
1991	57472293	1.97
1992	58307457	1.45
1993	58982430	1.16
1994	59663107	1.15
1995	60468352	1.35
1996	61440887	1.61
1997	62542531	1.79
1998	63713397	1.87
1999	64858754	1.80
2000	65911052	1.62

续表

年份	人口总数	增长率
2001	66857624	1.44
2002	67727274	1.30
2003	68543171	1.20
2004	69342126	1.17
2005	70152384	1.17
2006	70976584	1.17
2007	71809219	1.17
2008	72660887	1.19
2009	73542954	1.21
2010	74462314	1.25
2011	75424285	1.29
2012	76424443	1.33
2013	77378220	1.25
2014	78686891	1.69

资料来源：http://www.phbang.cn/general/146543.html, 2014.12.13。

表6—1显示，1980年伊朗人口数量仅为3889万人，到1990年人口就增至5636万人，10年间人口数量增加了1747万人，人口数量变化之快可见一斑。1995年伊朗人口突破6000万大关，2000年达到6591万人，到2010年人口上升至7446万人，2014年继续攀升至7869万人。伊朗的人口数量在这30多年里一直呈现出持续增长的趋势，这主要是由于伊朗人口基数已经越来越大造成的。

20世纪90年代初，伊朗人口的增长率却出现大幅度下降。1980年伊朗人口增长率为3.80%，1985年上升到4.07%，1990年陡降为2.59%。1995年人口增长率继续降到1.35%，此后近20年里只有小幅波动，2000年微升到1.62%，到2005年降至1.17%，2010年又回到1.25%，2014年微升到1.69%。这种变化与伊朗政府推行计划生育、控制人口增长而后又改为鼓励生育的政策有很大关系。

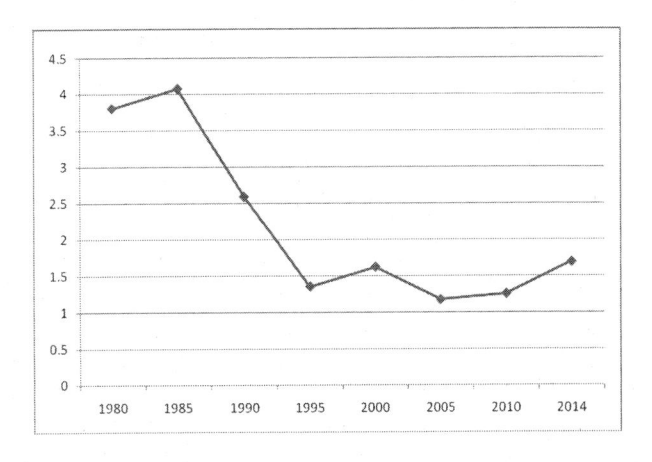

图6—3　1980—2014年伊朗人口增长率变化（单位：%）

资料来源：http://www.phbang.cn/general/146543.html，2014.12.13。

（三）影响当代伊朗人口数量变化的重要人为因素：人口政策

伊朗的传统文化是鼓励多生多育的，但多种原因造成了伊朗在古代和中世纪时期人口数量长期停滞不前。英国费舍尔教授认为，伊朗历史上多次遭到异族游牧民族如阿拉伯人、突厥人、蒙古人等入侵，"这些入侵正是直接、间接导致定居农民人数减少的主要原因。"[①] 此外，伊朗长期保存着游牧或半游牧的生产方式，在两千多年的漫长历史时期中，这种生产方式使得伊朗人口数量的变化很小，因为这种传统习惯既不利于生产力的发展，同时也破坏了自然环境，不利于人口自身的生产。

当代伊朗人口数量的变化，除了自然环境和资源的原因以外，经济发展和国家人口政策的变化则是更加重要的影响因素。当代伊朗人口政策在控制增长和鼓励生育之间反复调整，集中体现在以下四个时段。

1. 巴列维王朝实施节制生育政策的时期

1935年伊朗总人口已经增长到1505万人，而且还在持续快速增长，1976年达到3390万，人口总量比1935年翻了一番多。20世纪50年代以来，伊朗人口的快速增长导致年轻人的高失业率和经济困难，阻碍经济社会的发展和人民生活水平的提高。针对这种状况，巴列维政府开始对人口

[①] W.B.费舍尔主编：《伊朗的土地》，剑桥大学出版社1968年版，第413页。

进行现代化管理，引进节育技术，制定节育计划，1967年成立了伊朗家庭计划生育委员会，以后法律允许堕胎和绝育，并从1956年开始，每隔10年进行一次人口普查。政府建立了几百个有关节制生育的咨询中心，1976年还规定每年的12月5日为伊朗"家庭计划日"。因此，1960—1975年期间，伊朗人口增长率保持在2.6%—3.01%之间。即便如此，20世纪70年代伊朗妇女的生育率仍然高达5.9—7.0，人口增长势头依然强劲。

2. 伊斯兰政府鼓励人口生育的时期

两伊战争前，已故最高领袖霍梅尼曾大力鼓励国民生育以制造战士，1979年伊斯兰革命以后，新政府废除了巴列维政权的《家庭保护法》，其人口生育政策由节制生育变为鼓励生育，主要措施有：降低男女结婚年龄，宣布堕胎非法；规定妇女在怀孕、哺乳期要保留其职位，还要享受带薪产假，哺乳期的职业女性每天可以有1个小时为孩子哺乳。在政府鼓励下，人口增长率持续走高、居高不下。1980—1988年两伊战争期间，伊朗政府更加相信众多的人口是战胜敌国的根本力量。因此，1979—1989年期间，尽管有战争和革命的巨大影响，人口增长率却在3.17%—4.16%的高位上运行，尤其是两伊战争激烈进行的1982—1986年间，人口年增长率都超过了4.0%。1989年人口总数达到5494万，比1979年净增加1747万人，11年间增长了46.6%，同年妇女生育率仍然高达5.3%。

3. 伊斯兰政府控制人口生育的时期

两伊战争结束后，霍梅尼开始认为现有的经济规模养不活那么多人口，出于对人口爆炸的担忧，伊朗政府在20世纪80—90年代之交着手制定控制生育的政策。阿克巴尔·哈什米·拉夫桑贾尼在1989—1997年担任总统期间，说服宗教界领导人支持他的计划生育政策，鼓励（而不是强制）每个家庭只生两个孩子。从1989年起，伊朗的人口政策开始发生巨变。

1990年，伊朗开始正式实施名为"安排家庭计划"的计划生育政策，提倡只生两胎，每个家庭最多3个孩子。同年，伊朗专门成立了"生育率调节委员会"，负责国家计划生育政策的实施和各部门的协调。1993年，伊朗议会通过了《人口与安排家庭法》，要求每个家庭生育孩子不得超过3个，提出"一个孩子好，两个孩子够了"的口号，计划（每个家庭不多于3个）内出生的孩子可以享受免费医疗保险和免费教育，按人头领取可以低价购买生活必需品的票证，超标出生的孩子不能享受福利，其母亲也不能享受带薪产假。此外，伊朗政府还规定男女结婚前要上生育课，并派出专门的流动医疗队到偏远地区提供免费节育手术。伊朗卫生部在全国开展控制人口运动，向民众介绍节育办法——避孕药、避孕套、结扎术……据外国媒体报道，到2001年，伊朗的避孕套工厂年产量已达到7000万个，虽然在这些避孕套的包装盒上打上了英文或法文，刻意暗示它们是进口产品。这些措施直接导致伊朗人口出生率迅速下降，人口增长大大减缓，增长率从高峰时期的3.9%下降到2007年前的1.5%左右，2012年又进一步下降到1.32%以下。[1]

政府实施控制生育政策的效果是明显而持久的：这期间伊朗妇女的生育率持续减少，从1990年的5.3%降低到1995年的2.9%，再降到2000年的2.2%，2006年、2007年的1.7%[2]。人口增长率从1989年的3.17%，陡降到1990年的2.58%，再急剧降到1991年的1.97%，此后从1992年到2014年的23年间，人口增长率一直在1.15%—1.87%的低位徘徊，其中有7年增长率都低于1.20%，只有2年达到或超过1.80%。2011年人口普查显示，伊朗妇女的生育率已经下降到了平均每个妇女生育1.30个孩子的水平，进入了低生育周期。联合国2009年的数据指出，从原先一名女性平均生育7个孩子到现在不到2个孩子，伊朗是全球自1980年以来生育率下挫幅度最大的国家。

4. 伊斯兰政府重新实施鼓励生育政策的时期

2010年以来，伊朗政府越来越担忧人口低增长率（2012年是1.33%，而1983年是4.16%）会最终导致人口负增长和严重老龄化。反观邻国伊拉克和沙特阿拉伯，生育率仍然有4.0%左右。而且，伊朗降低生育率并没有为经济发展做出贡献。一些伊朗人士认为拉夫桑贾尼总统的"两个孩子够了"的人口政策毁了伊朗的前途。2005年总统选举中，保守派德黑兰市长艾哈迈迪·内贾德成为总统，在2006年10月22日议会演讲时明确表示反对"两个孩子够了"的说法，认为伊朗女孩应当在16—17岁结婚，主张年轻人早生育多生育，因为这样可以有助于打败西方。

---

[1] 冀开运、冀佩琳："伊朗人口政策的演变及特点"，《长安大学学报（社科版）》，2014年第1期。

[2] http：//lt.cjdby.net/forum.php?mod=viewthread&tid=2096415.

2009年，内贾德还曾引入一个计划，为每个新生儿在银行开户存入600英镑（约合人民币6000元），随后每年增加60英镑（约合人民币600元），直到这些孩子年满18岁①。2012年7月25日，伊朗最高领袖哈梅内伊发表讲话，要求改变控制人口增长的政策。他说，伊朗实行的节育措施，在20年前的情况下是合理的，"但是在后来的那些年里继续执行，是错误的……专家们的科学研究表明，如果控制生育的政策继续执行，我们将面临人口老化和人口减少的问题。"根据哈梅内伊的指示，伊朗议会社会委员会起草议案，废除了实行20年之久的计划生育政策。

2012年7月，伊朗卫生部证实该国的限制生育政策已经终止，转而提出人口增长至1.5亿或2亿的目标②。当时伊朗总人口只有7600万。哈梅内伊说，"伊玛目（指霍梅尼）曾说过要1.5亿至2亿的人口，这才是我们要达到的正确数字。"同年伊朗卫生部长玛芝娜·瓦希德·达斯特杰尔迪也对媒体表示，将投入1900亿里亚尔（约合9500万元人民币）用于鼓励国民生育。

但是，鼓励生育的人口新政目前还没有完全扭转伊朗人口增长率下滑的趋势，2013年的增长率1.25%比2012年还略降了0.08个百分点，2014年回升到1.69%，比上年略微提升了0.44个百分点。生育成本的高昂是当今伊朗年轻人不愿意多生育孩子的主要原因。根据世界银行数据，2013年伊朗经济增长率出现大幅下滑（增长-5.80%），国内生产总值（GDP）为3689亿美元③，按当年7738万人计算，人均仅为4767美元，明显低于网站数据"伊朗人均国民收入水平达到5780美元，人均寿命74岁"④的统计，可见，经济低迷是生育率不能提升的主要原因。政府鼓励生育、增加人口的政策效果，还需要通过发展经济、持续加大鼓励力度、解除年轻人生育子女的后顾之忧才能真正体现出来。

---

① http：//lt.cjdby.net/forum.php? mod = viewthread&tid = 2096415.
② 英国《每日电讯报》2012年8月2日报道。
③ 中华人民共和国国家统计局：《中国统计年鉴—2014》，中国统计出版社2014年版。
④ http：//www.phbang.cn/general/146543.html，2014.12.13.

(四)伊朗人口数量自然变动的影响因素：出生率和死亡率

1. 人口出生率

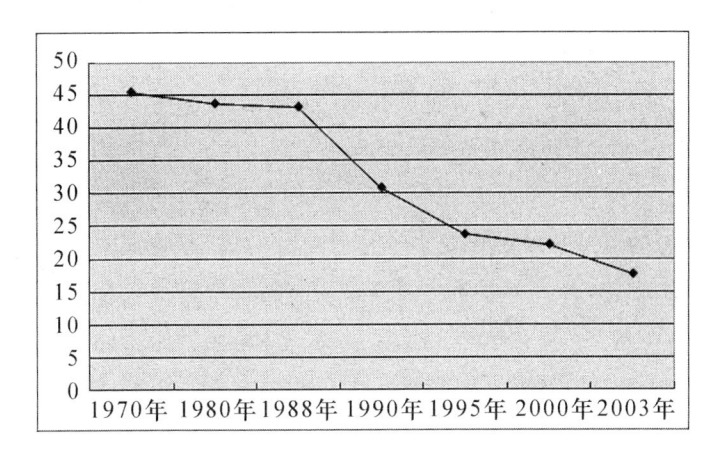

图 6—4 1970—2003 年伊朗人口出生率变化（单位:‰）

资料来源：中华人民共和国国家统计局编：《国际统计年鉴 2000—2005》，中国统计出版社。

(1) 人口出生率呈下降趋势

从 1970 年开始到现在的 40 多年里，伊朗人口的出生率呈现出由高到低转变的趋势。1970 年伊朗人口的出生率在 45‰ 以上，而到 2003 年出生率已经降至 17.6‰，30 多年的时间出生率下降了 27.4‰，而且下降的趋势并未得到有效遏制。

伊朗人口出生率的显著变化是与伊朗的经济文化及人口政策密切相关的。伊朗人大多信奉伊斯兰教，而伊斯兰教允许多妻制，提倡多子多福，再加上很长一段时间里受伊朗经济发展水平和伊斯兰宗教意识的影响，伊朗妇女受教育程度低、就业机会少，因此生育率较高。但是随着生育率的不断增长，伊朗人口数量急剧膨胀，给伊朗的社会发展敲响了警钟。人口的过度膨胀不仅抵消了伊朗的经济增长，而且对自然资源造成了巨大的压力。同时，伊朗的人口爆炸还带来一系列社会问题，诸如就业紧张、交通拥堵、住房困难等。在这种状况下，20 世纪 80 年代末期，伊朗政府及时转变人口政策，积极鼓励人民实行计划生育，有效地降低了伊朗人口的高出生率，控制了人口大幅度增长的势头。

(2) 各地区人口出生率差异明显

伊朗各省份的人口出生率地区差异显著。以 2005 年伊朗 30 个省份的人口出生率为例,吉兰省人口出生率最低,为 13.40‰;锡斯坦—俾路支斯坦省人口出生率最高,达到 33.14‰。根据 2005 年人口出生率的地区差异将伊朗各省份划分为三类。

高出生率的省份。该类省份仅有锡斯坦—俾路支斯坦省,人口出生率高达 33.14‰,位于伊朗的东南部。

中等出生率的省份。该类省份的人口出生率均大于 17.00‰,最高达到 22.98‰。共 17 个省份,包括北呼罗珊省、呼罗珊省、南呼罗珊省、克尔曼省、霍尔木兹甘省、亚兹德省、胡齐斯坦省、布什尔省、科吉卢耶—博耶尔艾哈迈迪省、恰哈尔马哈勒—巴赫蒂亚里省、伊拉姆省、克尔曼沙阿省、洛雷斯坦省、西阿塞拜疆省、东阿塞拜疆省、阿尔达比勒省和戈莱斯坦省,集中分布在伊朗的西南、西北和东北的边境地区和东南大部地区。

低出生率的省份。该类省份的人口出生率最高为 16.85‰,最低仅为 13.40‰。主要有吉兰省、法尔斯省、伊斯法罕省、塞姆南省、赞詹省、加兹温省、马赞达兰省、德黑兰省、库姆省、中央省、哈马丹省和库尔德斯坦省,共计 12 个省份,集中分布在伊朗的中北部地区和西南部的部分地区。

表 6—2　伊朗各省份人口出生率与地理环境相关性分析

	海拔高度	年平均气温	年平均降水量	可利用总水量
出生率	0.00709	−0.29542	−0.36063	0.002855
	国民生产总值	第一产业产值	第二产业产值	第三产业产值
出生率	−0.13261	−0.12632	−0.02467	−0.16593
	经济参与率	交通总长度	失业率	识字率
出生率	−0.23531	0.431681	−0.10946	−0.70835

资料来源:Correlation is significant at the 0.05 level (2 - tailed)。

(3) 出生率地区差异的形成原因

分析表明,影响伊朗人口出生率地区差异的主要因素是文化教育水平。其中，识字率与出生率的相关系数最高，二者呈现出负相关的特性，识字率和文化教育水平越高的地方人口出生率反而越低。由此可见，伊朗近些年人口出生率大幅度下降的原因之一是与伊朗人口文化素质的提高密切相关的。

2. 人口死亡率

（1）死亡率呈持续下降趋势

同人口出生率的变化特点相似，从 1970—2003 年的 30 多年内，伊朗人口死亡率也呈现出由高到低的变化过程。1970 年伊朗的人口死亡率高达 16‰，随后伊朗的人口死亡率出现大幅度地下降，到 1995 年降至 6‰，之后就进入了相对平稳的时期。30 多年中伊朗人口的出生率降低了 10‰。从 1970—2003 年，伊朗人口死亡率的变化过程大致可以分为三个阶段。1970—1988 年为高死亡率阶段，死亡率虽然一直大幅度降低，但均高于 8‰；1989—1995 年死亡率持续降低，但降低幅度较前一阶段明显变缓；从 1995 年开始到现在，伊朗人口死亡率进入了稳定阶段，死亡率保持在 6‰左右波动，变化幅度微乎其微。

近些年来伊朗人口死亡率的大幅度下降主要是受到了经济发展水平和科技进步等因素的影响。随着社会的稳定，伊朗的经济水平不断发展，人民生活水平逐步提高，人均寿命不断延长，从而抑制了人口的高死亡率。同时，经济水平的提高，促使伊朗医疗卫生条件日臻改善，医药科学技术不断进步，卫生保健事业日渐发展，国民的福利待遇水平也逐步提高，都在很大程度上加速了伊朗人口死亡率的下降。

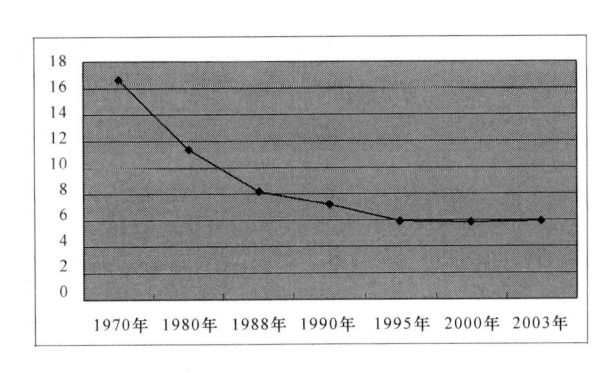

6—5 1970—2003 年伊朗人口死亡率变化（单位:‰）

资料来源：中华人民共和国国家统计局编：《国际统计年鉴 2000—2005》，中国统计出版社。

(2) 各地区人口死亡率差异明显

伊朗各省的人口死亡率也存在很大的不同。2005年，伊朗人口死亡率最低的省份是库姆省，死亡率仅为3.96‰，同年南呼罗珊省的人口死亡率却高达11.00‰。

高死亡率的省份。该类省份仅为南呼罗珊省，人口死亡率高达11.00‰，远远高于伊朗的平均人口死亡率。

中等死亡率的省份。该类省份的人口死亡率均大于6.00‰而小于10.00‰，包括呼罗珊省、亚兹德省、科吉卢耶—博耶尔艾哈迈迪省、中央省、吉兰省、赞詹省、哈马丹省、东阿塞拜疆省和洛雷斯坦省，共9个省份，主要分布在伊朗的东部和西北部两地区。

低死亡率的省份。该类省份的人口死亡率均小于6.00‰，共有20个省，分布面积广泛，包括北呼罗珊省、克尔曼沙阿省、西阿塞拜疆省、阿尔达比勒省、马赞达兰省、恰哈尔马哈勒—巴赫蒂亚里省、法尔斯省、锡斯坦—俾路支斯坦省、克尔曼省、霍尔木兹甘省、布什尔省、胡齐斯坦省、伊斯法罕省、塞姆南省、德黑兰省、加兹温省、库尔德斯坦省、戈莱斯坦省、伊拉姆省和库姆省。

表6—3 伊朗各省份人口死亡率与地理环境相关性指标

	海拔高度	年平均气温	年平均降水量	可利用总水量
死亡率	-0.137194	-0.054773	-0.05704	-0.07645
	国民生产总值	第一产业产值	第二产业产值	第三产业产值
死亡率	-0.19185	-0.16783	-0.16237	-0.15892
	经济参与率	交通总长度	失业率	识字率
死亡率	0.31556	0.099257	0.044534	-0.25202

资料来源：Correlation is significant at the 0.05 level (2-tailed)。

(3) 人口死亡率地区差异的形成原因

分析表明，选用的几个指标都没有与伊朗人口死亡率有较强的相关性。但是相比较而言，经济因素和社会因素较自然因素对伊朗人口死亡率地区差异的影响更强。也可以说经济水平越高、社会文化环境越优越的地方,死亡率相对低下,这与地区的人民生活水平提高和医疗卫生条件改善有很大的关系。

(五) 伊朗人口的再生产类型

1. 再生产类型的变化

从人类发展的历史来看,人口的自然变动经历了四个类型,分别是高出生率、高死亡率、低自然增长率的原始型,高出生率、低死亡率、高自然增长率的年轻型,较低出生率、低死亡率、较低自然增长率的成年型和低出生率、低死亡率、低自然增长率的衰老型。

从1970—2003年的30多年时间内,伊朗人口的再生产类型经历了二个阶段、二种类型的变化。第一个阶段是1988年以前,伊朗人口的再生产类型属于高出生率、低死亡率和高自然增长率的年轻型人口再生产类型;第二个阶段从1988年开始到现在,属于较低出生率、低死亡率和较低自然增长率的成年型人口再生产类型。

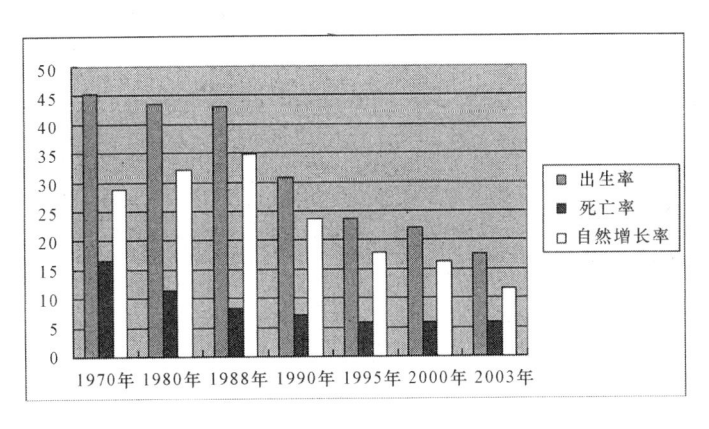

图6—6 1970—2003年伊朗人口再生产类型变化(单位:‰)

资料来源:中华人民共和国国家统计局编:《国际统计年鉴2000—2005》,中国统计出版社。

2. 再生产类型的地区差异

伊朗目前各省份的人口再生产类型也呈现出不同的特征,地区差异较为明显。

第一种类型是代表高出生率、高死亡率、低自然增长率的原始型省份。该类型的省份伊朗仅有南呼罗珊省,分布在伊朗的东部边境。

第二种类型是代表高出生率、低死亡率、高自然增长率的年轻型省份。该类型的省份数目比较多，共有 8 个省份，包括东阿塞拜疆省、洛雷斯坦省、科吉卢耶—博耶尔艾哈迈迪省、亚兹德省、呼罗珊省、克尔曼省、霍尔木兹甘省和锡斯坦—俾路支斯坦省，主要分布在伊朗的东南部地区，西部和西南部也有零散分布。

第三种类型是代表较低出生率、低死亡率、较低自然增长率的成年型省份。该类型省份数目最多，包括西阿斯拜疆省、阿尔达比利省、库尔德斯坦省、赞詹省、吉兰省、克尔曼沙阿省、哈马丹省、加兹德省、伊拉姆省、中央省、库姆省、胡齐斯坦省、布什尔省、法尔斯省、恰哈尔马哈勒—巴赫蒂亚里省、科吉卢耶—博耶尔艾哈迈迪省、戈莱斯坦省和北呼罗珊省共 18 个省份，主要分布在伊朗的西北、西南和东北地区。

第四种类型代表低出生率、低死亡率、低自然增长率的衰老型省份。该类省份集中分布在伊朗的中北部地区，包括德黑兰省、塞姆南省、马赞兰达省和伊斯法罕省四省份。

综上可见，随着伊朗经济的发展和社会文化环境的改善，这些年来伊朗人口的出生率、死亡率和自然增长率都呈现出大幅度下降的趋势，但是与世界人口的发展水平相比，伊朗人口的出生率、死亡率和自然增长率还是较高，人口再生产类型为典型的成年型，预示伊朗人口数量可能还将持续上升。

二、伊朗人口的地理分布及影响因素

前面的研究表明，伊朗各个省份的人口出生率、死亡率和自然增长率都存在较大差异，表明了伊朗人口的空间分布存在着较大差异，这与伊朗各地区经济发展不平衡与自然环境条件差异大有直接的关系。

（一）伊朗人口分布特征

伊朗国土面积为 164.5 万平方公里，2014 年伊朗人口数量达到 7868.7 万人，据此可知，伊朗人口密度为 48 人/平方公里，比中东另外两个人口大国埃及的 81 人/平方公里（2012 年）、土耳其的 94 人/平方公里（2012

年)的密度①低得多,说明伊朗国土资源的人口容量潜力很大。由 2005 年伊朗人口分布大势可见,伊朗人口分布明显不均匀,人口比较集中的省份有德黑兰、伊斯法罕、法尔斯、呼罗珊拉扎维和东阿塞拜疆等。

约一半的人口集中分布在以伊斯法罕为中心的呈"十字形"的带状地区。横向地带主要包括胡齐斯坦省、伊斯法罕省和呼罗珊省,三省人口数量总计约为 1400 万;纵向地带包括德黑兰省、法尔斯省、马赞兰达省和库姆省,人口总计近 2042 万。这个"十字形"地带面积将近 49.2 万平方公里,占全国总面积的 30%;人口数量却达到 3400 多万人,占到了全国人口总量的 50%。伊朗的东南和西北部地区面积广袤,但人口数量较少。

(二) 经济和环境是影响伊朗人口分布地区差异的主要因素

用 SPSS 软件对影响伊朗人口分布的地理环境进行相关性分析,结果显示如下:

表 6—4 伊朗各省份人口数量与地理环境和经济相关性分析

	海拔高度	年平均气温	年平均降水量	可利用总水量
人口数量	0.01379	0.22137	-0.19799	0.364369
	国民生产总值	第一产业产值	第二产业产值	第三产业产值
人口数量	0.900338	0.608473	0.501421	0.927435
	经济参与率	交通总长度	失业率	识字率
人口数量	0.172076	0.325615	0.050007	0.344253

资料来源: Correlation is significant at the 0.05 level (2-tailed)。

从分析结果可以看出,目前影响伊朗人口分布差异的主要因素是经济因素,其中第三产业产值和国民生产总值这两个指标与人口数量的相关性最高,相关系数超过了 0.9,可见经济越发达、产业结构越优化的地方是伊朗人口数量最多的地方。此外,社会环境和自然环境也在一定程度上影响伊朗人口数量的地区差异。交通基础设施的便捷性、文化教育程度和可利用的水资源量都对人口分布有较大影响,而伊朗各省的自然地理环境和

---

① 中华人民共和国国家统计局:《中国统计年鉴—2014》,中国统计出版社 2014 年版,第 923 页。

资源、社会经济环境的差异都非常明显（见表6—5、表6—6、表6—7）。结论是：人口分布比较稠密的省份经济社会发展水平较高、城镇比较密集、降水较多且处于山麓或山间盆地，因此宜于人们工作、居住和生活，例如德黑兰、伊斯法罕、法尔斯、呼罗珊拉扎维和东阿塞拜疆、胡齐斯坦等。

表6—5　2005年伊朗各省份自然地理环境数据

	海拔（米）	平均温度（℃）	平均降水量（毫米）	可用总水量（立方米）
东阿塞拜疆	1360	14	283.4	1356
西阿塞拜疆	1312	10.1	237.4	2190
阿尔达比勒	1290	11.5	372.2	357
伊斯法罕	1590	16.5	219.7	5626
伊拉姆	20	26.3	184.3	471
布什尔	14	13.2	554.6	370
德黑兰	1191	13.6	240.8	4036
恰哈尔马哈勒—巴赫蒂亚里	2078	27	276.6	10250
南呼罗珊	985	23.8	223.9	923
呼罗珊	985	16.8	134.8	7979
北呼罗珊	985	13.2	128.9	982
胡齐斯坦	18	18.7	226.5	1068
赞詹	1663	17	510.1	1189
塞姆南	1138	16.8	1475.8	1095
锡斯坦—俾路支斯坦	1370	19.7	54.6	1470
法尔斯	1491	10.9	307.8	10261
加兹温	1663	18.4	683.9	2434
库姆	600	18.5	176.8	473
库尔德斯坦	1373	14	449.4	976
克尔曼	1749	9.6	413	5990
克尔曼沙阿	1322	17.8	304.8	1799

续表

	海拔（米）	平均温度（℃）	平均降水量（毫米）	可用总水量（立方米）
科吉卢耶—博耶尔艾哈迈迪	2058	14.3	325.1	664
戈莱斯坦	1138	18.5	111.1	1076
吉兰	-7	15.8	134.3	773
洛雷斯坦	1134	15.4	430.3	2678
马赞达兰	-22	18.6	522.3	2610
中央	1759	16.4	223.3	3170
霍尔木兹甘	10	11.4	283.1	1455
哈马丹	1747	14.2	776.7	2383
亚兹德	1230	19.9	43.8	1774

资料来源：由网站 http://eamar.sci.org.ir/数据整理得来。

表6—6 2005年伊朗各省社会经济主要数据

	GDP（亿里亚尔）	识字率（%）	经济参与率（%）	失业率（%）	石油消费量（立方米）
东阿塞拜疆	58805	81.56	49	5.3	4010779
西阿塞拜疆	29773	77.77	41.5	10	3641562
阿尔达比勒	15333	80.04	44.2	11.1	974071
伊斯法罕	99369	87.53	43.4	11	7532393
伊拉姆	11275	81.9	37.7	13.6	558523
布什尔	48552	86.43	36.5	10.5	1663693
德黑兰	385928	91.27	40.9	13	11848200
恰哈尔马哈勒—巴赫蒂亚里	9146	82.52	37.5	12.5	608292
南呼罗珊	6677	81.11	45	11	823935
呼罗珊	76483	86.18	40.8	8.6	4822446
北呼罗珊	9470	79.13	35.2	7	678930
胡齐斯坦	224506	83.62	36.6	12.8	4079797
赞詹	13311	81.72	46.3	11.6	924093
塞姆南	12917	88.6	37.1	10.6	1131129

续表

	GDP（亿里亚尔）	识字率（%）	经济参与率（%）	失业率（%）	石油消费量（立方米）
锡斯坦—俾路支斯坦	15791	68.01	38.3	10.9	3606402
法尔斯	67355	86.63	38.3	13.7	4541094
加兹温	20740	85.68	38.1	10.3	2566346
库姆	15529	86.14	36.5	11.1	1143497
库尔德斯坦	15095	86.14	39.3	10.6	1634456
克尔曼	37012	82.81	41.9	13.4	3528213
克尔曼沙阿	23013	82.13	36.1	16.5	2059279
科吉卢耶—博耶尔艾哈迈迪	60946	81.61	34.3	15.5	378436
戈莱斯坦	22069	82.08	42.3	9	1184343
吉兰	33810	83.1	43.2	11.4	2237192
洛雷斯坦	18672	81.09	37.9	16.2	1301953
马赞达兰	52287	85.01	41.9	8	3549555
中央	33679	83.91	38.8	12.5	2735458
霍尔木兹甘	31784	83.38	31.8	7.7	3716533
哈马丹	22980	82.63	41.7	13.5	1651402
亚兹德	16650	88.07	44.6	7.4	2068408

资料来源：由网站 http://eamar.sci.org.ir/数据整理得来。

表6—7　2005年伊朗各省社会经济主要数据

	第一产业产值（亿里亚尔）	第二产业产值（亿里亚尔）	第三产业产值（亿里亚尔）	交通总长度（公里）
东阿塞拜疆	6089	19592	32748	3101
西阿塞拜疆	6406	4638	18554	2731
阿尔达比勒	4234	2182	8839	1293
伊斯法罕	7454	45463	45735	4469
伊拉姆	1219	6384	3632	1411
布什尔	1750	37150	9542	1639
德黑兰	7780	79665	295515	1322

续表

	第一产业产值（亿里亚尔）	第二产业产值（亿里亚尔）	第三产业产值（亿里亚尔）	交通总长度（公里）
恰哈尔马哈勒—巴赫蒂亚里	2241	1438	5412	1446
南呼罗珊	1199	820	4621	3304
呼罗珊	10631	16660	48703	5943
北呼罗珊	2010	1228	6189	1034
胡齐斯坦	9694	172946	41212	4163
赞詹	2901	3945	6352	1399
塞姆南	2396	4226	6201	1348
锡斯坦—俾路支斯坦	2661	2571	10468	5468
法尔斯	12922	17531	36508	6005
加兹温	3549	7080	9872	1197
库姆	1293	4437	9682	576
库尔德斯坦	2957	1583	10485	1571
克尔曼	10331	9279	17173	4577
克尔曼沙阿	3929	4780	14162	2322
科吉卢耶—博耶尔艾哈迈迪	1526	55534	3833	1096
戈莱斯坦	6492	2741	12706	1104
吉兰	4935	6597	22092	1636
洛雷斯坦	3597	3107	11869	1399
马赞达兰	12003	9403	30554	2047
中央	3952	14727	14687	1873
霍尔木兹甘	3808	6653	21111	2771
哈马丹	5211	3938	13698	1633
亚兹德	1991	5488	9035	2733

资料来源：由网站http://eamar.sci.org.ir/数据整理得来。

三、伊朗人口的基本构成和类别特点

（一）伊朗人口的年龄构成

从1986—2003年的20多年时间里，伊朗人口的年龄构成呈现出以下的特点：

第一，0—14岁的人口比重在20多年的时间里呈现出逐年递减的趋势。1986年和1991年0—14岁的人口比重均大于40%，分别为45%和44%；从1996年开始出现转折，到2000年和2003年，这一年龄段的人口比重均小于40%，2003年甚至降到了30%的水平，这主要是由于伊朗人口出生率下降、自然增长率下降导致的。

第二，15—64岁的人口比重在这一时间段内呈现出逐年递增的趋势，而且增长的速度很快。1986年和1991年的时候15—64岁的人口比重刚超过50%，但到了1996的时候这一比重已经增加至56%，2000年达到59%，2003年已经上升为66%了，增长速度之快可见一斑。该数据传达出的信息是，伊朗的现实劳动力资源丰富、政府的就业压力大；但同时，不久的将来，伊朗人口的老龄化将要到来。

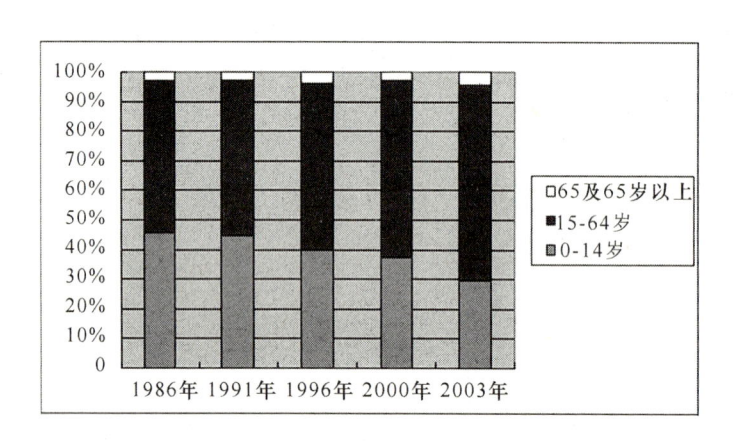

图6—7　1986—2003年伊朗人口年龄构成变化图

资料来源：中华人民共和国国家统计局编：《国际统计年鉴2000—2005年》，中国统计出版社。

第三，65岁及65岁以上的人口比重在近20多年的时间内呈现出变化幅度小、基本稳定但略有上升的态势。这一年龄段的人口比重已经由1986的3%上升至2004年的4.7%，虽然变化的幅度非常之小，但总体上呈现出一个上升的趋势。如果将时间后推10年、20年，伊朗65岁以上人口所占比重将大大上升，表明伊朗也将逐渐进入老年化社会。

如果把人口年龄构成划分为年轻型、成年型和老年型三种类型的话，从近20多年的时间过程来看,伊朗的人口构成经历了从年轻型向成年型这一类型转变的过程。目前伊朗人口的年龄构成处于较为稳定的成年型阶段。

(二)伊朗人口性别构成

2014年,伊朗人口总数达到7868.74万人,其中男性人口数量为3990.4901万人、女性人口数量为3878.2534万人,伊朗男女性别比为50.7∶49.3。①

由于搜集的资料欠缺连贯性,在对伊朗人口的性别构成进行分析时,只能选取其中几个年份的人口性别比例作为切入点。如下图显示,伊朗人口的性别构成中基本上是男性人口的比重大于女性人口的比重,在2000年之前男女的性比例均大于100∶102,而到了2002年男性人口的比重却小于女性人口比重,性比例出现逆转的情况,但是从对伊朗人口的总体研究情况来看,这应该属于特例,从整体上看,伊朗的男性人口数量应该大于女性人口的数量,这在2014年的数据中得到了验证。

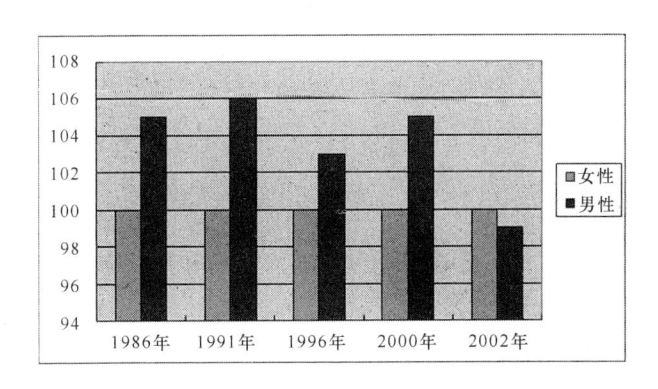

图6—8 1986—2002年间历年伊朗人口性别比例
资料来源:中华人民共和国国家统计局编:《国际统计年鉴2000—2005》,中国统计出版社。

需要指出的是,伊朗妇女的地位在伊斯兰革命以后得到了很大的提升,她们参与到国家各个领域的活动中,不仅承担着抚养家庭老小、打理家务的重任,而且是伊斯兰教戒律和伦理的践行者和维护者,还是伊朗传统文化精神的传播者,她们的细密画绘画作品经常在国内外展览,编织的

---

① http://www.phbang.cn/general/146543.html,2014.12.13.

波斯地毯享誉世界。伊朗妇女已经普遍进入社会生活的方方面面，电影女导演、女演员、女教师、女老板、政府的女雇员甚至女司机在伊朗也并不少见，还出现了女政治家，如前总统哈塔米内阁7位副总统中就有女副总统玛苏梅·埃普特卡尔博士，前总统艾哈迈迪·内贾德内阁中也有一位女副总统兼环保组织主席，她就是法提梅·贾瓦迪博士[①]。西方媒体也认为，伊斯兰革命后霍梅尼在学校推行的性别分离政策反而让许多保守家庭放心送女儿上学，女性的受教育率反而大大提高了[②]，事实上，当今的一些伊朗高校大学生中，女生人数反而超过了男生。

（三）伊朗人口城乡构成

如果把伊朗人口简单划分为城市人口和农村人口的话，伊朗人口城乡构成变化的总体特点是近30多年来伊朗农村人口的数量比重持续下降，而城市人口的比重却逐年增加。这期间以1980年为分界点，伊朗城乡人口的比重出现了转折性的变化，可以划分为两个阶段。1980年以前为第一阶段，这一时期伊朗的农村人口数量比重大于城市人口的比重，伊朗农民的数量在总人口中占多数。1980年以后为第二个阶段，其中1980年为界点，这一年伊朗的农村人口和城市人口的比重相当，均为50%左右，但这之后，伊朗的城市人口数量规模开始不断扩张，城市人口比重持续快速地上升，2006年城市人口比重上升至67%，与此同时农村人口比重出现了大幅度地下降。

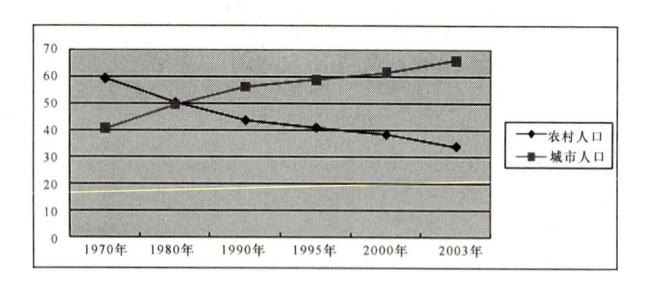

图6—9　1970—2003年伊朗城乡人口构成变化（单位:%）
资料来源：中华人民共和国国家统计局编：《国际统计年鉴2000—2005》，中国统计出版社。

---

① 伊朗伊斯兰共和国驻华大使馆：《走进伊朗》2007年2月，第71页。
② 《洛杉矶时报》2012年7月。

(四) 伊朗人口民族构成

根据美国中央情报局的统计数据,伊朗目前的民族构成为:51%的波斯人、24%的阿塞拜疆人、8%的基拉克人和马赞达兰人、7%的库尔德人、3%的阿拉伯人、2%的卢尔人、2%的俾路支人、2%的土库曼人,其他民族人口占1%,如塔利什人和突厥语部落群体等。

波斯人是伊朗穆斯林的主体民族,亦称伊朗人。主要居住在伊朗的中部和东部诸省。属欧罗巴人种南支地中海类型。语言属印欧语系伊朗语族。波斯人有记载的历史和文化始于公元前2700年。公元前2000年,古波斯人游牧部落自中亚进入今天的伊朗地区,排挤了当地的土著居民而定居下来。公元前8世纪,波斯人占领了法尔斯地区后获得了本族的名称,并建立起强大的波斯帝国。现代波斯人中98%的波斯人信仰伊斯兰教中的什叶派。

伊朗的阿塞拜疆人主要居住在伊朗的西北部地区。属欧罗巴人种西亚类型。使用阿塞拜疆语,属阿尔泰语系突厥语族西南语支,方言和土语较多,仍使用阿拉伯字母文字。一般认为阿塞拜疆人最早可追溯到青铜时代已居住在南高加索东部地区的古代居民阿尔巴尼人、米地亚人、卡斯比亚人。多数阿塞拜疆人是什叶派穆斯林。

基拉客人和马赞达兰人自古以来就居住在伊朗境内的吉兰省和马赞达兰省。属欧罗巴人种地中海类型。使用基拉克语和马赞达兰语,两种语言相近,都属于印欧语系伊朗语族,无文字。信奉伊斯兰教,属什叶派,文化习俗与波斯人相近。基拉克族和马赞达兰族都属于里海人种。

伊朗的库尔德人主要分布在伊朗的扎格罗斯山脉地区。属欧罗巴人种印度地中海类型。使用库尔德语,属印欧语系伊朗语支,文字以字母为基础。信仰伊斯兰教,多数属逊尼派。库尔德人是中东地区最古老的民族之一,相传是古代亚述人的后代。

伊朗的阿拉伯人主要分布在伊朗南部的波斯湾沿岸地区,多数集中在胡齐斯坦省。属欧罗巴人种地中海类型。使用阿拉伯语,属闪含语系闪语族,自6世纪起使用源于阿拉米字母的阿拉伯文字。信仰伊斯兰教,多数属逊尼派。阿拉伯人的民族来源可以上溯到远古的闪米特人部落,在历史上与亚述人、阿拉米人、迦南人、腓尼基人、希伯来人等有亲缘关系。

伊朗的卢尔人大多数分布在伊朗的西南地区。他们被认为是原始种族，与波斯人、阿拉伯人以及其他地方的人有混血关系。卢尔人讲的卢尔语是一种与波斯语极其相近的独立语言。卢尔人信奉伊斯兰教，大部分是什叶派穆斯林。在库尔德斯坦省，卢尔人集中分布在该省的北部。而在伊拉姆省主要分布在南部地区。

伊朗境内的俾路支人主要分布在克尔曼省和锡斯坦—俾路支省。属欧罗巴人种地中海类型。使用俾路支语，属印欧语系伊朗语族。信奉伊斯兰教，属逊尼派。俾路支人的发祥地大概在伊朗高原。古时候伊朗俾路支斯坦曾是通往印度河流域和巴比伦诸文明古国的陆上通道。

伊朗的土库曼人主要分布在伊朗的东北部地区。属欧罗巴人种与蒙古人种的混合类型。使用土库曼语，属阿尔泰语系突厥语族。1928年前使用阿拉伯字母的文字，后改用拉丁字母；从1940年起又改用斯拉夫字母。信奉伊斯兰教，属逊尼派。土库曼人的远祖可以追溯到古代草原地区使用伊朗语的马萨哥特人和萨尔马特—阿兰人，以及古代马尔基安纳、花剌子模等国的部分居民。

（五）伊朗人口的宗教结构

美国中央情报局的统计数据显示，伊朗的宗教人口构成以信仰伊斯兰教的穆斯林为主，其中什叶派穆斯林占全部人口的89%，逊尼派穆斯林占10%，其余1%的人口为索罗亚斯教徒、犹太教徒、基督教徒和巴哈教徒等。

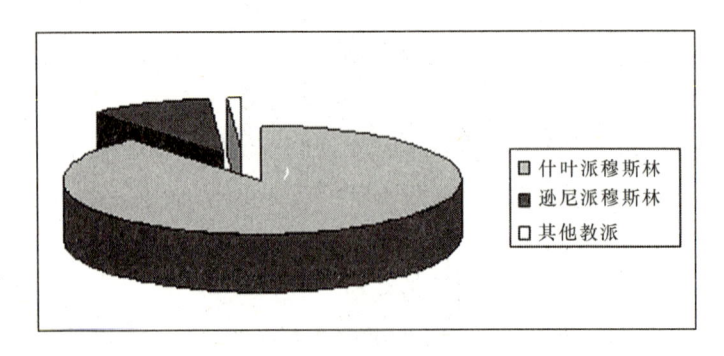

图6—10　伊朗人口的宗教构成

资料来源：根据网站http://en.wikipedia.Org/wiki提供的数据整理得来。

从人口构成来看，目前伊朗人口的年龄结构为成年型，大于50%的人口年龄段在15—54岁之间，由于该年龄段人口有较强的生育能力，因此也可以预见伊朗的人口数量还将继续增加。在性别结构方面，由于受宗教思想的影响，男性在伊朗社会生活中地位较高，因此长期以来伊朗男性人口数量多于女性。在城乡结构方面，自1980年伊朗城市人口首次超过乡村人口后，伊朗城市人口比重持续上升。在民族结构方面，伊朗的主体民族是波斯人，主要分布在伊朗的中部和东南部诸省，其他民族人口数量相对较少，均以聚居为主，分布在伊朗的其他地区。宗教方面伊朗绝大多数人口为信奉什叶派伊斯兰教的穆斯林。

第三节 伊朗公共卫生制度演变

公共卫生是现代医学的重要内容，是社会公共意识兴起之后，人类社会为维护公众健康所采取的集体性行动。与历史更为久远、捍卫个人健康的临床医学不同，公共卫生自产生之初，就呈现出深刻的国家印记。作为现代民族国家开展社会治理的重要方面，它以专业医学知识为基础，通过国家权力与非政府组织合作，进而实现社会集体的健康目标。从这一意义上说，公共卫生为考察世界现代化进程以及现代民族国家构建提供了崭新的视角。伊朗是中东地区的大国，具有悠久的历史以及独特的语言和文化，其现代化发展模式一直是国内中东学界研究的热点。既往研究多关注伊朗现代化进程中政治、经济、宗教以及民族关系层面的变动，公共卫生等社会治理层面的内容往往淹没在上述研究中。本节的目的并非从医学研究的角度，考察伊朗公共卫生技术演进的细节，而是借助梳理公共卫生发展的历史与现状，探究伊朗现代化进程中国家治理层面的变动。

一、伊朗公共卫生的缘起

传承古波斯文明衣钵的伊朗，具有数千年的医学文明史。早在波斯古经《阿维斯塔》（Avesta）中就记录了大量有关医学的理论和实践，尤其是第六卷《律法书》中数章内容都是有关古波斯人医学活动的记录。公元271年萨珊王朝建立的朱迪沙帕尔（Jundishapur）国际大学发展至公元6、7世纪一度成为古代世界最重要的医学中心。[①] 伊斯兰教兴起后，波斯医学与其他医学文明的交流进一步加速，涌现出众多著名医师。公元9世纪长期在伊朗各地行医的阿布巴克·穆罕默德·伊本·拉齐编著了《曼苏尔医书》（Kitab al-Man-Suri）以及《医学集成》（Kitab al-Hawi）等著名医书，其中对天花、麻疹等传染病都有准确的记述。白益王朝的宫廷医师哈利·阿巴斯撰写的《皇家医书》被认为是阐述希腊——伊斯兰医学最为简明扼要、条理清晰的作品。另外，还有11世纪早期的伊朗医师阿布阿里·侯赛因·伊本·西纳，他所编著的五卷本《医典》（Qanun）集当时医学知识之大成在伊斯兰世界、甚至西方世界都产生了巨大的影响。[②]

尽管历史上伊朗医学成就斐然，但是医学诊疗活动主要集中在少数社会富有阶层。到19世纪初，稍具规模的宫廷医师群体，其服务对象也主要是王朝贵族。他们只在国内疫情猖獗的时候，接受国王的敕令，向社会大众提出数条规避瘟疫的建议。[③] 因此，在数千年的伊朗医疗史中，国家基本上并不存在对瘟疫制度性的救治活动。政府对于社会大众的健康状况呈现的是一种较为消极的漠视态度。这种状况一直持续到19世纪。从19世纪中后期开始，公共卫生作为一种全新的制度开始在伊朗政府中萌芽。正如任何新制度都产生于特定的社会情境之下，伊朗公共卫生的源起也有其特定的历史背景。

首先，19世纪霍乱持续肆虐，造成重大人员和经济损失，促使伊朗政府正视社会大众的疫病诊疗问题。霍乱是一种急性腹泻疾病，病死率高达50%，疫情集中暴发时甚至可达到70%。[④] 从19世纪至20世纪初霍乱在世界范围内接连暴发达7次之多，伊朗无一幸免地成为历次疫情的重灾区。

---

① Medicine in Ancient Iran, http://irimc.org/DynamicContent.aspx?ci=2ebfb2e1-4481-40e7-90ee-ef7b.

② 肯尼思·F. 基普尔主编，张大庆译：《剑桥世界人类疾病史》，上海科技教育出版社2007年版，第23—24页。

③ Shireen Mahdavi, "Shahs, Doctors, Diplomats and Missionaries in 19 century Iran", *Journal of Middle Eastern Studies*, Vol. 32, No. 2, 2005, pp. 169-191.

④ Gordon C. Cook & Alimuddin I. Zumla, eds., *Manson's Tropical Diseases*, Elsevier Limited, 2009, p. 124.

//第六章 伊朗电影、卫生以及人口管理制度// 263

第一次霍乱疫情暴发于 1821 年,首先由波斯湾传入伊朗古城设拉子。据报道,仅设拉子所在的法尔斯省就有 8000 多人因此丧命。① 不久,疫情传入伊斯法罕等伊朗中部地区,很快横扫全国。此后,每隔不到 10 年,便有瘟疫肆虐。曾任纳赛尔丁国王宫廷御医的法国医生欧内斯特·克罗凯曾对发生于 1846 年的第三次霍乱疫情有过记载,"近 10% 的德黑兰居民(15000 人至 16000 人)死于霍乱。在大不里士、阿塞拜疆等省份每天死于疫病的人数也在 120 人左右。"② 这场瘟疫发生仅仅 5 年后,1851 年霍乱第四次席卷伊朗。在其侵袭德黑兰的 46 天里,城市每天的死亡率都在 60 人至 70 人,城市经济和社会秩序遭受重创。事实上,瘟疫暴发之时,常常会与其他天灾相伴,从而使原本严峻的社会健康问题雪上加霜。例如,1869 年当霍乱疫情在伊朗第五次暴发时,就与饥荒如影随形,结果造成德黑兰每天 50 人死亡、设拉子不到两年 5000 人因饥病丧生的惨剧。③ 事实上,长达一个多世纪的霍乱大流行,给伊朗社会带来的影响,远不只是一组组冰冷的死亡数据,其给广大民众带来的心理恐慌显然是难以量化的。

伊朗成为 19 世纪世界霍乱大流行的重灾区,不仅仅是由于霍乱本身的高致死率和病因学上的复杂性,更与当时伊朗社会环境密切相关。一方面,长期以来,伊朗政府一直没有建立行之有效的卫生机构来控制疫病的传播。瘟疫肆虐之时,社会缺乏必要的预防和检疫措施。此外,城市人口迅速密集,德黑兰等大城市缺乏基本的卫生设施,特别是饮用水污染严重,直接加速了疫情的传播速度。另一方面,伊朗独特的地理位置和宗教文化也在霍乱大流行中发挥了重要作用。伊朗地处欧亚大陆中部,历史上一直是东西贸易交流的枢纽。在陆路贸易中,它与阿富汗和伊拉克关系密切,北部城市还与俄国长期通商;海路贸易中,其位于波斯湾的港口城市与印度保持着长期的经济往来。不仅如此,伊斯兰教的圣城、圣墓崇拜传统,使得每年都有大量伊朗朝圣者前往麦加和位于伊拉克的圣城。频繁的人员流动自然为疫病传播带来了便利。不管怎样,19 世纪霍乱大流行给伊

---

① Peter Avery & Gavin Hambly, eds., *The Cambridge History of Iran*, Volume 7 From Nadir Shah to The Islamic Republic, New York: Cambridge University Press, 1991, p. 469.
② Willem M. Floor, *Public Health in Qajar Iran*, Washington DC: Mage Publishers, p. 18.
③ MH. Azizi&F. Azizi, "History of Cholera Outbreaks in Iran during the 19th and 20th Centuries", *Middle East Journal of Digestive Diseases*, Vol. 2, No. 1, 2010, p. 53.

朗社会带来的巨大损失，促使国家和社会对大众健康问题更加重视并开始积极探寻治理之道。

其次，西方文明冲击下，伊朗开始向现代化过度。这为先进公共卫生制度和疾病预防理论的引入创造了有利的社会土壤。伊朗地处东西方交通要道，独特的地缘格局使其自18世纪末期以后，一直是英国和俄国为代表的西方列强激烈争夺的对象。英国通过在伊朗建立印欧电报局、波斯帝国银行以及英波石油公司3个殖民机构将伊朗南部地区控制在自己的势力范围之中。俄国则通过军事合作、获取路权、开办银行等手段将伊朗北部控制在自己手中。[①]尽管伊朗后来并没有像其他中东国家一样成为完全意义上的殖民地，但其政治和经济很大程度上已经被英国和俄国所操控。西方资本主义的入侵唤起了一批具有现代民族意识的改革者，他们希望通过社会改革救伊朗于危难，进而实现波斯文明的复兴。

这一历史时期的改革者中既有高居统治阶层的王室贵族，也有接受西方教育具有现代化意识的知识分子。阿米尔·卡比尔作为纳赛尔丁国王的第一位首相率先展开一系列改革措施。其中既有效仿西方技术、发展国内工业的经济举措，又有引进欧洲军事教法的军队变革。他通过兴办西式教育、翻译外国书籍以及向国外派驻公使等手段加强伊朗同外部世界的联系。尤为可贵的是，卡比尔还以首都德黑兰为中心，开展了诸多现代市政建设，从而拉开了伊朗城市现代化改革的序幕。卡比尔之后具有改革意识的著名政治家还有哈吉·米尔扎·侯赛因首相，在其主政期间，推行宫廷事务、大臣会议、军队整合等诸项改革，并极力劝说国王前往欧洲旅游，了解西方文明。[②]与此同时，社会下层主张改革的知识分子也不断涌现。米尔扎·马尔科姆·汗是就是其中之一。作为当时资产阶级改良主义的代表人物，提出了包括君主立宪、保护人权、普及先进科学文化以及发展民族经济等一系列改革主张。这些改革派知识精英在德黑兰、大不里士等城市兴办新式教育，促进了民族觉醒。[③]可见，19世纪的伊朗社会在西方文明的冲击下，加快了民族觉醒，社会中形成了一股改革的潮流。后来的历

---

① 彭树智主编，王铁铮、黄民兴等：《中东史》，人民出版社2010年版，第250—251页。
② 彭树智主编，王新中、冀开运：《中东国家通史·伊朗卷》，商务印书馆2004年版，第247—249页。
③ 彭树智主编，王铁铮、黄民兴等：《中东史》，人民出版社2010年版，第252页。

史证明，西方的卫生观念，正是得益于这样的社会氛围，逐步为具有民族自觉意识的伊朗知识分子和上层社会所认同，政府始将公共卫生视作自身基本职能。

最后，西方公共卫生理念的发展和相关改革运动地兴起，为伊朗公共卫生的萌生提供了效仿的模版。18世纪后期以英国为领头羊的西方国家开始进入工业化、城市化阶段，工业文明和城市文明地迅猛发展，在给西方国家带来巨大经济、文化成就的同时，也带来了众多社会问题。其中，尤以关乎居民生命健康的公共卫生问题特别突出。从19世纪开始，西方国家具有社会改革意识的中产阶级先后在英美等国掀起了以捍卫社会大众健康为宗旨的公共卫生运动。在英国，以查德维克和约翰·西蒙为代表的公共卫生改革家，先后在瘴气致病论的指导下，推动英国政府在公共卫生领域由自由放任向国家干预的职能转变，并在公共卫生立法、医疗专业化等领域取得重大进展。[1] 在美国，为应对城市化进程中出现的各种卫生困境，一些公共卫生改革先驱们在纽约等大城市，同样展开了长达半个多世纪的城市公共卫生改革运动，并借助进步主义运动的东风，在19世纪末将改革推向高潮。[2] 几乎同一时期，法国、德国等西方国家伴随着工业化和城市化进程的深入，也都展开了类似的改革。由国家直接干预公民健康成为大西洋两岸的共识。因此，西方国家作为公共卫生变革的先行者，为即将步入现代化进程中的伊朗提供了可以借鉴的参照。换言之，伊朗公共卫生在19世纪的萌生既是应对恶性疫病的客观需要，同时也顺应了现代国家职能扩展和转变的世界潮流。这样，伊朗的公共卫生事业即将在19世纪的恺加王朝拉开帷幕。

---

[1] 近年来国内英国公共卫生史研究取得较为丰硕的成果，代表性著作有：蒋浙安："查德维克与近代英国公共卫生立法及改革"，载《安徽大学学报》，2005年第3期；王广坤："查德维克与19世纪中期英国的丧葬改革"，载《史学理论研究》，2012年第3期；柳润涛："约翰·西蒙与19世纪中后期的英国公共卫生改革"，南京大学2013年硕士论文，未刊。

[2] 有关美国城市公共卫生改革的研究参见：李晶："城市化下的'卫生'困境与突破——论19世纪后半期美国城市公共卫生改革"，载《安徽史学》，2015年第3期；李晶："进步运动时代美国城市公共卫生改革研究——从纽约市街道卫生治理的视角观察"，载《求是学刊》，2016年第1期。

二、恺加王朝的公共卫生创制

伊朗公共卫生源起于19世纪恺加王朝的现代改革运动。换言之,这一时期公共卫生的创制与发展是在王朝现代化的框架下展开的,其主要成就集中在两个方面:

(一)专业医学教育的展开

19世纪俄国和英国的入侵给伊朗政治和经济都带上了沉重的枷锁。在恺加王朝的贵族精英中,一些有识之士率先走上寻求变革的道路。阿米尔·卡比尔首相是纳赛尔丁国王统治时期的著名改革者。他在短暂的任期里,曾在军事、司法还有教育领域展开一系列变革。为了配合国内军事改革,给军队和政府培养高文化素质的官员,他于1851年创办了伊朗历史上第一所现代大学"伊朗综合大学"(Dar al-Fonun)。大学设立之初虽以招收贵族子弟为主,但在课程设置和运行模式等方面皆效法欧洲,特别是将医学和外科手术两门在传统学校教育中缺失的课程列为重要学科。据统计,1858年学校第一批毕业生中,除军事及其相关专业外,20%的毕业生为医学生。[1] 尽管学校培养医学生的初衷,是为军队提供卫生人员,但后来的历史证明,这些医学生为伊朗公共卫生事业的后续开展提供了有利的人才保证。

"伊朗综合大学"的医学教育还存在一个显著特色,就是其对传统医学和现代医学给予同等地位的重视。正如伊朗公共卫生学者霍姆兹的研究显示,学校所使用的"现代医学课本"和传统医学在内容上存在许多概念的交叉;在医学教学人员中,既有专门从事西方医学的米尔扎·阿里,也有兼具传统与现代医学知识的伊本·纳菲斯。对医学生而言,无论其对传统医学和现代医学分别持以何种态度,都必须同时接受两种医学教育。[2] 事实上,这样一种教学特征更深层次反映的是当时伊朗社会面对"传统"

---

[1] Hormoz Ebr Ahimnejad, *Medicine, Public Health and The Qajar State: Patterns of Medical Modernization in Nineteenth-Century Iran*, Leiden: Brill, 2004, p. 32.

[2] Hormoz Ebr Ahimnejad, Medicine in Iran: Profession, Practice and Politics, 1800—1925, New York: Palgrve Macmillan, 2014, pp. 50 – 78.

与"现代"的现实。一方面，传统社会在向现代社会转型中，社会对传统文化存在怀旧；另一方面，现代文化和技术在实践中展现的实效性，又为传统社会所向往。因此，现代化植入伊朗的过程中，需要借助"传统话语"作为媒介帮助其被社会所接受。这一时期的医学卫生教育正反映出，传统医学与现代医学在转型时期的伊朗并非一种严格的对立，医学理论与实践上的融合，体现着由西方传入的现代医学也同样受到了传统医学的影响，而且其引入的路径需要当时社会已有医学体系的支持。

与此同时，"伊朗综合大学"还为国家医学卫生人才的专业化做出贡献。这不仅在于综合大学对学生展开的专业化医学教育，还因为学校对从医人员的职业资格做出要求。按照规定，军队中早先配备的传统医务工作者必须前往"综合大学"完成新式西医课程，才有资格在军队中行医。对于在校医学生，毕业前也都要接受正式的技能考核。该考核由擅长西方医学的索罗赞医生（Dr. Tholozan）和伊朗传统医学家米尔扎·卡沙尼分别给出鉴定意见。这意味着综合大学的医学毕业生必须同时掌握一定水平的传统医学和现代医学知识才能获取职业资格。最后，通过考核的医学生名单将公布在政府创办的相关刊物上。[①] 这样借助"综合大学"的职业资格认证，伊朗政府强化了对国内医务人员的管控，反映着恺加王朝试图通过现代改革强化中央政府权力的目的。

（二）国家公共卫生政策和专业机构的创建

19世纪以前，虽然在宗教文化习俗以及生活经验的规范下，伊朗民众在生活中具备一些基本的个人卫生知识，但在社会公共领域，卫生问题却从未引起国家的重视。以德黑兰为例，1794年恺加王朝建都之前，德黑兰不过是个名不见经传的小村镇。到1811年该城已经成为拥有30多座清真寺，300多间浴室，常住人口4万—6万人的"大城市"。[②] 1820年欧洲旅行者詹姆斯·弗雷泽在到访这座城市后作出了这样的回忆："街道和巴扎随处可见蠕动的臭虫，路人中不乏穿着污秽的乞丐，行人完全暴露在各种

[①] Hormoz Ebr Ahimnejad, Medicine in Iran: Profession, Practice and Politics, 1800—1925, New York: Palgrve Macmillan, 2014, p. 45.

[②] Ali Madanipour, Tehran: The Making of a Metropolis, New York: John Wiley&Sons, 1998, p. 29.

传染病之下；臭气熏天的河水流经城市街道；各种垃圾被随意的堆砌在街道、庭院等各种露天场所。"① 不过，19 世纪开始的霍乱等恶性传染病的屡屡肆虐以及西方卫生理念的传入促使伊朗社会的公共卫生意识开始萌芽。恺加王朝开始采取措施，改善臣民的公共卫生状况。

19 世纪 50 年代，霍乱疫情再次降临，伊朗政府开始在瘟疫救疗方面采取积极政策。当时德黑兰市长就命令本地医生撰写预防和诊疗霍乱的小册子在普通民众中散发。② 同时，在瘴气致病论③指导下，德黑兰市效仿西方对城市街道卫生展开清扫。当然，在伊朗政府同期采取的各种公共卫生措施中，特别值得一提的是"疫苗接种计划"。该计划被国外医疗史学者视作伊朗公共卫生事业的开端。1851 年首相阿米尔·卡比尔以丰厚的报酬将一批医务工作者派往不同省份开展疫苗接种工作。在亚兹德省为了打消民众对接种的恐慌，亚兹德省长甚至带头让自己的孩子进行接种。④ 尽管由于财力和居民卫生知识有限，实际接种人数相对有限，但是该计划作为中央政府首次展开的疾病预防活动本身意义重大。另外，卡比尔还在伊朗西部边境首次创设了多所检疫站，防止前往纳贾夫和卡尔巴拉的朝圣者将疫病带入国内。然而，正当伊朗政府在卡比尔的带领下，日渐明确国家在公共卫生领域的职责时，1852 年卡比尔遇刺身亡。此后，国家公共卫生陷入停滞状态。

1859 年政府开展新一轮的行政改革，纳赛尔丁国王建立由各部长组成的联席会议，每周开会两次讨论国王下达的命令。同年，国民咨询会成立，参会成员均为国内财政、农业以及公共卫生领域的专家，主要负责向部长联席会议提供各类咨询和建议。不久，这场以建立各类咨询会议为主要内容的行政改革延伸到医疗卫生领域。1860 年恺加王朝创立卫生咨询会议（Health Consultation Assembly），会议成员由当时国内知名医学专家组

---

① Hormoz Ebr Ahimnejad, *Medicine, Public Health and The Qajar State: Patterns of Medical Modernization in Nineteenth-Century Iran*, Leiden: Brill, 2004, p. 32.
② Hormoz Ebr Ahimnejad, *Medicine, Public Health and The Qajar State: Patterns of Medical Modernization in Nineteenth-Century Iran*, Leiden: Brill, 2004, p. 38.
③ 瘴气致病论是 19 世纪指导西方公共卫生政策的医学理论，该理论认为疾病源自污秽环境产生的有害气体。在该理论指导下，环境治理成为当时西方开展公共卫生的主要内容。
④ Mohammad Hossein Azizi MD, "A Brief History of Smallpox Eradication in Iran", *Archives of IranianMedicine*, Vol13, No. 1., 2010, pp. 69 – 73.

成，专门处理以疫病防治为主要内容的公共卫生问题。可惜的是，受整场行政改革节奏的影响，新成立的卫生咨询会议仅仅持续几个月后，便被废止。

尽管如此，卫生行政的重要性已经不容改变。1868 年政府恢复卫生咨询会议并更名为"卫生委员会"（Sanitary Council）。步入 19 世纪 70 年代，卫生委员会的职能范畴不断扩大。按照当时卫生行政组织的设计，它的管辖范畴不仅负责环境卫生和疫病防治等公共卫生基本内容，还囊括了包括卫生教育、外科诊疗、药品管理以及行医资格认定等多方面内容。[①]"卫生委员会"的创立，显示了恺加王朝已经意识到公共卫生的重要性和复杂性，公共卫生作为关系公众健康的重要问题，牵涉到王朝的社会稳定，它需要专业人员的积极参与和指导，才能发挥实际效果。从更深层次看，该机构的创建是西方医学引入后，伊朗医疗制度化的开启。它构成了国家现代化的重要内容，中央政府开始借助"公共卫生"之名扩大自身权力。例如，从卫生委员会对行医资格的认定权，再到后来各主要城市纷纷建立下一级的卫生委员会，无不体现着中央权力的集中趋势。

综上可知，恺加王朝的公共卫生创制作为王朝改革的内容之一，体现着这场变革的节奏与脉络。首先，纳赛尔丁国王进行的这场具有现代意义的改革是在外有西方入侵，内有地方部族威胁的情境下展开的。因此，从阿米尔·卡比尔到哈吉·米尔扎·侯赛因，改革的核心是军队，各种改革措施大多以服务军事为初衷。就公共卫生领域而言，专业医学教育开展之初，就以为军队培养医务人员为目标。政府初期采取的各项公共卫生措施，也一般是由军队向民间推广的。军队成为伊朗早期公共卫生事业的试验场。这也构成了同时代世界范围内，伊朗公共卫生的特点。其次，改革的终极目的是强化王朝的中央权力。专门性公共卫生机制的创建在改善国民健康的同时，也蕴含着国家权力的扩大，特别是对国民健康的控制。与此同时，借"公共卫生"之名，向地方派驻卫生官员、建立下级卫生机构也都可以看作中央权力向地方地延伸。此后，无论是巴列维王朝还是伊斯兰共和国对缩小城乡卫生差距做出的各种努力莫不具有如此意味。最后，

---

① Ehsan Yar-Shater, *The History of medicine in Iran*, Encyclopaedia Iranica Foundation, 2004, p. 20.

恺加王朝的变革尽管具有现代意义，但具体成效并不显著。这很大程度在于，改革是由个别权贵精英主导，这样整个过程缺乏一支稳定且有力的社会阶层支持改革。从而造成这场现代化改革缺乏延续性。一旦主张改革的上层精英失去权力，改革措施也随之废止。"卫生咨询会议"的昙花一现就是最好的注脚。当然，更大规模公共卫生运动的展开，还有待于国家现代化进程的深入。

三、巴列维王朝的公共卫生改革

20世纪初，伊朗掀起了声势浩大的立宪革命，这场革命中既颁布了伊朗历史上第一部资产阶级宪法，还成立了首个资产阶级议会，恺加王朝的专制统治遭到沉重打击。1907年议会通过法令要求各省总督加强对地方医疗卫生的监管，派遣医护人员前往疫区。1910年又通过法令规定将10%的交通税用于改善国家公共卫生和天花、白喉等传染病的疫苗接种。[1] 然而，这些法令事实上并未得到完全实施，而是很快随着王朝复辟成为一纸空文。尽管革命失败，但是宪政思想中蕴含的公共意识已被唤醒，更多的知识分子认识到政府应该在捍卫居民健康方面发挥更大作用。巴列维王朝建立后，礼萨·汗和巴列维两位国王先后在公共卫生领域展开了一系列的重大变革，使得伊朗在公共卫生现代化进程中迈出关键的一步。

（一）礼萨·汗时期的公共卫生改革

1925年礼萨·汗建立巴列维王朝时，虽然公共卫生作为政府的基本职能已经取得了较为广泛的共识，但是国家的公共卫生发展由于各种因素阻碍依然困难重重。例如，自16世纪以来伊斯兰教什叶派成为国教，其神职人员就以沙里亚法干预国家事务。此时，他们成为包括公共卫生改革在内，诸多现代化改革的障碍。按照宗教理论的解释，所有露天流动的水源都是洁净、安全可以直接饮用的。尸检及解剖等有益于医疗卫生技术发展的活动完全遭到禁止。1922年德黑兰死亡人口4287人，只有30人死于衰

---

[1] Amin Banani, *The Modernization of Iran, 1921—1941*, Stanford University Press, 1961, p. 62.

老，其余皆为各类传染性疾病致死。而在当时伊朗全国的医生数量不过905人，其中仅253人获得专业医学学位。全国医患比例为1∶11000。[①] 因此，如何培养更多具有现代专业素养的医务工作者依然是礼萨·汗时期重要的公共卫生问题。

1927年和1930年伊朗政府分别采取措施对医生职业资格的认定给予更为严格和高水平的考核。同时，礼萨·汗还在德黑兰创办设施相对完善的医学院，并聘请大量法国医学工作者为教职人员，课程教育采用法语教学。到1930年学校已突破宗教禁忌开设了包括解剖课在内的所有现代医学课程。医学教育的发展对改善伊朗窘迫的医疗卫生状况发挥了重要作用。截至1935年医患比例已经提升为14000。[②]

公共卫生立法在这一时期也取得了里程碑式的进展。1941年伊朗议会通过传染病防治法，再次反映出礼萨·汗政府对公共卫生领域的重视。"该法规定对性病患者展开治疗是国家的基本义务；政府有义务对贫穷患者提供免费诊疗；对于有意隐瞒或故意传播传染性疾病者应该予以处罚。同时，法律还规定出生年龄在2个月、7岁、13岁和21岁的居民都应有接种天花等传染病疫苗的义务；所有儿童在进入学校就读前，必须出示显示已经接种的证书。最后，医生也有义务及时向相关部门报告传染病案例。对违反上述规定者将处以相应惩罚。"[③] 从这部法律规定的内容来看，在这一时期伊朗政府已经完成了对公共卫生管理的合法性构建，政府公共卫生行政的范畴已经涵盖了当时医学界认可的主要内容。

礼萨·汗时期伊朗公共卫生所取得的最大成就可能还在于公共卫生管理体系的日臻专业和独立。首先，专业性机构出现。1923年，伊朗参照法国巴斯德研究机构，在首都德黑兰成立"巴斯德研究所"。该研究所聘请法国科研人员开展管理，在疫病诊断和疫苗培育等方面发挥重要作用。19世纪，瘴气致病论长期主导西方公共卫生，环境治理构成各国政府开展社会健康治理的主要措施，19世纪后期20世纪初，细菌致病论得到科学验

---

① Amin Banani, *The Modernization of Iran, 1921—1941*, Stanford University Press, 1961, p. 64.
② Amin Banani, *The Modernization of Iran, 1921—1941*, Stanford University Press, 1961, p. 65.
③ George Lenczowski, *Iran Under the Pahlavis*, Hoover Institution Press, 1978, p. 93.

证，通过细菌诊断疾病，研制疫苗防控疫病成为最先进的公共卫生技术。巴斯德研究所的建立，标志着伊朗开始将西方先进的公共卫生技术和理念应用到国内。这种带有西方化的技术引进，构成了这一阶段伊朗公共卫生发展和公民健康进步的动力。其次，机构的独立性增强。如前文述，礼萨·汗时代前，"卫生委员会"等公共卫生服务组织已经在政府出现，但是这些机构相当长的时间里隶属于内政部。1940年，政府成立了具有内阁级别的卫生部，公共卫生行政的级别得到了空前提高。[①] 同时，中央政府还在省、市各级设立下辖的公共卫生机构，完成了由中央到地方的公共卫生管理体系，强化了中央政府的集权管理。伊朗政府的这些改革，在强化公共卫生行政效率的同时，也从另一个侧面体现着礼萨·汗现代化改革中对中央政府权力的加强。

综合上述，礼萨·汗时期开展的公共卫生改革实质上是对伊朗现代化思潮的回应。政府通过输入西方公共卫生理念开展变革，采用先进的公共卫生技术改善国内公共卫生境况。期间，创办医学院，开设解剖课，将疫苗接种合法化等措施在某种程度驱散着传统伊斯兰势力对居民"身体"和"健康"的影响，具有某种世俗化的特征。需要指出的是，这场公共卫生改革正处在伊朗构建现代民族国家的关键阶段，民族主义指导着卫生改革的展开，"捍卫国民健康"被视为构建伟大国家的重要手段。这也是伊朗政府突破传统，开展公共卫生变革的合法性基础。最后，就改革意义和效果而言，伊朗现代公共卫生体系正是在这一阶段形成的。然而，改革的成果却主要集中在城市，对于占全国人口绝大多数的农村和游牧部族，其公共卫生状况依然窘迫。历史证明，礼萨·汗之子巴列维国王将在弥补父辈不足方面做出更多尝试。

（二）巴列维国王的"卫生大军"

巴列维国王即位之时，尽管伊朗的公共卫生事业已经取得了一定进展，但是公共卫生的地区分布极不平衡，除德黑兰等少数大城市外，占全国人口近2/3的农村地区存在严重的缺医少药情况。到20世纪60年代，

[①] Mohammad Hossein Azizi MD, "The Historical Backgrounds of the Ministry of Health Foundation in Iran", *Archives of IranianMedicine*, Vol. 10, No. 1, 2007, pp. 119–123.

全国人口平均寿命仅为41岁，城市死亡率为17‰，而农村高达33‰，婴儿死亡率更是耸人听闻达到260‰。①

1963年巴列维发动了"白色革命"。一场自上而下，以摧毁乡村传统经济和社会结构为目标、为资本主义发展创造有利条件的社会变革全面展开。土地改革是这场革命的主要着力点，农村地区的医疗卫生事业借助"白色革命"的东风获得了前所未有地重视。于是，改善农村居民健康状况，普及农村公共卫生教育，成为白色革命的内容之一。为了实现这一目标，巴列维建立了一支农村医疗服务队亦称"卫生大军"。

按照伊朗议会通过的卫生大军组织法，卫生大军在人员构成上由外科医生、牙医、药剂师、卫生工程师、生物实验技术员、卫生教育者、社会科学及相关领域的大学、高中毕业生组成，之后按照专业技能要求的不同将其分为医疗队和医疗救助队两个部门。医疗队主要由具有医学学位的大学毕业生构成，他们身着军装并授中尉军衔。医疗援助队由经过专门培训的高中毕业生组成，授予军士军衔。②无论学位高低，他们都将经过为期4—6个月的基本军事训练，期间接受345个课时的相关医疗教学。最后，他们将被派往全国各地的农村中开展公共卫生工作。

卫生大军所承担的职能涉及公共卫生的方方面面。首先，临床诊疗和疾病预防是卫生大军工作的重心。根据巴列维在其所著《白色革命》中的介绍，卫生大军以巡诊和定点医疗单位两种形式进驻村庄，按照一定服务半径配备心脏病、耳鼻喉、儿科和外科大夫。同时，每10至12个单位设置专门供应基地，其中包括实验室、牙科及卫生科等。到1966年约400万人前往医疗站寻医问药。在卫生防疫方面，卫生大军向农村居民接种天花、白喉、百日咳等疫苗。仅1965年便有300多万农村人口接受了由卫生大军注射的霍乱疫苗。③其次，卫生大军还在改善农村卫生环境，开展卫生知识宣传等方面发挥积极作用。卫生大军中的卫生工程人员负责指导村民建造结构复杂、更加洁净的供水系统。期间，兴建了大量深井、柴油机泵、水塔等供水设施。在医疗援助人员的帮助下，截至1966年已清理水井

---

① 张振国主编：《未成功的现代化》，北京大学出版社1993年版，第130页。
② The Health Corps Bill, http：//www.aryamehr.org/eng/aryamehr/es/thc/appendix.htm
③ 巴列维著，郭伊译：《白色革命》，商务印书馆1986年版，第457—458页。

4000多口，挖通水源或坎井1000多座。① 不仅如此，卫生大军与同期深入农村的知识大军相互配合，还将诸如饭前洗手、变浴池为淋浴等基本卫生知识传播到广大农民中。仅1965—1966年，大军工作人员便在农村开展卫生教育报告1.7万余场，放映卫生题材电影1500多部。②

  白色革命期间，卫生大军在改善伊朗农村医疗卫生方面做出了诸多努力，充分体现了国家权力作为上层建筑，在推进公共卫生现代化进程中的调节作用。从1968年开始，卫生部仅在"卫生大军"项目上的投入就占到全部预算的10%。③ 实际上，整个医疗卫生事业在这一时期都得到了显著的重视，从1972—1974年直接用于医疗保健的费用就增长近1倍。在伊朗政府的努力下，死亡率从60年代的25‰下降为1973年的16‰，农村由33‰降至20‰。④ 然而，农村地区的公共卫生问题是复杂的，希望凭借一两个如"卫生大军"这样的卫生项目解决全部问题显然并不现实。在当时的伊朗，65%的人口生活在5.4万多个独立的村庄，而这些村落又散布在超过160万平方公里的土地上。⑤ 每年从医学院毕业的600名毕业生，将派往全国5万多个村庄。⑥ 医疗人力资源有限的卫生大军显然难以承担全国农村的医疗卫生重任。需要指出的是，通过"卫生大军"，伊朗政府首次将公共卫生行政权力延伸至农村，加强了中央对农村基层的控制。同时，长期迷信巫医的农民开始接受现代医疗卫生知识的教化。巴列维王朝倒台后，伊朗公共卫生现代化的进程并没有止步，新建立的伊朗伊斯兰共和国开展的缩小城乡公共卫生差距的努力，正是恺加王朝公共卫生创建、巴列维王朝公共卫生改革的历史延续，是伊朗现代化进程的重要环节。

---

① 巴列维著，郭伊译：《白色革命》，商务印书馆1986年版，第458页。
② 巴列维著，郭伊译：《白色革命》，商务印书馆1986年版，第458页。
③ The Role of the Health Corps in the 4th 5 - Year Plan, http://www.aryamehr.org/eng/aryamehr/es/thc/role1.htm.
④ 张振国主编：《未成功的现代化》，北京大学出版社1993年版，第131页。
⑤ Hossain A. Ronaghy, "Medical Problems of Developing Nations: An Attempt to Bring Medical Care to Rural Communities in Iran", *British Medical Journal*, 1970, p.295.
⑥ Health Corp in Action: Ministry of Health, http://www.aryamehr.org/eng/aryamehr/es/thc/problem.htm

四、伊朗伊斯兰共和国的公共卫生建设与挑战

伊斯兰革命之后，伊朗社会全面伊斯兰化，国家经济与社会曾一度徘徊不前。然而，在公共卫生领域却取得了稳步、持续的发展。伊朗伊斯兰共和国宪法第二章第 29 条中明确规定，"每一个公民都有权利通过保险等方式获得医疗卫生"；第四章第 43 条也指出，"为了确保社会经济独立，根除社会贫穷，满足人民发展的需要，共和国经济将用于提供健康、医疗、食品、住房等基本需求。"另外，第七章第 100 条也规定，议会的基本职能之一便是推动公共卫生发展。① 新成立的共和国延续着巴列维王朝以来，政府对公共卫生问题的重视，并取得了一系列成果。一方面，自上而下的公共卫生行政体系更加成熟并形成特色；另一方面，在伊斯兰公平与正义思想的指引下，城乡公共卫生差距明显缩小。

（一）公共卫生行政体系的完善

伊朗伊斯兰共和国成立之初在公共卫生行政的中央层面沿袭了巴列维王朝的卫生部（The Ministry of Health），由该部对全国公私部门一切与健康卫生相关的活动开展规划、监督和管理工作。与世界范围其他国家的卫生系统不同，伊朗卫生系统与医学教育呈现合并趋势，1986 年，伊朗政府将医学教育划归卫生部直接管理，卫生部也因此更名为"卫生与医学教育部"（The Ministry of Health and Medical Education）。因此，除去一般意义上的公共卫生行政职能外，该部还承担着全国医学教育的管理任务。目前，伊朗"卫生与医学教育部"管理着全国 41 所公立医药大学。②

伊朗政府做出这种合并的初衷是为更好地协调卫生保健（医疗需求）与医学教育（医疗供给）的关系。不过，从此后数十年的该机构的运行来看，这种行政创新对伊朗公共卫生体系产生了广泛的影响。首先，两者的合并管理有助于推动全国的公共卫生服务。医疗教学的开展主要围绕社会现实的需要，可以更加高效地解决社会中突出的公共卫生问题。其次，对

---

① In the Name of the Almighty God: The Constitution of the Islamic Republic of Iran, http://www.wipo.int/.

② Ramin Mehrdad, "Health System in Iran", *JMAJ*, Vol. 52, No. 1, p. 70.

社会实践的过分强调，也可能对医学教学的全面性产生消极影响。最后，公共卫生行政与医疗教育的结合，促使伊朗出现大批具有行政与教学双重职能的医疗大学。这些大学直接隶属卫生与医学教育部，构成了中央政府派驻地方的次级卫生行政机构。

伊朗的31个省级区划中，每省都至少设立了一所医学大学。这些医学大学管理省内数所教学型医院和专科医学校。不同于其他国家单纯的医疗教学单位，这些大学构成了各省最高卫生行政部门。它们的大学校长即为全省最高公共卫生行政长官，并直接向"卫生与医学教育部"负责，承担着全省公共卫生和临床医疗的管理工作。各省级医疗大学又下辖地区性卫生中心和医院，它们与上级医疗大学一起组成全国公共卫生系统中的二级组织。最后，在各大城市和主要农村地区分别设置城市卫生中心和农村卫生中心，它们又与派驻各社区和村庄的城市卫生站及农村卫生所一起构成了伊朗的基层卫生系统。

除去从中央到地方的三级公共卫生行政组织外，近年来，还有一些非政府组织活跃在国家公共卫生领域。它们在一些特定健康问题如儿童健康、癌症、乳腺病以及糖尿病等流行病领域发挥着必要的补充作用。不过从目前来看，与西方国家相比，伊朗市民社会的发展程度仍然有限，公共部门主导着伊朗公共卫生现代化的进程。据统计，1995—2006年10年间政府在医疗卫生方面的投入占GDP总量的份额增长幅度达66%。[1] 自共和国成立以来，伊朗政府在基层卫生领域取得了显著的成绩，特别是农村公共卫生建设方面。

（二）城乡公共卫生差距缩小

截至1979年伊斯兰革命推翻巴列维王朝，尽管伊朗的现代化之路已开展了近百年，但是农村地区发展一直较为缓慢。20世纪60—70年代白色革命期间，伊朗社会经济取得一定进步，但是发展成果主要集中在首都及少数省会城市。这一时期的农村社会甚至出现生产力下降、贫穷扩大的现象。城乡经济发展的巨大鸿沟以及巴列维"卫生大军"本身的局限，自然导致城乡居民在健康领域存在较大差异。这与伊斯兰共和国所倡导的社会

---

[1] Ramin Mehrdad, "Health System in Iran", *JMAJ*, Vol. 52, No. 1, p. 71.

公平与正义显然背道而驰。于是，共和国成立后数十年间，伊朗政府一直努力缩小城乡居民健康差距。为了实现这一目标，伊朗政府开始推进基层卫生医疗系统建设。

从20世纪80年代开始，伊朗政府在全国农村地区展开"农村卫生干预项目"。该项目的核心内容是构建一套由"农村卫生中心"（RHCs）和"卫生所"组成的农村医疗卫生网络，通过对本地民众的基础医疗培训，将医学卫生技术应用到广大农村地区。以卫生所为例，按照"卫生与医疗教育部"的规划，每个处于农村最基层的"卫生所"服务人口约为1500人。由于伊朗村庄人口一般规模较小，因此实际上"卫生所"还对周边一些"卫星村"开展医疗服务。[1]在人员构成方面，"卫生所"由至少男女各一名卫生员（behvarz）组成，而这些卫生员也一般选自"卫生所"所驻村庄，这样的人员安排具有较多益处。卫生员多出自当地，对工作环境较为熟悉和适应，这样可以更好地为农村地区留住医务工作者，从而有效避免"巴列维卫生下乡"中存在的医疗卫生服务的短期性。同时，本地卫生员熟知当地民情，更易收集真实准确的农村健康信息。此外，伊朗政府还对卫生员的专业资质进行了较为严格的规范。按照规定，所有卫生员候选人必须拥有8年在校学习经历，之后还会免费接受为期两年的医学培训，在最终通过国家统一考核之后方可上岗。卫生员的职责包括，收集村民健康信息并定期上报；对村民开展公共卫生教育；提供基本的家庭医疗服务；开展基层环境卫生工作；对婴幼儿进行免疫接种等。截至目前，伊朗约有1.7万间卫生所，3万多卫生员，它们服务着全国近86%的农村人口。[2]

国外学者曾针对伊朗农村基层医疗系统的实施效果展开专项研究，调查结果显示，在开展以"卫生所"为核心的农村卫生干预项目后，伊朗城乡公共卫生差距显著缩小。1976年农村与城市人口死亡率之比为1.72，2000年同比降为1.20；婴儿死亡率城乡差异降幅更大，1976年农村与城

---

[1] Amir Mehryar, *Primary Health Care and the Rural Poor in the Islamic Republic of Iran*, Asia and Pacific Population Studies Centre, Teharn, 2004, p.1.

[2] Iranian Health Houses Open the Door to Primary Care, *Bulletin of the World Health Organization*, http://www.who.int/bulletin/volumes/86/8/08-030808/en/.

市婴儿死亡率之比为2.05，2000年已经降为1.09。①

（三）伊朗公共卫生发展面临的挑战

尽管近年来伊朗已在公共卫生领域取得明显成效，但是未来公共卫生事业的发展之路依然面临诸多困难。

首先，专业医疗卫生人力资源的配置问题依然严峻。过去数十年间，随着医疗教育的发展，全科医生、护士以及助产士等医护人员的数量明显增长，但近几年却呈现出专科医生数量不足的态势。特别是地处边远的农村地区，仅凭那些只接受过基础医学教育的卫生员，显然难以应对农村地区日渐复杂的公共卫生问题。即便是医资相对丰富的"农村卫生中心"也面临着专业医生向大城市流失的困境。为了缓解农村地区医疗资源的匮乏，伊朗政府已与一些医学院校毕业生签订为期10年的合同，将其派往农村边远地区，但这毕竟仍是应急之策。实际上，提升农村医务人员工资待遇，将是留住人才最为有效的手段。当然，这牵涉到另一个挑战，即国家财政对公共卫生事业的投入问题。

其次，公共卫生领域的财政需求较为庞大。目前，伊朗政府为了确保国家公共卫生事业的财政投入，已将烟草和车辆保险作为卫生税的重要税源，但是公共卫生系统的大部分财政支出仍然出自公务人员工资中扣取的小额保险费。因此，公共卫生的财政来源非常有限，财政短缺仍是制约医疗卫生系统发展的重要难题。按照伊朗发展计划（The Iranian Development Plan），到2008年全国民众就医现款支付应降为全部花销的30%，然而2013年这一比例仍然为52.11%。② 这也从另一个角度说明，公共卫生事业的进步终究还将取决于国家整体经济水平的发展。

最后，公共卫生行政与其他部门的协调合作有待加强。按照公共卫生的现代定义，它是关系人类健康的一切集体行动。与单纯的临床医疗体系相比，现代公共卫生系统具有更为复杂的社会性。国家公共卫生事业的发

---

① A. Aghajanian & A. H. Mehryar, "Impact of rural health development program in the Islamic Republic of Iran on rural-uran disparities in health indicators", *Eastern Mediterranean Health Journal*, Vol. 13, No. 6, 2007, pp. 1472 – 1473.

② http://www.tradingeconomics.com/iran/out-of-pocket-health-expenditure-percent-of-total-expenditure-on-health-wb-data.html.

展需要政治、经济、社会福利等国家各部门的协调。这就决定了公共卫生系统需要更为专业的管理型人才，从而更好地实现国家公共卫生系统与其他组织的密切合作。目前，伊朗公共卫生的管理者多出身临床医生，他们对于公共卫生所牵涉到的人文社会因素常常视而不见。例如，公共卫生系统的健康信息收集中，缺乏与其他社会组织的合作，对于病人满意度的内容长期缺失，从而妨碍医疗卫生政策的科学制定。[1] 其实，伊朗政府已经认识到了公共卫生的这一复杂性，成立了行政级别更高，且直接向总统负责的"公共卫生委员会"，从而协调"卫生与医疗教育部"和其他各部门的合作。不过，其效果如何仍有待观察。

---

[1] Ramin Mehrdad, "Health System in Iran", *JMAJ*, Vol. 52, No. 1, p. 73.

第七章 伊朗外交及其军事体制

第一节 美国对伊政策与伊朗伊斯兰革命

20世纪60—70年代的伊朗开展了大规模的现代化运动，一举成为海湾地区国力最雄厚、技术最先进、与西方关系最密切的强国，巴列维国王正雄心勃勃地试图赶超西方强国、充当海湾地区的宪兵与霸主。然而，这个被西方视为中东最稳定"双柱"之一的王朝虽然外表尚未明显表露衰败迹象，却在伊斯兰革命的大潮冲击下，几乎未作认真抵抗就结束了自己的历史，取而代之的是一个神权至上的伊斯兰共和国。①

关于这场革命发生及其胜利的原因，国内外学术界主要有三种代表性观点：其一，巴列维政权推行的现代化造成伊朗社会经济和政治发展的不平衡，制度建设与经济发展的脱节是革命爆发的根本原因。② 其二，随着现代化的推进，巴列维王朝由于政治合法性的丧失而垮台。③ 第三种意见

---

① 本文是国家社会科学基金项目"冷战格局下美国对伊朗同盟政策的困境研究"阶段研究成果，项目批准号14BSS030。
② 钱乘旦："论伊朗现代化的失误及其原因"，《世界历史》1998年第3期；张振国："伊朗君主制为什么中止于巴列维王朝"，《西亚非洲》，1992年第4期；Robert E. Looney, *Economic Origins of the Iranian Revolution*, New York, 1982, p. 264; Ervand Abrahamian, *Iran: Between Two Revolutions*, Princeton University Press, 1982, pp. 426 – 427页。
③ 李春放："论伊朗巴列维王朝的覆灭"，《世界历史》，2002年第1期；Said Amir Arjomand, *The Turban for the Crown: the Islamic Revolution in Iran*, New York, 1988, pp. 191 – 192。

认为，革命是当时伊朗社会、经济和政治不满等各种因素复杂互动的结果。① 诚然，这些观点从伊朗内部的各个角度去分析革命的根源已经非常深刻，但却忽视了作为巴列维政权主要支柱的美国所扮演的角色。实际上，正如美国著名伊朗问题专家科蒂所言，"二战以后美国势力大举介入伊朗事务，在石油、输出武器、外交特权、推翻摩萨台政府等方面的做法刺激了伊朗人，推动了这场革命地发生。……伊朗人要摆脱外国控制，建立独立自主的经济、社会和文化。"② 检视这场革命的整个过程，我们会看到，在革命地爆发、王权地垮台、神权体制地确立这三个前后相连的环节上，美国的政策是影响这场革命前因后果的重要外部因素。

一、美伊关系与巴列维王朝合法性危机

近代，伊朗逐渐沦为英俄控制的一个半殖民地国家。1941 年苏英盟军进驻伊朗，礼萨·汗由于被盟国指责亲德而退位，由其子巴列维继位。从继位到 1953 年，无论是当时进驻伊朗的盟军还是伊朗国内政治力量都没有将这位新君放在眼里。巴列维回忆到，当 1943 年 11 月德黑兰会议召开时，"无论罗斯福还是丘吉尔都没有因国际会议来打扰我这个主人。相反，我谦恭地拜访了两国使馆"。③ 年轻的巴列维决心排除阻力，独揽大权，重建君主专制，并寻求外部支持，逐步与世界头号大国美国结成同盟关系。美军在 1942—1943 年间为保障对苏军事援助而进入伊朗，战后，膨胀的实力和苏联的竞争唤醒了美国对伊朗石油及其战略地位日益增长的兴趣。美伊双边关系在 1946—1947 年阿塞拜疆危机期间开始接近。④ 危机的解决增强了巴列维的信心并加强了美伊关系，1950 年美伊签署共同防御条约，美国

---

① 吴成："伊朗伊斯兰革命根源探析"，《河南师范大学学报》，1996 年第 3 期；Shaul Bakhash, *The Reign of the Ayatollahs: Iran and the Islamic Revolution*, London, 1985, P.5. John Foran, *Fragile Resistance: Social Transformation in Iran from 1500 to the Revolution*, Oxford University Press, 1993, p. 362。

② Nikki R. Keddie, *Roots of Revolution: an Interpretive History of Modern Iran*, Yale University Press, 1981, pp. 275 – 276.

③ Mohammad Reza Pahlavi, *Answer to History*, New York, 1980, p. 72.

④ 关于阿塞拜疆危机期间的美伊关系，参见 Barry Rubin, *Paved with Good Intentions: The American Experience and Iran*, New York, 1980, pp. 29 – 56；李春放：《伊朗危机与冷战的起源 (1941—1947)》，社会科学文献出版社 2001 年版，第 256—308、348—384 页。

确认伊朗在其推行遏制苏联扩张战略中的重要地位。①。

对美伊同盟和巴列维重建专制王权构成最严重挑战的是摩萨台领导下的伊朗民族主义运动。作为世界上最大的储油国之一，伊朗石油一直控制在英国公司手里。1948年，伊朗政府在石油租让权和税收方面收入3780万美元，英国政府进账7924万美元，英国公司纯利润5208万美元。② 此时，伊朗正苦于其第一个"七年发展计划"（1949—1956）缺乏资金投入，石油收益分配的这种严重倒挂使伊朗民众反英情绪迅速高涨。时任议会石油委员会主席的摩萨台坚决反对英伊石油协定，主张石油国有化，得到民众的广泛支持，逐渐形成了一场民族主义运动。在民众的激烈情绪和议会地强烈要求之下，国王不得已于1951年5月任命摩萨台为首相，开始了伊朗的石油国有化进程。

在摩萨台28个月的首相任期内，伊朗民族情绪激昂，民主呼声高涨。伊朗组建了国家石油公司，接替英国石油公司经营伊朗石油地开采和销售，结果导致英国的强烈不满，继而引起西方对伊朗石油的抵制。在开展石油国有化的同时，摩萨台还努力加强自己的权力地位，多次清洗军队，1952年10月解散参议院，1953年8月解散议会，这些举措既挑战了国王的权威，也让很多人怀疑他的权力企图，从而削弱了摩萨台的民意基础。

到1953年早期，西方对伊朗石油抵制的效果开始显现，伊朗石油输出近乎停顿、国家预算减少、外贸中断、物价高涨，这进一步破坏了摩萨台的民众支持。同时，伊朗石油危机的拖延和摩萨台政府的强硬立场，使得美国越来越担心摩萨台的石油国有化政策会带来示范效应，影响西方在海湾地区的利益。艾森豪威尔政府上台后，美国开始酝酿推翻摩萨台政府。最终，在一次中央情报局精心策划的代号为AJAX的行动中，摩萨台政府于1953年8月19日被推翻。③ 8月22日，此前几天逃亡罗马的巴列维国王返回伊朗。

此后，巴列维感恩戴德，一头扎入美国的怀抱，而美国则需要国王政

---

① 关于美伊双边条约的内容，参见 Yonah Alexander and Allan Nanes, eds., *The United States and Iran: A Documentary History*, Frederick, Md., 1980, pp. 290–311。

② 西·内·费希尔：《中东史》（下册），商务印书馆1980年版，第671—673页。

③ 关于这次政变的详细过程参见 Kermit Roosevelt, *Counter Coup: The Struggle for the Control of Iran*, New York, 1979。

权来维护在伊朗的利益,加强在海湾的地位,双方遂结成同盟。因此,政变后美国马上提供 4500 万美元紧急贷款,以缓解伊朗的财政危机,为保王派打气。1954—1962 年期间,美国向伊朗提供了 6.81 亿美元的经济援助和 5 亿美元的军事援助。[1] 国王则对美国投桃报李,同意成立一个由西方主要石油公司组成的国际石油集团,全面控制伊朗石油的生产和销售。1955 年 11 月伊朗宣布加入反共的《巴格达条约》,1959 年 3 月 5 日,伊美签订双边军事协定。

美国出手支持巴列维政权的决策依据,在 1953 年美国国家安全委员会的一份报告中有所披露:"从长远来看,维持伊朗倾向西方的最有效方式是君主制,这反过来使得军队成为其唯一真正的力量来源。美国的军事援助应该服务于提升军队士气、加强军队对国王的忠诚,并由此巩固当前的政权,确保伊朗目前对西方的倾向得以长久。"[2] 在冷战的背景下,美国在伊朗的目标是使伊朗免遭共产主义渗透、确保伊朗的石油供应、保持西方在具有重要战略利益的波斯湾地区的优势,因此,美国慷慨地支持并成为巴列维政权最坚定的盟友。

这场政变稳固了巴列维政权,也带来了极其严重的后果。第一,美国操控的政变触动了伊朗人屈辱的历史情怀和敏感的民族自尊,巴列维政权被视为美国傀儡,其合法性基础由此坍塌。第二,这一事件标志着伊朗越来越依赖美国的开始,确立了美国在伊朗的霸权。美国的霸权既成为日后伊朗民众反抗王权的重要由头和目标,也使巴列维国王产生了对华盛顿的依赖心理,从而丧失危机期间独立行动的意志和能力,最终坐以待毙。

得到美国支持的巴列维加紧建立自己的独裁。1955 年改组议会,将议席由 136 人增加为 200 人,以增加对王权俯首帖耳者。与此同时,修改宪法,由国王直接任命首相和大臣,国王有权否决议会通过的法案。1957 年、1958 年分别成立国民党和民族党作为御用工具。1957 年,在美国中央情报局和以色列摩萨德的大力支持下建立了萨瓦克,[3] 同时,组建由 15 名高级军官组成的第二处以监控军队,成立皇家监察组织来监督各个机构。

---

[1] M. Amjad, *Iran: From Royal Dictatorship to Theocracy*, New York, 1989, p. 64.
[2] Yonah Alexander and Allan Nanes, eds., *The United States and Iran: A Documentary History*, p. 268.
[3] 萨瓦克即伊朗国家安全情报署缩写 SAVAK 的音译。

所有这三个组织都直接对国王负责,成为恐怖统治利器。这样,巴列维就由继位时的软弱君主蜕变为一个强力独裁者。

20世纪60年代初,伊朗经济陷入萧条,赤字庞大,通货膨胀激增。经济的萎靡触动了政局,对当局的指责抗议日益激烈。同时,巴列维政权也受到了来自美国的改革压力。1961年1月,肯尼迪就任总统之后,美国政府曾对伊朗局势进行评估,一度考虑要更换伊朗政权。① 但在权衡各种替代方案之后,肯尼迪政府决定还是支持巴列维国王。1961年3月约翰·鲍林提交给肯尼迪的一份报告认为,国王必须"采取行动以使自己能'掌握并重塑中产阶级'",报告给国王提出了十四条改革建议,主要包括:减少军事支出,避免公开的亲西方姿态,寻找一些"腐败"高官作为政治替罪羊,任用一些温和的摩萨台分子,放松政治迫害,着手土地改革。② 肯尼迪政府认为土地改革是反对共产主义扩张和中国式土地革命的有效手段,是工业化成功的必要条件,因此,美国要推动伊朗进行土地改革。美国驻伊朗大使赫尔姆斯强调,这种改革的成功"是我们利益的基础,在接下来的土地分配和刺激经济恢复中,我们要利用每一个机会援助土地改革"。③

内外交困之下,国王只得邀请时任伊朗驻华盛顿大使阿米尼组阁。国王后来曾这样解释:"美国应该有其自己的首相人选,他就是阿米尼,那时我无法抗拒美国的强大压力,尤其是在肯尼迪当选之后。"④ 1961年5月阿米尼就任首相后,为安抚民众的不满,开展反贪污运动,一批高级军官和前内阁要员被捕受审;提高教师工资,任命教师协会领袖为教育部部长;放松审查制度;将民族阵线领导人延揽入阁。当然,最重要的是颁布了一项土地改革方案。

阿米尼的举措得到民众的支持,却遭到地主和部分乌里玛地激烈反对,这使得国王进退两难。1962年3—4月,巴列维访美。肯尼迪告诉巴

---

① Yonah Alexander and Allan Nanes, eds., *The United States and Iran: A Documentary History*, p. 313.

② Yonah Alexander and Allan Nanes, eds., *The United States and Iran: A Documentary History*, pp. 322 – 328.

③ Yonah Alexander and Allan Nanes, eds., *The United States and Iran: A Documentary History*, p. 349.

④ Mohammad Reza Pahlavi, *Answer to History*, Stein & Day Pub, 1980, pp. 22 – 23.

列维，今后美国的援助将着重于伊朗经济发展而非军事力量，美国认为伊朗应该进行根本的经济改革，越早越好，而土地改革尤其关键。① 因此，国王决定支持土地改革、发动"白色革命"以换取美国的全力援助。1963年1月，巴列维通过公民投票启动白色革命。

白色革命在经济、教育、司法、社会领域的举措削弱了以乌里玛为代表的宗教集团的势力，因而遭到其激烈反对。霍梅尼等宗教领袖发表联合声明，反对公民投票，呼吁人们进行抵制。1963年6月3日，霍梅尼严词谴责国王："国王先生，我要给你一些忠告！……可能这些人（指顾问和政府）想让你表现得像个犹太人，那样我就将宣布你为不信仰者，他们就可以将你赶出伊朗、推翻你！"② 胆敢如此公开攻击国王，霍梅尼因此被捕。6月5日，在库姆、德黑兰等地爆发反政府示威和骚乱，政府做出强硬反应，进行武力镇压。

1964年4月霍梅尼被释放后，坚持反政府立场。1964年10月，伊朗议会通过法案，为换取2亿美元美国贷款而给予美国军事顾问团全体成员及其家属以外交豁免权。霍梅尼猛烈抨击美帝国主义对伊朗的新殖民统治，谴责巴列维政权丧权辱国："伊朗已经为这些美元出卖了自己。政府已经出卖了我们的独立，使我们沦落为殖民地，使得伊朗穆斯林民族在世人眼里看来远未开化！……难道仅仅因为我们是一个弱小的民族，没有美元，就要在美国人的脚下遭受蹂躏吗？"③ 霍梅尼的反政府言行和不妥协立场令巴列维政权深感威胁，斟酌再三，1964年11月伊朗政府驱逐了霍梅尼。但是，这一举措无法抹杀霍梅尼的影响，他英勇无畏，反对美国对伊朗地控制，抨击巴列维地专制独裁，强调对伊斯兰的忠诚，迎合了伊朗社会浓厚的宗教传统、民族主义情绪和民主企盼，吸引了大批听众，因而确立了作为伊朗宗教—政治领袖的形象和地位。

白色革命后的60—70年代，尤其是1973年石油危机导致石油价格暴涨后，伊朗经济显著增长。以1974年不变价格计算，国内生产总值从

---

① Yonah Alexander and Allan Nanes, eds., *The United States and Iran: A Documentary History*, p. 314.

② Ruhollah Khomeini, *Islam and Revolution: Writings and Declarations of Imam Khomeini*, Translated and Annotated by Hamid Algar, Berkeley: Mizan Press, 1981, p. 180.

③ Ruhollah Khomeini, *Islam and Revolution: Writings and Declarations of Imam Khomeini*, pp. 182-183.

1960年的104亿美元增加到1977年的510亿美元，增长了389%。① 凭借巨额石油收入，巴列维大肆扩充军备，进口美国军火。1954年，伊朗军费开支仅7800万美元，1974年增至36.8亿美元，3年之后，更达到94亿美元，占到同期政府预算的1/3、国民生产总值的9%以上。② 同时，君主专制也达到登峰造极的程度。国王把持着绝对权力，凌驾于宪法和议会之上，依靠庞大的官僚机构、装备精良的军队和无孔不入的萨瓦克这三大支柱来维系自己的独裁专制。巴列维自诩："当真理的光芒像初升的太阳一般普照大地之际，我看到了伊朗的帝制是行之有效的。正如它在昔日昌盛的年代有益于伊朗人民那样，今天在原子时代它仍然保持着美妙的青春，继续造福于伊朗人民。"③

巴列维幻想君主专制可以永续，事实却难以如愿。经济繁荣的结果，只是少数人控制了巨大的社会财富。1973—1974年度的调查显示，伊朗最富裕的20%人口占有总消费的55.5%，而最贫穷的20%人口仅占总消费的3.7%。④ 土地改革之后，数百万无地少地的农民带着致富的梦想涌入城市，却大多沦为城市贫民，"对于他们来说，石油的景气并未解除贫困，而只是使贫困现代化了。"⑤ 伊朗各阶层对现状满意者寥寥无几。新中产阶级和知识分子支持国王的社会经济现代化政策，更渴望分享政治权力，推进社会民主；农民支持土地改革，城市工人从经济繁荣中获益，但他们经济地位脆弱，对社会腐败和贫富悬殊强烈愤慨；传统精英阶层的地主、乌里玛和巴扎商人对现代化进程中日益边缘化的处境十分不满。时代潮流与社会现实都在呼唤巴列维王朝顺应时代变化，实施政治变革，走上真正全面的现代化之路。然而，王朝的专制性质恰恰决定了国王难以主动放弃自己的独裁权力，在迅速的社会变化面前未能改进政治参与，因而受到各个阶层地攻击，巴列维政权随即陷入了合法性危机的困境。

美国的支持是促成伊朗高速发展的重要因素，同时也进一步加剧了巴列维政权的合法性危机。1965—1971年，美国对伊经济援助3.491亿美

---

① Mohsen M. Milani, *The Making of Iran's Islamic Revolution: From Monarchy to Islamic Republic*, pp. 107 – 108.
② Fred Halliday, *Iran: Dictatorship and Development*, New York, 1979, pp. 71 – 72.
③ 巴列维：《我对祖国的职责》，商务印书馆1972年版，第443页。
④ Ervand Abrahamian, *Iran: Between Two Revolutions*, p. 449.
⑤ Ervand Abrahamian, *Iran: Between Two Revolutions*, p. 448.

元，军援 8.041 亿美元；1970—1977 年间，美国卖给伊朗的军火价值 163.13 亿美元。同时，美国军事顾问和技术专家也源源不断地来到伊朗。1976 年在伊朗的美国公民为 3.1 万人，其中 6263 人直接与军供相关，1304 人为美国政府雇员，4959 人为民用经济顾问专家。[1] 这些美国专家及其家属都享有外交豁免权，这种治外法权被伊朗人视为对国家主权和民族尊严的亵渎。西方人、西方商品、西方生活方式的大量涌入，带来了与伊朗本土格格不入的西方文化，造成了伊朗民众文化上的陌生感和精神上的失落。很多穆斯林真切地感受到自己与生俱来的伊斯兰信仰正在被连根拔除，他们无法接受这种精神上地流放。在伊朗人眼里，国王对于西方化地推崇与霍梅尼对伊朗传统地坚守形成了鲜明对比，霍梅尼真正体现了传统和特性，丝毫未受外来文化污染，形象无比纯洁、伟大，而巴列维政权已经不折不扣地成为美国的附庸，民族气节丧失殆尽。巴列维政权的合法性和权威性由此而受到致命打击。在 1978 年 9 月的一次示威期间，游行队伍中的一位妇女被刚刚体验到的民族团结和民族特性所感动，泪流满面地高呼"处死国王，霍梅尼万岁"。[2]

巴列维王权专制的延续，需要经济的继续繁荣来掩盖社会矛盾，消弭各个群体的革命潜能，然而，20 世纪 70 年代后期，正当巴列维踌躇满志之时，伊朗这艘高速经济航船却突然触礁。由于经济规划的随意和盲目，大量石油美元的突然注入使经济过热，土地价格飞涨，通货膨胀卷土重来：生活费用 1975 年上涨 9.9%，1976 年上涨 16.6%，1977 年上涨 25.1%。同时，世界经济的萧条减少了石油需求，伊朗的石油出口从 1976 年的 19.27 亿桶骤降到 1978 年的 12.62 亿桶。[3] 为应对日益下滑的石油收入，政府实行紧缩计划，经济增长明显下降。以不变价格计算，1972—1976 年间年均增长率约为 7%，1977 年降为 1.7%。[4] 虽然大部分伊朗人都从石油繁荣中得到了好处，甚至在 20 世纪 70 年代末经济收缩时期，综合生活水平也比 20 世纪 60 年代高，但是繁荣时期人们的心理期望值极高，

---

[1] 彭树智主编，王新中、冀开运：《中东国家通史——伊朗卷》，商务印书馆 2002 年版，第 331 页。
[2] Said Amir Arjomand, *The Turban for the Crown: The Islamic Revolution in Iran*, pp. 109–110.
[3] Mohsen M. Milani, *The Making of Iran's Islamic Revolution: From Monarchy to Islamic Republic*, p. 171.
[4] International Monetary Fund, *Government Finance Statistics Yearbook*, 1982, p. 334.

随之而来的经济收缩就产生了"相对剥夺感",加剧了许多群体的不满。

此时,迫于外部压力实行的自由化政策,非但未能开启一条宣泄的孔径,反而引起了伊朗大众不满的猛烈爆发。

二、美国对伊政策的矛盾性与伊朗伊斯兰革命

20世纪70年代开始,外部世界以人权名义要求国王放松社会控制、开放政治体系的压力越来越大。1972年,一个联合国小组发现伊朗有一贯侵犯人权的罪行;[①] 1975年,大赦国际指责伊朗是世界上人权记录最可怕的国家。[②] 巴列维对自己一度在国际上享有的现代化改革者形象受损深感不安,更让他紧张的是,这种外部压力竟然主要来自于他一向视为靠山、曾经帮助他保住王位的美国。

在美国外交史上,一直存在着现实主义和理想主义两种理念和路线,相互交错,时常摆动。是赤裸裸地赚取现实利益,还是要兼顾民主、自由、人权等美国人珍爱的价值观,这种争论一再成为美国外交政策的焦点。20世纪60年代声势浩大的民权运动和反越战运动,不仅改变了美国国内的政治气候,也影响到对外政策,理想主义倾向开始抬头。1976年总统大选中,民主党候选人卡特祭出了人权武器,鼓吹要在全世界增进人权和自由,抨击共和党政府对包括伊朗在内的第三世界国家的武器出售政策和对右翼独裁政权地支持,宣布他的政策"将消除遭受迫害人群中经常爆发革命的根源。因此,我们不应该以一个右翼极权主义政权取代同样具有专制性质的左翼政权来实现自己的目标"。[③] 1977年初卡特就职后,在国务院设立了人权事务办公室。在卡特的批准下,自由主义者组织了一场攻击某些反人权国家的运动,伊朗是其热衷的目标之一。卡特的国家安全事务顾问布热津斯基回忆道:"国务院的一些较低官员,特别是伊朗组负责人亨利·普雷切特受这种主张的影响不喜欢(巴列维)国王,只想让他放

---

① *New York Times*, September 21, 1972.
② Amnesty International, *Annual Report 1974—75*, London, 1975, p. 125.
③ Jimmy Carter, *Keeping Faith: memoirs of a President*, New York, 1982, p. 143.

弃权力。"①

然而，作为一个具有重要地缘战略地位、有着丰富石油储存又是美国战略盟友国家的统治者，巴列维国王却让卡特政府颇感棘手，人权政策面临着两难抉择：能够既改进伊朗人权状况又不得罪国王、不破坏两国关系吗？卡特政府内部由此出现分歧：以国务院和驻德黑兰大使馆领衔的一派，认为自由化是伊朗长期稳定和能够抵御共产主义诱惑的必要前提，主张尽可能压服国王进行自由民主改革；而以布热津斯基为首的国家安全委员会，忌惮贸然自由化难以预知的后果，希望不惜代价维持国王统治和美伊关系。②当时正专注于美苏限制战略武器谈判和阿以戴维营协议的卡特，摇摆于两派之间，未能协调统一美国立场。

虽然人权政策这一美国对外政策工具的形成与出笼与伊朗社会的内部矛盾几乎毫无瓜葛，但这一政策的推行却深深影响了伊朗的事态发展。作为双边交往中处于软弱、依赖地位的一方，伊朗不可避免要受到美国政治变迁的冲击。巴列维对美国的压力十分敏感，来自华盛顿含糊不清的信息更增加了他对美国真实意图的猜疑，怀疑美国是要削弱甚至推翻他的政权。因此，1977年初，为了保持与美国民主党政府的和谐关系，平息对其日益增长的国际批评，使自己的专制王权化险为夷，国王开始了自由化计划。

1977年2月，巴列维政权释放了357名政治犯，标志着政治控制出现松动。3月，著名作家贾瓦迪给国王写了一封公开信，抱怨伊朗不堪忍受的状况。③6月，自由运动领袖巴扎尔甘起草、民族阵线领导人桑贾比等人联署了一封给国王的公开信，哀叹伊朗贪污盛行、国王专制独裁，要求国王"遵守宪法和普遍的人权宣言准则，废除一党制，允许新闻自由和结社自由，释放政治犯，允许政治流亡者回国，建立一个以代表大多数人为基础的政府"。④8月，一群霍梅尼的追随者在德黑兰巴扎举行示威，要求允

---

① Zbigniew Brzezinski, *Power and Principle*: *Memoirs of the National Security Adviser*, 1977—1981, New York, 1983, p. 355.

② Michael Ledeen and William Lewis, *Debacle*: *The American Failure in Iran*, New York, 1981, pp. 68 – 70.

③ 陈嘉厚等：《现代伊斯兰主义》，经济日报出版社1998年版，第313页。

④ Baqer Moin, *Khomeini*: *Life of the Ayatollah*, London, 1999, p. 183；彭树智主编，王新中、冀开运：《中东国家通史——伊朗卷》，第343页。

许霍梅尼归来,警察没有干预。10月23日,霍梅尼长子穆斯塔法突然去世,人们怀疑是被萨瓦克毒死的,激发了对霍梅尼的同情和怀念。在致伊朗人民的感谢信中,霍梅尼告诫人们要团结一致,"不要被近来新闻审查的放松所欺骗。……这种明显的放松目的是要洗刷国王的罪恶"。① 11月4日,在德黑兰为穆斯塔法举行的悼念仪式上,集会人群齐声谴责萨瓦克的残暴和国王的专制,警察再次袖手旁观。②

这一系列事态意味着巴列维政权的铜墙铁壁开始出现第一道裂缝,鼓舞着反对派进一步采取行动。更令反对派感到鼓舞的是,在1977年11月15日国王访美期间,国王的反对者和支持者在华盛顿发生激烈冲突,这一场面被伊朗电视台在全国范围内转播,反对派认为这是华盛顿放弃对国王无条件支持的又一迹象。11月27日,29名反对派人士宣布建立伊朗自由和人权保护委员会,并向卡特总统发去声明,要求美国帮助在伊朗建立自由和民主。③ 与此同时,学生们上街举行示威,要求国王"将卡特总统的人权计划立即付诸实施"。④ 霍梅尼则表示:"我们现在关注,现任美国政府是要为了剥削伊朗以获取物质利益而牺牲自己和美国人民的荣誉,还是放弃对这些卑鄙者(巴列维政权)的支持以重新赢得自己的荣誉和正直。"⑤ 美国的人权政策在伊朗产生了这样一种感觉——华盛顿以前对国王无条件支持的政策已经改变了,国王受到卡特政府的压力不得不改革其政治体制,尽管卡特一再宣称支持国王,但伊朗人越来越相信这一感觉。

与此同时,华盛顿继续对国王政权施加改革压力。1977年7月,威廉·沙利文成为新一任美国驻伊朗大使,取代了国王当年游学瑞士的同窗理查德·赫尔姆斯。沙利文欢迎国王的自由化创新,希望继续推进。1978年元旦,正在德黑兰访问的美国总统卡特,在新闻发布会上公开称赞巴列维的自由化政策,称赞国王在这个动乱地区创造了一个稳定的绿洲。⑥ 卡特的德黑兰之行是对巴列维政权的一种支持,他的上述言论显然表达了对

---

① Baqer Moin, *Khomeini*: *Life of the Ayatollah*, p. 184.
② S. A. Arjomand, *The Turban for the Crown*: *The Islamic Revolution in Iran*, pp. 116 – 118.
③ Baqer Moin, *Khomeini*: *Life of the Ayatollah*, p. 186.
④ Baqer Moin, *Khomeini*: *Life of the Ayatollah*, p. 185.
⑤ Baqer Moin, *Khomeini*: *Life of the Ayatollah*, p. 184.
⑥ *Public Papers of the Presidents*: *Administration of Jimmy Carter*, Washington, D. C., 1978, p. 2221.

伊朗局势的乐观期许。然而，卡特刚刚离开，伊朗局势就急剧升温。

1978年1月7日，德黑兰最大日报《消息报》发表了一篇匿名文章，以毁谤性语言指责霍梅尼是红色殖民主义者（指苏联）和黑色殖民主义者（指英国）利用的工具。① 这篇文章的发表引起了教界的极度愤慨，教界开始全力反击国王政权，进而得到巴扎商人的支持。1月9日，愤怒的乌里玛和宗教学校学生在库姆走上街头示威抗议，巴扎商人关闭店铺。示威者与警察发生冲突，酿成"库姆惨案"。② 按照伊斯兰传统，在死者去世后的第4天、第7天，尤其是第40天要举行悼念活动。2月18日，库姆惨案发生后的第40天，有12个城市爆发了示威游行，其中在大不里士，军队干预，枪杀了一些抗议者，造成"大不里士惨案"。40天后的3月29日，55个城市又发生示威抗议，导致新的伤亡。在这种悼念—镇压的螺旋式循环中，每隔40天的悼念活动一次又一次动员了群众，伊斯兰色彩越来越浓，参加者的宗教情绪越来越强烈，对国王的仇恨日益加深。从8月5日开始的斋月期间，示威不断发生。8月17日在伊斯法罕发生血腥暴乱，政府宣布在该城实行宵禁。③ 8月19日，阿巴丹一影院被人纵火焚毁，烧死480人。④ 惨剧震惊了整个伊朗。

伊朗的局势已经非常危急，巴列维必须当机立断，采取果断行动，然而，从美国得到的信息却让他举棋不定。沙利文不断警告国王，他的政府赞成和平解决危机，不希望使用铁腕手段。1978年沙利文对伊朗局势的认识经历了一次转变。1月库姆暴乱后一周，沙利文向华盛顿报告，虽然乌里玛有着庞大的动员网络，但"他们也许会发现很难为了纯粹的政治目的产生另外的示威"，国王完全控制着局面。4个月之后，他却认为，"正常的结论是国王正失去控制"。他还表达了对乌里玛力量的日益不安，暗示希望与乌里玛接触。⑤ 国务卿万斯在6月指示沙利文"与（乌里玛中的）

---

① Mohsen M. Milani, *The Making of Iran's Islamic Revolution*：*From Monarchy to Islamic Republic*, p. 191；陈嘉厚等：《现代伊斯兰主义》，经济日报出版社1998年版，第314页。

② Mohsen M. Milani, *The Making of Iran's Islamic Revolution*：*From Monarchy to Islamic Republic*, p. 191. Baqer Moin, *Khomeini*：*Life of the Ayatollah*, p. 186.

③ 陈嘉厚等：《现代伊斯兰主义》，经济日报出版社1998年版，第315页。

④ Said Amir Arjomand, *The Turban for the Crown*, P. 118. Baqer Moin, *Khomeini*：*Life of the Ayatollah*, p. 187.

⑤ Mohsen M. Milani, *The Making of Iran's Islamic Revolution*：*From Monarchy to Islamic Republic*, p. 196.

低级人物会晤",以搞清反对派的性质。① 布热津斯基抱怨,沙利文从没有"明确要求国王强硬;美国的支持保证被同时存在的、需要朝真正民主更多进步的暗示冲淡了;与反对派结合经常被提及为理想的目标"。② 他认为,这样做是"有意削弱受围攻的国王,以压服其做进一步妥协,这只能加剧不稳定,最终将导致完全的混乱"。③

1978年8月底,国王再度换马,任命艾玛米组阁,以图摆脱政治泥潭。艾玛米呼吁民族和解,结束暴力。艾玛米设立了宗教事务部;废除帝历,恢复伊斯兰历法;给予政党活动自由;撤销媒体审查制度;惩罚在大不里士和伊斯法罕杀害抗议者的责任官员;将军队撤出首都。④然而,艾玛米的让步姿态并不能平息局势。9月4日和7日,德黑兰有50万人上街示威,提出建立伊斯兰政府的要求。⑤ 面对局势失控的前景,艾玛米下令实行为期6个月地戒严。9月8日,在德黑兰的贾勒赫广场,示威者无视戒严限制举行集会,当局派军队清场,造成大量伤亡,是为"黑色星期五"。⑥ 这一事件是当局举止失措的又一例证:政府强调民族和解,希望结束暴力,军队却在屠杀手无寸铁的示威者。

"阿巴丹纵火案"和"黑色星期五"之后,形势急转直下。到10月的第3周,几乎所有的巴扎、大学、高中、石油设施、银行、邮局、铁路、报纸、海关、国内航线、电台与电视台、国营医院、造纸厂与卷烟厂都举行了罢工。艾玛米软硬兼施,却未能恢复秩序,为应付严峻的形势,11月6日国王任命艾兹哈里建立军政府企图渡过危机。但艾兹哈里也无计可施,只能延续抚慰与镇压相结合的政策。作为一种善意姿态,他停止外汇交易和资金流出;开展反腐败运动;逮捕了14名前政府部长和高官。与此同时,重新实行审查制度,限制集会自由,逮捕包括巴扎尔甘与桑贾比在内

---

① Cyrus Vance, *Hard Choices*: *Critical Years in America's Foreign Policy*, New York, 1983, p. 325.
② Zbigniew Brzezinski, *Power and Principle*, 1983, p. 356.
③ Zbigniew Brzezinski, *Power and Principle*, 1983, p. 355.
④ Baqer Moin, *Khomeini*: *Life of the Ayatollah*, p. 187; Mohsen M. Milani, *The Making of Iran's Islamic Revolution*: *From Monarchy to Islamic Republic*, p. 200.
⑤ 彭树智主编,王新中、冀开运:《中东国家通史——伊朗卷》,商务印书馆2012年版,第345页。
⑥ Mohsen M. Milani, *The Making of Iran's Islamic Revolution*: *From Monarchy to Islamic Republic*, P. 201. 陈嘉厚等:《现代伊斯兰主义》,经济日报出版社1998年版,第318页。

的一些反对派领导人,并在产油区胡泽斯坦实施戒严。①

随着伊朗更深地陷入动乱,卡特政府的内部分歧也加深了。就在成立军政府的前一天,布热津斯基在卡特的授权下通知国王,美国支持国王所采取的任何决定,包括显示武力。② 然而,国务院和沙利文的设想却与此背道而驰。到10月底,国务院已经得出结论,"国王的独裁结束了",但或许国王的统治还将继续,有可能执掌权力的两种人是"将军们和世俗的政治反对派"。③ 国务卿万斯回忆,到11月中旬,国务院正在考虑面对一个没有国王的伊朗的现实。④ 沙利文曾在10月28日发报给华盛顿,坚持"我们的使命是与国王一起工作","我强烈反对向霍梅尼的任何妥协"。⑤ 但在艾兹哈里就职3天后,沙利文改变了立场。在发给华盛顿的一份自称"想不能想象之事情"的电报中,他设想了这样一种前景:不仅国王,"而且大部分伊朗军队高级军官都将离开伊朗。后继政权将在宗教领导人与新的、年轻的军队首领之间达成谅解。按照这种谅解,霍梅尼将选择成立一个由巴扎尔甘或米拉奇这样的温和派为首的政府,避免出现纳赛尔—卡扎菲这种类型的政权,我认为他会这样做"。他还预测霍梅尼将在后国王的过渡时期扮演类似于甘地的角色,这场革命最有可能出现的结果是由民族阵线之类的领导人管理的伊斯兰政府,这一政府对美国将会是友好的。⑥ 实际上,此后沙利文正是按照这种设想来准备巴列维政权后事的。面对国务院和安全委员会的这种分歧,卡特总统决定成立专门小组来调查研究伊朗危机。据此建立的鲍尔调查团在对现有情报进行综合分析后得出结论,如果国王"不立即行动、放弃真正的独裁给一个文职政府",那他幸存的机会微乎其微;建议组建一个包括著名反对派领导人在内的贵族委员会,以便向一个文职政府过渡。⑦ 调查团终于向卡特证实:巴列维政权已经摇摇欲坠。

军政府成立后,罢工和示威活动确实有所缓和,然而,随着穆哈兰圣

---

① 陈嘉厚等:《现代伊斯兰主义》,经济日报出版社1998年版,第320页。
② Zbigniew Brzezinski, *Power and Principle*, p. 365.
③ Cyrus Vance, *Hard Choices*, p. 327.
④ Cyrus Vance, *Hard Choices*, p. 329.
⑤ Jimmy Carter, *Keeping Faith*, New York, 1982, p. 439.
⑥ William Sullivan, *Mission to Iran*, New York, 1981, p. 202.
⑦ Cyrus Vance, *Hard Choices*, p. 330; Zbigniew Brzezinski, *Power and Principle*, pp. 372 - 373.

月的到来，局势彻底失控。12月初恰逢穆哈兰月，按照传统，要以集会、哀悼和游行来纪念喀尔巴拉事件。针对军政府的宵禁限制，反动派组织民众每天在宵禁开始的时刻登上自家屋顶，大声呼喊"真主伟大"。数百万人的同声祈祷将德黑兰变为世间最大的合唱舞台，这是一种明确的民众不服从运动，这种和平的力量显示具有极大的震慑力。12月11日，德黑兰举行了200万人大游行，规模宏大，纪律严明，令人震撼。

当伊朗的革命运动势头越来越大时，卡特政府仍在争论不休。布热津斯基和国防部长布朗主张，即使可能导致流血，国王也要采取铁腕政策；而万斯、沙利文和鲍尔则赞成政治解决，即便最终国王垮台也不能使用武力，因为依靠武力不仅与人权政策相抵触，而且可能会导致伊朗武装力量的瓦解，而伊朗武装力量的完整对美国利益是必不可少的。伊朗事务办公室的普雷切特简洁地概括了国务院的意见："我们必须朝着伊朗后国王时代迈出坚定的步伐。"① 卡特这时则立场模糊，信心全无。在12月7日的新闻发布会上，当被问及国王幸存的可能性时，卡特回答道："我不知道。……答案掌握在伊朗人民手中。"② 这一信息令反对派感到振奋，也使军政府勇气顿挫，不敢动用武力。

国王意识到卡特政府内部的分歧，于12月26日询问沙利文，如果实行铁腕政策美国会有何反应。沙利文遵照指示通知国王，一个文职政府更可取，但如果它不能恢复秩序，如果武装力量有陷于瓦解的危险，国王"应该毫不迟疑地选择一个坚定的军政府，这可能会（结束混乱）"。③ 这一回复是美国政府两派意见的折衷，是华盛顿对伊朗正在展现的危机完全无知的体现，它的模棱两可只能使国王更加困惑。绝望中的国王不得不回过头来寻找一位文职首相，时任民族阵线副主席巴赫蒂亚尔同意组建新政府，条件是要国王暂时离开伊朗。国王同意了。12月31日，巴赫蒂亚尔上台，宣布要拯救巴列维王朝。

国王即将离开的消息，引发了新一轮政治骚动。伊朗人不相信国王会和平投降，普遍认为军队将会发动一场流血政变。反对派开始与高级军官

---

① Gary Sick, *All Fall Down: America's Tragic Encounters with Iran*, New York, 1985, p.110.
② Gary Sick, *All Fall Down: America's Tragic Encounters with Iran*, p.110.
③ Cyrus Vance, *Hard Choices*, pp.332-333; Zbigniew Brzezinski, *Power and Principle*, pp.375-378.

接触，希望能赢得军队的支持，或至少保证中立。1月中旬，在巴黎与美国使馆代表的会晤中，雅兹迪代表霍梅尼指出，希望美国阻止国王的将军们发动政变，这将被视为一种在华盛顿与即将建立的伊斯兰政府之间营造友好关系的积极姿态。① 卡特同样关心伊朗军队的立场与动向，派出美国驻欧洲部队副司令休塞前往德黑兰。

休塞于1979年1月5日抵达德黑兰。此前一天，在瓜德罗普岛会议上，西方主要大国领导人决定让国王离开伊朗。② 休塞的首要任务是防止伊朗武装力量瓦解，说服军队将领支持巴赫蒂亚尔首相，并做好一旦公众秩序崩溃就接管政权的准备。③ 休塞宣称自己最终说服将军们彼此忠诚团结，不随国王离开伊朗，维持伊朗武装力量的完整，并做好政变准备。④ 然而，沙利文的设想和行动却与休塞的目标相左。沙利文强烈反对支持巴赫蒂亚尔，他告诉休塞，"我们应该跳过巴赫蒂亚尔这个间歇，靠近巴扎尔甘政府"。在休塞看来，沙利文更倾向于在国王离开后成立一个伊斯兰共和国而不是军事接管。⑤ 沙利文草拟了一份高级军官名单，认为他们应该与国王一起离开伊朗，以方便在自由运动的协调下年轻军官和乌里玛形成联合。⑥ 在巴赫蒂亚尔就职后几天，沙利文会见了巴扎尔甘和乌里玛代表阿亚图拉穆萨维，鼓励巴扎尔甘与武装部队参谋长卡里巴赫伊接触。⑦

1月7日，沙利文被授权通知国王尽快离开。1月12日，霍梅尼宣布成立一个秘密的伊斯兰革命委员会，承诺尽快组成一个过渡政府。⑧ 1月13日，国王指令成立一个9人摄政委员会。1月16日，巴列维带着眷属离开伊朗。1月17日，休塞给华盛顿发报，指出伊朗武装力量正准备发动一场政变。两天后，沙利文却通知华盛顿，伊朗武装部队正在瓦解。⑨ 在这种混乱中，军方逐渐被反对派争取过去。1月20日巴赫蒂亚尔扬言一旦他

---

① Mohsen M. Milani, *The Making of Iran's Islamic Revolution: From Monarchy to Islamic Republic*, p. 218.
② Jimmy Carter, *Keeping Faith*, 1982, p. 444.
③ Robert E. Huyser, *Mission to Tehran*, New York, 1986, pp. 17 - 18.
④ Robert E. Huyser, *Mission to Tehran*, p. 85.
⑤ Robert E. Huyser, *Mission to Tehran*, p. 24.
⑥ Gary Sick, *All Fall Down: America's Tragic Encounters with Iran*, p. 136.
⑦ William Sullivan, *Mission to Iran*, pp. 236 - 237.
⑧ Ruhollah Khomeini, *Islam and Revolution: Writings and Declarations of Imam Khomeini*, p. 246.
⑨ Robert E. Huyser, *Mission to Tehran*, p. 142, p. 161.

的政府倒台，武装力量将接管政权，卡里巴赫伊立即以武装力量不应干预政治争端为由，宣布辞职。① 虽然在沙利文和休塞的压力下，卡里巴赫伊同意继续留任，但他的这一表态无疑是对巴赫蒂亚尔的一大打击。

2月1日霍梅尼返回德黑兰，5日，他指定巴扎尔甘出任临时政府总理。随着霍梅尼的归来和影子政府的建立，军队里的紧张与分化加剧了。9日至11日，在帝国卫队与起义士兵、革命游击队之间发生了一系列战斗。11日晚，武装部队宣布中立以避免更多地流血，政府和全体议员辞职，巴赫蒂亚尔匿藏。12日，巴扎尔甘进入总理府，正式接管政权。巴列维的统治就此结束，巴列维王朝随之寿终正寝。

巴列维的失败同外部因素密不可分。美国既是支撑战后巴列维王朝专制独裁的支柱，又是导致其夭折的重要原因。在革命期间，卡特政府内部意见严重分歧，对伊政策自相矛盾、前后不一。这对巴列维来说是灾难性的。国王既依赖美国，又怀疑美国的意图，一再向反对派让步以取悦于美国，危急时刻需要他当机立断，但来自华盛顿的信息却混乱不清，导致他不敢轻举妄动，坐以待毙，在某种程度上成为美国调整对外政策的牺牲品。相反，反对派则从卡特政府的对伊政策中获益匪浅。人权政策鼓舞他们吹响了反王权的号角，美国的犹豫摇摆则使他们更加坚定了反抗到底的信心与勇气，沙利文的穿针引线和休塞的无效工作帮助他们排除了最后一道障碍，免除了军事干预的灭顶之灾，奠定了最后的胜局。

三、美伊人质危机与伊朗伊斯兰政权

巴列维政权垮台后，虽经霍梅尼指定，以巴扎尔甘为首的临时政府接管了政权，但它软弱无力，难以主导后巴列维时代伊朗的内政外交。帝国秩序崩溃后，原教旨主义者控制的伊斯兰革命委员会扮演了临时议会的角色，它负责制订规章制度，监督巴扎尔甘政府的运行，与临时政府展开权力竞争。此外，作为革命激情的产物，各地自治委员会、革命法庭、伊斯兰革命卫队这些只服从霍梅尼个人权威的机构，也让临时政府苦不堪言。

---

① Mohsen M. Milani, *The Making of Iran's Islamic Revolution: From Monarchy to Islamic Republic*, pp. 228–229.

临时政府副总理恩特扎姆在1979年7月告诉美国大使馆,"霍梅尼、自治委员会和革命卫队正在从事反政府活动"。美国大使馆也认为:"巴扎尔甘被乌里玛组织所遮蔽,这些组织正在将权力扩展到新的领域,它正在对临时政府所属的有名无实的部长发号施令。"正因为如此,巴扎尔甘称临时政府是一把"无刃之刀",伊朗是一个"有成千上万个长官"的国家。①

随着革命的不断深入,反国王联盟内部意识形态的分歧逐渐暴露,引发了联盟的瓦解和各派间的激烈斗争。颠覆王权以后,应该建立一个什么样的非君主制国家呢?这在参加反国王运动的各派力量中存在着不同的答案。人民敢死队这样的左派赞成"人民民主共和国",温和派如自由运动则提出要建立"民主伊斯兰共和国"。霍梅尼既不赞成前者,也不赞成后者,他认为这些都是源自西方的思想,是对伊斯兰的诋毁,在伊斯兰共和国的前面加上民主或进步之类的形容词,就是暗示伊斯兰既不民主,也不进步。霍梅尼宣布:"不是'伊朗共和国',不是'伊朗民主共和国',也不是'伊朗民主伊斯兰共和国',只能是'伊朗伊斯兰共和国'","不能多一个字,也不能少一个字"。②

1979年3月底,公民投票确定国名。虽然民主民族阵线、人民敢死队以及一些少数民族团体对投票进行了抵制,但大部分团体还是参加了投票。按照政府公布的投票结果,在"你赞成伊斯兰共和国还是君主制?"的选择中,超过1570万选民中有98.2%的人赞成伊斯兰共和国。4月1日,霍梅尼宣布伊朗伊斯兰共和国诞生了。

在国名确定以后,为了澄清伊斯兰共和国的确切涵义,有必要制订一部新宪法来明确界定后国王时代的新秩序。1979年3月底和7月中旬,临时政府曾先后提出两个宪法草案,并未将霍梅尼关于法基赫监护的政治思想体现出来,③ 也没有给予乌里玛或其他团体任何特殊领导地位,只是计划建立一个由5名教士、7名世俗律师组成的12人监护委员会,以确保所

---

① Mohsen M. Milani, *The Making of Iran's Islamic Revolution: From Monarchy to Islamic Republic*, pp. 259 - 260.
② Said Amir Arjomand, *The Turban for the Crown*, p. 137.
③ "法基赫监护"阿拉伯语为"Velayat-e Faqih",意为"教法学家的统治",这是霍梅尼政治思想的核心。

有立法符合伊斯兰原则。① 经协商，霍梅尼决定选举组建一个73人的专家会议来审议宪法草案。结果，73席中教职人员赢得45席，其余世俗专家中，有11人是原教旨主义者或其同情者。② 8月22日，原教旨主义者控制的专家会议开幕。在开幕式的讲话中，霍梅尼告诫代表们要忠诚于伊斯兰，希望他们缔造"一部百分之百伊斯兰的宪法"。③ 专家会议历时两个多月制订出了一部与原先草案根本不同的宪法。

这部伊朗伊斯兰共和国宪法废除了君主制，确立了一种独特的法基赫监护体制。④ 虽然在立法、行政、司法部门之间存在着制度上的权力分离和制衡，但没有任何任期限制的领袖拥有不受任何制约的权力，宪法规定领袖享有神圣的统治权，只对真主负责。宪法特别强调，"一切主权和立法权属于真主"，"所有……法律和法规都必须基于伊斯兰准则"，"伊朗国教是伊斯兰什叶派中的十二伊玛目派"，"教士依据古兰经和安拉的传统发挥永恒的领导作用"。这部宪法从基本法的角度确定了新国家的宗教属性与极权性质。

专家会议提交的新宪法引发了激烈争论，原教旨主义者的意图遭到世俗民族主义者、伊斯兰民族主义者、逊尼派、少数民族和正统派乌里玛等政治派别的激烈反对，他们质疑领袖的无限权力，警告独裁重现的危险。

对法基赫监护的争论与僵持并未持续多久，占领德黑兰美国大使馆事件以及随后的人质危机，无可挽回地以有利于原教旨主义者的方式改变了力量平衡。虽然并非有意，但美国确实又一次成为影响伊朗事态的重要因素。

接管政权之后，巴扎尔甘临时政府推行了一条不同于巴列维政权的外交政策。巴列维公开倒向美国，企图依靠结盟政策来增强伊朗的实力，巩固自己的地位，而巴扎尔甘主张回归均势原则，清除外部大国在伊朗的特

---

① Mohsen M. Milani, *The Making of Iran's Islamic Revolution*: *From Monarchy to Islamic Republic*, p. 261.

② *Foreign Broadcasting Information Service*, August 6, 1979；陈嘉厚等：《现代伊斯兰主义》，经济日报出版社1998年版，第326页。

③ Said Amir Arjomand, *The Turban for the Crown*, p. 138.

④ 伊朗1979年宪法的英译本参见 *The Constitution of the Islamic Republic of Iran*, Islamic Propagation Organization, Tehran；"Constitution of the Islamic Republic of Iran", *Middle East*, 34 (Spring 1980), pp. 181 – 204。

权，与所有大国保持平衡来维护伊朗的独立。他退出了美国发起的中央条约组织，废除了1959年3月签订的伊美军事协定，试图在伊美之间建立一种新型的、互惠互利、相互尊重的双边关系，要求美国政府继续交付此前巴列维政权订购的武器和军需品余货，并出售新的份额。美国也希望伊斯兰革命不要削弱双边关系，保持美国在伊朗这一重要战略据点的影响。这一时期美国对伊政策的主要精神在于小心谨慎，以形成它无意干涉伊朗内部事务的印象，表明无论谁在权力斗争中获胜美国都会与其保持友好关系的立场。由于日益确信亲霍梅尼的力量最终将获得胜利，美国政府正在筹划与霍梅尼会晤，希望能让新伊朗当局相信，美国已经完全承认伊斯兰革命，而不是要破坏伊朗革命。① 因此，临时政府时期的伊美关系虽然说不上融洽，却也基本平静。

然而，智者千虑，必有一失。1879年10月25日，在人道主义的压力之下，在前副总统洛克菲勒和前国务卿基辛格等人的敦促之下，也是出于对盟友的道义责任，卡特总统允许绝症的巴列维从墨西哥进入美国进行治疗。尽管临时政府此前已经警告卡特政府允许巴列维入境的危险后果，尽管意识到在伊朗的美国人可能会被扣为人质，但卡特政府还是批准了巴列维的入境申请。这是又一例证，表明华盛顿的决策者对于伊朗反国王运动的狂热本性、对于革命者担心美国可能再次筹划扶持国王的忧惧缺乏敏感或者全然无知。卡特政府的这一决定是爆炸性的，它使得伊朗的政治气氛无可挽回地改变了。

华盛顿的这一举动，揭开了历史伤疤，唤醒了伊朗人对于1953年政变、乃至于更久远的民族屈辱的沉痛记忆，给伊朗左派和右派提供了充足的弹药来组织一场反美运动，在伊朗形成了一种歇斯底里的反美气氛，引发了一场强烈的政治风暴。11月4日，恰好是霍梅尼被迫离开伊朗流亡他乡15周年，德黑兰美国大使馆遭到伊朗激进势力攻击，并被"追随伊玛目路线的学生"占领。② 他们将美国大使馆工作人员扣为人质，并查抄了数百份未及销毁的文件。人质危机从1979年11月4日持续到1981年1月

---

① Mohsen M. Milani, *The Making of Iran's Islamic Revolution: From Monarchy to Islamic Republic*, p. 274.

② 此前的2月14日，人民敢死队曾经攻击在德黑兰的美国使馆，但临时政府很快干预，事件得以和平解决。

20 日，历时 444 天。霍梅尼将这次事件称之为"伊朗的第二次革命"，甚至比颠覆国王政权的第一次革命更重要，因为它给了"大撒旦美国"一次重击。①

临时革命政府受到了这一轮反美浪潮的冲击。11 月 1 日，巴扎尔甘及其外交部长雅兹迪在阿尔及尔参加阿尔及利亚革命胜利 25 周年庆典期间，与布热津斯基进行了会晤，讨论当前的双边关系。此举与反美正酣的国内气氛格格不入，因而遭到强烈批评，甚至有人指责他奴颜媚骨，有通敌之嫌。面对这种指责，巴扎尔甘进行了猛烈回击，认为虽然自己无需任何人批准与谁会面，但霍梅尼事先知道他与布热津斯基的会晤，他讽刺地说道："我不是胡韦达；伊玛目（霍梅尼）也不是穆罕默德·礼萨国王。"②对于占领使馆事件，巴扎尔甘与多数温和派一样，谴责这一行为违背了国际法和文明外交的基本准则，要求立即无条件释放人质。但"追随伊玛目路线的学生"拒绝服从巴扎尔甘的命令释放人质，这暴露了他的虚弱无力。11 月 6 日，巴扎尔甘政府被迫辞职，霍梅尼命令伊斯兰革命委员会接管政府。

反美的歇斯底里为原教旨主义者提供了一个绝佳机会来动员公众支持新宪法、攻击反对派。"追随伊玛目路线的学生"利用大众媒体展开宣传，巧妙地将对新宪法的反对等同于勾结美国、背叛伊斯兰革命。他们还利用查获的美国使馆文件，从中选择性地披露一些材料，诽谤温和派，指控他们是伊斯兰革命的敌人和美国间谍。包括阿亚图拉沙里亚特马达里在内的数百位知名人士成为攻击的目标，巴扎尔甘的副手恩特扎姆就是第一个牺牲品，他于 1979 年 12 月 17 日被捕，1981 年 6 月被判终生监禁。

劫持美国人质标志着伊斯兰共和国反对大撒旦美帝国主义斗争的开始，霍梅尼从这一斗争中获得的第一个好处就是确保了新宪法的通过。巴扎尔甘、巴尼萨德尔等人曾经抱怨新宪法给予领袖绝对的权力而没有丝毫的责任，指责霍梅尼要建立一个乌里玛享有特权地位的神权政治秩序，但现在，当这样做只能意味着站在撒旦一边反对真主、与帝国主义一起反对

---

① Mohsen M. Milani, *The Making of Iran's Islamic Revolution: From Monarchy to Islamic Republic*, pp. 275–276.

② Mohsen M. Milani, *The Making of Iran's Islamic Revolution: From Monarchy to Islamic Republic*, p. 276.

一个历经磨难的民族及其革命领袖时，谁还能反对这部宪法呢？巴扎尔甘和绝大多数政治集团被迫宣布，为了不损害"正在进行的反帝斗争和伊玛目的政治路线"，支持新宪法。① 在人质危机煽起的狂热反美气氛中，宪法公民投票于1979年12月2—3日如期进行。在超过1500万张投票中，伊斯兰革命委员会宣称只有30866张反对新宪法。②

攻击美国使馆事件和人质危机促发了巴扎尔甘临时政府的垮台，原教旨主义者控制的革命委员会直接接管了政府，双重权力体系不复存在。狂热的反美气氛和尖锐的对外矛盾，确保了伊朗神权宪法顺利通过公民投票，为原教旨主义者进一步控制国家铺平了道路，使得这场以反王权开始的革命最终以伊斯兰神权体制的确立而尘埃落定，因此，霍梅尼将其称为第二次伊斯兰革命是不足为怪的。

使馆被占事件和人质危机既是对美国此前在伊朗维持霸权和支持巴列维政权的报复，也是对美国在伊朗革命敏感时期政治短视的惩罚，更对美伊关系的转向造成无可挽回地冲击，在后巴列维时代延续美伊友好关系的希冀完全落空。在解救人质的直接和间接外交努力皆告失败后，美国转而强硬，伴随着一系列的对伊制裁，1980年4月7日，卡特宣布断绝与伊朗的外交关系，美伊关系从此走向公开、全面的敌对。

冷战爆发后，美国与巴列维政权结盟以维护其在海湾地区的战略利益并遏制苏联。然而，美国愈是全力支持巴列维政权以建立在伊朗的霸权，就愈是加剧这个专制王权的合法性困境，愈是遭到伊朗人民的排斥与仇恨，愈是背离美国宣扬的自由民主价值观，也愈加威胁美国在伊朗的地位和冷战的利益。在伊朗革命过程中，美国对伊政策的这种逻辑悖论凸显无疑，这是期间美国决策层意见严重分歧、政策摇摆不定的原因，也是对伊政策完全破产的根源。患得患失，自相矛盾，"失去伊朗"是美国"愚蠢"外交政策的又一"杰作"。

---

① Said Amir Arjomand, *The Turban for the Crown*, p. 139.
② Mohsen M. Milani, *The Making of Iran's Islamic Revolution: From Monarchy to Islamic Republic*, p. 278.

第二节　当代伊朗的军事体制

1979年伊朗伊斯兰革命可谓是伊朗历史上的一个重要分水岭。就军队而言，伊斯兰革命前后的军事武装力量也发生了翻天覆地的变化，正规军作为前巴列维王朝的支柱，很明显不被宗教领袖所信任。而革命后成立的革命卫队，凭借同政权的"血缘"关系，经过两伊战争期间的"神圣防御"、在战后重建中所起的重要作用，跻身于伊朗重要的武装力量之列，与正规军平起平坐，甚至有所超越，现在的革命卫队已不是一支纯粹的武装力量，在伊朗国内更是扮演着政治、经济、教育等多重角色。这里通过论述伊朗的军事领导体制、军事武装力量体制、国防经济体制、伊朗的军事威慑、国防动员体制等方面论证伊朗伊斯兰共和国军事体制所呈现出的主要特点。

一、伊朗的军事体制与政治、宗教同构

伊斯兰革命之后，伊朗建立了伊斯兰共和国，《伊朗伊斯兰共和国宪法》的顺利通过正式确立了霍梅尼领导的法基赫伊斯兰政府，宗教领袖霍梅尼成为一种超政府力量的存在，他集政治和宗教权力于一身，牢牢控制着伊朗的行政、立法、司法等部门。1989年宪法的颁布，又进一步扩大了宗教领袖的权利，宪法中增加了宗教领袖担任武装部队统帅、任免保安部队最高指挥官、解决三军之间分歧的条例。[1] 这表明伊朗的国家最高军事统帅、武装力量总司令由宗教领袖担任，他掌控着国防事务的最高决策机构——最高国家安全委员会（SNSC）。最高国家安全委员会是由1989年宪法确立设置，取代了之前的最高国防委员会，这一机构虽由总统任委员会主席，由宗教领袖、总统、两名领袖代表、司法总监、议长、军队总司令、卫队总司令、国家计划和预算组织主席及外交、内务、国防和情报部

---

[1] M. A. jafari, "the main mission of the IRGC is to deal with the internal enemies," Mizan News, September 29, 2007.

长组成，但宗教领袖却掌握着最高统治权，它在领袖确定的大政方针范围内制定安全和国防政策、负责整个国家的安全及武装部队地建设和有关政策地制定等。武装力量总参谋部是最高军事指挥结构，下属各军种参谋部和伊斯兰革命委员会联合参谋部，其执行机构是"伊朗武装部队参谋长联席会议"，它由各军兵种、伊斯兰革命卫队、准军事部队最高领导人联合组成。伊斯兰革命卫队、军队、准军事部队地位是平等的，在军事上直接对总统负责，其总司令均由最高宗教领袖通过总统任命。

自伊斯兰革命以来，伊朗就开始在政治、经济、文化、社会生活及军事等所有领域推行全面伊斯兰化政策，1980 年秋，革命政府宣布在所有军队中成立政治思想指导委员会，以肃清军中非伊斯兰势力及异己分子的存在，最终将把这支军队改造为伊斯兰国家的忠实守卫者。

在革命卫队中，卫队司令为最高指挥官，其次为卫队副司令。卫队设联合参谋部，下辖5个军种，即海、陆、空、巴斯基动员抵抗部队及圣城军。副司令、参谋部部长及各军种司令由司令提名，但由领袖批准任命。此外，与卫队联合参谋部平行的两大机构分别为宗教领袖驻卫队代表处和卫队情报保卫组织。这两大部门具备自身的相对独立性，直接对口宗教领袖办公室，向宗教领袖负责。[①] 可以看出，卫队中的任何一层军事体系都受到革命领袖的监督和制约。革命卫队的情报系统的侦察工作受伊朗"特别行动联合委员会"指导与协调，其重大的境外行动必须得到该委员会的批准。在正规军中更是如此，随着革命政权的建立，霍梅尼对原国王军队中的保皇派及反革命势力进行了大规模地清洗，虽迫于两伊战争的压力，最高领袖不得不重新恢复一部分军队的官职，但他同时在正规军各级中设置了政治和思想意识形态部门，由神职人员担任思想工作的领导，对正规军进行思想改造。

因此，我们可以看出，伊朗的武装力量同其他的行政机构一样，他们都处于最高领袖的领导、监督之下，而且受伊斯兰革命思想的武装，宗教意识形态浓厚。

[①] 陆瑾、张立明：《伊朗——东西方文明的汇合点》，香港城市大学出版社2001年版，第158页。

二、伊朗武装力量的二元制

伊朗武装力量的二元制是指伊朗拥有两支正规武装力量，即正规军和伊斯兰革命卫队。两支军队拥有平行的军事设置，有自己独立的指挥系统和陆海空三军。这是伊朗军事体制的特殊性。在革命卫队成立之初，霍梅尼就坚持认为"新伊朗的军队应该被置于两个互不统辖的指挥系统之下，确保正规军与革命卫队之间没有联系，以防止野心家发动军事政变"[①]。革命卫队的成立标志着二元军事武装力量地确立，但真正得以巩固是在两伊战争期间。

（一）伊朗正规军

伊朗正规军是在巴列维王朝两任国王亲自组建的，是巴列维王朝的支柱。正规军的前身是第一次世界大战期间俄国沙皇政府组建的一支哥萨克骑兵师。1921年2月21日，在英国人地支持和武装之下，时任哥萨克旅副指挥官的礼萨汗率领军队进军德黑兰，成功发动不流血政变。之后便被提升为哥萨克师司令，并接管了陆军部。1923年，艾哈迈德国王任命礼萨·汗为首相兼国防部长。1925年，礼萨·汗推翻恺加王朝统治，建立巴列维王朝。继位后，他利用这支军队，对内消灭了地方军阀和割据势力，对外又将英军、苏俄红军清出伊朗领土。为实现军队的民族化，他遣散了哥萨克师中的所有英国教官，又进而制定了一系列政策。例如：同年，礼萨·汗政府颁布实施义务兵役法，规定年满21岁的公民都有服役2年和预备役23年的义务。这一政策的实施，不仅削弱了地方武装力量的势力，更重要的是改变了伊朗几千年来以部落武装为主的国家军事力量的传统，伊朗军队逐步发展为服从巴列维王朝的一支武装力量。这支部队采用现代化的编制和指挥系统，战斗力大为提高。礼萨汗还着手创建了空军、海军和机械化部队等兵种，极力扩充军队规模，用德式的步枪、手枪、火炮等武装军队。礼萨·汗重视军队建设，在1926—1941年，国家税收的1/3用于军事支出，军费总额增长5倍，兵员总数由5个师4万人增至18个师12.7

[①] 林强："伊朗伊斯兰革命卫队及其影响"，《国际资料信息》，2012年第12期，第9页。

万人。①

1941年，穆罕默德·礼萨·巴列维被推向王位，尽管内部面临着政治、种族、宗教运动等挑战，但他仍设法保持军队实力。他努力扩充军队，并建立了秘密警察队伍。1963—1977年，伊朗军队人数从20万增加至38.3万，1978年达到40万人。其中陆军26.4万，海军3.5万人，空军8.4万人。1963—1976年，国防预算从不足3亿美元增至90亿美元。②1977年时的伊朗号称拥有波斯湾最强大的海军和中东地区最先进的空军，为世界上第五大军事强国。当时，利用美英的扶持，巴列维大力引进新式武器、装备，引进西方主要是美国的专家教授，尽可能大手笔地武装其海、陆、空三军，与军事相关基础设施日益完善，伊朗军队被打造为一支装备有美国等西式武器的强大力量。

然而，一切都在霍梅尼返回德黑兰之后发生了根本性的转变，1979年1月伊朗伊斯兰革命爆发，2月1日，大阿亚图拉霍梅尼顺利回到伊朗，虽有一些效忠于国王的军人还在负隅顽抗，也有少部分士兵宣布倒戈，但更多的人保持观望，他们在霍梅尼派的挑拨下开小差，设法保持中立。尽管如此，霍梅尼清楚地知道，这支军队曾作为礼萨·汗国王的支柱并不可靠，军队将领很可能是反革命的一种潜在威胁。③ 1979年2月，帝国卫队发动突然袭击，企图摧毁德黑兰的伊斯兰革命委员会指挥中枢，政变最终失败，霍梅尼清洗了大批军官，伊朗曾经强大的军事力量遭到严重削弱。1979年2—9月，伊朗政府处死了85位上将，迫使所有少将和大多数准将提前退休。1980年9月，政府清洗了12000名军官，军队逃亡率达到60%，军官队伍被摧毁。④ 很多高技能士兵和飞行员都被流放、监禁或处死，这些清洗使得伊朗军队的作战能力迅猛下降。两伊战争开始后，许多飞行员和军官从监狱中释放，或者以减刑为条件来与伊拉克人战斗。正规军的专业属性在战争中起到了重要作用，此外，许多下层军官晋升为

---

① Cronin, S., The Making of Modern Iran: State and Society Under Riza Shah 1921—1941, p. 44.
② 张铁伟编著：《列国志·伊朗》，社会科学文献出版社2005年版，第214页。
③ Mark J. Gasiorowski, "The Nuzhih Plot and Iranian Politics," International journal of Middle East Studies 34, no 4 (2002).
④ Williamson Murray and Kevin M. Woods, The Iran-Iraq War: A Military and strategic history, Cambridge University Press, 2014.

将军。

(二) 伊朗伊斯兰革命卫队

出于对旧军队的不信任，霍梅尼为捍卫革命的胜利成果，决心成立一支属于自己的军队。1979 年 4 月 22 日，伊斯兰革命委员会决定，在反对巴列维政权的各种准军事武装基础上成立一支治安队伍——"伊斯兰革命卫队"[1]，他们强烈支持革命的伊斯兰性，激烈反对前国王的安全武装力量，在国王倒台后帮助占领街道，伊斯兰革命圣战者组织构成革命卫队的核心，革命卫队正式形成。

革命卫队最初的任务是为对抗革命的内部敌人及维护新政权的公共秩序提供安全保障。革命卫队的成员大多宗教热情高涨，由宗教领袖领导，这就注定了这支军队与整个国家意识形态的一致性。但其成立之初，力量薄弱，在一份伊拉克的情报中提及：革命卫队只是忙于宣传，估计难当大用，[2] 也就是一支保卫新生革命政权的意识形态卫队。

革命卫队在两伊战争期间扮演了"神圣防御"的角色。突如其来的两伊战争，为伊斯兰革命卫队的迅猛发展提供了契机。当时的伊朗，由于国内对正规军的大清洗，所奉行的"不要东方不要西方，只要伊斯兰的外交政策"，以及 1979 年 11 月 4 日开始的伊朗人质危机事件，西方对伊朗实施武器禁运，在国际上处于孤立无援的状态。两伊战争伊始，伊朗军队在前线连连失利，霍梅尼利用人们的爱国热情，大肆招募年轻人参军，加入革命卫队，扩充兵员，革命卫队的战斗力得到大幅提升和增强，并一改两伊战争初期伊朗的颓势。凭借疯狂的宗教热情及血缘关系，革命卫队得到了宗教领袖的赏识，1985 年 9 月，为加强伊朗革命卫队的实力，霍梅尼下令建立革命卫队的陆、海、空 3 个兵种，拥有同正规军一样的编制。随着两

---

[1] 关于革命卫队最初的成员还存在以下说法：革命卫队首先从 1978 年前反国王政权的人及在巴基斯坦和黎巴嫩的组织中接受过游击训练的人中招募了 6000 名队员。第一组被任命为革命卫队的领导阶层，他们都是受过良好的教育及政治方面比较熟悉。之后都是从贫困的乡村地区招募的宗教狂热的志愿者。默森雷泽和贝赫扎德·纳巴维，是革命卫队早期的两名高级领导，他们都是前伊朗人民圣战者组织的成员，因为左翼组织强调伊斯兰理论的马克思主义哲学，因而他们从中分立出来。

[2] SH-GMID-D-OOO-842, General Military Intelligence Directorate (GMID) Intelligence Report on Iran, January-June 1980.

伊战争地不断扩大，革命卫队的实力也突飞猛进，并开始发展为一支同正规军力量相同、地位等同的武装力量。而革命卫队不仅是一支纯粹的军事力量，在战后的重建中，它开始向经济领域渗透，在哈塔米时期又插手政治，2005年内贾德的上台标志着其政治干预达到顶峰。

目前革命卫队的总数约为16.5万在役人员，包括陆海空三军。伊斯兰革命卫队陆军约为12.5万人，编为2个装甲师、5个机械化师、10个步兵师、1个特种部队师和15—20个独立旅。2008年7月末，有报道称，革命卫队的结构发生了明显的改变。2008年9月，革命卫队已经建立了31个师和一个自治的导弹司令部。根据计划，伊朗31个省都将拥有地方性军队，而德黑兰同时拥有两支军队。[①] 在几乎所有的伊朗城市都有革命卫队的建制，他们被当作快速行动组织的预备队抵抗暴乱，执行与内部安全、外部防御、政权稳定相关的多项任务，这也反映了其成立之初保卫政权的特性。除了城市地区，革命卫队还在乡村地区执行其他的安全任务，包括保卫边境、缉毒、救灾等。革命卫队对伊朗的非常规作战具有优越性，它紧紧控制着伊朗弹道导弹的研发和部署，而且承担核武器研究的重担。

由于在伊斯兰革命之后及两伊战争初期，革命卫队对正规军的监督作用以及专业属性的不同，两者之间存在着很大的对立情绪。但随着战争的发展及革命卫队在两伊战争期间的英勇表现，关系有所缓和。为协调两支军队之间的关系，缓解两伊战争后期正规军和革命卫队在战场合作上的严峻问题，政府于1988年创建了联合武装力量总参谋部，但这一机构也只是松散的联盟。从革命卫队成立之日起，伊朗的二元制武装力量已经确立，在两伊战争期间，这种二元制的军事体制得到巩固。两伊战争中伊朗方面取得的胜利既离不开正规军的专业属性，也不能忽视革命卫队成员的宗教热情以及他们无畏的献身精神。

两伊战争后，两支军队的任务也逐渐明确。虽然同为两支平行的武装力量，但两支军队各有任务的侧重。国防军主要负责对外的领海、领空、领土安全，在主要方向上执行攻防作战任务，消灭敌人的有生力量。而革命卫队，作为一支武装力量而言，其主要负责国内的安全，维护革命领袖和宗教政权，维护社会稳定，防止内外敌对势力的渗透、颠覆和破坏，所

---

① https://en.wikipedia.org/wiki/Army_of_the_Guardians_of_the_Islamic_Revolution

辖战略导弹部队还将协助国防军打击远距之敌。革命卫队的职业化水平较高，而革命卫队的伊斯兰特性决定了它是一支维护伊朗政权稳定的坚定力量。[①] 美国战略与国际研究中心专家安东尼科德斯曼指出，伊朗正规军更注重传统意义上的角色，即保卫伊朗国家领土安全，而革命卫队则致力于维护伊朗的内部安全。这种军事任务上的相互隔绝，在伊朗宪法中得到体现，1989 年宪法第 150 条规定：正规军负责抵御侵略及保卫国家领土和主权完整的责任，而革命卫队则主要负责保卫伊斯兰革命的成果及伊斯兰政权。2007 年 9 月，新任革命卫队司令穆罕默德·贾法里，证实了革命卫队对伊朗国内生活的完全参与，并声称将革命卫队的重点完全放在与内部敌人的斗争之中。[②] 根据最高领袖哈梅内伊的指令，从现在起，革命卫队新的战略纲领已经发生了变化，其首要任务是处理来自内部敌人的威胁，其次是协助军队解决外部威胁。革命卫队不单是国家机构，还是国家日常外交的全方位工具。

三、伊朗军事演习的防御威慑性特点

伊朗国防理念的要点包括：独立、威慑和准备。威慑与防卫的结合，意味着拥有同等武器报复的能力。准备则意味着不断进行军事演练和动员，其目的是阻止敌人动用一切有可能的武器攻击伊朗。[③]

伊朗的军事演习虽声称是普通的年度军事演习，不针对任何国家，但伊朗为增加伊核谈判的筹码将军事演习的主要矛头指向美以。这主要是因为，首先，美国和伊朗交恶已久。伊斯兰革命后，美伊关系恶化，甚至断绝联系。到海湾战争后，美国又推出所谓"双重遏制"政策，对伊拉克和伊朗同时进行禁运和封锁，并在海湾地区派驻重兵，包括数万地面部队和 20 多艘各种型号的战舰，近年来，美国也发动过针对伊朗核问题的军事演习。其次，旨在对付来自以色列的威胁。在 8 年的两伊战争中，伊朗可以

---

① 徐先进："一国两军的伊朗"，《解放军报》2010 年 11 月 29 日，第 4 版。
② Frederic Wehrey, *The Rise of Pasdaran: Assessing the Domestic Roles of Iran's Islamic Revolutionary Guards Corps*, RAND Corporation, 2009, p. 55.
③ Shahram chubin, whiter iran? Reform, domestic politics and national security, Oxford: oxford university press, 2002, p. 36.

说是处于孤立无援的状态。伊朗国内核设施遭到了更为严重的破坏，伊拉克几乎摧毁了伊朗原有的核设施，而国际社会都对伊拉克持纵容的态度，这一切都激发了伊朗政府和民众继续发展核计划甚至拥有核武器的决心。他们认为只有拥有了核武器，自身强大起来，才有与国际对话的权利，尽管一再坚称民用的目的，如 2003 年 2 月伊朗前总统哈塔米表示，伊朗拥有和平利用核能的权利，并坚持民用目的[①]。内贾德总统也曾表示"我们追求和平稳定，我们不会对任何人不公，也不会使我们受到不公平对待"。[②] 但伊朗的核发展遭到了美、英等国的强烈反对，他们指控伊朗谋求获得核武器，严重违反了《核不扩散条约》。以色列也扬言要进攻伊朗，"摧毁伊朗可能生产化学武器的工厂"以及对伊朗的核设施进行预防性打击。伊朗也不甘示弱，内贾德总统在国家电视台的现场直播上补充伊朗在自主进行核计划上"绝不退让"，出动革命卫队进行频繁的军事演习，以威慑西方世界。

伊朗军队的联合军事演习是根据计划举行的，这是每年的惯例，例如被我们所熟知的"伟大先知"系列等军演行动。2006 年，国际原子能机构的核查人员称，伊朗撕掉了该机构在伊朗有关核设施和材料上所贴的封条。同年 2 月，伊朗核问题被提交联合国安理会。而在 2006 年一年内伊朗就开展了两次大规模的军事演习，这两次演习都是围绕核问题展开。第一次是伊朗于 3 月 31 至 4 月 6 日为期 7 天，在南部波斯湾及附近水域举行的大规模的军事演习，参加此次演习的包括 1.7 万名革命卫队官兵及 1500 艘舰艇，在本次演习中伊朗展示新武器的数量多达 7 种，包括高速潜射导弹和能躲避雷达的隐形导弹，还有一枚被称为"绝密"导弹的"诺儿"导弹，这是在之前从未有过的情况，规模之大令人惊叹。期间，伊朗又成功试射了空对舰导弹和新型防空导弹，伊朗此次亮出的新武器基本集中在对空、对舰武器。美国哈佛大学伊朗问题专家约翰·拉法尼认为，此次军事演习的政治意义大过军事意义。[③] 从政治意义来看，此次针对号称拥有海空作战优势的美军之意十分明显，令美国等西方国家更加绷紧了神经。针

[①] 安维华、钱雪梅：《美国与"大中东"》，世界知识出版社 2006 年版，第 436 页。

[②] Ahmadinejad: Iran nuke right non-negotiable. UPI. 13 – 04 – 2006.

[③] http://mil.news.sina.com.cn/2006 – 04 – 07/1011362489.html. 上网时间：2015 年 12 月 7 日。

对此次演习，美助理国务卿表示，伊朗有可能在 2015 年以前开发出将整个欧洲纳入射程的洲际弹道导弹。他指出："我们十分忧虑这种导弹开发会与核开发一体化。"① 更有美国媒体报道，美陆军已经为 M1A2 主战坦克采购大量穿甲弹，驻伊和驻阿美军地面部队已经在做相关准备，不惜与伊朗打"地面战"。

紧接着，不到半年的时间，伊朗又在全国范围内发起了"佐尔法格哈的打击"行动。伊朗此前承诺 8 月 22 日答复安理会 1696 号决议，该决议要求伊朗在 8 月 31 日之前暂停所有铀浓缩活动。但伊朗目前尚无暂停铀浓缩活动的时间表。由于伊朗政府断然拒绝暂停核活动，来自国际社会的压力进一步增强。伊朗虽然继续对外界保持强硬态度，但非常担心在中东地区有大量驻军的美国和其盟友以色列会对其核设施实施突袭。因此，在伊朗核问题进入关键时刻之际，伊朗高调进行大规模军演，并公开表示有能力抵御任何军事进攻，显然是在为"最坏的打算"做准备，应付不测。同时也是为了警告美国不要以制裁或武力相威胁，最好还是通过谈判解决问题。此次范围涉及伊朗 14 个省，为期 5 周，试射了一种射程为 80 公里至 250 公里的地对地战术导弹，此外还将进行地对舰导弹试射。参加这次军演的伊朗将领说，以色列与黎巴嫩真主党游击队前不久发生激烈冲突，伊朗要防止以发动袭击，这反映出伊朗对以色列的戒心。② 美国并不为伊朗的强硬姿态所动。他们认为伊朗展示武力的举动只能使人们对它的"核野心"更加"担忧"，这将对美国在中东和欧洲的盟友乃至美国本身造成威胁。美国方面表示，如果伊朗不遵守安理会决议，等着它的将是国际制裁。

2008 年 3 月，联合国安理会通过 1803 号决议，扩大对伊朗地制裁。到 7 月时，伊朗也开始在政治上寻求突围，外长穆塔基称伊朗正在以积极态度认真研究美国、俄罗斯、中国、英国、法国和德国提出的伊核问题复谈新方案，并将很快做出答复。2011 年 5 月，伊朗首座核电站开始运营。同年 11 月，国际原子能机构报告称伊朗并未停止核武器计划。美国和欧盟等先后对伊朗进行新一轮制裁。面对这种情况，伊朗伊斯兰革命卫队曾威

---

① http://mil.news.sina.com.cn/2006—04—07/1011362489.html. 上网时间：2015 年 12 月 7 日。

② http://news.xinhuanet.com/mil/2006—08/23/content_4997305.htm.

胁说，一旦受到攻击，将封锁霍尔木兹海峡。霍尔木兹海峡扼波斯湾出口，是油船往来的重要通道，具有重要的战略地位。伊朗海军司令萨亚里在 22 日也表示，伊朗完全有能力封锁霍尔木兹海峡，他也不排除在接下来的军演中将演练封锁霍尔木兹海峡的可能性。2011 年 12 月 24 日，伊朗海军在伊朗南部及霍尔木兹海峡的广阔海域开始了为期 10 天、代号为"守卫 90"的大规模军事演习。该演习从霍尔木兹海峡开始，向东跨越阿曼湾，涉及亚丁湾和印度洋北部公海，演习区域跨越 2000 多千米。伊朗军方称，此次军演旨在"展示伊朗武装部队的实力和在公海上的防御能力，并向本区域国家传递和平与友谊"。对此，美国国防部随即警告伊朗不要"轻举妄动"。29 日，美国一艘航空母舰"路过"霍尔木兹海峡，令该地区紧张局势再度升级。在这次军演中值得注意的是，在军演高潮即将到来之际，伊朗核问题谈判首席代表称，希望重启伊核问题谈判，并将给欧盟外交与安全事务代表发信件。

2012 年 1 月，伊朗又动作连连。革命卫队陆军 12 年 1 月 6 日开始了代号为"联合殉难者"的演习，其海上力量也于本月底再次在波斯湾和霍尔木兹海峡举行军演，与此同时，伊朗核活动又有新的进展，其福尔多铀浓缩工厂投入运行，这使得 20% 的浓缩铀的产量提高两倍，2 月 16 日，两艘伊朗军舰通过苏伊士运河进入地中海游弋，并于 2 月 18 日停靠叙利亚塔尔图斯港，以色列认定此举是"挑衅"。2 月 19 日，伊朗革命卫队陆军又在伊朗南部沙漠地带开展了代号"黎明"的军演，目的是"展示革命卫队保卫霍尔木兹海峡"、抵御"地区外武力威胁的能力"，预计伊朗未来仍有与核问题、霍尔木兹海峡相关且与谈判相结合的"武力展示"动作。伊朗军演的持续化与升级化，让美国政要们绷紧神经，尽管美国第五舰队已经开赴霍尔木兹海峡西面，并进行驻守。封锁霍尔木兹海峡和发展核武器是美国之前公布的，宣称对伊朗动武所谓两条红线，伊朗现在这些活动正在一步步逼近美国的底线。

2013 年 8 月，鲁哈尼当选伊朗新总统，伊核问题出现转机。同年 11 月 24 日，伊朗核问题六国（美国、英国、法国、俄罗斯、中国和德国）与伊朗在日内瓦达成阶段性协议，伊朗同意就核计划作出一些妥协，以换取西方国家减轻对伊制裁。各方希望在 2014 年 7 月 20 日之前达成全面协议。由于分歧严重，各方将谈判期限延长至 2014 年 11 月 24 日，后又推迟至 2015 年 6 月 30 日。各方商定，应在 2015 年 3 月底前达成一个框架性政治协议，并在余下的时间里完成最终全面协议的商定。

2015 年 2 月 25 日，以革命卫队为主力的伊朗海军在伊朗南部霍尔木兹海峡举行"伟大先知 9"军事演习，革命卫队司令穆罕默德·阿里·贾法里说，这次演习旨在展示伊朗的实力。演习中首次加入了一艘美军航母复制模型，这只模型是伊朗方面按比例进行设置，革命卫队模拟在遭到攻击情况下，出动包括舰艇和快艇在内的数十只舰只，迅速包围并攻击一艘美军航空母舰。革命卫队海军司令阿里·法达维说，"美军航母有非常巨大的弹药储备，包括不少导弹、火箭弹和鱼雷等，如果遭到导弹直接击中，航母会发生二次爆炸。"[1] 针对此次军事演习，位于巴林的美国海军第五舰队发言人做出回应称，美国军队对伊朗这次演习不感到担忧，美国对自己海军自卫的能力非常自信。[2]

围绕核问题，伊朗开展了一系列的军事演习，伊朗军事演习的主力是革命卫队，实行海陆空联合军演。他们从军事演习中致力于达到两个重要目的。一是为了展示自己的力量，对新军事装备进行测试，以便对敌人可能发出的威胁做出回应。第二，军事演习为威慑提供了平台，从而增加了伊朗在伊核谈判中的筹码。尽管伊朗军队联合军事演习指挥官阿布杜拉希姆·穆萨维一再指出"先知穆罕默德军事演习对地区国家发出的信息是和平、友好、伊斯兰和地区团结，捍卫世界和地区的稳定和安全"，但我们仍清楚地知道，伊朗的军事演习目的并不仅限于此，更重要的是对对手造成心理上的威慑作用。随着国际形势地变化，军事演习更成为了一种舞台，通过这个中介作用，显示一国军事量的巨大威力，从而达到不战而屈人之兵的效果。

哈桑·鲁哈尼总统表示，要想在动荡的中东实现和平，必须具备军事实力。他在国家电视台直播的讲话中说："当动荡在邻国蔓延的时候，伊朗不会保持被动"、"当我们的西部、东部、北部、南部边境出现特殊情况的时候……我们能漠然处之么"、"一个无法抵挡邻国、对手和敌人的军事

---

[1] http：//difang.gmw.cn/newspaper/2015 02/27/content_ 104757008.htm. 上网时间：2015 年 11 月 27 日。

[2] http：//mil.chinaso.com/detail/20150228/1000200032732801425113426522420752_ 1.html. 上网时间：2015 年 11 月 27 日。

力量的弱国，怎么可能实现和平？"①

四、伊朗国防工业与国家经济的有机统一

伊朗国防战略的核心之一是独立。独立意味着自己自足，不依赖外来武器的供应，因此大力发展本土军事工业，确保获得最新技术成为其独立防务的重要内容。独立也意味着一视同仁，反对歧视，尤其反对科技歧视。威慑与防卫地结合，意味着用同等武器报复的能力。准备则意味着不断地进行军事演练和动员，其目的是阻止敌人动用一切有可能的武器攻击伊朗②。

冷战开始后，伊朗国王巴列维向美国靠拢。为了称雄波斯湾乃至中东，他下令组建具有垄断性质的"军事工业组织"。利用石油繁荣所产生的巨额财富，巴列维在1971年—1975年间从美国和西欧进口数以百亿美元计的军火以及部分技术，并在国内进行了重组和维修，这使得军事工业组织的技术实力迅速提高。然而1979年伊朗爆发伊斯兰革命后，伊朗与西方国家分道扬镳，美国和西欧的军火公司也在一夜之间将专家撤离，伊朗军工业陷入停顿。

伊朗军事工业发展主要是发生在两伊战争时期，1980年两伊战争的爆发是对伊朗军工业的巨大考验，伊拉克入侵迫使伊朗迅速转入战时状态。开战初期，伊朗凭借巴列维时代遗留的武器储备打退了伊拉克的进攻，但由于伊朗所实施的"不要东方，不要西方，只要伊斯兰"的外交政策，与外国关系恶化，西方和海湾阿拉伯国家公开支持伊拉克，并向伊拉克提供大批武器。伊朗武器基本来自中国、朝鲜等，在战争中急需武器补给，巨大的战场消耗使伊朗感受到武器匮乏的重要问题。他们开始时被迫通过伊朗国家石油公司驻伦敦的办事处在欧洲黑市上购买价高质劣的武器及零件，但另一方面，伊朗也开始利用先进技术来改造国内现有的军工企业，以保证国内基本的武器供应。伊朗武装力量总参谋长阿卜杜勒·拉希姆·

---

① http://news.cnwest.com/content/2015—08/24/content_ 13068467.htm 上网时间：2015年10月15日。
② Shahram chubin, whiter iran? Reform, domestic politics and national security, Oxford: oxford university press, 2002, p. 36.

穆萨维常说："买来的武器再先进，也不保险。因为一旦开战，卖给你武器的人很可能把你所拥有的武器数量和性能的情报卖给你的对手，而自己造的武器，即使性能差一点，别人也永远无法知道你口袋里装的是什么！"① 1981年2月，霍梅尼发起"自给自足圣战"运动，伊朗迅速成立"自给自足委员会"，其主要任务就是发动国内一切机构在国内生产战争必需品。同年5月，"国防工业组织"在原"军事工业组织"的基础上成立，并由革命卫队负责指导。至1985年，国防工业组织已能独立组装出美制M151军用吉普车、坦克牵引车和火炮拖车，尝试生产各种美制武器必需的轮胎、直升机桨叶、装甲车风档等配件。还以缴获的伊拉克武器为蓝本，仿造出RPG—7火箭筒、BM—21火箭炮和SA—7便携防空导弹。有意思的是，国防工业组织还将许多奇思妙想付诸实践，如将航模飞机改造成无人侦察机；将美制AGM—65导弹配置到AH—1直升机上打坦克；将"霍克"防空导弹装在F—14战机上充当空对空导弹等。两伊战争推动了伊朗的国防工业，80年代后期，伊朗大约有240个武器生产厂，还有12000个私有工厂从事与国防有关的研究和生产。1990—1992年伊朗武器生产的雇员达4.5万人。②

两伊战争结束后，伊朗利用20世纪90年代东欧巨变和苏联解体的机会，从这些国家进口了很多廉价武器，并获取了一些技术转让和特许生产授权。此外，伊朗还利用与西方关系短暂缓和的机会，大力发展军民两用技术及工业。在这些利好条件的帮助下，国防工业组织通过引进技术和自力更生。从1992年起，在俄国地帮助下，伊朗继续发展因伊斯兰革命而停滞的核计划，并取得了重大进展。

伊朗军事工业的最高决策机构是伊朗最高国防会议。在伊朗国防部和伊斯兰革命卫队内部设有军工管理机构。在革命卫队内设有军工总局，局长由革命卫队副司令担任，总局内设有14个处和2个中心。其中两个科研中心主要是利用发达国家的成果并结合国内的实际情况负责各种武器的科研设计和试验鉴定，以便以后批量生产。伊朗军工业的发展体现在以下方面：在核研究方面，2011年，伊朗已经成为极少数掌握核燃料循环技术的

---

① 余兵："穆萨维将军准备迎战美国"，global people，2006年5月。
② "波斯铁骑雄踞中东——伊朗军事实力打扫描"，《南方日报》，2006年1月。

国家，成功掌握了核燃料循环技术的所有阶段，包括轴提取、浓缩和燃料生产，伊朗已经声称掌握了核燃料循环使用技术。在装备方面，伊朗的战机2011年时仍是在美国F—5基础上改进研制的二代半战机，研制的主战坦克还处于20世纪70年代的水平。2012年3月，伊朗专家成功制造了新型无人机"蝴蝶"，能够执行军事任务、边界巡逻、森林及路况监视、搜救、管道监视以及运输功能，并私下称自己掌握了重构GPS信号的能力。伊朗的导弹包括早就已经掌握的"穆沙克"系列短程弹道导弹和"流行"系列中短程弹道导弹，"飞毛腿"导弹（飞毛腿—B和飞毛腿—C导弹），征服者系列导弹是使用固体燃料的新型中短程导弹，被称作是"世界上打击精度最高的导弹之一"，以及隐形导弹、征服者—313型导弹，此导弹是"征服者"—110型导弹的升级版，发射速度更快，使用寿命更长，可以精确打击500公里以内的目标。2015年8月21日，伊朗新闻电视台网站报道，伊斯兰革命卫队航空航天部队指挥官阿米拉力·哈吉扎德准将当日说，伊朗从未暂停过弹道导弹计划。国防发展仍然是部队的目标，革命卫队的导弹计划仍在按计划进行，而且在过去两年内在这一领域取得了重要成功。[①] 早些时候，伊朗国防部长达赫甘进一步强调了本国的国防理念，称伊朗并未打算攻击本地区以外的任何国家，但是它已准备好对侵略者做出决定性的回应。他还赞扬了伊朗武装部队在发展国防系统方面的自给自足，他说：我们的工业实力允许我们在没有外国人帮助的情况下设计并大量生产任何系统。[②]

　　伊朗的军事与国家的经济密切结合也是其军事体制的一个重要特点，这主要体现在伊朗伊斯兰革命卫队对伊朗经济生活的渗透及发展。"从激光眼科手术、建筑行业到汽车制造业和房地产，革命卫队的影响力已几乎延伸至伊朗社会的每个部门"。[③] 在两伊战争期间，由于伊朗国内的困境，政府被迫采取各种措施来发展本国的军事工业以满足军队的需要，自此，革命卫队开始涉足国防工业。在两伊战争期间，革命卫队所属的军工企业

[①] http：//www.cankaoxiaoxi.com/mil/20150823/915310.shtml，上网时间：2015年11月。
[②] http：//www.cankaoxiaoxi.com/mil/20150823/915310.shtml，上网时间：2015年11月。
[③] Frederic Wehrey，*The Rise of Pasdaran：Assessing the Domestic Roles of Iran's Islamic Revolutionary Guards Corps*，RAND Corporation，2009，p.55.

在提高伊朗国防实力、完成军工订货方面发挥了重要作用。[1] 两伊战后，伊朗的经济遭受了严重的破坏，因此在拉夫桑贾尼上台后，为阻止革命卫队对伊朗政治地干预，将特权、优待、地位等概念引入革命卫队的机构文化中。尤其是在1992—1993年期间，当时精明的商业总统拉夫桑贾尼宣布，政府组织可以涉及商业领域以作为刺激独立的收入。这种情况在内贾德当政时期得到加速，因为内贾德总统是革命卫队出身，因此不管是在政治上还是经济上都将革命卫队的发展推向了一个高潮。他向革命卫队提供了很多有利可图的商业合同，尤其是在石油和天然气的开发、管道建设以及大型基础建设的发展等方面，给予了大力支持。

五、伊朗的军事支持体系

伊朗拥有庞大的军事动员部队，圣城旅和巴斯基民兵是由革命卫队控制的两支武装力量。

（一）巴斯基民兵

巴斯基是一支准军事组织，1980年根据霍梅尼号召建立的。同霍梅尼结盟的左翼组织曾经迫切要求成立"人民军"，一旦成立，将立即解散前国王的正规军。1979年霍梅尼在一次演讲中说："伊斯兰国家所有的一切都要军事化，教育也不例外。我们的年轻人应该武装起来，除了用宗教信仰武装他们外，还要用物质和武器装备培训他们。"他们庞大的数量及狂热的意识形态，被政府看作是弥补军事能力及军备不足的有效工具。[2] 巴斯基成立的部分原因就是对1979年11月11日巴扎尔甘临时政府垮台的回应。革命卫队成立不到一年后，霍梅尼就呼吁建立一支"2千万大军"的队伍，创建了巴斯基，目的是保卫共和国免受外部的敌人侵略及内部敌人的颠覆活动。

起初，巴斯基成员都是从贫困地区的清真寺中招募年轻男孩加入，有时，甚至从学校中强行征招。他们被强烈的宗教意识和民族主义思想所武

---

[1] 殷湘："伊朗的军事工业"，《现代兵器》，1992年7月。

[2] Frederic Wehrey, *The Rise of Pasdaran: Assessing the Domestic Roles of Iran's Islamic Revolutionary Guards Corps*, RAND Corporation, 2009, p. 25.

装，在两伊战争的人海战术中冲锋陷阵，充当部队的先头兵，迎着敌人的炮火，用身体排雷，为战争的胜利发挥了至关重要的作用，而他们所取得的成功也成为革命卫队加强其"神圣防御"角色的合法性的重要工具。

2007年，巴斯基指挥机构与革命卫队指挥机构的合并，巴斯基作为革命卫队的一支力量向国内的各个领域进行渗透。在现在的伊朗社会部门中，巴斯基几乎无所不在，大学生、教师、工人等中都有巴斯基的存在。在教育体系中，在教师中存在讲师巴斯基组织，他们存在的作用除了向成员提供某种就业指导，更重要的是为了抗衡在学生中日益下降的宗教意识形态。伊朗前教育部长引用一些数据指出毕业后学生的信仰有所淡化，呼吁讲师巴斯基组织趁青年人还在学校时将教学重点放在宗教教育方面。[1]当然，在学生中也有学生巴斯基组织，最高领袖霍梅尼将他们称之为"革命卫队与大学生之间的联络员"，他们的任务主要是组织镇压其它派别如改革派的活动。另一方面，他们还将自己的攻击对象指向学校的管理阶层。这种向高校青年渗透的目的之一就是促进社会团结、团队精神以及加强国家崇拜，从而促使他们参加由巴斯基或革命卫队组织的军事训练。革命卫队为所有伊朗境内的潜在成员提供定期的军事训练指导，这种训练的课程除了包括一些武器的使用以及小团体的战术之外，最重要的是一些强化意识形态的宗教课程。这些人来自社会各阶层，包括农民、部落成员、学生及工人等，300万巴斯基成员中约有60万人拥有武装，并定期参加训练，内容包括三个方面：武装巴斯基成员已纳入国家防御战略体系之内，训练他们开展实施救灾行动以及抵制侵蚀革命价值观的活动、保卫政权。霍尔木兹甘省的将领曾经说："巴斯基在他们所涉入的每个领域都创造了奇迹，没有巴斯基，我们的政权也难以维持。"[2]

很难评估大家加入巴斯基的动机是什么，但不排除有一些巴斯基成员来自伊朗的叛逆青年或领退休金者，他们对意识形态教育并不热衷，甚至反感，他们参加培训的目的就是为了获得某些社会福利，如奖学金、借贷、补贴等等。处于革命卫队指挥之下的本地巴斯基军队，虽然有很多人

---

[1] Frederic Wehrey, *The Rise of Pasdaran: Assessing the Domestic Roles of Iran's Islamic Revolutionary Guards Corps*, RAND Corporation, 2009, p.41.

[2] Frederic Wehrey, *The Rise of Pasdaran: Assessing the Domestic Roles of Iran's Islamic Revolutionary Guards Corps*, RAND Corporation, 2009, p.44.

没有接受过正规的军事训练,存在很多缺陷,但仍提供了巨大的人力资源,在训练和动员伊朗民众发动全国范围的战争方面发挥着重要的作用。

(二)"圣城旅"

2007年10月25日,美国财政部将"圣城旅"列入"特别指定恐怖分子名单",冻结了其在美国的财产,这再次引起了人们对这一组织的关注。"圣城旅"是革命卫队在国外设立的一支神秘特种作战部队,同时也是革命卫队最神秘、最精锐的一支部队。其前身是1979年创建的伊朗"解放运动办公室",后相继改名为革命卫队特种部队耶路撒冷旅,1990年正式改名为圣城旅。"圣城旅"的成员都是忠实的伊斯兰教徒,他们自愿为国家奉献一切,这支部队集合了革命卫队内"包括士兵和间谍"在内的所有精英人员。截至2012年,"圣城旅"拥有1.5万名成员,专门负责在海外进行秘密活动。① 这支部队在外主要利用黎巴嫩真主党和巴勒斯坦的哈马斯以及伊斯兰"圣战"组织进行活动,据说在伊朗驻外使领馆中也有"圣城旅"的间谍。

"圣城旅"之所以能够发展得如此壮大,离不开其重要人物——圣城旅司令卡塞姆·苏雷曼尼,不过,一直以来,苏雷曼尼对外界来说都是一个神秘的存在,人们不清楚,对其一无所知,甚至其当选圣城军司令的时间都很模糊,有的认为是1998年,有的认为是2000年,他直接向最高领袖哈梅内伊负责。著名的全球风险评估公司的首席中东北非事务分析师乔丹·佩里指出,苏雷曼尼的存在显示了伊朗在对抗ISIS中的影响力。② 在德黑兰致力于打击ISIS的行动中,苏雷曼尼的角色已经开始迅速公开其角色。很明显,伊朗正在领军针对ISIS的地面进攻,而苏雷曼尼在其中发挥了主导作用,佩里认为:他日益崭露头角,成为了伊朗在伊拉克进行干预的代言人。③ 2014年11月,伊拉克什叶派政治家领军人物之一向《新闻周刊》证实,苏雷曼尼频繁地出现在伊拉克。"伊拉克政府当然知道这一点。

---

① 拱振喜:"伊朗革命卫队海外特种部队'圣城旅'驰援叙利亚政府军",《国际先驱导报》,2015年10月。

② http://news.sina.com.cn/w/2015—03—22/063331631904.shtml,上网时间:2015年11月23日。

③ http://news.china.com/internationalgd/10000166/20150323/19412284.html,上网时间:2015年10月25日。

苏雷曼尼是个聪明人，他不但喜欢战争，而且善战。"

叙利亚危机爆发后，西方大国就一直指责伊朗军事支持叙利亚政府，但伊朗政府此前坚决否认在叙利亚的军事存在。2002年9月伊朗革命卫队司令贾法里表示：在叙利亚和黎巴嫩境内有伊朗革命卫队，他们以"顾问"的身份开展工作，负责向两国提供经验、建议。这是伊朗官方首次承认在国外有革命卫队，但他们也强调这并不代表伊朗在两国的军事存在。贾法里还表示，"叙利亚是对抗以色列的重要成员，我们为能帮助目前困难的叙利亚政府、向他们介绍我们的经验感到自豪；而有一些国家却无耻地支持恐怖组织。"[①] 叙利亚人权组织说，截至2012年，"圣城旅"拥有1.5万名成员专门负责在海外进行秘密活动。与此同时，叙利亚全国联盟指责国际社会对叙利亚所发生的一切负有责任，并宣布伊朗革命卫队是叙利亚德拉省战斗的主要指挥者。

圣城军还支援伊拉克的活动，2015年3月，由伊拉克安全部队、什叶派民兵组织以及逊尼派民兵组织组成的3万多人向提克里特的"伊斯兰国"组织发动攻击，而这次行动的指挥官则是圣城军司令苏雷曼尼，除了提供战略、战术的指导外，还向伊拉克什叶派民兵提供资金支持。美国上将马丁·邓普西表示，伊朗参与在伊拉克境内针对IS的战斗，可能是积极的一步，因为在攻打提克里特的3万军队中，几乎2/3是获伊朗援助的民兵，这意味着假如没有伊朗的援助和苏雷曼尼的指导，对提克里特发起进攻几乎是不可能的。

总结

军事实力是一国综合国力的重要指标，强大的军事力量是支撑一国政治、经济、文化、社会发展的重要后盾。自伊斯兰革命之后，伊朗就十分重视国内外敌对势力及武装颠覆活动，又经过两伊战争，伊朗政府更加深刻地认识到要想更好地保家卫国，重振地区雄风，取得中东地区的领导权，必须在军事方面取得绝对优势。因此，伊朗很重视并努力加强本国的

---

① http://news.ifeng.com/mil/3/detail_2012_09/17/17667436_0.shtm，上网时间：2015年10月11日。

军事建设。伊朗的军事编制、伊朗所实施的海陆空联合军演等具有与世界大多数国家一样共同的标准和惯例。但与欧美国家相比，伊朗的军队，无论是革命卫队还是正规军并不是一个独立的个体，它们由国家神职领袖们牢牢掌控，被浓厚的宗教意识形态所武装，是宗教领袖进行统治的坚强支柱；而西方国家的军队并不属于任何一个政党，它所效忠的对象是国家。而且，伊朗也是世界上为数不多的二元制武装力量国家之一，它们同属于宗教领袖的统治之下，两支军队拥有平行的军事设置，有两套独立系统，互不干扰，在两伊战争之后，两支军队的分工逐渐明确，各司其职，均发挥着重要作用。其中，革命卫队的特殊性在于它现在已不仅是作为一支武装力量而存在，其影响已渗透入伊朗的政治、经济、文化等领域。在革命卫队的征兵中，其每位成员都必须是信仰虔诚的穆斯林，他们与伊斯兰社会保持着意识形态的高度一致，而且自其成立之初，就肩负着保卫伊斯兰革命成果，警惕反革命力量的颠覆行动的使命，这就使他们更易于向国家的各个机构、领域渗透，进而全面干预伊朗的社会生活。伊朗的国防战略是防御型威慑。伊朗的每一场军事演习中都会展示新型武器，以便对可能的威胁做好准备，这也彰显了他们捍卫国家领土完整的决心和能力。它多次将以色列看作是自己的假想敌，有意在里海与波斯湾地区与之一决高下，争夺军事领导权。自力更生和自给自足是伊朗国防工业的基本特点，由于两伊战争的经验教训及对国际社会的不信任，伊朗建立了自己的国防工业，并基本实现了在武器研制、生产、供应方面的自给自足。伊朗的军事实力虽然难以评估，但不可否认的是伊朗是波斯湾地区的大国之一，也是中东地区的大国之一，其军事实力及军事举措关乎中东地区的和平与稳定。

第三节　日本伊朗研究现状述评

作为经济大国和资源小国，日本是伊朗的重要能源进口国和贸易伙伴。作为世界上屈指可数的能源大国，当今伊朗是日本的第四大原油供给来源国，尽管由于日本在政治外交上紧跟美国，带来了日伊两国之间政治上一定的隔阂，但日本对伊朗的政治态度仍属"软性"，并无欧美那样的强硬而严苛的制裁政策和措施，故而并未在实质上影响两国的经贸关系，两国依然保持紧密的经贸往来和文化交流。由于上述缘由，日本产业界和学术界乃至民间团体都对伊朗有着浓厚的兴趣，长年以来开展了数量众多且具有较高质量的伊朗研究，收到了良好的成效。这里拟对日本的伊朗研究现状做一个介绍和梳理，总结其取得的成果，揭示其特色和带来的启示，将其作为"他山之石"，以资我国学界的伊朗研究。

一、日本伊朗研究的源流与现状

2015年，恰逢伊朗将国名从欧美人角度的称呼"波斯"改为自身本位性的名称"伊朗"80周年。在1935年伊朗改名后不久，日本先于其他国家，率先承认了这一事实。此后的1939年伊朗皇太子成婚之际，日本特意派遣国产飞机"微风号"飞往伊朗庆贺，展现了日伊两国的良好关系。[①]日伊交流可追溯到江户时代乃至更早，伊朗的绢制品传到日本的将军、大名及富商手中，受到极大的赞誉和珍爱。战后随着日本经济的发展与对中东能源依赖地加深，尤其是1978年伊朗伊斯兰革命之前，日本和伊朗巴列维政权同属美国的西方阵营，日伊两国的经贸往来得到了极大的加强，日本产业界和学界对伊朗的研究也呈现出日益隆盛之势。伊朗伊斯兰革命后，日本和伊朗分属亲美和反美两个阵营，政治上的隔阂由此开始，但日本通过经贸和文化交流进行对伊朗的"和平外交"和"资源外交"的步伐并未放缓，两国在能源、经贸、文化等领域的交往依然保持着良好而活跃的态势。日本的伊朗研究也继续大踏步向前，为政府和产业界提供有益的参考，发挥着其重要而独特的作用。

日本的伊朗研究在过去30年中取得了长足的进步，伊朗研究者的数量大幅增加，使用一手史料开展研究成为学界主流，研究的质和量都明显提升，日本伊朗研究学者不仅在日本国内的权威学术刊物，也在欧美的研究刊物中发表了相当数量的高质量论文，在国际上获得了较高的评价。此外，去往伊朗留学、访学或考察，在当地收集一手资料，开展实地调查的日本学者也有增加，呈现出良好的活性化态势。

---

① 参见伊朗伊斯兰共和国驻日本大使馆主页。

日本的伊朗研究主要由三个不同而又彼此相关的实体开展，即：产业界的研究机构；智库和学会；大学及学者。前者有着产业界提供的丰厚的研究资金，其研究内容和目的主要服务于日本企业与伊朗的经贸往来，包括能源进口、投资等实务领域。居中者也具有较大的规模和较为丰富的研究资金和条件，尤其是具有半官方性质的智库，尽管数量不多，但能够充分集聚学术资源和人才头脑，发挥着"少数精锐"的独特优势，产出高质量的研究报告。后者主要来源于各所大学，均为研究伊朗、中东或伊斯兰教问题的专门学者，具有较高的学术资质和扎实的学术积淀，不断产出数量和种类繁多的研究成果。

（一）产业界研究机构的伊朗研究

日本经济产业界长期重视伊朗问题研究，从经团联日本伊朗经济委员会以下、各大企业均设有规模不等的研究机构，研究以产业和能源政策为中心的伊朗问题。"日本贸易振兴机构（JETRO）亚洲经济研究所"可谓产业界研究机构中伊朗研究的排头兵。该研究所成立于1958年日本经济高速增长时期，1998年并入日本贸易振兴会，2013年由财团法人变为独立行政法人，是日本产业界研究亚洲发展中国家诸问题的重要据点。

伊朗研究属于该机构下属国别地域研究的范畴，拥有完善的组织机构和经费来源、丰富的图书及数据资料、网络平台等研究条件，有力的学者和研究人员所提供的学术支持。该机构所属的专职研究人员为铃木均（东京大学博士，研究方向为伊朗和阿富汗区域研究）和岩崎叶子（一桥大学博士，研究方向为伊朗经济、经济制度史研究），均为在伊朗及中东研究领域经验丰富、著述众多的资深学者，另有众多关联学者参与该机构的科研工作。

该研究所定期出版多种研究期刊（《世界趋势》、《亚洲经济》和《现代中东》）研究报告集（《亚研政策简报》《中东评论》等）、开展研讨会等活动，取得了丰硕的研究成果。伊朗研究方面涵盖伊朗的经济、贸易、金融、产业发展、能源政策、政治思想等领域，包括研究报告、专著、杂志论文、研究会主题等各种形式。

另一个值得一提的产业界研究机构是"日本能源经济研究所中东研究中心（JIME）"，该中心上级机构日本能源经济研究所（IEE）设立于1966

年，性质为财团法人，其设立目的为"通过对能源诸般问题的客观分析，为政策立案提供基础数据、信息、报告等，为日本的能源产业及相关产业的健全发展做出贡献，从国民经济的整体角度进行专门性研究。"[①] 中东研究中心前身为1974年成立的中东经济研究所，于2005年并入IEE，以中东及北非诸国为研究对象，从政治、经济、社会、能源安全保障等角度对上述各国的动向进行调查研究，为日本的经济发展和能源战略提供学术支持。中心常设研究人员8名，包括主任田中浩一郎（东京外国语大学硕士，研究方向为现代伊朗和阿富汗政治）、副主任保坂修司（庆应大学硕士，研究方向为波斯湾地区近现代史），另有永田安彦、铃木清一、坂梨祥、吉冈明子、崛拔功二、近藤重人等5名资深研究员及众多技术分析人员。上述7名研究员均有着丰富的研究成果，每人发表的学术论文或专著平均都在20篇/部之上。

该中心具有以下三个研究特色：第一，对中东北非地区的政治、经济、治安及能源问题进行综合性、实践性调查研究；第二，研究人员多为实地经验丰富的中东问题专家，包括从关联企业选拔的人才；第三，收集整理中东相关问题的资料、数据，建立数据库，开展实证研究。

该中心对中东北非20国（地区）进行专门的细化研究，数量庞大，内容全面而详实。如伊朗部分的资料检索就按照政治、经济、能源分为三大类别，拥有从1999年以来的、每年四个季度的"定期报告书"，以及包含丰富内容的"论文检索"、"经济统计"、"能源统计"三项的资料库和数据库。该中心出版月刊《中东研究报告》、《中东动向分析》及《国别定期报告》，还定期或不定期举行形式分析报告会，召开专题性国际研讨会。

（二）智库和学会的伊朗研究

日本主要涉及伊朗研究的智库和学会主要有日本国际问题研究所、东洋文库伊斯兰地域研究资料中心、日本国际论坛、中东调查会、日本东方学会、日本中东学会、日本伊朗研究会等。其中具有半官方色彩的日本国际问题研究所（JIIA）堪称日本国际问题研究智库中的旗舰，也是中东及

---

① 参见日本能源经济研究所主页"设立趣旨"。

伊朗问题研究的主要阵地，而日本中东学会及日本伊朗协会则是民间学术性的研究重镇，其中前者为正式的、规模较大的学术机构，后者则为部分学者发起和组成的相对非正式的学者集合，定期或非定期举行相关研讨活动。

日本国际问题研究所（公益财团法人）成立于1959年，源于已故元首相吉田茂的提议，是模仿著名的英国皇家国际问题研究所（Chatham House）、主要对外交和安全保障问题进行研究的综合政策性智库，自成立以来获得了来自政界、经济界、学界众多领袖级人物地强力支持，是当今日本领先的智库机构。其主要事业内容包括：对国际问题进行调查研究和政策提议，在国际问题上与国内外大学及研究机构开展对话交流，出版各种相关书籍、刊物和电子媒体，举行讲座和研讨会等。目前担任会长的是西室泰三（日本邮政株式会社社长、东京证交所会长）、理事长兼所长为野上义二（前驻香港总领事、驻英国大使）。其研究活动主要分为研究项目、政策提议、研究报告、专栏四种形式，研究内容极其全面，成果十分丰硕。

据2015年初美国宾夕法尼亚大学发布的2014年世界智库调查报告和排名表，日本国际问题研究所排名全世界第13位，在亚洲的智库中排名第一。此外，在该项统计中，全世界排名第一的智库是美国布鲁金斯研究所（The Brookings Institute），我国排名最靠前的是中国社科院（CASS），位列世界第27位。

该研究所有关伊朗研究的主要成员是贯井万里（庆应大学博士，研究方向为中东政治、历史、社会及美国中东政策）以及横田贵之等其他多名研究员。

中东调查会（The Middle East Institute of Japan）成立于1956年，1960年成为外务省所管的半官方性质的公益财团法人，是战后日本最有传统的中东研究机构。该机构主要对包括伊朗在内的中东国家和相关问题调查研究，主要事业目的为对中东各国的政治、经济等进行综合性调查研究，收集和宣传有关中东地区的基础及实务性资料和信息，促进中东各国和日本之间的相互理解和友好交流。

中东调查会的主要研究阵容为：主任研究员中岛勇（以色列及巴勒斯坦问题、以色列外交）；高级研究员高冈丰（叙利亚、黎巴嫩及伊斯兰极端组织问题）；研究员金子真夕（现代土耳其问题）、金谷美纱（埃及、北非、中东民主化问题）、村上拓哉（海湾地区安全保障问题和国际关系论）、武田步（库尔德人移民社会）、西馆康平（埃及问题及尼罗河流域水资源问题）、大野元裕（伊拉克现代政治、什叶派思想、海湾安全保障）、森茉莉子（中东近现代史、政治思想史）、铃木惠美（埃及政治社会史、区域研究、比较政治）。

其主要事业内容包括编纂资料，举行讲习、讲座，派遣学者及留学生赴当地考察研修等，长期以来该机构积累了丰富的科研力量，开展了大量的研究工作，取得了丰硕的研究成果，主要包括半月举行一次中东形势分析会，每年举行两次中东形势研究发表会，出版季刊《中东研究》，发行月刊《中东话题》、不定期发行《中东分析报告》、年度一次的《中东年鉴》，以及制作、维持和不断充实其在线资料中心，发行有关通讯资料（每周更新三次）。

日本中东学会（Japan Association for Middle East Studies）成立于1985年，是日本最大的关于中东研究学会，现任会长为栗田祯子（千叶大学教授，中东及北非近现代史）。学会的目的是"追求包括语言、历史、地理、政治、经济、产业、传播等领域的人文社科乃至自然科学方面的专家级学术交流，营造范围广和多学科的中东研究领域的学术研究及交流平台，促进作为区域研究的中东研究的组织化进程"。[①] 该学会成立30年来吸引了大批来自日本国内和海外的相关专家学者的加入和关心，现拥有近700名国内外会员。学会的主要活动内容包括开办年度学术大会、各类研讨会和演讲会，以及出版会刊《日本中东学会年报》及新闻简报、经营在线网络数据库等。

日本中东学会是日本的伊朗研究者集中的一个重要场所，尤其是对公元二世纪萨珊王朝以后的伊朗史学研究的学者多属于这个学会。通过对日本中东学会各类研究平台所产生的研究成果的统计，其研究领域中所处前5位的分别为：历史学、区域研究、文化人类学、国际关系和语言学，其研究的国别/地域的前5位排名则为：埃及、伊朗、土耳其、沙特、以色列/巴勒斯坦，足见伊朗研究在该学会研究内容中的比重及其重要性。此

---

① 参见中东学会"成立趣旨书"。

外，对于当今伊朗政经社情的研究，特别是与 2011 年所谓"阿拉伯之春"以来中东各国形势的比较研究，伊朗研究者与阿拉伯研究者共聚一堂的日本中东学会更能发挥其横向研究优势，产生令人期待的成果。[①]

东洋文库伊斯兰区域研究资料中心（TBIAS）从属于东洋文库（公益财团法人），主要工作内容为收集和利用用中东诸语言（阿拉伯语、波斯语、土耳其语）作成的研究资料，建设和运营文献资料数据库，推进相关综合研究。目前其负责人为三浦彻（御茶水女子大学），主要成员有崛川彻（京都外国语大学）、近藤信彰（东京外国语大学）、大河原知树（东北大学）、矶贝健一（追手门学院大学）、秋叶淳（千叶大学）、德原靖浩（国立人文研究所）、柳谷步（东洋文库）、渡边浩一（国文学研究资料馆）等。该中心是日本文部科学省的委托研究机构之一，在东京大学、早稻田大学、京都大学和上智大学的相关研究机构设有研究点，还与法国国立科学研究中心（CNRS）、法国国立阿拉伯—伊斯兰世界研究所（IRE-MAM）、黎巴嫩贝鲁特东方学研究所（OIB）、埃及开罗美国大学等海外研究机构合作开展研究。

（三）大学及学者

日本的不少国立、公立和私立的综合性大学都设有中东及伊斯兰研究机构或相关的学术交流团体，开展包括伊朗问题在内的中东伊斯兰问题研究。研究规模和成果比较突出的相关研究机构有：上智大学伊斯兰研究中心（SIAS）、早稻田大学伊斯兰区域研究机构（WIAS）、国立人文研究所东京大学伊斯兰区域研究中心（TIAS）、国立人文研究所京都大学伊斯兰区域研究中心（KIAS）、东京外国语大学亚非语言文化研究所、东京外国语大学伊朗研究会、上智大学亚洲文化研究所伊朗研究会、东北大学伊斯兰圈研究中心、九州大学伊斯兰文明史研究室等，凭借有力的师资力量和研究条件，开展丰富多彩的中东及伊朗问题研究，包括出版研究刊物、举行研讨会、开展海外实地考察和调研等。

还有跨大学的研究机构"国立人文研究所"（大学共同利用机构法

[①] 山岸智子：「日本のイラン研究と日本中東学会」、『日本中東学会年報』2015.1.15、p. 155。

人）的"伊斯兰区域研究计划"，跨地域的学者研究交流机构"日本伊朗研究会""关西伊朗研究会""现代中东伊斯兰世界田野调查研究会""伊斯兰区域研究年轻研究者之会"等，定期举行研讨会、发行论文集和相关刊物，进行成果丰富的、有声有色的伊朗及中东问题研究。

伊斯兰区域研究计划（PIAS）是一个跨机构、跨大学的独具特色的伊斯兰研究机构，成立于 2006 年，前身是以东京大学为中心的"伊斯兰区域研究项目"（1997—2002）。它依托国立人文研究所（NI-HU），联合早稻田大学、东京大学、上智大学、京都大学和东洋文库开展"伊斯兰区域研究"（IAS）共同研究的联合网形态的研究组织。旨在集合各大学的研究优势与特色，打造网络结构的共同研究事业。目前的总负责人为樱井启子（早稻田大学教授，研究方向为伊朗史及伊朗区域研究）。

具体来看，该计划以早稻田大学伊斯兰区域研究机构为中心（负责人：樱井启子；研究团队方向：伊斯兰知性与文明；研究重点：伊斯兰的社会实践及其理念），包含东京大学伊斯兰区域研究中心（负责人：大稔哲也；研究团队方向：伊斯兰思想与政治的比较与关联；研究重点：近现代中东与中亚的思想与政治）、上智大学伊斯兰研究中心（负责人：私市正年；研究团队方向：伊斯兰近代与民众网；研究重点：伊斯兰社会与文化）、京都大学伊斯兰区域研究中心（负责人：小杉泰；研究团队方向：伊斯兰世界的国际组织；研究重点：伊斯兰世界全球网络与伊斯兰金融）、东洋文库伊斯兰区域研究中心（负责人：三浦彻；研究团队方向：伊斯兰地域研究史料、资料收集利用的促进及资料学的开拓；研究团队重点：伊斯兰地域研究史料、资料网络的构筑），拥有总共 61 名常设研究者（包括 14 名外国学者）及 190 名合作研究者。(2009 年数字)①

日本伊朗研究会是一个跨地域、跨大学的民间学术研究团体，发起人主要有大东文化大学的原隆一教授（主攻中东地理学和伊朗农业经济学）、国立人文研究所的德原靖浩（主攻伊朗社现代思想史）等人，召集国内伊

---

① 佐藤次高「イスラム地域研究—歴史と展望」、『イスラム地域研究ジャーナル』創刊号 2009 年 3 月。

朗研究的新老学者，定期举行学术研讨会，涉及领域广泛，包括伊朗的政治、经济、社会、文化、文学、外交等。

关西伊朗研究会是大阪大学外国语学部波斯语专业牵头发起的学术交流组织，成立于2003年5月，其主旨是将关西地区（大阪以西的西日本）的伊朗研究者（包括学者和大学生、研究生）聚集起来，在关西地区的各所大学不定期举行研究讨论会，通过现场发表各自研究领域的论文、研究报告和开展讨论，进行有效的专业交流，相互激励，同时交换信息和探讨合作研究。每年约举行4次专题研讨会，目前已经举办了总计44次，第45次会议将于2016年1月30日在大阪大学举行，将有两个主题发表，分别为"伊朗的阿富汗难民的学校运营"（朝隈芽生）和"伊朗国内政治对其对外政策的影响——自2003年《德黑兰宣言》核问题协议以来"（千坂知世）。

现代中东伊斯兰世界田野调查研究会是另一个跨学科的学者研究论坛组织，由来自各相关领域的中东伊斯兰研究的学者组成，跨越社会学、政治学、经济学、宗教学、人类学、历史学、思想研究和地域研究，就关于现代中东和伊斯兰世界研究的理论、伊斯兰思想和田野调查工作的方法论开展研讨活动，旨在应对该研究领域迅速而显著的变化动态。每两个月开展一次研讨会，进行主旨发言、答疑和讨论。

来自日本各大学及研究机构的中东问题和伊朗问题学者可谓人才济济，阵容强大，涵盖老、中、青三代。单就专攻伊朗或与伊朗研究关系紧密的学者来说，部分列举如下：

中西久枝（女，57岁，同志社大学，现代伊朗政治与社会）、宫田律（60岁，静冈县立大学，伊斯兰地域研究与国际关系论）、远藤健太郎（31岁，庆应大学，伊朗近代史及农业史）、岛本隆光（64岁，大阪大学，伊斯兰现代思想与什叶派研究）、樱井启子（56岁，早稻田大学，伊朗区域研究与比较社会学）、驹野钦一（68岁，前驻伊朗大使及哈佛大学研究员，伊朗外交与社会问题）、春日孝之（54岁，每日新闻社）、高桥和夫（64岁，放送大学，中东研究与国际政治）、高冈丰（40岁，中东调查会，中东地域研究）、沟渊正李（31岁，名古屋商科大学，中东地域研究）、冈田惠美子（女，83岁，中央大学，波斯文学与比较文化论）、铃木珠里（女，47岁，大东文化大学，波斯文学史）、上冈弘二（77岁，东京外国语大学，波斯语言学及伊朗古代宗教)、黑田卓(60岁，东北大学，伊朗近现代史)、小牧昌平(62岁，上智大学，近代伊朗及阿富汗政治史)、佐野东生(52岁，龙谷大学，伊朗近现代史及什叶派伊斯兰研究)、杉田英明(59岁，东京大学，阿拉伯语波斯文学及比较文化学)、铃木均(56岁，亚洲经济研究所，伊朗区域研究)、森本一夫(45岁，东京大学，伊朗伊斯兰宗教社会史)、保坂修司(55岁，日本能源经济研究所，现代海湾地区研究及中东媒体研究)、八尾师诚(65岁，东京外国语大学，伊朗近现代史与西亚地域研究)、富田健次(68岁，同志社大学，伊朗现代史)、德原靖浩(45岁，国立人文研究所，伊朗近现代思想史及波斯文学史)、黑田贤治(33岁，广岛大学，现代伊朗及中东地区政治)、山崎和美(女，36岁，横滨市立大学，伊朗社会史与区域研究)、吉村慎太郎(60岁，广岛大学，伊朗政治与中东政治学)、贯井万里(41岁，日本国际问题研究所，伊朗近现代史及西亚区域研究)、岩崎叶子(女，49岁，亚洲经济研究所，伊朗经济与社会)、原隆一(67岁，大东文化大学，伊朗农村经济学及区域研究)、山岸智子(女，56岁，明治大学，伊朗社会文化研究)、森山央朗(42岁，同志社大学，伊朗中世史与穆斯林社会史)、森茂男(67岁，大阪大学，伊朗语言与文化)、田中浩一郎(52岁，日本能源经济研究所，现代伊朗与阿富汗政治及安全问题研究)、坂梨祥(女，41岁，日本能源经济研究所，伊朗政经研究)、松永泰行(52岁，东京外国语大学，伊朗政治与中东国际关系)、村上拓哉(30岁，中东调查会，海湾安全保障与国际关系)、近藤信彰(49岁，东京外国语大学，西亚史及伊朗近代社会史)、矢岛洋一(42岁，奈良女子大学，伊斯兰宗教学和伊朗文献学)、守川知子(女，44岁，北海道大学，伊朗社会文化史)、矶贝健一(52岁，追手门学院大学，伊斯兰法学史)、后藤晃(68岁，神奈川大学，中东农业经济学)、西村淳一(57岁，早稻田大学，伊朗史与伊斯兰文明史)、德增克己(44岁，静冈文化艺术大学，近现代伊朗民族问题)、森田丰子(女，43岁，大阪外国语大学，伊朗教育研究)、竹下政孝(67岁，东京大学，伊朗及伊斯兰思想史)、水田正史(59岁，大阪商业大学，中东经济与金融史)。

二、日本伊朗研究的成果与特色

(一) 日本贸易振兴机构亚洲经济研究所

1. 近年来部分论文及研究报告类研究成果

铃木均：《中东政治经济报告：从伊朗核协议到制裁地逐步解除》（《中东评论》2016年1月号）、《俯瞰政治变动期的中东：日本应如何应对》（《亚研政策简报》2015年号）、《中东政治经济报告：对伊朗核问题最终协议达成的反应》（《中东评论》2015年7月号）、《鲁哈尼总统上台后朝向核问题协议的进展：美国奥巴马政权对伊朗外交的转换与日本》（《中东评论》2014年2月号）、《中东政治的变容与伊斯兰主义的局限》（《亚研政策简报》2014年号）、《政策建议研究：东日本大地震与伊朗核问题》（《2012年3月》）、《阿拉伯之春与中东政治的构造变容：阿拉伯之春与德黑兰的应对》（《世界趋势》2012年1月号）、《调研报告：现代伊朗的地方农村社会的构造变容》（2008年10月）、《伊朗核问题与对美关系：高涨的政治与外交紧迫性》（《世界趋势》2007年7月号）。

岩崎叶子：《"低组织化"体系的全球化——以伊朗的服装产业为事例》（《亚洲经济》2012年9月号）、《伊朗商业用地的不动产市场》（《世界趋势》2015年2月号）、《调研报告：中东纤维及服装企业的经营与情报战略》（2012年3月）、研究集《生产与流通畅通无阻的关系：伊朗服装企业的生存》（《世界趋势》2012年12月号）、《近年来伊朗服装产业的动向：探索构造变化的可能性》（《现代中东》2009年7月号）。

此外，还有山岸智子：《伊朗伊斯兰共和国的形象构筑——他者化与理解的狭缝中》（《世界趋势》2009年10月号）、《Islamic Fundamentalism and the Politics of Patriarchy in Iran》（《亚洲经济》2006年7月号）；福田安志：《调研报告：伊斯兰金融的全球化与各国的应对》（2009年3月）、《调研报告：波斯湾地区诸国的社会变容与政治制度》（2008年10月）；佐藤秀信：《围绕革命卫队的伊朗政军关系的变容》（《世界趋势》2010年11月号）、《伊朗伊斯兰体制的国民训育技术》（《现代中东》2009年1月号）；田中浩一郎：《伊朗外交政策形成与阿富汗问题的相互作用》（《世界趋势》2007年4月号）；坂梨祥：《伊朗伊斯兰体制的新思考：政教一元论的新视角》(《现代中东》2004 年 7 月号); 以及《伊朗民主化的可能性》(《世界趋势》2010 年 11 月号,多人多题)、《伊朗革命以来第 30 年的危机》(《世界趋势》2009 年 10 月号,多人多题)。

2. 近年来部分专著类研究成果

研究双书《伊朗国民经济的动态》(原隆一、岩崎叶子编著,2000 年)、《中东的中央权力与地域性:伊朗与埃及》(后藤晃、铃木均编著,1997 年);亚研选书《向世界扩展的伊斯兰金融——从中东到亚洲和欧洲》(滨田美纪、福田安志编著,2010 年)、观亚之眼丛书《德黑兰商贩往来:伊朗商人的世界》(岩崎叶子著,2004 年);亚研丛书《中东及中亚诸国的权力构造》(酒井启子、青山弘之编著,岩波书店 2005 年);《个人主义大国伊朗——不合群社会中社交的人们》(岩崎叶子著,平凡社 2015 年)、《现代伊朗的农村都市——革命、战争与地方社会的变容》(铃木均著,劲草书房 2011 年)。

(二) 日本能源经济研究所中东研究中心

该中心研究成员近年来取得的与伊朗研究相关的部分研究成果有:

田中浩一郎:论文《伊朗与美国——交织的不信与算计》(《季刊阿拉伯》日本阿拉伯协会主办,2013 年 12 月号)、《伊朗鲁哈尼新政权的经济课题和核问题》(《经济学人周刊》2013 年 9 月 24 号)、《紧迫的伊朗局势,制裁偏重的危险》(《Wedge》2012 年 3 月号)、合著《日本最糟糕的境遇—九大死角》之"能源危机篇"(新潮社,2013 年)。

保坂修司:论文《Japan and the Gulf: A Historical Perspective of Pre-Oil Relations》(《伊斯兰世界研究》2011 年 3 月号)、《关于霍尔木兹海峡日本油轮遇袭事件的考察》(《国际情势纪要》2011 年 2 月号)、专著《网络伊斯兰—越境的公共圈》(知晓伊斯兰系列丛书,山川出版社,2014 年)。

永田安彦:论文《美国投资银行的事业概要与原油期货市场的战略》(《能源经济》2011 年 12 月号)、《原油价格大幅变动的要因、影响与对策》(《能源经济》2010 年 6 月号)。

铃木清一:论文《输出国组织 OPEC 诸问题》(《中东动向分析》2013 年 7 月号)、《中东北非液化天然气的未来》(《中东动向分析》2013 年 5 月号)。

坂梨祥：论文《围绕伊朗市场西方各国的动态与核交涉的走向》（《中东合作中心新闻》2015年5月号）、《围绕伊朗核开发问题一揽子协议的展望》（《海外事情》2014年5月号）、《伊朗第11届总统选举》（《国际问题》2014年3月号）、《日章丸事件60周年的伊朗核开发问题》（《中东形势报告》能源综合推进委员会2014年3月）、《从阿拉伯之春的应对看伊朗对外政策的现状》（《中东地区秩序的走向——"阿拉伯之春"与中东诸国的对外政策》亚洲经济研究所，2013年）、《对伊朗的制裁与中俄》（《中东合作中心新闻》2012年6月号）、《制裁下的伊朗石油产业——革命后的步伐与现状》（《国际问题》2010年11月号）。

（三）日本国际问题研究所

日本国际问题研究所近年来的部分与伊朗相关的研究成果如下：

1. 研究项目类

（1）"中东形势/地区新秩序研究"（2015年）：对日本的安全保障可能产生影响的两个重要课题即"中东地区新秩序的走向""伊斯兰极端主义派系的动向和反恐对策"进行研究。

（2）"作为全球化战略课题的中东——至2030年的预测与应对研究"（2014年至2015年）：本课题主要研究全球化环境下中东政治变动的诸要因，包括中东各国政治变动的背景、中东各国的能源形势和核能源政策、区域外大国（欧美诸国与中国）同中东地区的相互影响，在上述基础上预测到2030年的15年展望，对日本如何发挥其优势和独特作用做出政策性提议。本课题包括18篇分析报告和两部年度研究报告集，其中涉及伊朗问题的有：《伊朗内政的现状分析与主要课题——以鲁哈尼新政权成立为基轴》、《伊朗美国关系——伊朗核交涉最终协议的展望》（以上贯井万里，日本国际问题研究所）、《迎来转换期的中东能源形势》（小林良和，日本能源经济研究所）、《美国与中东：围绕历史的视点》（小野泽透，京都大学）。

（3）"伊朗形势——2009年总统选举后的伊朗综合研究"（2009年）：本课题基于2009年总统选举后伊朗的形势，对伊朗的内政、外交政策进行考察，并对伊朗形势对中东地区和国际政治施加的影响进行综合性探究。本研究基于对伊朗内政、外交的即时分析，从区域内乃至国际政治的广阔视野进行考察，以期做成关于伊朗问题的综合性调查研究。并与同年末完成研究报告集。

2. 研究报告类

第一，"作为全球化战略课题的中东——到 2030 年的预测与应对"（2014 年度外务省委托外交/安全调查研究课题）：与伊朗相关的研究内容包括：伊朗的库尔德人问题研究、伊朗的中东区域外交、伊朗美国关系——朝向伊朗核交涉最终协议的展望（以上贯井万里）、动摇或强化国民国家体制的工具——因特网（保坂修司）、中东的能源政策及需要与供给（小林良和）。

第二，"作为全球化战略课题的中东——到 2030 年的预测与应对"（2013 年度外务省外交/安全调查研究事业）：与伊朗直接相关的研究内容包括：伊朗内政的现状分析与课题——以鲁哈尼新政权的成立为基轴（贯井万里）、迎来转换期的中东能源形势（小林良和）、美国与中东：围绕历史的视点（小野泽透）。

第三，"中东和平研究报告：中东和平的现状——各因素的动向和今后的展望"（2011 年）：与伊朗相关的研究内容包括：中东和平进程的 20 年与新中东的冲击（立山良司，防卫大学）、中东和平中叙利亚与黎巴嫩的战略位相——叙利亚阿萨德政权与真主党的政治战略（沟渊正季，名古屋商科大学）、伊朗同中东和平问题的关联（佐藤秀信，法务省）。

第四，"2009 伊朗形势研究报告：伊朗总统选举后的综合研究——内政、外交、国际关系"（2010 年）：相关研究内容有：伊朗伊斯兰政治体制的变容（山内昌之，东京大学）、2009 年总统选举前后的伊朗内政（佐藤秀信，法务省）、围绕伊朗的国际关系问题（山崎和美，中东调查会）、两伊关系（大野元裕，中东调查会）、真主党与伊朗/叙利亚（高冈丰，中东调查会）、哈马斯与伊朗的关系（横田贵之，日本国际问题研究所）、以色列的伊朗核开发问题的应对（立山良司，防卫大学）、埃及伊朗关系恶化的诸要因（铃木惠美，早稻田大学）、海湾区域经济中的伊朗（加藤普，综合研究开发所）、美国的伊朗政策（秋山信将，一桥大学）。

第五，"专题报告：波斯语出身的外交官看到的、听到的和要做的"（2006 年）：前驻阿富汗大使（2002—2004）、驻伊朗大使（2010—1012）、哈佛大学研究员（2005—2006）驹野钦一论述其外交生涯、体会和经验。

包括1970年进入外务省后的驻外工作经历（历经伊朗伊斯兰革命、德黑兰美国使馆人质事件、两伊战争等），并对当地局势和地区问题进行了深入而敏锐的分析。

第六，"伊朗国内政治进程与对外政策研究报告"（2003年）：本研究旨在对伊朗形势进行多方位地考察，重点分析日伊和美伊关系，以此为立脚点探讨今后日本对伊政策地制定，作成相关研究报告。主要内容包括：伊朗的体制维持派和改革派在经济层面的相克（大西圆，日本贸易振兴会海外调查部）、哈塔米总统当选后伊朗国内形势的变化（小林伸一，外务省中东非洲局）、伊拉克形势的变化预测与伊朗的对伊拉克政策（酒井启子，东京外国语大学）、等待风暴的来临和准备（高桥和夫，放送大学）、伊朗对美关系改善的进程（中西久枝，同志社大学）、日本对伊朗外交的思考（孙崎享，防卫大学）、邪恶轴心演说与美伊关系及对伊朗国内政治的冲击（松永泰行，东京外国语大学）、邪恶轴心与伊朗民主化论（松本弘，日本国际问题研究所）。

第七，"中东诸国的选举制度与政党研究报告"（2002年）：本研究以1990年代以来出现在中东地区的民主化、政治自由化和多党制趋势为背景，研究依然透明度较低的中东各国主要政党和选举制度，对各国的政治状况进行客观分析和评价。其中涉及伊朗的部分为伊朗伊斯兰共和国选举制度和政党研究（松永泰行），分析和总结伊朗自1979年伊斯兰革命以来的选举制度和政党政治的诸要素及其变迁。

（四）中东调查会

《中东研究》是中东调查会的会刊，创刊于1958年，刊载关于中东研究的论文、时事解说、资料等，是日本最负盛名的中东研究综合期刊。近期的该刊物中关于伊朗问题的论文诸如：《伊朗伊斯兰革命卫队支援伊拉克反伊斯兰国作战的背景》（松永泰行，《中东研究》第524号）、《沙特与伊朗的冷战——权力斗争抑或宗教对立》（村上拓哉，《中东研究》第523期，2015年5月）、《作为调停者的阿曼的对伊朗政策及今后海湾局势的展望》（村上拓哉，《中东研究》第518期，2013年10月）、《伊朗的核开发疑惑与以色列的过剩反应》（中岛勇，《中东研究》第505期）等。

《中东话题》是该机构研究员每月对中东地区的重要事项进行分析、

评价并做成的报告书,并介绍与中东有关的外交人事、要人往来、中东调查会活动等。《中东分析报告》是主要由本会研究员及部分外部研究者针对中东的特定问题撰写的详细的分析性研究报告。2015年近期的《中东分析报告》中与伊朗直接相关的内容如《伊朗核协议成立后的以色列美国关系》(中岛勇,2015年11月)、《伊朗核协议对地域纷争的影响》(高冈丰、村上拓哉,2015年9月)。

近年来该机构研究人员还在其他刊物上发表了不少论文,并出版了不少专著,近期与伊朗相关的论文诸如《伴随解除对伊朗制裁显现的与沙特的地区间对立》(《周刊经济学人》2015年5月12日号),《沙特与伊朗的代理战争:围绕中东霸权的对立激化》(《周刊经济学人》2015年4月14日号),作者均为村上拓哉。又如2015年5—7月间该机构研究人员便有六本专著上梓,其中与伊朗问题相关的有《真主党——抵抗与革命的思想》(高冈丰、沟渊正季,现代思潮新社2015年4月出版),该书是日本首次公开披露真主党纲领文件的著作,引起了学界和媒体的广泛关注。

(五) 日本中东学会

会刊《日本中东学会年报》每年发行两次,鼓励日本和海外学者投稿。其刊载的论文不仅有用日语和英语书写的,还有不少来自海外的学者以阿拉伯语、波斯语和土耳其语写成的论文。近年来学报刊登的论文数维持20篇至30篇,另外年度大会上发表的论文则为40篇至50篇。由于伊朗问题的重要性,历年的年报中均含有为数不少的伊朗研究的专题或综述性论文,例如2015年的年报中便刊有明治大学教授山岸智子的《日本的伊朗研究与日本中东学会》一文,对日本中东学会及学界过去30年的伊朗研究的成果等进行了梳理和总括。(《日本中东学会年报》,2015年下半年号,第151—156页)

最新举办的一次日本中东学会第31届年度学术大会与2015年5月在同志社大学召开,主题为"中东漫长的19世纪——流动化的区域秩序和政治化的宗派",在自奥斯曼土耳其帝国的衰退与解体以来至今仍未摆脱的中东地区混乱的近现代史的文脉中,以作为政治焦点的中东宗派斗争为背景,探讨和议论该地区的政治与社会的构造变化。

近年来学会主办或协办的研讨会每月都有10场左右,分别在各个大学及相关研究机构举行，面向学者、研究人员、研究生乃至一般大众。例如根据最新的统计，2015年12月举行的研讨会中直接涉及伊朗问题的就有："伊斯兰世界中的伊朗式簿记术的成立与发展"（2015年12月21日，东洋文库）；此外，"伊斯兰世界政治领导者群像再考"（2015年12月19日，公开讲座）、"亚非语言文化研究所伊斯兰研究专题讨论会"（2015年12月18—20日）、"从阿拉伯之春到伊斯兰国——混乱无秩序扩散中的中东和北非现状"（2015年12月5日）也与伊朗具有关联性。

（六）东洋文库

该中心在其2006—2010年度的第一期研究计划中，已经完成了"阿拉伯文字图书杂志信息系统"和"中东、伊斯兰研究文献数据库"的构建。在即将完成的2010—2016第二期研究计划中，着力构建最新和最详细的"伊斯兰地域研究史料及资料网络平台"，以期更好地为相关研究提供信息整理的工具，并在此基础上进一步发展和完善面向国内外诸研究机构、学者、学生及一般大众的相关研究平台。这一点不仅在亚洲，在全世界的学术研究界也处于领先地位。其完成或目前正在进行的几项研究课题具体包括：第一，与国立信息学研究所（NII）及日本中东学会合作开发相关数据资料库和文献资料馆；第二，开展日本、中国、韩国、中东、中亚的文书史料比较研究，包括与国文学研究资料馆合作推进的"历史档案的多国比较"和与京都外国语大学合作开展的"中亚古文书研究课题"；第三，"奥斯曼帝国史料的综合研究"（责任人为秋叶淳）；第四，"伊斯兰教法与近代"（责任人为大河原知树）等。

该中心常年组织相关学者开展各种研讨会和公开讲座，例如2015年12月3日和2016年1月6日便两次举行题为"伊斯兰世界中的伊朗式簿记术的成立与发展"的学术研讨会，利用波斯语和阿拉伯语的原文史料，重点研习16世纪波斯的簿记方式及其作用与影响。

（七）伊斯兰区域研究计划

该计划下属的四所大学的相关研究机构拥有大规模和强有力的研究团队，并制定了周密而明确的研究计划（2006—2011年和2011—2016年两个研究五年计划，第一个已经实行并完成预期成果，第二个也进入收尾阶段),踏实推进相关学术研究,拥有广泛的研究内容。其出版的学术性刊物包括:早稻田大学研究中心的《伊斯兰区域研究学报》《知晓伊斯兰》系列丛书、《伊斯兰原典丛书》、英文论文集《New Horizons in Islamic Studies》和《New Islamic Area Studies》;京都大学研究中心的《KIAS Bulletin 伊斯兰世界研究》《Kyoto Series of Islamic Area Studies》;上智大学研究中心的《SOIAS Research Paper Series》;东京大学研究中心的《Documents of Islamic Area Studies》等,其他科研工作还有日文和英文资料的网络搜集和构建、举行学术讨论会、研究会及公开讲座,并编集研究会报告、海外实地调查报告等。此外,属于该计划的四所著名大学和一所研究所的从事伊朗研究的学者在各自的领域也都拥有丰富的相关研究成果。

(八) 大学/研究所学者

除上述研究机构及团体的介绍中提及的主要学者及其研究成果之外,现将与伊朗研究关系较为密切的其他知名学者及其主要近期研究成果介绍如下:

中西久枝:论文"'9·11'后的伊朗安全保障政策"(《国际安全保障》2009年4月号)、"中东的公民社会运动与伊朗美国关系的确定要因的变化"(《中东研究》2011年5月号)、"对伊朗禁运措施与伊朗美国关系的路程"(《中东研究》2012年7月号);专著《伊斯兰与现代性:现代伊朗诸相》(风媒社2002年)、合著《美国的伊朗人——海外的中东北非移民社群》(明石书店2011年)、《伊朗集市所反映的国家、社会关系与政治文化》(风响社2006年)、《伊斯兰与性别——现代伊朗的宗教论争》(明石书店2007年)、《伊朗的近代性与历史延续性——了解伊朗的65章》(明石书店2004年)。

宫田律:专著《伊朗的历史——有着高度自豪感的波斯的系谱》(中央公论新社2002年)、《中东伊斯兰民族史——竞争中的阿拉伯、伊朗和土耳其》(中央公论新社2006年)、《美国伊朗开战前夜》(日经PHP社2010年)、《中东危机中的日本外交——在暴走的美国与伊朗的夹缝间》(NHK出版2010年)。

富田健次:专著《霍梅尼——伊朗革命的始祖》(山川出版社2014年)、《阿亚图拉们的伊朗——伊斯兰统治体制的矛盾与发展》(第三书馆

1993年）；合著《美国的世界战略与伊斯兰世界》（明石书店2009年）；译著《伊朗什叶派伊斯兰学教科书I&II》（明石书店2008年）、《伊斯兰统治论·大圣战论》（霍梅尼原著，平凡社2003年）。

岛本隆光：专著《什叶派伊斯兰：神话与历史》（京都大学学术出版会2007年）、《伊斯兰革命的精神》（京都大学学术出版会2011年）、《伊斯兰的神秘主义：哈菲兹的智慧》（京都大学学术出版会2014年）。

原隆一：研究报告《伊朗农业政策的运行与农村社会的变化——以伊朗伊斯兰革命前后为中心》（亚洲经济研究所2000年）；合著《伊朗国民经济动态》（亚洲经济研究所2000年）、《绿洲社会50年的轨迹——伊朗的农村、游牧和都市》（御茶水书房2015年）、《地域研究入门之四——伊朗阿富汗的田野调查及其成果》（文化书房博文社2000年）；译著《波斯的传统技术——风土、历史、匠人》（原著汉斯·伍尔夫，平凡社2001年）；研究项目："伊朗法鲁斯地区的自然生态环境与农村/游牧民地域的社会变化"（2003—2004）、"伊朗东部沙漠边缘部的地域开发与社会变动"（2002年）。

山岸智子：论文"伊朗的公民运动与性别问题"（《中东研究》2010年7月号）、"伊朗伊斯兰共和国的形象构筑——他者化与理解的狭缝中"（《世界趋势》2009年10月号）、"伊玛目隐世千年后——19世纪伊朗社会考察的一视角"（《历史学研究》1999年6月号）；合著《理解伊斯兰世界的100个问答——人民的生活、经济与社会》（亚纪书房1998年）、《了解伊朗的65章》（明石书店2004年）；译著《伊斯兰与性别——现代伊朗的宗教论争》（明石书店2004年）；研究报告《对伊朗伊斯兰革命中语言活动的考察》（文部省科研费重点研究项目"伊斯兰都市性质"研究报告1990年）、《从伊朗的近代经历论伊朗主义与伊斯兰主义的错综》（外务省委托研究报告书"21世纪的国际社会与伊斯兰社会"1999年）。

樱井启子：论文"上升的期待和严酷的现实——伊朗社会的年轻人的实像"（《中东研究》2009年6月号）、"什叶派女子神学校与伊朗女性地位"（《理解宗教与现代论文集》2008年）；专著《伊朗的宗教教育战略——全球化与留学生》（山川出版社2014年）、《什叶派——崛起的伊斯兰少数派》（中央公论新社2006年）、《革命伊斯兰的教科书媒体——伊斯兰与民族主义的相克》（岩波书店1999年）、《现代伊朗——神国的变貌》

（岩波书店 2001 年）；研究项目"伊朗伊斯兰共和国的教育政策研究"（2015 年）、"关于什叶派教育网络的研究"（2014 年）、"现代伊朗的社会变动与教育研究"（2008 年）等。

吉村慎太郎：论文"迷茫的伊朗内政与对美关系的变容——'9·11'事件及恐怖主义问题的波及"（《地域研究论集》2003 年 8 月号）、"伊朗与日本——文明之间的对话"（《世界》2001 年 6 月号）、Reza Shah's Changing Dictatorship and Protest Mouements in Iran, 1926—1941（《2001 年伊朗研究国际研讨会论文集》）；专著《伊朗现代史——从属与抵抗的 100 年》（有志舍 2011 年）、《国王的独裁与国际关系——转换期的伊朗政治史研究》（广岛大学出版社 2007 年）、《何为伊朗伊斯兰体制——革命、战争与改革的历史》（书肆心水 2005 年）、《礼萨·巴列维国王的独裁与国际关系——转换期的伊朗政治史研究》（广岛大学出版社 2007 年）；研究项目"1921 年政变后的伊朗政治与国际关系"（2000 年）。

山崎和美：论文"近代伊朗女性与教育——基于伊斯兰法的传统社会规范与近代性"（《世界史研究》2014 年 9 月号）、"伊朗的强力战略——制裁下与近邻诸国的经贸往来和关系强化"（《经济学人周刊》2013 年 6 月号）、"伊朗的近代教育与英法文化、宗教团体的活动"（《驹泽大学佛教学部研究纪要》2012 年 3 月号）、"伊朗政权内新的权力斗争"（《中东研究》2011 年 9 月号）；合著《伊斯兰的知性遗产——尽力推进女子教育的近代伊朗女性知识人与社会反应》（东京大学出版会 2014 年）。

松永泰行：论文"伊朗的战略文化与霸权问题——原则性的反美姿态与抑制力追求的背景"（《国际政治》2012 年 1 月号）、*The Secularization of a Faqih-headed Revolutionary Islamic State of Iran: Its Mechanisms, Processes, and Prospect*, Comparative Studies of South Asia, Africa and the Middle East（2009 年 11 月号，杜克大学出版社）、Revisiting Ayatollah Khomeini's Doctrine of Wilayat al-Faqih（Velayat-e Faqih）（Orient 2009 年 3 月号）、*Monsen Kadivar, an Advocate of Postrevivalist Islam in Iran*（British Journal of Middle Eastern Studies 2007 年 12 月号）；专著 Struggles for Democratic Consolidation in the Islamic Republic of Iran, 1979—2004（UMI，2007 年）；合著《伊斯兰地区的国家与民族主义》（东京大学出版会 2005 年）、Iranian Intellectuals 1997—2007,（Routledge 2008 年）、Iran Today: An Encyclopedia of Life in the Islamic Republic（Greenwood Press 2008 年）；研究项目"伊朗的民主化·后复兴主义运动与路径依存性的研究"（日本学术振兴会，2014—2017）。

黑田贤治：论文 Between Traditional Education System And Iranian "New Tradition": New Phase of "Export of Revolution" in Contemporary Shiism（Asian Studies International Journal 2015 年 2 月号）、"现代伊朗伊斯兰国家与法学界的研究：以伊斯兰领导体制下的宗教和政治为中心"（《日本中东学会年报》2012 年 7 月号）、"什叶派 12 伊玛目理论中的法学知性与灵性在现代伊朗的开展"（大阪外国语大学《伊朗研究》2011 年 3 月号）、"哈梅内伊领导体制下法学界支配的构造"（《日本中东学会年报》2010 年 7 月号）、Methodological Research Note on the Intellectual Landscape in the Contemporary Twelver Shī？（《伊斯兰世界研究》2011 年 3 月号）、"哈梅内伊体制下法学权威和学知体系的变容—对国家对宗教制度政治影响力的考察"（《亚非地域研究》2010 年 3 月号）、Games to get Hegemony in Iranian Politics: Participation of Islamic Jurists after the Revolution（Kyoto Working Papers on Area Studies 2009 年 3 月）；专著《伊朗的宗教与国家—现代什叶派的实相》（ナカニシヤ出版 2015 年 1 月）；研究项目："应对全球化时代的伊朗国际战略与什叶派法学网络的动态分析"（文部省项目 2012—2015 年）、"对伊朗伊斯兰体制下的法学者政治的研究"（文部省项目 2008—2010 年）。

近藤信彰：论文"初期卡扎尔王朝与德黑兰——宫廷的季节移动与首都"（日本东方学会《东方学》2006 年）、"19 世纪德黑兰的大巴扎——发展、构成与所有关系"（《上智亚洲学》第 25 期）、Japan and its Relation with Iran II: Diplomatic and Commercial Relations with Iran（Encyclopedia Iranica 第 14 卷，2008 年）、"19 世纪后半期德黑兰的伊斯兰法庭记录"（《东洋史研究》2011 年第 2 期）、Migration and Multiethnic Coexistence in Qajar Tehran（Mobility and Multi-ethnic Coexistence in Middle Eastern Urban Societies 1: Tehran, Aleppo, Istanbul, and Beirut, 2015）；研究项目："近世伊斯兰国家与周边世界"（东京外国语大学亚非语言文化研究所 2014—2016 年度）、"中东都市社会的人口移动与多民族多宗派的共存"（东京外国语大学亚非语言文化研究所 2013—2015 年度）、"作为近世帝国的萨法维王朝

历史研究：多元性与均质性的相克"（京外国语大学亚非语言文化研究所 2011—2015 年度）、"近世伊斯兰国家与多元社会"（东京外国语大学亚非语言文化研究所 2011—2013 年度）、"近世与近代波斯语文化圈中的语言、民族和国家形成"（东京外国语大学亚非语言文化研究所 2006—2009 年度）。

矢岛洋一：论文"伊斯兰思想中的伊朗要素"（《欧亚大陆的知性——伊斯兰的东与西》，明治书院 2014 年）、"非阿拉伯文字表记的新波斯语"（《波斯语文化圈研究的最前线》，东京外国语大学亚非语言文化研究所 2011 年）、"波斯文化圈中的苏菲文献著述语言的变迁及其意义"（《波斯语联接的世界——另一个欧亚大陆史》，北海道大学出版会 2009 年）。

守川知子：论文"近代西亚国境的成立——以伊朗与奥斯曼国境为中心"（《史林》2007 年 1 月号）；专著《什叶派圣地巡礼的研究》（京都大学学术出版会 2007 年）。

驹野钦一：专著《变貌的伊朗——伊斯兰共和国体制的思想与核疑惑问题》（明石书店 2014 年）；合著《伊朗 1940—1980——40 年的实地资料叙述》（中东调查会 1982 年）。

春日孝之：专著《伊朗今后的走向——伊斯兰大国的真实》（新潮社 2010 年）。

高桥和夫：专著《伊朗与美国——从历史解读"爱恨交织"的构图》（朝日新闻出版 2013 年）。

森茂男：论文"伊朗与伊斯兰——文化与传统的理解"（春风社 2010 年）；研究项目"日本对理解什叶派伊斯兰的建言"（大阪外国语大学与德黑兰大学亚非学基础研究联合项目 2006—2007 年度）。

水田正史：论文"英俄协商与伊朗借款问题"（《社会科学》2002 年 10 月号）、"伊朗立宪革命与国民银行设立问题"（《大阪商业大学论集》2002 年 7 月）；专著《近代伊朗金融史研究——利权/银行/英俄的角逐》（Minerva 书房 2003 年）、《第一次世界大战时期的伊朗金融——中东经济的成立》（Minerva 书房 2010 年）；研究项目"现代伊朗的开发建设与伊斯兰"（大阪商业大学基础研究 2002—2005 年度）、"第一次世界大战与中东的生成——以伊朗的外汇市场与金融为中心"（大阪商业大学基础研究 2006—2009 年度）。

黑田卓：论文"伊朗苏维埃社会主义共和国——其历史再构成与历史认识的变迁"（东北大学亚洲研究中心 2011 年）、《八尾师诚著〈伊朗近代的原像〉—萨塔尔汉的革命》（《历史学研究》1999 年）、*Negahi bar Ravabet-e Khareji-ye Iran va Shuravi dar Ertebat ba Nehzat-e Jangal*（Bulletin of Centre for Graduate International Studies, Faculty of Law and Political Science, University of Tehran, 2002）；专著《报纸中的伊朗立宪革命》（岩波书店 1999 年）；合著《岩波伊斯兰辞典》（岩波书店 2002 年）。

佐野东生：论文"基于国际形势的伊朗社会的变化"（《中东研究》1999 年 5 月号）、《Hassan Taqizadeh 与伊朗立宪思想（上·下）》（庆应大学《史学》2000 年 3 月和 4 月号）、"美国的对伊朗政策"（外务省《国际资源》2000 年 8 月号）、"伊朗的内政与外交"（《安全保障贸易信息中心 CISTEC 学报》2001 年 9 月号）、"对伊朗立宪革命的起源和发展中少数民族作用的考察"（《国际社会文化研究所纪要》2007 年 9 月号）、"伊朗立宪革命第一次立宪时期（1906—1908）Taqizadeh 的政治活动"（龙谷大学《国际文化研究》2003 年 3 月号）、"伊朗立宪革命再考——围绕第二次立宪时期（1909—1911）Taqizadeh 的活动"（《伊朗研究》2009 年 5 月号）、"与什叶派伊斯兰的对话——围绕神秘主义探索与日本的共通性"（《国际文化研究》2013 年 3 月号）；专著《近代伊朗知识人的系谱——Taqizadeh 其人生涯与民族主义》（Minerva 书房，2010 年）。

八尾师诚：专著《伊朗近代的原像——英雄萨塔尔·汉的革命》（东京大学出版会 1998 年）；合著《伊斯兰的黑社会——历史上的任侠与无赖》（第三书馆 1994 年）、《世界各国历史：西亚 II 伊朗与土耳其》（山川出版社 2013 年）、《中东人国记》（综合法令 1994 年）。

贯井万里：论文"伊朗美国关系——伊朗核交涉最终协议的展望"、《伊朗的中东区域外交》、"伊朗的库尔德人"（以上均收入日本国际问题研究所 2015 年研究报告《作为全球化战略课题的中东——至 2030 年的预测与应对》）、"伊朗内政的现状分析与主要课题——以鲁哈尼新政权成立为基轴"（2014 年研究报告）、"第二次世界大战后德黑兰集市中的政治组织与社会运动"（早稻田大学伊斯兰地域研究机构《伊斯兰地域研究学报》2011 年第 3 期）、*Protest Events in the Tehran Bazaar During the Oil Nationalization Movement of Iran*（《日本中东学会年报》2012 年 7 月号）、*Japan-I-*

ran Relations: *From the Silk Road to Oil Tankers*（Gulf Asia Research Bulletin，Gulf Research Center，2014 年 7 月号）、*New Power Struggles after the Geneva Interim Agreement on the Iranian Nuclear Program*（AJISS- Commentary，The Association of Japanese Institutes of Strategic Studies，No. 193）；合著《伊斯兰革命后伊朗的电影与社会》（早稻田大学伊斯兰区域研究所 2014 年）、研究项目"革命后伊朗的电影和社会的跨学科研究——权威主义体制下的娱乐与抵抗的文化"（丰田财团 2012—2014）。

后藤晃：论文"国民经济的成立于农村市场——基于伊朗一地方的实证研究"（《商经论选 47—97》2009 年）、"伊朗革命的土地革命侧面——农民对地主所有地的占据与再分配"（《商经论选 13—36》2006 年）、"伊朗的农业政策与农民"（《国际农林协力》2005 年第 4 期）、"19 世纪伊朗的中央权力与地方构造"（《商经论选 35—2》1999 年）；专著《中东的农业社会与国家》（御茶水书房 2002 年）、《伊朗国民经济的活力》（亚洲经济研究所 2000 年）。

（九）日本伊朗研究的特点

日本的伊朗研究近年来取得了丰硕成果，与此同时，也呈现出不少鲜明而独到的特色。主要有以下五点：

1. 研究的全面性、针对性和新颖性

如前述，日本的伊朗研究阵容齐整，人才丰富，研究人员的研究方向涉及历史、宗教、思想、政治、经济、能源、社会、国际关系、教育、文学、文化乃至文明整体等相关领域，无所不包。研究人员中既有专事学术研究的学院派学者，也有偏重实践的应用型研究者，可谓百花齐放，异彩纷呈。不少学者的研究方向颇具针对性和新颖性，如岛本隆光和佐野东生的什叶派政治和思想研究、樱井启子的伊朗宗教战略研究、岩崎叶子的伊朗经济产业研究、原隆一和后藤晃的伊朗农业经济研究、矢岛洋一的伊朗文献学研究、矶贝健一的伊斯兰法学研究、守川知子的什叶派巡礼历史的研究、德增克己的伊朗少数民族问题阿塞拜疆民族史研究，森田丰子的伊朗与日本的比较教育研究、贯井万里的伊朗文化产业研究、水田正史的伊朗金融史研究，以及田中浩一郎、坂梨祥、松永泰行等的伊朗政治外交和海湾国际关系研究、高冈丰和沟渊正季的真主党研究等。

日本学界首开伊斯兰区域研究之先河是另一个值得关注的亮点。日本学界在2000年代中期创新性提出了"伊斯兰区域研究"（Islamic Area Studies）的概念，发起了以早稻田大学牵头，联合东京大学、京都大学、上智大学、东洋文库的"NIMU伊斯兰区域研究计划"，积极开展研究实践。该研究着眼于现代伊斯兰世界超越诸国家地区同时又联接诸国家地区，兼具统一性和多样性的现状特征，旨在统合日本学界的总力，开展将整体性和个性融合起来的跨组织、多学科的伊朗及中东问题共同研究，从而进一步加深对现代伊斯兰世界的理解。通过历史视角和区域间比较方法，研究现代伊斯兰问题，构筑与伊斯兰及伊斯兰文明相关的实证性的知识体系，开拓出一个先驱性的研究领域。该计划在鼓励下属各个研究机构充分发挥其固有优势和研究特长的同时，注重整体性目标的制定和达成，定期召开会议，磋商研究计划、预算、人事等问题，对研究状况进行审查和信息共享，收到了良好的效果，可谓体现新时代人文学术研究特色的一大创举。

2. 频繁而丰富的学会活动

从智库或大学设置的中东问题的研究机构到民间学者自发组成的学术交流集会，日本有着为数众多与伊朗研究相关的学会，如日本中东学会、东洋文库伊斯兰研究资料中心、东京外国语大学伊朗研究会、上智大学亚洲文化研究所伊朗研究会、关西伊朗研究会、日本伊朗研究会、伊斯兰区域研究年轻研究者之会等，既有全国性、也有地区性的学会组织。它们广泛召集学界人士定期举行各种研讨、座谈活动，通常为一月一次或两月一次，内容包括学者对其研究进行口头发表并与其他学者展开讨论，共享信息，互通有无，并与国外的研究机构保持密切沟通，派遣日本的研究者去往伊朗等中东国家开展实地调查研究。通过长期不懈地开展上述活动，有效促进了日本的伊朗研究，尤其对于培养年轻研究者发挥了积极的作用。

3. 善用外交渠道开展学术交流

日本政界、经济界和学术界都积极推动通过双方的外交渠道开展日伊经贸、文化、及学术交流活动，双方驻对方的大使馆成为组织和发起上述活动的重要桥梁。单就最近的文化及学术交流方面而言，比如2015年7月国际上就伊朗核问题达成协议之后，伊朗驻日大使馆便举办了题为"伊朗与日本关系史"的演讲会，包括日本外务省官员、前驻伊朗大使、企业干部、知名学者在内的政财官学界代表到场参加。伊朗驻日大使馆还协同日本外务省外交资料馆举行了名为"日本与波斯·伊朗"的公开展览（2015年7—9月）。2015年10月31日，伊朗驻日大使馆举行了以伊朗考古学为主题的研讨会，吸引了众多日本的考古学者、研究者及学生的参加。2015年12月17日，伊朗驻日大使馆举办了题为"日本的伊斯兰学与伊朗学的现状"的研讨会，邀请三名日本伊朗研究学者到场，分别就日本的伊朗史研究、波斯语与伊朗文学研究、伊斯兰研究的现状进行了主题讲演。此外，日本驻伊朗大使馆也经常举行各种文化交流活动，包括定期举办伊朗人日语演讲比赛、日本茶道品尝会、日本电影即动漫鉴赏会，以及日本文部省资助的伊朗留日学生同窗会等，有力地推动了日伊两国的文化和学术交流。

日本的财团、基金会和智库也积极支援和赞助日伊的双边文化学术交流。2016年2月3日，日本能源经济研究所邀请伊朗经济财政部长塔耶布尼亚来访并发表演讲，日本能源界和经济界的诸多人士积极参加。2015年11月5日，日本国际问题研究所邀请赴日访问的伊朗副总统兼国家原子能组织主席长萨雷西举行了题为"伊朗的核能源开发：面临的课题与新的可能性"的讲演，探讨日伊双方在核能源开发利用上的合作契机。2015年11月25—26日，日本笹川和平财团与伊朗外交部下属的国际问题研究所（IPIS）联合举行了题为"关于中东地区暴力与极端主义的政治对话"的学术研讨会，包括伊朗国际问题研究所所长扎哈拉尼、德黑兰大学政治学教授费拉西等在内的无名伊朗学者参会并发表了演讲，并与日方学者进行了活跃地讨论。此前的2013年8月，就在伊朗总统选举结束的两个月后，笹川和平财团还邀请了现任伊朗驻日大使纳扎尔阿哈里大使举行题为"伊朗与日本关系的现状和展望"的演讲。该大使就伊朗鲁哈尼总统新政府的内政和外交政策、伊日商贸关系展望、伊朗在维护中东地区安定中的作用等进行了阐述，对深化伊日两国关系和相互理解提出了建议。笹川财团近年来多次邀请伊朗外交部官员和智库成员来日访问讲演，并设立了名为"伊朗与日本交流强化"的专门资助项目，为期三年，自2013年起至2015年止，为此拨款约9000万日元。目前该财团还有其他4个相关项目，分别以加深日本与中东的相互理解、培养中东研究人才、建设中东研究信息资源等为主题，均拨专款予以大力扶持。

4. 学术研究的开放性与兼容性

日本的伊朗及中东研究学者中不少都具有独立性和批判性精神,在开展学术研究的同时,积极参与相关政治议题,呼吁维护中东和平,并敢于与日本政府唱反调,反对日本政府将日本与美国的中东战略捆绑在一起。例如伊朗政治和中东国际关系专家宫田律教授,一贯理解和同情伊朗独立自主的立场,反对美国和以色列对伊朗的无理指责、压力和威胁。在其著作《中东危机中的日本外交——在暴走的美国与伊朗的夹缝间》(NHK 出版 2010 年)中,宫田律有理有据地阐述和揭示美以中东霸权的危险性,严厉批判日本当局一味追随美国、缺乏自主性和主见的中东政策,指出其对日伊双边关系的发展带来的巨大阻碍和不利,以及其损害日本在中东的形象乃至危害海外日本国民安全等弊端。再如研究现代伊朗政治与社会的学者中西久枝教授理解伊朗在核问题上的立场,反对美国打压伊朗的政策。2015 年 1 月 3 日,中西久枝在其接受伊朗记者的采访中,明确表示伊朗的核能开发符合国际法规。她指出:"核不扩散条约从其成立至今有被政治利用的一面,具有显著的不平等性。联合国对伊朗的制裁存在法理上的问题。美国和以色列的激进派反对伊朗和平利用核能,一味谋求基于谎言的反伊朗的政策和宣传。"[①]

值得注意的是,上述学者批判的矛头不仅指向美国的霸权主义,更是指向日本当局的对美追随政策,认为其孕育着将日本再次拖入战争的危险性。2015 年 8 月 10 日,以中东研究学者为主体的日本学界人士 11 名在参议院会馆郑重召开新闻发布会,声明反对日本当局以开展支援美军的"集体自卫权"行动为核心的新安保法案,并发表了由 105 名中东研究学者署名的宣言书,基于公理道义,历陈反对该法案的三大理由。该活动的发起人为日本中东学会会长栗田祯子教授(千叶大学)、长泽荣治教授(东京大学)、辻上奈美江教授(东京大学),参加者包括黑木英充教授(东京外国语大学)、宫田律教授(静冈县立大学)等,展示出日本伊朗研究及中东研究学者积极参政议政的意愿和行动力。[②]

---

① 「日本人研究者がイランの核戦略の影響力と合法性を指摘」、Iran Japanese Radio Irib World Service, 2015 年 01 月 13 日。
② 辻上奈美江:「中東研究者の有志が「安保法案」に反対するアピールを発表」、ヤフージャパンニュース, 2015 年 8 月 10 日。

尽管日本在政治上是美国的同盟国和西方阵营的一员，日本的伊朗研究界却具有一个难得的特点，那就是在开展学术研究上相对较少受到欧美学界常见的伊朗流亡学者主导的反伊朗政府的意识形态的影响。尽管目前日本的伊朗研究界也有一些包括来自中东等地区的外籍人士，但研究界的主力依然是日本本土的学者和研究人员。基于上述缘由，相对于将伊朗伊斯兰体制的存在本身视为"不共戴天之敌"（arch-enemy）的西方社会及学界，日本的伊朗研究界在进行伊朗研究方面并未受到那种紧张的敌对情绪的支配，并不急于将伊朗政权定性为"邪恶"或对其持绝对的否定态度，因而营造出一种相对宽松的有包容性的研究环境。[1]

5. 活跃的女性研究者及有实地考察经验者

如前所述，日本的伊朗研究界活跃着不少女性学者的身影。在前面学者集中介绍部分列举的46名学者中，女性学者有10名之多，其中既有中西久枝、樱井启子这样的资深学者和大学教授，也有岩崎叶子、坂梨祥这样的智库精英。而且，日本的伊朗研究者多有前往伊朗等中东地区长期开展实地调研的经历，积累了丰富的实践经验，为学术研究奠定了坚实基础。比如日本能源经济研究所中东研究中心主任田中浩一郎便曾担任过日本驻伊朗大使馆的专门调研员达3年之久，其后又在外务省国际情报局担任了1年的专门分析员。此外，供职于日本国际问题研究所负责伊朗问题研究的贯井万里博士、东京外国语大学的松永泰行教授、国立人文研究所的德原靖浩教授等也都各自有2年的担任日本驻伊朗大使馆专门调研员的经历，与田中同属日本能源经济研究所中东研究中心的主任研究员坂梨祥也有1年担任上述调研员职务的经历。

三、日本伊朗研究的启示与展望

日本的伊朗研究以其较大的规模、广泛的研究领域、研究人员辈出的培养体系以及其他众多特色鲜明的优势和长处令人称道，也足以给我国的伊朗研究提供借鉴，同时其现存的一些相对不足也能为我们带来有益的思

---

[1] 山岸智子:「日本のイラン研究と日本中東学会」、『日本中東学会年報』2015年01月15日，p.153。

考。综观日本伊朗研究的现状，其不足之一便是日本虽然有专门针对伊朗的学习交流会和友好团体，但还没有专门性、持久性系统从事伊朗研究的诸如"日本伊朗研究学会"这样的组织，日本的伊朗研究者多来自以"中东研究""伊斯兰区域研究""东方史"等按地域分类的研究组织，或是如"国际政治""人类学""比较文化/文学"这样的以学科划分的学会，或是与日本对外开发援助相关的机构及与能源问题相关的智库等为依托，开展伊朗研究。其次，目前日本的伊朗研究乃至整个中东研究学界在作为19世纪以来东方学重镇的古代波斯研究方面力量还比较薄弱，对伊斯兰化之前的伊朗的研究尤其是考古学方面的研究成果还很薄弱。

从国家之间的政治和外交层面来看，当前并不存在妨碍日本伊朗研究发展进步的大的因素，但也不能完全排除日本今后的外交政策及伊朗形势的走向给日本的伊朗研究带去消极影响的可能性。无论如何，发展到今天的日本伊朗研究，今后只要能够确保研究人才，必将在目前的发展道路上走得更远。在全球化背景下伊朗及中东形势瞬息万变的今天，日本的学者们已将目光投向飞速发展的信息化在中东地区带来的超越传统国境和国语的新变化，致力于迎接新的研究挑战，创造新的学术和应用成果。另一方面，随着包括伊朗人在内的来日定居的外国人高速增长，以及日本自身日益严峻的少子化和高龄化问题，父母一方或双方为伊朗血统的新一代日本人也逐渐成长了起来，今后有望成为日本社会各个领域的中坚力量。以伊朗为"父国"或"母国"的日本人的存在今后将成为一个值得注意的现象，也必将对日本的伊朗研究的未来走势产生影响。[①] 2015年10月，伊朗和日本签署了首个国家间的学术交流与合作协定，就日伊两国间科学技术的合作、互派教师和学生、实施共同研究、推进大学和研究机构之间的合作等事项达成了一致。以此为契机，加上近来围绕伊核问题西方世界与伊朗紧张关系的缓解与改善，相信日本的伊朗研究也将会迎来一个更加良好的局面。

---

① 山岸智子：「日本のイラン研究と日本中東学会」、『日本中東学会年報』，2015.1.15，p.156。

后 记

为了服务"一带一路"的国家战略,教育部在全国布局国别区域研究,2014年西南大学伊朗研究中心获得教育部专项课题经费支持,西南大学副校长靳玉乐教授、国际处处长王静女士、社科处长郑家福教授、历史文化学院院长黄贤全教授全力支持伊朗中心的学科建设,伊朗中心全体师生群策群力,用一年时间写出《伊朗综合国力研究》,以期推动中国的伊朗研究,为伊朗中资企业和在伊中国公民提供一定的参考和借鉴。

本书写作分工如下:

序言:冀开运

第一章

第一节:陈俊华 沈长成

第二节:熊小飞

第二章

第一节:邢文海

第二节:喻发美 陈俊华

第三章

第一节:姬瑞聪

第二节:方尹 陈俊华

第四章

第一节:龙沛

第二节:代欢欢 陈俊华

第五章

第一节:杜林泽

第二节：孔莉 陈俊华

第六章

第一节：侯瑞峰

第二节：杨珊珊　王珂

第三节：李晶

第七章

第一节：陈安全

第二节：程桂梅

第三节：黎力

全书由冀开运设计策划，伊朗研究中心副主任陈俊华博士和秘书杜林泽博士参与通稿，邢文海参与校对，最后由冀开运统稿定稿。

感谢李晶博士、黎力博士的大力支持，感谢淮北师范大学陈安全博士的鼎力相助。

2016年3月25日于
西南大学历史文化学院
西南大学伊朗研究中心